dtv

Die Iren sind anders. So gegensätzlich wie die Landschaften der Grünen Insel sich darstellen – felsig und schroff wie lieblich und grün –, so vereint auch der irische Volkscharakter Extreme, Melancholie und Toleranz mit Exzeß und unversöhnlichem Haß. Fünf Monate durchstreift Ralph Giordano nahezu jede Region der Insel, sucht überall das Gespräch mit Menschen, gerät zwischen die Fronten des Nordirland-Konfliktes, folgt den Spuren irischer Dichter und natürlich auch denen Heinrich Bölls und ist immer wieder überwältigt von der ebenso großartigen wie idyllischen Schönheit der Grünen Insel. Die wunderbar farbigen und poetischen Bilder, mit denen er dem Leser ihren Reiz vermittelt, bleiben unvergeßlich. Aber die Begegnungen mit den oft recht eigenwilligen Menschen – von Giordano mit großer Einfühlung und Wärme geschildert – sind es, die dieses Buch zu einer Liebeserklärung an Irland werden lassen.

Ralph Giordano wurde 1923 in Hamburg geboren. Weil seine Mutter Jüdin war, fiel die Familie unter die nationalsozialistischen Rassengesetze. Um die Mutter vor der Deportation zu schützen, floh die Familie in die Illegalität. Danach arbeitete Giordano erst als Journalist, später als Fernsehdokumentarist. Zahlreiche Buchveröffentlichungen, u. a.: ›Die Bertinis‹ (1982), ›Die zweite Schuld oder Von der Last, Deutscher zu sein‹ (1987), ›Israel, um Himmels willen, Israel‹ (1991), ›Ostpreußen ade‹ (1994).

Ralph Giordano

Mein irisches Tagebuch

Deutscher Taschenbuch Verlag

Von Ralph Giordano
sind im Deutschen Taschenbuch Verlag erschienen:
Morris (12294)
Ostpreußen ade (30566)

Ungekürzte Ausgabe
Januar 1999
Deutscher Taschenbuch Verlag GmbH & Co. KG,
München

ISBN 3-462-02568-6
Umschlagkonzept: Balk & Brumshagen
Umschlagfoto: © Karl Johaentges/LOOK
Gesamtherstellung: C. H. Beck'sche Buchdruckerei,
Nördlingen
Gedruckt auf säurefreiem, chlorfrei gebleichtem Papier
Printed in Germany · ISBN 3-423-36110-7

Inhalt

The Skelligs

Das Haus am Kliff

Gleich hinter Glenbeigh, auf der nördlichen Route des Ring of Kerry, öffnet sich der Blick auf eines der eindrucksvollsten Panoramen Irlands.

Rechts, über die Schaumkämme der Dingle Bay hinweg, das Massiv der gleichnamigen Halbinsel, weißmähnige Gebirgszüge, geradezu aufgetakelt in ihrer schneeigen Pracht und sich langgezogen verlierend in der dunstigen Unendlichkeit des östlichen Atlantik.

Links, nahe der Straße, der felsige Fuß der Iveragh Peninsula, hohe Grate, von denen es flirrend herabstäubt, als würde ein riesiger Atem die glitzernden Kristalle erst nach unten fauchen und dann ungestüm zurück in den blauen Himmel blasen. Und irgendwo südlich, unsichtbar von hier, Kerrys steinernes Rückgrat, die Macgillicuddy's Reeks und ihre Krone, Seine Majestät der Carrantuohill - mit 1038 Metern die höchste Erhebung der Insel.

Es stürmt. Der ewige Westwind jagt gewaltige Wolkenballen landein und hat alle Vegetation, jeden Baum in die gleiche Richtung gestemmt, nicht nur das nach Osten weitausgreifende, seewärts aber verkrüppelte Astwerk - die Stämme selbst sind verbogen von dem ständigen heulenden Schub.

Nun weiter auf dem Ring, nach Cahirciveen.

Durch das Städtchen und seine quirlige Hauptstraße hindurch, noch blicklos für anderes als das immer näher rückende Ziel, lenke ich meinen alten Ford gut fünf Kilometer hinter dem Ort nach rechts, wo Valentia Island ausgeschildert ist. Richtig, da drüben erblicke ich die helle Häuserfront von Knight's Town, das gedrungene Leuchtfeuer mit dem roten Gürtel, den schmalen Sund bei Portmagee.

Bis hierher war die handgezeichnete Wegweisung meines Gastgebers aus Deutschland einfach nicht zu verfehlen.

Und dort vorn auch schon, wie beschrieben, die alte Brücke, hinter der scharf nach links abgebogen werden soll, dann durch flache Torflandschaft auf die Serpentinen mehrerer widerspenstiger Küstengrate zu und steil hindurch in den niedrigen

Gängen meines Autos. Oben sogleich die Belohnung – hinten das Amphitheater der St. Finan's Bay mit der Granitstirn des Kap Bolus und vorn, ersehnter Markierungspunkt für die weitere Strecke, die moderne Kirche mit dem »stumpfen Turm« – trefflich charakterisiert.

An ihr vorbei den von Schlaglöchern perforierten Weg nach Norden entlang – hier, so werde ich belehrt, drohe die letzte Falle, den Weg zu verfehlen: »Nicht abzweigen nach Portmagee.«

Vermieden!

Dann die hohle Schlucht, der auf dem Papier drollig vermerkte Wasserfall, die Haarnadelkurve, Fuchsiensträuche und Stechginster, und ausschnitthaft zwischen den Heckenlücken, gleichsam unterbrochen wie in einem alten, langsam ablaufenden Stummfilm, der Ausblick auf die See. Das alles mit dem Gefühl, an diesem späten Nachmittag dem Ende der Welt immer näher gerückt zu sein, und in der Erwartung, nach der letzten überwundenen Höhe einer atemverschlagenden Erscheinung ansichtig zu werden – Great und Little Skellig!

Wie zwei felsige Gralsburgen ragen die Inseln da aus dem türkisfarbenen Wasser. Die größere, nach dem Erzengel Michael benannt, ein Riesenzacken, nur schmal getrennt von der kleineren, die immer noch imposant genug ist.

Beide sind schwarzgrau und gischtumtost, beide in Dreiecksform hochgetürmt, mit dolchartig zulaufender Spitze – zwei wie in Jahrmillionen herausgemeißelte und von der Natur selbst ausgestellte Kunstwerke.

Ich rekapituliere von meinem luftigen Standort aus Angelesenes.

Auf dem Great Skellig liefern Quellen süßes Wasser – was Folgen hatte. Denn während seine verrotteten Gesteinsplatten Little Skellig schwer begehbar machen, war Michael Skellig vom 5. bis ins 17. Jahrhundert bewohnt. Voran der Heilige St. Finan, hatten dort mehr als tausend Jahre und zweihundert Meter über dem Meeresspiegel Mönche gehaust, hatten auf einem Sattel zwischen verschieden hohen Felspyramiden ein Kloster gebaut und als Fachleute in Steinbau bienenkorbartige Hütten errichtet (*beehive stone cells*), mörtellos, trocken und sommers wie winters isolierend.

670 Stufen hatten sie bis hinauf zur Klostermauer und zu den Eingängen ihrer schmucklosen Unterkünfte in den harten Grund geschlagen, hatten den höchsten Punkt den »Stein der Buße« genannt, ihre Toten unter einem kleinen Erdhügel begraben und sich aufs Meer gewagt in gebrechlichen Booten aus Holz und mit Hammelfett bestrichenem Leder. Nichts davon ist erhalten geblieben.

Auch weiß niemand genau, wann sie gegangen sind, die Frommen von Michael Skellig (es soll um das Jahr 1630 geschehen sein), wie lange sie zum Bau ihrer steinernen Treppen und Hütten gebraucht und welche Bücher sie geschrieben haben. Es gibt nur Vermutungen.

Aber Geheimnisse passen zu der Stätte. Ich verspüre keine Neigung, sie durch näheren Augenschein zu lüften und später, in der wärmeren Jahreszeit, dahin überzusetzen, wie es möglich sein soll von Portmagee, Ballinskelligs oder Cahirciveen aus. Skellig Michael und Little Skellig – ihr Bild soll bleiben, wie es sich mir jetzt bietet in dem unglaublich schnellen Wechsel von Schatten und Licht der irischen Himmelsdramen: vor dem noch grell von unten angeleuchteten Seehorizont zwei Scherenschnitte, die bald versunken sein werden in der rasch aufziehenden Dämmerung.

Jetzt erst entdecke ich in einiger Entfernung davon einen winzigen, brandungsumspülten Dorn aus dem Wasser stechen, gleichsam ein stacheliger Ableger der beiden größeren – offiziell Lemon Rock genannt, aber auch, erinnere ich mich, *Wash a woman's rock*.

Dazu, ganz küstennah und doch Insel, von hier oben anzusehen wie die Riesenhöcker eines gigantischen Kamels, grünlich beschorft und vom Wind unaufhörlich geradezu musikalisch umspielt – Puffin Island.

Und dann, quasi als menschliche Zutat zu diesem grandiosen Ensemble des östlichen Atlantik, nur durch eine kurze Weide getrennt von der Seekante, gut sichtbar an seinem freien Platz, hell, fest und hinter dem schweren hölzernen Tor über eine abschüssige Rampe zu erreichen, der Standort der ersten Etappe, Ausgangs- und Endpunkt ihrer künftigen Fahrten, Reisen und Besuche, sozusagen mein Hauptquartier Nummer eins – *das Haus am Kliff.*

Als ich an seiner seeabgewandten Seite aussteige, um die Tür aufzuschließen, knallt mir der Wind mit voller Wucht den Wagenschlag gegen den Körper, während ganz plötzlich Schneeflocken so dicht herabfegen, daß man kaum die Hand vor den Augen sehen kann.

Drinnen dann, in dem Eigentum meiner freundlichen, vertrauensvollen und diesem Land völlig verfallenen Gastgeber aus dem Westerwald – Wärme und Geborgenheit. Ich bin ganz allein in einer vielräumigen Herberge.

Die Küche, reichlich versehen mit allem, was einem nicht gerade geschickten Selbstversorger Zutrauen einflößen kann, funktional und dennoch anheimelnd. Im Schlafzimmer, verlokkend, ein Stehpult (das mir sofort Hemingways Arbeitsweise in den Sinn bringt), und von der großflächig verglasten Veranda aus, überwältigend, der Blick auf die dichten, graugelben Wasserschleier der St. Finan's Bay, auf den finsteren Vorderhöcker von Puffin Island und das verwunschene Duo der Skelligs.

Im Haus muß noch jüngst eine ordnende Hand gewaltet haben, denn es ist alles gerichtet, geputzt, versorgt, die Heizung aufgedreht, das Bettzeug frisch.

Nachts bricht, nach kurzer Stille, der Sturm aufs neue los, tost, brüllt, jault, greint, als sollte das Dach abgedeckt werden. Hagel trommelt wie Gewehrfeuer gegen die Fenster, und aus dem Kamin dringen stoßhaft schrille Geräusche. Die Wildheit der Natur kann etwas Wunderbares sein, wenn man so sicher ihren Stimmen lauschen kann, entspannt im warmen Bett und nach langer, langer Anfahrt erschöpft. Drei Tage hat sie gedauert – vom 1. bis zum 3. März.

Die zittern noch in mir nach.

Die einschläfernde, weil nur allzu oft gefahrene, öde Strecke Köln-Calais; dann von Folkestone südlich an London vorbei nach Bristol und Cardiff. Bis dahin waren zwar gut sechs Siebtel der Tour zurückgelegt, aber mit Wales' ebenso engen wie kurvenreichen Straßen und den Nadelöhren seiner idyllischen Ortschaften stand die eigentliche Strapaze noch bevor.

Da mag einem dann selbst ein so gesichtsloser Fährhafen wie Fishguard zum Gelobten Land werden – lassen seine Kais doch immerhin die Hoffnung zu, irgendwann glücklich ans Ziel zu gelangen.

Dazwischen hatte allerdings die Irische See gelegen, deren rauher Nordwestwind die »Felicity« fortwährend vom Bug bis zum Heck mit schweren Brechern überspülte und mir, wenn auch keine ausgewachsene Seekrankheit, so aber doch ein derart flaues Gefühl im Magen bescherte, daß ich beim Anblick des Leuchtturms von Rosslare und seiner Blinkzeichen – endlich Irland! – noch weit erleichterter aufatmete als bei der Ankunft in Fishguard von Land her ein paar Stunden zuvor.

Dann, auf dem langen Wege zum Haus am Kliff über Waterford, Dungarvan, Cork, die große Überraschung – Schnee, Schnee, Schnee! Die Sonne: nur noch ein dunstiges Auge; die Berge, Comeragh, Boggeragh und Monavullag Mountains: als trügen sie weiße Kleider. In diesem Jahr ist der Winter stärker als der Golfstrom. Dabei soll nach dem eigenwilligen Inselkalender seit einem Monat, genau seit dem 1. Februar, Frühling sein.

Und doch trugen die Gepäckhauben der Autos vor mir Eispelze, und auf den Telegraphendrähten hockten, geschrumpft, als hätte die Kälte ihnen das Knochengerüst zusammengezogen, ganze Schwärme trübselig ausschauender Krähen.

Aber noch vor Killarney brach die Sonne wieder durch, schmolz sie blaue Löcher in den verhangenen Himmel, streichelte sie die kalten Berge mit ihren Strahlenfingern und verschwand dann hinter schweren Wolken so schnell, wie sie gekommen war. »Four seasons on a monday!« sagt der irische Volksmund: Alle Wetter der vier Jahreszeiten an einem einzigen Tag!

Was sich während der Weiterfahrt von Glenbeigh bis zum Haus am Kliff nur noch einmal bestätigte.

Neu ist mir das alles nicht – bin ich doch nicht zum erstenmal in Irland. Die Ouvertüre meiner Begegnungen mit ihm liegt über ein Vierteljahrhundert zurück, und sie verlief so dramatisch, daß ich mich seit jenem Herbst des Jahres 1969 an sein Schicksal gekettet fühle – sowohl an das der katholischen Republik Irland, als auch an das des protestantisch dominierten Ulster, des »anderen Irland«.

»Away from England« oder Ein Rückblick

Es ging um eine Fernsehdokumentation über ethnische und konfessionelle Minderheiten im Vereinigten Königreich: Schotten, Waliser, Katholiken in Nordirland.

Einige Wochen vor der Ankunft unseres Teams in Belfast, nach einem traditionellen Marsch von Protestanten am 12. August 1969 in Londonderry, waren die latenten Spannungen explodiert, hatte die Auseinandersetzung zwischen der protestantischen Mehrheit und der katholischen Minderheit in dem zu Großbritannien gehörigen Teil der ehemaligen irischen Provinz Ulster im Zeichen steter Eskalation gewalttätige Formen angenommen. Überfälle der einen Seite auf die Wohnviertel der anderen und umgekehrt, Barrikaden, Straßenschlachten. Zwei Tage später, am 14. August, trafen auf Anweisung des britischen Premierministers Harold Wilson 6000 Soldaten in Nordirland ein.

Zunächst waren sie von der sozial und politisch benachteiligten katholischen Bevölkerung freundlich empfangen worden, wie Retter; ein Vertrauensvorschuß, der nicht lange anhielt. Die Truppen waren nicht geschickt worden, um die Minderheit zu schützen, sondern um für »Ruhe und Ordnung« zu sorgen, das heißt, den Status quo, die protestantische Vorherrschaft, aufrechtzuerhalten. Bald flogen Steine.

Das war die Situation, als wir mit der Fähre von Schottland in Nordirland eintrafen.

Am Morgen nach unserer späten Ankunft in einem Belfaster Hotel kam die Nachricht, daß es in der katholischen Falls Road bei schweren Auseinandersetzungen mit britischen Soldaten den ersten Toten gegeben habe. Die Nachricht verbreitete sich rasend schnell in der Hauptstadt.

Eine Stunde später war das Team am Schauplatz der Tragödie.

Der Erschossene hieß Danny O'Hagan, ein neunzehnjähriger Elektrikerlehrling. Er lag da, aufgebahrt in seinem Bett, über der Nasenwurzel der kleine Einschuß, wo ihn um drei Uhr früh die Kugel aus einem britischen Gewehrlauf getroffen hatte. Der Hinterkopf war ganz mit Laken und Blumen abgedeckt.

Neben dem Bett, auf einem Stuhl, der Vater. Er hielt die Hand des Sohnes in der seinen, stumm weinend, ununterbrochen in das Gesicht des Toten starrend und ohne uns richtig wahrzunehmen.

In einem anderen Zimmer, bei lebendigem Leibe gelähmt vor Entsetzen, die Mutter – mit irrem Blick und ebenfalls bewußtlos für das, was um sie herum vorging. An ihrer Seite die beiden Töchter, die eine älter, die andere jünger als der einzige Bruder.

Fortwährend kamen Männer und Frauen durchs Treppenhaus in die Wohnung, die einen dem Benehmen nach Freunde und Vertraute der Familie, andere Bekannte, dritte gar Wildfremde, von keinem anderen Wunsch getrieben, als ihre Solidarität zu bezeugen.

(Ich tat in dieser engen Kleineleutewohnung in einer Nebenstraße der Falls Road etwas, was ich so später nicht wiederholt hätte – nämlich das Leid von Menschen professionell für meine Arbeit zu visualisieren und damit unweigerlich in die Rolle eines TV-Voyeurs zu schlüpfen. Ich habe bis heute ein schlechtes Gewissen, auch wenn wir damals ohne die Erlaubnis der betroffenen Familie keine Aufnahmen gemacht hätten.)

Aber diese schreckliche Stunde war die Initialzündung meiner Verbundenheit mit dem irischen Schicksal, verstärkt noch durch die Bilder, die ihr während der Dreharbeiten folgten.

Brennende Autos, ausgeräucherte Häuser, von Bomben zerstörte Straßenzüge; der martialische Anblick und die Allgegenwart der schwerbewaffneten britischen *paratroopers*, grimmige Gesellen in Fallschirmjägeruniform, das Gewehr schußbereit im Anschlag oder in Kampf- und Panzerwagen mit heulender Sirene durch die Straßen preschend. Der fühlbare Umschlag der Stimmung unter den Katholiken in reinen Haß gegen das Militär nach erbarmungslosen Hausdurchsuchungen; die kompromißlose Haltung versteinerter protestantischer Ultras, deren Gewaltmentalität der ihrer katholischen Pendants in nichts nachstand. Schließlich ein Interview mit dem anglikanischen Eiferer Ian Paisley, schon damals der Repräsentant eines harten Kurses, den ich nach einigen Mühen vor die Kamera bekommen hatte und dessen Wortwahl sowenig Gutes verhieß wie seine Gewißheit: »Gott ist mit *uns*!«

Am nächsten Tag dann die andere Seite: der ungeheure Haß, mit dem in einer konspirativen IRA-Versammlung, zu der wir Zutritt hatten, der Anführer, das Gesicht im Schatten, in die Linse schrie: »Away from England!« – noch einmal und noch einmal, als könnte er damit nicht aufhören.

Bis in die Mitte der achtziger Jahre bin ich als Fernsehmann noch fünfmal in Irland gewesen, sowohl in der Republik als auch in Nordirland – Erlebnisse, die einen unauslöschlichen Eindruck hinterließen.

Eine dieser Reisen, entlang der gesamten Grenze zwischen der südirischen Republik und Nordirland, von Inishowen Head im Nordwesten bis Dundalk im Osten, brachte einige der fürchterlichsten Erfahrungen meiner Fernsehjahre. Blutige Anschläge von diesseits und jenseits der Grenze, durchgeführt von Kommandos der IRA (Irish Republican Army) und protestantischen Extremistengangs wie der UDA (Ulster Defence Army) oder der UVF (Ulster Voluntary Force). Nächtliche Überfälle auf einsame Häuser und ihre Bewohner; Hinterhalte, Massenschlächtereien mit Maschinenwaffen, die in Tanzveranstaltungen abgefeuert wurden; Verschleppte, die nie wieder auftauchten – wobei sich die eine Seite jeweils auf Untaten der anderen berief und eigene Terroraktionen mit denen des Gegners rechtfertigte. Das alles im Zusammenhang mit Ereignissen, die Jahrhunderte zurückliegen.

Es gab aber auch Tröstliches. Zehn Jahre nach meinem ersten Aufenthalt wollte ich wissen, ob es, jenseits der städtischen *trouble areas* Belfast, Londonderry, Armagh, mitten in Ulster normale Beziehungen, ja Freundschaften zwischen Katholiken und Protestanten gab. Ich wählte Omagh, County Tyrone, aus, einfach seiner zentralen Lage wegen. Die Überraschung war perfekt, als wir dort am ersten Abend einen ökumenischen Gottesdienst katholischer und protestantischer Frauen filmen konnten und im Verlauf der Dreharbeiten dann auf zahlreiche feste Bande und unerschütterbare Beziehungen zwischen Familien beider Konfessionen stießen. Spätestens seit jener Zeit mißtraue ich jener Auslese, in der unsere sensationsorientierten Medien nordirische Verhältnisse widerspiegeln, da in der Regel erst berichtet wird, wenn Blut im Spiel ist, ein großer Teil der Wirklichkeit also verdeckt bleibt.

Mein Blick auf Irland und meine unersättliche Neugierde auf

seine Menschen und ihre Geschichte waren nie beschränkt auf den Konflikt in den sechs zu Großbritannien gehörigen Grafschaften von Ulster. Sie bezogen sich immer auch auf das Territorium der Republik Irland mit ihren 26 Counties.

Ich wurde Zeuge des ungeheuren Sprungs nach vorn, den dieser rückständige Staat und seine Gesellschaft seit dem Beitritt zur Europäischen Gemeinschaft im Jahr 1972 getan haben, Zeuge der Modernisierung des äußeren Bildes, der Verwandlung eines buchstäblichen Armenhauses in das freundlichere Gesicht einer Nation, die dabei ist, den Anschluß an die Welt zu finden, von der sie immer getrennt war.

Wo immer ich auch hinkam, habe ich in die verknautschten Physiognomien der Iren geschaut, und versucht, mich ihrem Herz und ihrem Verstand zu nähern; war ich betört von den herrlichen Landschaften; immer wieder angetan von dem unvergleichlich raschen Wechsel seiner Wetter; war ich Gefangener einer vieltausendjährigen Inselgeschichte.

Es ist jetzt zehn Jahre her, daß ich zuletzt dort war, aber das Gebirge meines Archivs spricht beredt dafür, daß ich Irland und seinen Bewohnern immer nahe geblieben bin.

Es ist eine Begegnung, die mich vom ersten Augenblick an entzündet hat, ein Stoff, der seither in mir arbeitet und den ich mich nun entschlossen habe, mit diesem Buch ausführlicher als alle vorangegangenen meiner irischen Unternehmungen zu behandeln.

Nein, Heinrich Bölls »Irisches Tagebuch« ist nicht der Vater des meinen – wer das vermutet, den muß ich enttäuschen. Wenngleich die Klarstellung mir das Geständnis entlockt, daß ich dieses in der Mitte der fünfziger Jahre erschienene Kleinod unter den Werken über Irland, ein wahres *document humain,* erst zwanzig Jahre später, also lange nach meiner ersten Ankunft auf der Insel, gelesen habe.

So wird denn auch jede ernsthafte Leserin, jeder aufmerksame Leser spüren, daß »Mein irisches Tagebuch« eine selbständige Arbeit ist, geschöpft aus eigenen Quellen, eigenen Beobachtungen, Erfahrungen und Beziehungen über eine lange biographische Strecke hin.

Aber daß ich durch die Böllsche Lektüre weiter angestoßen, daß mein Interesse an Irland geschärft, die Anteilnahme vertieft wurde – das, bekenne ich gern, trifft zu. So ist denn auch die Ähnlichkeit der beiden Titel nicht zufällig zustande gekommen, sondern ein Ausdruck meiner Honneurs vor Heinrich Böll, den persönlich gekannt zu haben ich zu den großen Privilegien meines Lebens zähle.

Womit ich diese zum Verständnis vielleicht notwendige Einführung schließen will.

Mein irisches Tagebuch I

5. März.

In der Nacht hat mich ein Lärm geweckt, als würde eine Flotte vielstrahliger Großjets in unmittelbarer Nähe vor einem gemeinsamen *take-off* stehen – das Haus am Kliff bebte in seinen Grundfesten, was mich aus dem Bett ans Fenster trieb. Die Stöße kamen von See, vom Atlantik her, Bekundungen einer Allmacht, die sich nicht auf ihre nasse Hemisphäre beschränken will, sondern mit ihrer Kraft noch weit hinein ins Land droht. Der Wind hatte die Sterne blank poliert und das Firmament frei und klar gefegt wie in den Tropen.

Aber dann, erst wie ein Spuk, weit über St. Finan's Bay und Bolus Head hinaus – ein fernes Licht, aufblinkend und verschwindend, in einem Rhythmus von sechzehn Sekunden (wie ich mehrfach zähle). Ein Leuchtfeuer mußte das sein, irgendwo da draußen in dem tosenden Meer, eine Botschaft in die Nacht, beruhigendes Zeichen menschlicher Hilfswilligkeit.

Rechts, näher, viel näher ein zweites Licht, niedrig übers Wasser huschend, schemenhaft und ebenfalls in präzisem Takt wiederkehrend – woher kommt das? Tagsüber hatte ich in dieser Richtung nichts als Wasser und darin die beiden Skelligs gesehen.

Über dieses Rätsel schlafe ich wieder ein und werde erst gegen neun Uhr aufgescheucht – durch hartes Klopfen an der Haustür. In ihrem Rahmen steht, gebeugt, verrunzelt, mit hellwachen Augen hinter den Brillengläsern und einem poltrigen »Hello«, eine Frau von etwa siebzig Jahren: in einer Wolljacke von undefinierbarer Farbe und auf einen Stock gestützt, den sie aber draußen läßt, als sie eintritt - Maureen Griffin.

Sie ist die einzige Nachbarin weit und breit, aus dem gelbgestrichenen Haus dahinten, das von der Veranda landeinwärts über die Weide gerade noch erkennbar ist. Von dort muß sie, für ihre Behinderung ein langer Weg, ungeachtet des Sturms gekommen sein, die abschüssige Rampe vom Tor herab, für die kalte Jahreszeit meines Erachtens zu leicht bekleidet. Als ich es andeute, schüttelt sie nur den Kopf, läßt ein brüchiges Lachen hören und äußert, mit wegwerfender Handbewegung: »Hopeless« - hoffnungslos.

Dann setzt sie sich, ganz heimisch hier, an den Tisch in der Eßdiele, ein Menschenberg, der den schweren, süßlichen Geruch verbrannten Torfs mitgebracht hat. Sie lugt in die offene Küche hinein, erkundigt sich nach den Stationen meiner Herreise und ob ich denn versorgt sei mit Lebensmitteln für die nächste Zeit. Sonst stehe sie mir mit Rat und Tat zur Seite.

Erste ermutigende Minuten - die stumme und die gesprochene Verständigung zwischen uns scheint auf Anhieb zu klappen, nur daß Maureen dann und wann das Gesicht verzieht, wenn sie Schwierigkeiten hat, mein Oxford-Englisch zu begreifen. Doch sind wir uns binnen kurzem einig, vor dem anderen ohne Hemmungen zuzugeben, wenn wir uns nicht verstanden haben sollten. Die Sympathien scheinen auf Gegenseitigkeit zu beruhen.

Fremd ist Maureen Griffin mir ohnehin nicht, und erwartet hatte ich sie auch, das Faktotum und den guten Geist des Hauses am Kliff, von dem mir seine Besitzer in schier überbordender Begeisterung erzählt hatten: daß alle Schafe auf de Weiden ringsum, über vierzig, ihr und ihrem erwachsenen (er leider immer noch nicht verheirateten) Sohn Michael gehorten; daß sie vor achtzehn Jahren Witwe geworden sei, nachdem der Tod ihren Mann von unerträglichen Gelenkschmerzen erlöst habe, und daß ihr der Schlüssel zu dem manchmal lange unbewohnten Haus bedingungslos anvertraut werden könne.

Maureen war es also auch gewesen, die vor meiner Ankunft hier alles geordnet, geputzt und gerichtet hatte, die Heizung angestellt, den Torf vor dem Kamin aufgeschichtet und die Handtücher bereitgelegt. Wie zeigt man sich dafür erkenntlich, vermeidet man den Verdacht, ihre Hilfe als selbstverständlich hinzunehmen, eingedenk der Warnung, daß Maureen außerordentlich empfindlich sei, wenn ihre Motive mißverstanden würden? Eine erste schüchterne Andeutung meinerseits, viel zu früh, beantwortet sie, indem sie den rechten Arm hochwirft und dabei wieder laut »Hopeless!« ruft.

Das jedenfalls dürfte ein schwieriger Balanceakt werden.

Als ich sie wegen der blinkenden und huschenden Geisterlichter der letzten Nacht anspreche, steht sie auf, geht mit einer Geste, ihr zu folgen, gebeugt ans Fenster und streckt mit abgespreiztem Zeigefinger den rechten Arm aus – weit draußen auf See erblicke ich drei Punkte: Felsen, scharfe Konturen vor dem hellen Horizont des stürmischen Morgens.

»The bull, the cow and the calf!« erklärt Maureen triumphierend, als wäre sie die Schöpferin der Gruppe. Stier, Kuh und Kalb? In der Tat, bei genauerem Hinsehen kann es keine treffendere Kennzeichnung geben als diese, die Natur hat es den Namensgebern wahrlich leichtgemacht: rechts vorn der erste Fels, gedrungen, bullig – der Stier; hinter ihm, langgestreckt – die Kuh, und dahinter wieder, sozusagen an ihrem Schwanz klebend und folgsam – das Kalb.

»Die grasen vor Dursey Head«, sagt Maureen feixend, »zwanzig Meilen weit weg. Das Licht kommt von einem Leuchtturm auf dem Stier.« Dann nimmt sie mich am Ärmel, zieht mich daran vor das große Vorderfenster in der Veranda und zeigt auf die Skelligs, die in zwölf Kilometer Entfernung wie zwei von Sonnenstrahlen getroffene Fabelerscheinungen aus dem Meer ragen. Sie beugt sich noch tiefer als ohnehin schon und zieht mit beiden Händen Kreise, wie der Schein, den ich dort drüben nachts übers Wasser huschen sah. »Das Licht kommt vom Großen Skellig, von Michael, der hat einen Leuchtturm auf einem schmalen Grat, nicht sehr hoch.« Schwerfällig geht sie zu ihrem Stuhl zurück, läßt sich nieder, sagt: »Ich war nie dort, mir genügt der Anblick«, macht eine Pause, und fährt fort: »Aber ich kenne alle Vogelarten auf dem naturgeschützten Little Skellig. 20 000 Tiere sollen es sein.«

Dann zählt sie auf: Baßtöpel, Dreizehenmöwen, Sturmschwalben, Papageientaucher (zwecks redlicher Übersetzung ins Deutsche schreibe ich die englischen Namen auf, wobei Maureen mir jeden einzeln buchstabiert).

Sie erkundigt sich nach meinen Plänen, den Motiven für mein Buch, den Orten, Städten, Regionen, die ich aufsuchen will, fragt, nein, bestimmt: »Sie erzählen mir davon!« – schaut dann auf die Uhr und erhebt sich langsam.

Ich begleite Maureen zur Tür. Sie greift nach dem angelehnten Stock, stützt sich schwer darauf und stapft, tief gebeugt gegen den Wind, die Rampe hoch.

Kurz vor dem offenen Tor dreht sie sich um und ruft mir ein verwehtes »God bless you« zu.

Gegen Mittag erster Ausflug in die irische Geschichte – zum Staigue Stone Fort am südlichen Ring of Kerry.

Hinter Waterville geht es steil hoch zum Coomokista-Paß, riesige Felsbrocken zwischen der Straße und der See, tonnenschwer, absturzgefährdet. Rechts die Ballinskelligs Bay, überschwebt von einer riesigen grauschwarzen Wolke, die am Bolus Head schon heruntertrieft. Auf der Scheitelhöhe des Passes eine Madonnenstatue, weit hinten, braunrot von hier, Skellig Michael, und drüben, über den Kenmare River (ein vor Urzeiten überflutetes Tal, kein Fluß), die befirnten Caher-Mountains auf Beara, einer der fünf »Finger«, mit denen das südwestliche Irland weit in den Atlantik hineingreift.

Dann hinunter nach Caherdaniel in Richtung Sneem.

Ich bin auf der Suche nach einem der zahlreichen Ringwälle aus der Zeit zwischen 500 vor und 500 nach christlicher Zeitrechnung, keltische Festungen, von denen das steinerne Staigue Stone Fort eines der besterhaltenen sein soll.

Es gibt aber auch viele ältere Bauwerke, die Insel ist nachweisbar seit 7000 Jahren von Menschen besiedelt, vorkeltischen Völkerschaften, aus deren Steinzeitdunkel nichts überkommen ist als Gräber von staunenswertem Umfang und monumentaler Architektur, Zeugnisse großer Glaubenskraft und hoher Technik. Darunter die sogenannten Ganggräber im County Meath, die ich bei früheren Aufenthalten inspiziert habe, wie Dowth und Knowth, riesige, grasbewachsene Erdbuckel, vor 4000 bis 5000 Jahren aufgeworfen und nun einer schwierigen und langandauernden Restauration unterzogen. Der weitaus eindrucksvollste dieser Megalithbauten aber ist Newgrange, eine Anlage von mehr als neunzig Metern Durchmesser und fast elf Metern Höhe, nach der Radiokarbonmethode mit 2900 Jahren vor unserer Zeitrechnung geortet.

Es war damals ein seltsames Gefühl, an den spiralverzierten Steinen des Eingangs vorbei in das Innere einzudringen. Am Ende des schmalen und niedrigen, neunzehn Meter langen Gangs wölbt sich eine sechs Meter hohe Kapelle aus Gesteinsplatten, bei deren Anblick man sich erschüttert fragt, wie ihr Gewicht ohne maschinelle Kraft bewegt und da hinaufbefördert werden konnte.

Insgesamt sind hier vor 5000 Jahren für die ganze Anlage von Newgrange 200 000 Tonnen Steine zusammengetragen worden.

Ich kam mir wie befreit vor, als ich wieder draußen an der Luft und unterm offenen Himmel war.

Jetzt, auf dem Weg zu der jüngeren Keltenfestung, fahre ich mit geöffnetem Schiebedach bei Castlecove vom Ring of Kerry ab, und hinein in das felsige Herz von Iveragh.

Und dann, nach einigen holprigen Kilometern, liegt es vor mir, jenseits eines rauschenden Baches, Millionen mörtellos aufeinandergeschichtete Steine, auf einem Hügel gelegen, mit freiem Blick auf die Bucht des Kenmare River, und ungeheuerlich, weil von Menschenhand errichtet – Staigue Stone Fort, auf gälisch Cathar na Steige!

Es ist schwer, in dieser Jahreszeit dahin zu gelangen, der Boden ist vermatscht, glatt wie Schmierseife. Aber dann bin ich dran, ducke mich an dem kaum 1,60 Meter niedrigen, von riesigen Decksteinen überdachten Eingang und messe die Mauer mit gut vier Meter Dicke und fünf Meter Höhe aus, bei einem Durchmesser des Forts von dreißig Metern.

Auch hier allgegenwärtig der Gedanke: Wer hat diese Steine aufeinandergetürmt und zu welchem Zweck? Stimmt es, was auf einer Tafel steht: daß die in massiver Trockenbauweise errichtete Anlage ein Fluchtzentrum für die örtliche Bevölkerung in vorchristlicher Zeit gewesen sei, in dem Hunderte von Menschen bei Gefahr Schutz finden konnten? Einige Historiker halten die Ringwälle für sakrale Plätze, wieder andere für Symbole von Reichtum und Status einzelner Familien und Sippen.

Mich überzeugt das Ungetüm schon auf den ersten Blick als ein mit äußerster logistischer Klugheit geplantes und ausgeführtes Verteidigungs- und Sicherheitsbauwerk. Innere Treppenfelder, die zur Mauerbrüstung hochführen; Furchen und Kanäle, die das Regenwasser über etwas nach unten geneigte Kragsteine schadlos durch die Mauer abtropfen lassen; zur besseren Stabilisierung schräg stehende Pfosten; die Wände nach oben verjüngt, und außen herum, von der Zeit längst zugeschüttet, aber noch zu ahnen, ein wassergefüllter Burggraben. Hier haben sie gelebt, Ackerbauern und Viehzüchter, im Anblick der See und von Bergen, deren Profile damals, ein Lidschlag der Geologiegeschichte, nicht anders aussahen als heute.

Unwirklich fast die Gegenwart. Das Gehöft da drüben, weidende Schafe, rauchende Kamine, nicht zu vergessen die behördlichen Hinweise »Hunde sind an der Leine zu halten« und »Eintritt 50 pence«, zu entrichten in eine offene Metalldose mit roter Aufschrift »Thank you«.

Da liegt es nun, momentan von der Sonne beschienen, Cathar na Steige, Staigue Stone Fort, oben auf dem steinernen Kranz ungleichmäßig abgewittert vom Atem der Jahrtausende, listig plaziert, um jeden Angreifer schon von weither auszumachen, selbst jedoch in vollendeter Mimikry mit den grauen Felsen ringsum, wie ein Teil der Natur. Auf dem Hinweg habe ich vom Ring of Kerry her die Festung vergeblich gesucht.

Aber jetzt, auf der Rückfahrt und besser orientiert, entdecke ich sie doch von der Straße her in ihrer steinernen Isolation. So aus der Ferne und vor der Gebirgskulisse ist sie im Vergleich eher bescheiden anzusehen, und ist doch, von Menschen geschaffen, das Herzstück der ganzen Landschaft.

Als ich in meiner Hosentasche jenes Steinchen befühle, das ich von tief innen her aus der Mauer geholt habe, kommt mir ein seltsamer Gedanke: Die letzte Hand, die den Splitter vor mir berührt hat, muß die gewesen sein, die ihn vor undenklichen Zeiten an eben diese Stelle gelegt hat.

Und noch etwas geht mir an diesem Märztag durch den Kopf, die ganze Zeit schon beim Anblick einer Archäologie, an der sich so urzeitlich und materialisiert ablesen läßt, daß der Mensch seit eh und je des Menschen Wolf gewesen sein muß. Nur daß die Waffentechnik inzwischen vom Steinbeil bis zur Interkontinentalrakete fortgeschritten ist.

Es sind Assoziationen, die mir das vor 2500 Jahren errichtete Staigue Stone Fort suggeriert und die mir jedes Recht geben, zu erschauern bei der Frage, wie diese Erde und ihre Bewohner in weiteren 2500 Jahren aussehen werden, wenn es sie dann überhaupt noch gibt.

Den Globus ja, aber die Menschheit auch?

God bless you

In Cahirciveen, das manche wohl ein irisches Kaff nennen würden, fühle ich mich von Anfang an wohl. Wobei mich gerade seine unverbergbare Provinzialität anheimelt, ja entzückt. Einzige und eher nicht störende Ausnahme des zivilen Bildes ist ein *rifle man* vor der Ortsbibliothek – die dem Künstler mißratene Statue eines republikanischen Freiheitskämpfers, der sein Gewehr so krampfhaft mit seinen Händen umschließt, als fürchte er, es jeden Augenblick zu verlieren. Außerdem macht es ihn auf seinem grauen Podest nicht anziehender, daß er eine gewisse, wenn auch entfernte Ähnlichkeit mit Mussolini hat, sozusagen eine schmächtige Ausgabe des historischen Duce.

Sonst aber scheint in Cahirciveen das Bestreben vorzuherrschen, möglichst friedlich miteinander auszukommen. Das gilt auch für den Verkehr, vor allem auf der langen Hauptstraße (die alte Dorfstraße, die, wie in den meisten irischen Kleinstädten, den ländlichen Ursprung der Gemeinde beweist). Schmal ist sie, auf beiden Seiten verstellt durch zahlreiche, gegen alle Parkverbote verstoßende Autos, dazu lärmumtost von Maschinen, die versuchen, die ramponierten Gehsteige zu renovieren und die ohnehin enge Fahrspur an vielen Stellen weiter schmälern.

Aber o Wunder – am Steuer regiert die reine Höflichkeit, ist Rücksichtnahme selbstverständlich, Verkehrsrowdytum unbekannt. Vor allem aber, mein Ohr vermag es nicht zu glauben: Niemand hupt hier! Oder doch, einmal hat es einen, wenn auch kläglichen Ton gegeben – das Signal meines ansonsten unverwüstlichen Ford klingt schon altersschwach.

Ich beginne ein ganz ungewohntes Gefallen daran zu finden, daß hier jede Form von Perfektion fehlt, auch gar nicht angestrebt wird, und doch alles funktioniert. Da ist, zum Beispiel, Johnny Clifford, Cahirciveens einziger Automechaniker.

Eine, sagen wir malerischere Werkstatt als die seine habe ich nie gesehen – ausgeklinkte Wagentüren, Reifenstapel, Gasflaschen verschiedener Größen und Arten, ein aufgebocktes Auto ohne Scheiben, Pappkartons in beeindruckender Zahl, auf dem Boden Schraubenschlüssel, Batterien, ausgediente Schweißapparaturen. Aber wenn mein Wagen bockt, wie gestern, wenn er sein Leben, wieder mal, auszuhauchen scheint – Johnny Clifford hat das Übel durch das Blech hindurch sofort erkannt und in kürzester Zeit behoben.

Zu etwa einem Zehntel der Rechnung, die bei einer deutschen Werkstatt fällig gewesen wäre.

Die Jugend versammelt sich zu bestimmten Stunden vor Banks, einem weit überlokal bekannten Laden für Süßigkeiten – Schülerinnen und Schüler des hiesigen Gymnasiums. Die Dreizehn- bis Achtzehnjährigen flirten heftig, lassen darüber einen Bus nach dem anderen unbestiegen abfahren, lutschen hingebungsvoll an ihren Lollis oder schlecken Eis, behalten dabei das andere Geschlecht aber immer scharf im Auge. Junge Gesichter, rote Wangen, Lachen, Freude, Eifersucht. Zwei Mädchen, wagemutiger als die anderen, reißen das Gesetz des Handelns an sich, gehen auf die Jungen zu, sprechen und scherzen mit ihnen, die in John-Wayne-Pose tapfer aus Blechdosen Bier trinken. Das kühnste der Mädchen gibt jetzt einem Mitschüler in gelber Jacke auf einem Rad einen Klaps, schlagender Beweis ihrer Sympathie. Worauf er energisch in die Pedale tritt und mit hochrotem Kopf davonfährt.

Ich bin mit Maureen verabredet bei Curran's, Lebensmittel aller Art, ein irischer Tante-Emma-Laden, dessen Stammkundin sie ist.

Die Besitzerin, zart, mit fistelnder Stimme, und ihr Mann, jünger aussehend, aber älter als seine Frau, rufen Maureen »Darling«, was sie gerade so zurückgibt – man kennt sich seit der Kindheit.

Ich darf Maureens volle Taschen tragen, bis zu Grudle's, einer Imbißstube, deren vornehme Leitung und Bedienung sie zu rühmen weiß, als wir eintreten. Trotzdem geht die Heizung nicht oder ist zu niedrig eingestellt – wir behalten unsere Mäntel an.

Dann gibt Maureen die Bestellung auf, ohne mich gefragt oder mir die Karte gegeben zu haben. Dafür zählt sie aber mit verdrehten Augen Nahrungsingredienzien auf, die mir nicht alle geläufig sind, offenbar aber etwas zu tun haben mit der Speise, die sie geordert hat. Ich harre der Dinge, die da kommen sollen, und erfahre dabei, daß sich zwischen Maureen und ihren Tieren, sowohl Schafen als auch Kühen, Hühnern dagegen nicht, mehr als einmal persönliche Beziehungen hergestellt haben und daß Schlachtungen für den persönlichen Verzehr aus diesem Grund unterblieben sind.

Dann werden vor uns zwei dampfende Teller auf den Tisch gesetzt – und zum erstenmal in meinem Leben esse ich Irish stew.

»Wieso?« fragt Maureen, »Sie waren doch schon oft in Irland.«

»Ja«, sage ich, »aber Irish stew habe ich noch nie gegessen. Ich weiß auch nicht, warum.«

»Na und? Schmeckt es?«

Nun verdrehe ich die Augen, ungespielt.

»God bless you«, sagt sie.

Maureen Griffin ist zeit ihres Lebens, von Kindesbeinen an, jeden Sonntag zur Messe gegangen – und so soll es auch heute sein. Also stapfe ich zu ihrem Haus hinüber und mache das Angebot, sie die zehn Kilometer bis zur Kirche an der St. Finan's Bay hin- und zurückzubringen. Aber Maureen dankt und lehnt ab – die Aufgabe erfülle bereits eine Nachbarin, seit Jahrzehnten schon.

Der Wind röhrt in den Lüften, als ich allein losfahre, und das Wasser der Bay ist aufgewühlt. Züngelnd schlagen die Wogen hoch, zerstäuben am Kliff, rennen immer wieder an und werfen dabei haushohe Wasserschleier gegen die Felsenküste – das ist der bisher stürmischste Tag.

Ich bin lange vor Maureen da.

In der Kirche ist es nur halbwarm, und karg ist sie auch, eher wie in einem protestantischen Gotteshaus. Sie soll kurz nach dem Zweiten Weltkrieg errichtet worden sein mit den Dollars einer hier geborenen Frau, die als junges Mädchen in die USA ausgewandert und dort durch eine bestimmte Art des Webens zu Reichtum gekommen war. Zwar kehrte sie niemals zurück, stiftete aber als Zeichen ihrer bleibenden Verbundenheit (und wohl auch ihres hochmögenden Status) der winzigen Heimatgemeinde die Mittel für eine eigene Kirche.

Wer nicht weiß, wer die Spenderin war und wie sie hieß, dem wird über sie hier drinnen auf Plaketten, Tafeln und in Zeitungsausschnitten auf mannigfache Weise Auskunft gegeben. »In loving memory of Mrs. Katherine O'Sullivan-Murphy« steht da, und »Our lady of perpetual succour«, womit sich für die bleibende Hilfe der Familie auch nach dem Tod der Mäzenin bedankt wird.

Brennende Kerzen, Heiligenfiguren, jugendliche Ministranten. An den Wänden der Passionsweg Jesu mit seinen vierzehn Stationen. Dann kommt Maureen, bekreuzigt sich, macht die Andeutung eines Kniefalls und geht nach vorn, in einen braunen Wettermantel gehüllt und eine braune Mütze auf dem Kopf. Zunächst macht sie einen Rundgang, verbeugt sich vor den Heiligen, murmelt dazu etwas und setzt sich dann auf ihren Platz in der zweiten Reihe.

Ich lehne hinten an der Wand, zwischen anderen Männern, von denen mir einer ein auf gälisch beschriebenes Papier in die Hand drückt – das ich nicht lesen kann, was ich ihm aber verschweige.

Die Kirche füllt sich, der Priester erscheint und schlägt die Bibel auf, während der Sturm um die Kirche tobt. An der Kanzel steht: »Lord increase my faith – hope – love«.

Ich gehe nach vorn, weil ich sehe, daß Maureen einen Stuhl neben sich freigelassen hat.

Anders als mir angekündigt, wird nicht auf gälisch, sondern auf englisch gepredigt. Es geht um Jesus in der Wüste, doch fällt der Name O'Sullivan-Murphy dabei mehr als einmal.

Jetzt knieen alle nieder, ich auch. Es ist die erste Übung dieser Art in meinem Leben, und etwas verwundert finde ich mich in der ungewohnten Position wieder. Hinten an der Wand wäre ich, vielleicht, stehengeblieben, aber hier, neben Maureen, um alles in der Welt nicht. Auch werde ich nicht um den Bruchteil einer Sekunde eher aufstehen als sie.

Als der Klingelbeutel umgeht, verliert jenseits des Ganges in der ersten Reihe ein grünbehoster Knirps von vier Jahren eine Murmel, die auf die Kanzel zurollt, aber ruhigen Schritts von seinem Erzeuger zurückgeholt und dem Sohn übergeben wird.

Beim Vaterunser gähnt der Kleine, rutscht auf seinem Platz herum und verliert die Glaskugel ein zweites Mal. Als er sie selbst zurückholen will, wird er sanft daran gehindert.

Maureen gluckst, fängt sich aber gleich wieder.

Dann stehen alle von ihren Sitzen auf, geben sich die Hände und knieen abermals nieder. Maureen drückt mir beim Hinausgehen den Arm. Ich hätte sie gern gefragt, warum.

Nach dem Gottesdienst finden sich viele Besucher in dem Laden neben der Kirche wieder, der zwar sehr beengt ist, in dem aber von der Pfeffermühle über alle Arten von Lebensmitteln bis zum Zwirn Hunderte von Artikeln des Gebrauchs und Verbrauchs lagern, scheinbar anarchisch und wahllos plaziert, aber nach jedem Kundenwunsch sofort herausgefunden. Die Bude ist verqualmt und voller Stimmen, die Bedienung zufällig – der Reihe nach, das kennt man nicht. Hier rollt ein sonntägliches Ritual ab, ein gesellschaftliches Ereignis. Alle lächeln sich freundlich an, niemand drängt sich vor, keiner will der erste sein. Die Rechnung wird auf Papier geschrieben, wo es gerade gefunden wird – wenn keines da ist, geht es auch mit den Fingern. Maureen zahlt für Milch, Brot, Yoghurt und Sausages, die ungenießbaren Würstchen. Ich fühle, wie meine Rechte in Richtung des Portemonnaies zuckt, lasse es aber dann doch lieber.

Bevor Maureen in den Wagen ihrer Nachbarin einsteigt, sucht sie mich, winkt und ruft »God bless you«.

Dann steigt sie in das Auto der Nachbarin und läßt sich, vor dem Hintergrund der wildbewegten St.-Finan's-Bucht, zurückfahren. Wobei mir plötzlich klar wird, daß der Segensspruch, ungeachtet seiner Häufigkeit, keineswegs nur so dahingesagt, nicht bloße Routine ist, sondern einer Tradition entquillt, wie sie in solcher Zähigkeit selbst in den katholischsten Ländern der Erde nicht mehr anzufinden ist. Hier wird ein Ursegment irischer Geschichte sichtbar, an dem erst die Herausforderungen unseres Jahrhunderts spät zu rütteln begonnen haben.

Glühend vor Glaubenseifer

»Ich, Patrick, Sünder, einfachster Landsmann, geringster aller Gläubigen und von vielen verachtet...«

So beginnt die »Confessio« des Nationalheiligen St. Patrick, ein Urdokument der Frömmigkeit, dessen Verfasser zum Begründer des irischen Christentums und zum Paten des verbreitetsten Namens unter Iren geworden ist – Patrick oder, gälisch, Padraig. Beide sind abgeleitet vom lateinischen Patrizius.

Denn der Heilige war der Sohn eines Stadtrates und christlichen Diakons im römischen Britannien, geboren Ende des 4. Jahrhunderts. Er wird als Jüngling von den Gestaden des heutigen Wales durch irische Piraten entführt, auf die Insel gebracht und dort zum Sklaven gemacht. Fünfzehn Jahre später, 429, gelingt ihm die Flucht, er kehrt in sein Elternhaus zurück, empfängt die Priesterweihe, besucht nach Empfang der Priesterweihen Rom und kehrt von dort – »glühend vor Glaubenseifer« – als Bischof nach Irland zurück. Dort entfaltet er mit Hilfe eines Stabes von Jüngern eine beispiellose Missionstätigkeit – innerhalb von dreißig Jahren wird das Inselvolk, bis dahin im Bann des keltischen Druidentums, zum römischen Glauben bekehrt. Und nicht nur das. Diese einsame, damals am Rande der bekannten Welt gelegene Insel und ihre Heiligen – Enda, Kevin, Columban und Brendan – werden für die nächsten Jahrhunderte zum Zentrum des Kreuzes, zur Kraftquelle der Christianisierung Europas, ihre klösterlichen Gründungen über den ganzen Kontinent verstreut.

Seien es Annegray und Luxeuil in Burgund; das Kloster im lombardischen Bobbio; das nach seinem Bauherrn Gallus benannte St. Gallen oder die irrtümlich als »Schottenklöster«

bezeichneten Sakralbauten in Regensburg, Wien und Kiew – die Bauherren sind irische Christen.

Nicht weniger eindrucksvoll sind die Zeugen irischer Glaubenskraft und mönchischen Lebens auf der Insel selbst – Abteien, Kirchen, Klöster.

Eines davon, an Eindruckskraft vielleicht das stärkste, ist die Anlage von Clonmacnoise im County Offaly.

Südlich von Athlone am Ostufer des Shannon gelegen, bietet das Ensemble aus Sakralbauten und Landschaft ein überwältigendes Bild: der Wald der 250 frühchristlichen Grabsteine und Hochkreuze, darunter die drei berühmtesten Irlands, South Cross, High Cross und Cross of the Scriptures; zwei Rundtürme, der eine siebzehn Meter hoch, der andere – O'Rourke's Tower – noch einen Meter höher, beide nahe am Ufer errichtet; dazu über ein weites Areal hin klagende Ruinen – und jetzt, nachdem der Morgendunst verflogen ist, der freie Blick über den windbewegten Shannon weit nach Westen.

Der Fluß hatte einst das im 6. Jahrhundert vom Heiligen Ciaran gegründete Kloster mit Lebensmitteln und Rohstoffen versorgt – mit frischem Wasser, Fischen aller Art, Reet für die Dächer der Hütten.

Clonmacnoise, das war einmal Irlands berühmteste geistliche Stätte. Hier haben Hunderte von Mönchen in einer stadtähnlichen Siedlung wertvolle Handschriften geliefert. Über einen Zeitraum von mehr als 700 Jahren wurde das Kloster erst immer wieder zerstört, dann buchstäblich ausgelöscht und in seinem derzeitigen Zustand hinterlassen. 834 kamen die Wikinger; 1197, erste Besetzung Irlands durch England, plündernde Normannen; 1572 marodierende Truppen Heinrichs VIII., der sich dann auch »König von Irland« nannte; und schließlich Cromwells Soldateska, die ein Jahrhundert später das Grauen der vergangenen Heimsuchungen zu einem bloßen Vorspiel degradierte.

So wurden das Kloster Clonmacnoise und seine Geschichten nicht nur ein großes Beispiel ungestümer irischer Glaubenskraft, sondern auch zum Sinnbild jenes schlimmen Mottos, das für die Iren bis hinein in unser Jahrhundert gelten wird: »Wer vom Meer kommt, will uns berauben.«

Jetzt allerdings, an diesem Morgen, scheint hier der Frieden der ganzen Welt versammelt zu sein. Der Regen hat aufgehört, um mich herum weiden Schafe und Kühe.

Ich gehe noch einmal an das Ufer des Shannon. Aus der Nähe wirkt O'Rourke's Tower wie dunkelgebeizt von der Nässe der letzten Tage.

Von diesen Türmen hat es Hunderte in ganz Irland gegeben, die meisten davon in Küstengegenden zur rechtzeitigen Warnung vor plötzlichen Überfällen errichtet, vor allem der Wikinger, eine Plage, die im 8. Jahrhundert begann und bis ins 10. andauerte.

Diese Rundtürme, von denen einige erhalten geblieben sind, wurden alle nach dem gleichen System mit einem gemeinsamen Merkmal erbaut: dem hoch über dem Boden befindlichen Eingang. Der konnte nur erreicht werden über eine Leiter, die leicht hochzuziehen war, ehe das Loch dann von innen durch große Steine blockiert wurde. Mit Wasser und Lebensmitteln für eine lange Belagerung versehen, war es in der damals noch pulver- und kanonenlosen Zeit eine geniale Defensiv- und Fluchtkonstruktion.

Sie überließ den Angreifern zwar Häuser und Vieh und war dazu kalt und eng, sicherte aber immerhin das Leben. Dreihundert Jahre lang lugten von den Spitzen solcher Rundtürme aus Späher nach den Nordmännern, deren Raubzüge sich keineswegs auf die küstennahen Gebiete beschränkte. Wie auf dem Kontinent, waren die Drachenschiffe der Wikinger auch hier die Flüsse hinaufgerudert.

Der Steinkörper des O'Rourke's Tower ist von hellen Flechten und schwärenden Auswüchsen bedeckt, der Eingang hoch über mir. In den Bäumen um den Turm zischt der Wind, und die Kreuze, dieses Meer von Kreuzen, starren einen an, als wenn sie Augen hätten.

Wann ist das Dach der Kathedrale von Clonmacnoise eingestürzt? Droben ein Loch im Gemäuer, Zweige, ein Nest, aus dem es jämmerlich krächzt – Hunger, Hunger! Da kommt auch schon die Krähenmutter, aber nach ihrem Abflug tönen die Schreie der Jungen noch schriller.

»O Lord have mercy«, lese ich auf einer Grabplatte.

Ach, wenn doch nur.

Auf der N 8 von Süden über eine Höhe kommend, taucht ein mächtiges Bauwerk auf, eine Ansammlung grauer, vorsätzlich auf einen Felsen gesetzter Mauermassen. Je näher man kommt, desto höher wächst der verwitterte Koloß vor einem auf – the Rock of Cashel.

Hier sind die keltischen Herrscher von Munster getauft worden.

Als der Heilige Patrick hier um das Jahr 450 sein Weihwasser über das gebeugte Haupt des Königs Aengus sprühte und Cashel zum Bistum erhob, sah es auf der sechzig Meter hohen Erhebung gewiß noch anders aus. Es mag Jahrhunderte gedauert haben, bis dieser Kirchenfestungsklotz in den Himmel stieß und der Rock of Cashel den Anblick bot, dessen Erhabenheit sich trotz des stellenweisen Verfalls bis in unsere Tage erhalten hat. Unzählige Quader, einer auf den anderen getürmt – das nördliche und südliche Querschiff, die langgestreckte, dachlose Kathedrale; daneben die romanische Kirche, Cormac's Chapel mit ihrem Steildach und dem Tonnengewölbe. Schwerer, lastender noch, an der Westseite – Bishop's castle, das massige Rechteck des erzbischöflichen Palastes. Aufgerissen ist es an einer Flanke, wie ein gewaltsam geöffneter Körper, in dessen Eingeweide man schauen kann, schutzlos seit 150 Jahren – den Einsturz soll im Jahr 1847 ein Sturm bewirkt haben. In der Mitte ist eine Deckenfläche erhalten geblieben, einsehbar, wie eine Geologie damaliger Bautechnik. Wie ist sie da oben gezogen, wie das Gewölbe versteift worden? Gleichviel, dies war ein Herrschersitz, hoch über allem, was da unten kreuchte, fleuchte und sich duckte im Schatten einer geistlichen und weltlichen Zwingburg, die keinen Zweifel daran ließ, wer hier das Sagen hatte – die Kirche.

Auch der Rundturm von Cashel ist altersgefleckt und von Schimmel und Pilzen befallen, strahlt aber immer noch etwas von der Kraft aus, die seinem ursprünglichen Zweck entsprang. Und ausgerechnet dieser Recke, mit seinen über tausend Jahren das älteste von allen Bauwerken auf dem Rock of Cashel, hat sich als das widerstandsfähigste erwiesen.

Wo immer auf dem Rock of Cashel Waagerechte gezogen worden waren, hatte der Zahn der Zeit leichteres Spiel. Durch das offene Querschiff pfeift der Wind, und Krähen verschwinden flatternd im Gemäuer hinter den verfallenen Brüstungen des zentralen Turms und der Kathedrale. Verhallt der Lärm der Kämpfe von einst zwischen konkurrierenden, sich einander bekämpfenden Erzbischöfen christlicher Herrschergeschlechter; verblichen die Bilder der Erstürmungen, Belagerungen, Ausfälle.

Aber St. Patrick's Cross, das Steinkreuz, in dessen Zeichen der Heilige Gründer des irischen Katholizismus und seine bischöflichen Nachfolger das keltische Druidentum besiegt haben, ist erhalten geblieben und soll die Zeiten überdauern. Das St.-Patrick's-Kreuz draußen am Eingang befindet sich zwar an seinem ursprünglichen Standort, ist jedoch, Wind und Wetter ausgesetzt, eine Kopie. Das 1500 Jahre alte Original, mehr als die Hälfte der Zeit im Freien, steht nun geschützt im Kellergewölbe des »Saals der Chorvikare« (Hall of the Vicar's Choral) des Besucherzentrums. Die »Halle« ist erst 1975, als Beitrag zum Europäischen Jahr der Baukunst, überdacht worden.

Spät, in zahlreichen Fällen bereits zu spät, wird ein armes Land sich seiner historischen Schätze bewußt.

Ein letzter Blick von hier oben auf das Golden Vale – das Goldene Tal –, wo die Ruinen der Zisterziensergründung Hore Abbey und eines verfallenen Dominikanerklosters sichtbar werden.

Von all dem völlig unberührt, schiebt ein junger Mann mit roter Pudelmütze eine motorisierte Grasmähmaschine und ihren geblähten Fangsack vor sich her, in immer neuen Bahnen und trotz des ohrenbetäubenden Lärms die Lippen lustig zum Pfeifen gespitzt.

Noch einmal von weitem dann, ein Blick auf die Anlage.

Klar, daß dies schon lange vor dem Triumph des Kreuzes ein heiliger Ort war, der Schauplatz keltischer Religiosität und ihrer uralten Druidenherrschaft. Überall hat die irische Kirche ihre Bauten auf die heiligen Stätten vorchristlichen Glaubens gepflanzt oder dort die Taufe vollzogen. Und doch ist etwas nachgeblieben von der Vorzeit, selbst wenn die früheren Zeichen ausgelöscht sind.

Ich habe das nirgends so stark empfunden wie auf dem berühmten Hill of Tara, Provinz Leinster, County Meath, wo einst der Hof der irischen Hochkönige stand, Volksversammlungen abgehalten wurden und Streit geschlichtet.

Es stürmte und regnete, als ich auf dem Hügel eintraf, und doch reichte schon ein einziger Blick weit hin über das Land für die Erkenntnis, daß dieser Platz nicht zufällig ausgewählt worden war, sondern die topographische Souveränität seine Wahl bestimmt hatte – wer hier herrschte, der hatte die politische und religiöse Macht.

Von den stattlichen Bauten aus Holz oder dem verputzten Lehmfachwerk der keltischen Zeit, von der königlichen Festung, ihrem Bankettsaal und ihren Wällen ist nichts geblieben als ein paar imposante Erdbuckel, einst von Wall und Graben umgebene Hügelforts.

Und doch umflort eine seltsame Aura den Ort und seine Umgebung, hält sich hier hartnäckig Vorzeitliches, wirkt die mit einem eisernen Schloß versperrte Kammer und der von Kreisen und Rillen durchzogene Stein dahinter zugehörig, während das Hochkreuz und ein Grabstein mit der Jahreszahl 1798 wie Fremdkörper dastehen.

Man braucht kein Romantiker zu sein, um sich unter diesem Himmel zelebrierende Druidenpriester vorzustellen, Riten dienend, die viel älter waren als die christlichen – und die dennoch von ihnen überwältigt wurden. Und das in keinem Land so dauerhaft wie in Irland.

Und den Grundstein dafür hat St. Patrick gelegt.

Es gibt kein katholisches Land, wo der Einfluß eines Nationalheiligen lebendiger wäre als in diesem. Jedes Kind weiß von den vierzig Tagen und Nächten, die St. Patrick in der Höhle von Station Island, einer Klosterinsel im Lough Derg, County Donegal, zugebracht haben soll. Ein Wallfahrtsort besonderer Art, der Dichter und Erzähler inspiriert haben soll, von Dantes »L' Inferno« über Calderons Drama »Das Fegefeuer des Heiligen Patrick« bis zur Erzählung »Liebe und Pilgerfahrt« des modernen irischen Schriftstellers Sean O'Faolain.

In meinem Reisekalender dick vermerkt ist der letzte Sonntag im Juli. An ihm werden, wie jedes Jahr, zahlreiche Pilger hoch zum Gipfel des 753 Meter hohen Bergs Croagh Patrick, County Mayo, steigen. Dort soll der Heilige lange gefastet und, ein später Mose, mit Gott Zwiesprache gehalten haben.

Tausende von Büßern oder auch nur Wanderlustigen werden auf ungeheuer beschwerlichen Pfaden und unter streng vorgeschriebenen (aber vielleicht nicht immer streng eingehaltenen) Riten der zwar sichtbaren, aber fernen Spitze zustreben, ehe sie dort oben an der kleinen Kirche verschnaufen und sich einen großartigen Blick über die Clew Bay bis Clare Island und Achill Island gönnen.

Sag einfach Paddy zu mir

Die Legenden um Irlands Heilige sind unerschöpflich.

Eine davon gilt St. Brendan, Patron der Diözese Kerry. 448 geboren, soll er mit dreizehn Mönchen auf einer Fahrt, die sieben Jahre gedauert hat, Amerika erreicht haben und auch von dort wohlbehalten zurückgekehrt sein.

Diesem Christenmenschen und seinen Maaten bin ich auf der Spur. Über den O'Connor Paß nach Brandon Head und Brandon Mountain.

In langen Serpentinen geht es von Dingle hoch, eine wildromantische Gebirgsstraße, deren Enge bei Gegenverkehr streckenweise keine Ausweichmöglichkeiten bieten würde. Dazu drohen an der Seite unanständig geformte Felsnasen in so abenteuerlichen Fallwinkeln, daß ich froh bin, die Paßhöhe erreicht zu haben. Die Regenwolken sind zum Glück so hoch, daß der Blick nach hinten und vorn gleichermaßen frei ist: im Süden, jenseits der Dingle Bay, die weiße Brandung vor der Silhouette von Iveragh, im Norden das gischtige Panorama der Brandon und der Tralee Bay.

Am seenahen Fuß des in Nebel gehüllten Brandon Mountain, an der Stelle, wo die Fahrt begann und geendet haben soll, stoße ich auf eine Karte und auf ein Modell des Bootes, auf dem der Heilige und seine Begleiter sich eingeschifft haben sollen.

Die Grafik markiert die Seeroute und ihre *stepping stones* nach der Beschreibung von St. Brendan, als da sind: die Hebriden, die Färöer-Inseln, Island, Grönland, Neufundland und ein Stück Küste südlich davon.

Das Modell des Bootes, grün oxidiert, ein Nachen mit Segel eher, läßt mich schaudern, besonders wenn ich nach links schaue, wo das Meer anbrandet, und zwar gewalttätig, obschon es heute nur schwach weht.

Einen hölzernen Rahmen – *a wooden frame* – soll das Schiffchen gehabt haben, von Lederriemen verstärkt, von Flachs zusammengehalten und mit Wollfett abgedichtet – »with flax and protected by wool grease«, steht da.

Nach vierzehntägigem Fasten auf Brandon Mountain sind die vierzehn Mönche mit ihrem geistlichen Kapitän in See gestochen und gesund und wohlbehalten zurückgekehrt – mag das glauben, wer's glauben will.

Ein Oxford-Graduierter (dessen Name mein Tonband mit Tim Severin wiedergibt, ohne daß ich die Garantie für die Richtigkeit der Schreibweise übernehmen kann) jedenfalls tat es und machte die Tour zu seinem Steckenpferd. Nachdem er sich selbst zum *Explorer*, also Entdecker, erklärt hatte, stieß er am 17. Mai 1974 mit vier anderen Männern in einem Boot gleichen Typs von der nämlichen Stelle ab, um zu beweisen, daß die Fahrt des irischen Heiligen nicht nur möglich gewesen sei, sondern auch wahrscheinlich (*probable*). Dabei hätten sich alle Schilderungen des Heiligen und seiner Seebären bestätigt von den Hebriden und Färöer-Inseln über Island und Grönland bis Neufundland – das nach dreizehn Monaten erreicht worden sei. Alle von den Vorschiffern beschriebenen Landschaften seien eindeutig zu identifizieren gewesen. Sogar die Vogelarten und die Nebelfelder sollen sich an den gleichen Stellen befunden haben, nur eben 1400 Jahre später.

Während ich spüre, daß meine Zweifel an der geglückten 5000-Kilometer-Überseefahrt des Heiligen Brendan und der Seinen über das Nordmeer unüberwindlich sind, allein so menschlicher Notdürfte wegen wie Bevorratung, Wasser und Schlafgelegenheit auf einer ebenso beengten wie zerbrechlichen Nußschale, schlägt der Atlantik tief unten, Welle auf Welle, seine nassen Pranken in das schmale Fjord, von dem aus die Reise gestartet sein soll. Gleichzeitig ist zu erkennen, wie hoch die Flut an dieser Küste steigen kann, nämlich bis zur abgedunkelten Linie des Felsens, also gut zehn Meter höher als derzeit.

Mit diesem Bötchen auf das wilde Meer, und das noch auf der Route, die am stürmischsten ist, die nördliche, und gar bis Amerika?

In meine Skepsis tönt eine bellende Stimme. Sie kommt aus dem Mund eines Mannes, den ich auf über achtzig schätze und der mir fest in die Augen schaut – was ich hier täte und triebe?

Er wartet meine Antwort allerdings nicht ab, sondern lädt mich umgehend zu einem Tee in sein Haus ein, keine fünf Minuten Fußweg entfernt. Bis dahin hat er mich ziemlich umfassend in die Hauptstationen seiner Biographie eingeführt.

Er heißt Patrick Cotton, ist 86 Jahre alt, hat 8 Kinder und 22 Enkelkinder, von denen die Hälfte ausgewandert ist. In seiner Jugend war er Straßenarbeiter in England, kehrte zurück und heiratete. Seither bewirtschaftet er eine kleine Farm, allein, nachdem seine Frau – Mary Cotton – vor zwanzig Jahren gestorben ist. Seitdem sorge sein Sohn für ihn – der da. Er zeigt auf einen etwa fünfzigjährigen Treckerfahrer, der gerade in den Hof einbiegt, die Hand zum freundlichen Gruß erhebt, aber draußen bleibt. Dann bugsiert mich der Alte – »Sag einfach Paddy zu mir« – ins Haus und verheißt mir einen Tee. Ich habe das untrügliche Gefühl, daß daraus nichts wird, ohne sagen zu können, warum.

An der Wand jede Menge von stark kolorierten Jesus- und blauweißen Maria-Bildern, auf dem Kühlschrank eine angegessene Schnitte Brot, Milchkleckse auf dem Tisch, alte Eierschalen neben ungeöffneter Post, die Schränke sind geöffnet.

Nachdem Paddy Wasser aufgesetzt hat, erfahre ich, daß er etliche Kühe und Schafe hat, zweimal in Dublin war und im Fernsehen am liebsten Cowboyfilme sieht, vor allem, »wenn darin Leute mit irischen Namen auftauchen«.

Das alles gibt er in bellendem Ton von sich, wie Menschen, die seit langem schlecht hören.

Als das aufgesetzte Wasser nach einer halben Stunde immer noch nicht erhitzt ist, steht der Alte zögernd auf, guckt in einen Kasten an der Wand und sagt: »Mal wieder kein Strom.« Dann macht er es sich auf dem heruntergesessenen Sofa gemütlich und kommt endlich auf seine Anfangsfrage zurück - was mich denn hierhergetrieben habe?

Da begehe ich den Fehler und offenbare Patrick Cotton meine Zweifel: Ist der Heilige Brendan denn nun wirklich über den Ozean nach Amerika geschippert? Der 86jährige japst nach Luft.

Drei Stunden später, in Stockfinsternis und ohne daß ich in dieser Zeit auch nur ein einziges Wort gesagt hätte, werde ich händeschüttelnd verabschiedet.

Nun aber in genauer Kenntnis, zu welcher Tageszeit und mit welchen Segenswünschen für die Zurückgebliebenen St. Brendan eineinhalb Jahrtausende zuvor von der irischen Küste abgesegelt ist; welchen Kurs die vierzehn genommen haben - Hebriden, Färöer-Inseln, Island, Grönland und Neufundland; wie viele Vaterunser auf der Reise gebetet worden sind (1622) und daß der Heilige, »fast wie Jesus«, seine Mannschaft mit wenig Brot und Früchten bei Kräften gehalten, den haushohen Wogen mit dem Kreuz getrotzt und Boot und Insassen sicher ans Ziel und zurück gesteuert hat. »I think, five, six thousand miles about«, bellt ein strahlender Patrick Cotton seinen letzten Satz so laut wie seinen ersten. Jetzt weiß ich es genau.

Aber auch, daß ich Paddy nicht vergessen werde. Er war es, der mir eine Ahnung gab von einem irischen Typus, über den ich gerade las und den ich für so gut wie ausgestorben gehalten hatte.

Denn Menschen wie uns wird es nicht mehr geben

Auf der R (Route) 559 entlang der Südküste bei Dingle zum Slea Head.

Stechpalmen, baumhoch, Pinien, ein Flair südlicher Vegetation. Vor Ventry eine Gruppe rucksackbepackter Jugendlicher, wohl mit dem gleichen Ziel, aber zu Fuß auf dem Weg zu Irlands westlichstem Westen.

Noch zehn Minuten Fahrt, die Paßstraße immer aufwärts, und

da endlich werden die Inseln von der Höhe des Kap Slea sichtbar, ragen sie dumpf aus dem Meer – Blasket Islands!

Die große, Great Blasket, die der Gruppe den Namen gab – in Berg und Ebene geteilt, jetzt halb in der Sonne, halb im Schatten. Drumherum, wie felsige Ableger, die vier kleineren Inseln – nördlich Inishtooskert, südlich Inishnabro, Inishvickillane, und am weitesten draußen, nichts als eine Riffnadel mit Leuchtturm, Tearaght Island.

Während hier am Fuß des Slea Head, vierzig Meter unterhalb der Paßstraße, Granitzacken wie dunkle Dolche aus der Gischt hervorstoßen, darin verschwinden und strudelumflossen wieder auftauchen, wirken die Inselbrocken da drüben wie vom Festland losgesprengt, letzte Posten am geographischen Ende des alten Kontinents, dahinter bis zur nächsten Küste nichts als 5000 Kilometer Wasserwüste.

Was mich hierhergetrieben hat, ist ein Buch, in dessen Bann ich seit Wochen stehe: »Die Boote fahren nicht mehr aus« von Tomas O'Crohan. Es ist der Bericht eines 1856 auf der Großen Blasket-Insel geborenen Bauern und Fischers, das Hohelied auf seine Heimat, eine Welt, die bis in unser Jahrhundert so gut wie unberührt vom Einfluß der Moderne blieb. Aus den Briefen des Siebzigjährigen entstand eine Chronik, die 1929 veröffentlicht wurde, erst auf gälisch, O'Crohans Muttersprache, später auch auf englisch. Dank Annemarie und Heinrich Bölls sensibler Übersetzung liegt das einzigartige Dokument einer unwiederbringlich dahingegangenen Epoche irischer Geschichte auch in deutscher Sprache vor.

Süchtig danach, habe ich »Die Boote fahren nicht mehr aus« schon zweimal durchgelesen, hole es aber immer wieder hervor und vertiefe mich darin bis in die Nächte hinein.

Das Buch folgt weder kompositorischen noch literarischen Regeln, es erzählt sich vielmehr unverfälscht und ungekünstelt aus dem schier unerschöpflichen Reservoir eines phänomenalen Gedächtnisses wie von selbst. Tomas O'Crohan, ein Mann, der nach landläufiger Auffassung als ungebildet gelten würde, erwies sich als später Ausläufer jahrhundertealter mündlicher Überlieferung, einer einst kraftvollen Volkskultur, die gerade noch Angehörige seiner Generation einschloß – sie war die letzte. Ohne seine Schilderungen wüßten wir wenig oder gar nichts von der magischen Originalität und der Härte eines Daseins, das auch für andere Regionen der irischen Westküste exemplarisch gewesen sein dürfte.

Auf der Großen Blasket lebten nie mehr als 150 Menschen. Tomas O'Crohan war einer von ihnen, und er war es durch und durch. Dennoch hob er sich von allen anderen ab durch jene unerhörte Begabung, für die sein Bericht Zeugnis gibt: sich ebenso kritisch wie genau zu erinnern, oder, wie er es selbst ausdrückt: »... die Eigenart der Menschen, mit denen ich lebte, festzuhalten. Denn Menschen wie uns wird es nie mehr geben.«

Immer ging es dabei um Elementares: um Brot und Fische, um Kartoffeln und Torf, um Tod und Leben. In seiner Definition: »In der Not kennen die Kräfte eines Mannes keine Grenze.« Und Not war immer.

So, wenn die Männer, meist Nichtschwimmer, in ihren offenen Booten durch die schwere Brandung zu den Felshöhlen der Großen Blasket-Insel ruderten, um Robben zu fangen. Nur mit Knüppeln bewaffnet, drangen zwei oder drei von ihnen in die Grotten ein, töteten die Tiere und ließen sie dann an Seilen herausziehen, eines nach dem anderen, oft die Arbeit eines ganzen Tages. Übermenschliche Anstrengungen, aber auch Gemetzel, nichts für Tierschützer, nur eine Notwendigkeit fürs Überleben der Familien: »Unser großes Boot war bis zum Dollbord beladen mit vier Robbenweibchen, zwei Bullen und zwei zweijährigen Tieren – ein Tier also für jeden Mann der Besatzung. Das gab für jeden ein ganzes Faß von Robbenfleisch, und das galt uns damals für ebenso gut wie ein Faß Schweinefleisch. Für die Häute bekamen wir acht Pfund Sterling.«

Allgegenwärtig die Sorge, einen plötzlichen Tod zu erleiden, in den Stürmen zu ertrinken, von den Brechern erschlagen zu werden oder auch, oft genug, langsam zu verhungern. Die Zeiten werden bewertet nach den Erträgen des Fischfangs, der Robbenbeute, der Ernte von Feldfrüchten.

Der Hauptbericht erstreckt sich auf die siebziger und achtziger Jahre des vorigen Jahrhunderts, als Tomas O'Crohan um die dreißig war. Damals starb sein Vater, und fünfzig Jahre später erinnert sich der Sohn, daß in jenem Todesjahr dreimal Hafer geerntet werden konnte und daß die dritte Ernte die beste war.

Nichts ist vergessen, jede Einzelheit von damals präsent. Er memoriert, wer von den Gefährten wo und wann geschnarcht hat, und natürlich auch, wann und wo gesoffen worden ist, mit Datum und Verlauf – jeder Anlaß schien dafür willkommen. O'Crohan schreibt: »Wir nahmen eine reichliche Mahlzeit ein«, um ein halbes Jahrhundert später glaubwürdig aufzuzählen, woraus sie bestanden hat.

Die Lieder seiner Jugend und ihre Titel sind dem Greis so geläufig, als hätte er sie gestern zuletzt gesungen: »Der sanfte Berg der dunklen Frau«, »Eine glatte Planke« oder «Um Irlands willen nenne ich ihren Namen nicht«.

Die Frau, die O'Crohan heiratete, gebar zehn Kinder. Eines stürzte sich mit sieben Jahren von den Klippen der Großen Blasket zu Tode, ein anderes starb an Masern, ein drittes ertrank. Das wird berichtet, ohne daß der innere Kreis der Trauer zum Vorschein kommt. Schicksal wird beklagt, aber angenommen, wie eine Übermacht, gegen die anzukämpfen sinnlos wäre.

Auf den Blaskets gab es keine Läden oder Handwerker, alle Selbstverständlichkeiten der Zivilisation fehlten, so daß sich das Leben nicht wesentlich von dem der Vorfahren unterschied. Wie für sie, stand es ganz unter dem Gesetz der See und der Armut. Und dennoch konnte nichts diesen Fischern und Bauern je die Lebensfreude trüben, nichts ihre angeborene Fröhlichkeit einschränken, ihre Bereitschaft, zu feiern, zu lachen, zu arbeiten.

O'Crohans Schilderungen von Nachbarn und Zeitgenossen sind plastisch, kritisch, liebevoll. Sing- und raufbereit sind diese Männer, große Säufer vor dem Herrn, manche nur noch mit einem Rest von Blut im Alkohol ihres Kreislaufs, aber stets zur Stelle, wenn es gilt, anzupacken und zu helfen. Darunter Onkel Diarmid, dürr, ständig umnebelt und immer in Sorge um den Neffen. Als der einmal in Dingle mit einem Seil einem Schwein nachsprang, das in begründeter Vorahnung seines Schicksals ins Hafenbecken abtauchen wollte, schrie der Onkel ihm nach: »Binde dich nicht an das Schwein, sonst zieht es dich nach unten!« Das Schwein blieb am Leben und der Ausruf des besorgten Onkels dem Retter noch sechs Dezennien später im Ohr.

Mit meist schmucklosen und gerade deshalb eindrucksvollen Worten wird der unbewußte Heroismus eines Daseins geschildert, in dem Politik so gut wie keine Rolle spielte, der Platz der Kirche und des Glaubens aber unangefochten war (wie heute noch in großen Teilen der ländlichen Bevölkerung vor allem Südwest- und Westirlands). Ausrufe wie »Bei der Heiligen Jungfrau« oder »In Gottes Namen« gehörten zur ständigen Rhetorik.

Das Kirchspiel der Blasket-Bewohner war in Dunquin auf der Halbinsel Dingle (die Tomas O'Crohan nur unter dem gälischen Namen Corcaguiney kannte), die Existenz der Blasket-Bewohner in hohem Maße autonom, ihr mobiler Radius begrenzt – über Tralee ist keiner von ihnen hinausgekommen.

Eine neue Tradition hat Tomas O'Crohan nicht eröffnet. Er tritt auf als letzter irischer Vertreter mündlicher Überlieferungen, deren Dichter und Märchenerzähler aus dem Dunkel des vorchristlichen Keltentums kommen. Sein Gälisch soll einfach und klar gewesen sein, sein Gedächtnis bis zuletzt ungetrübt.

Robin Flower, der englische Übersetzer, ist voller Sympathie für ihn und rühmt seine Fähigkeiten und seinen Charakter.

In einem Nachwort zur deutschen Ausgabe schreibt Flower: »Er war ein kleiner, lebhafter Mann mit einem scharfgeschnittenen, intelligenten Gesicht, das von der Sonne, Regen und Salzgischt gegerbt war; helle kluge Augen blickten aus diesem Gesicht aufmerksam und kritisch in die Welt.« Und an einer anderen Stelle: »Wir lagen im Windschatten eines Torfstapels oder saßen bei ihm zu Hause. Unermüdlich schöpfte er aus seinem Vorrat von Geschichten, sagte Gedichte auf und Sprichwörter, gab lebhafte Kommentare, erklärte schwierige Wörter genau, streute Erinnerungen aus seinem Leben ein und aus der Vergangenheit der Insel. Hätte ich das Erlebnis je vergessen können, so hätte die Lektüre dieses Buches, das ein so lebhaftes Bild des Mannes vermittelt, es wieder lebendig gemacht.«

Ich habe den »Bericht eines irischen Fischers«, wie der Untertitel der deutschen Ausgabe lautet, mit ähnlicher Bewegung gelesen, voller Bewunderung für einen Menschen, der kein Schriftsteller war und nie einer sein wollte und der dennoch so wundervoll poetische Sätze fand wie diese: »Wir sagten Lebewohl und riefen denen, die an diesem lieblichen Sonntagabend am Kai standen, Segenswünsche zu. Wir wandten das Heck dem Land zu und den Bug auf See hinaus, so, wie es die mächtigen Helden der Vorzeit taten, und machten uns auf den Weg durch die Meerenge. Das Licht des Leuchtturms wurde eben entzündet, als wir den Hafen verließen. Unsere beiden Boote flogen dahin, bis wir den Landeplatz der Westinsel, wie wir die Blasket-Insel immer nennen, erreicht hatten. Es wurde schon Tag, als wir unsere Häuser erreichten.«

Als Tomas O'Crohan 1937 einundachtzigjährig starb, fuhren die Boote schon lange nicht mehr aus. Aber er hatte sein Werk getan: Er hatte der Nachwelt einen sonst unwiederbringlich verlorenen Ausschnitt irischer Sozial- und Kulturgeschichte erhalten.

Paddy Cotton, das ist wahr, könnte höchstens ein Enkel von Tomas O'Crohan sein, dennoch wollte ich an ihm noch gewisse Ähnlichkeiten entdecken. An seinem Sohn, dem Mann auf dem Trecker, so kurz ich ihn gesehen hatte, schon nicht mehr, kein Fünkchen.

Das sind die Zusammenhänge, die mich heute auf die Paßhöhe von Slea Head befördert haben, um »seine« Blaskets in Augenschein zu nehmen und ihnen so nahe zu kommen wie möglich. Schiffe, hatte ich erfahren, setzen Besucher nicht mehr über.

Dafür aber ist sie jetzt, in einer Regenpause, gut zu sehen, die Great Blasket da drüben, getrennt vom Land nur durch den schmalen Blasket Sound und an drei Seiten von ihren Trabanteninseln umlagert. Die Seite, die dem Land zugewandt ist, läßt von hier über dem Strand einige Häuser auf Klippen erkennen. Ich suche nach Menschen, nach Schafen und Rindern, entdecke aber keine, auch nichts anderes, was sich bewegt.

Vogelschwärme, erst über Inishnabro, dann über Inishvickillane, die südlichste der Blasketgruppe, von der es heißt, ihre Spitze reiche noch ein paar Meter weiter hinein in den Atlantik als die Nachbarinseln.

Nur Tearaght Island bleibt unbestritten der westlichste Punkt, ein konkurrenzloser Aspirant bei der scherzhaften Suche nach der »Gemeinde, die Amerika am nächsten liegt« – wenn es auf der Insel je eine gegeben hätte. Tatsächlich sandte der Leuchtturm auf ihren Klippen unzähligen irischen Auswanderern nur Europas letztes Licht vor der großen, ungewissen Überfahrt.

Weit rechts die Brandung von Clogher Head, näher die weißen Gebäude von Dunquin, das so häufig in O'Crohans Buch erwähnt wird, und jetzt, von einer Minute auf die andere, der eben noch helle Himmel verdunkelt, Schauer über der See, Schwärze schon am Nachmittag - Zeit zurückzufahren.

Ich drehe mich um, will den Wagen besteigen - und erschrecke. Erschrecke hier auf der Paßhöhe von Slea Head vor etwas, das ich, bisher immer mit dem Gesicht zur See, nicht wahrgenommen hatte, obschon es unübersehbar ist und die ganze Zeit in meinem Rücken war, eine deshalb nun geradezu schockhafte Konfrontation. Vor der Felswand eine Vierergruppe aus Stein - Jesus am Kreuz, die große Figur über und über weiß, nur da, wo die Nägel sehr naturalistisch durch Hände und Füße getrieben sind, sind die Wundmale rotgefärbt. Vor dem Gekreuzigten drei Frauengestalten, demütig, dienend, trauernd unter der Inschrift INRI - Jesus Nazarenus Rex Judorum (Jesus von Nazareth, König der Juden).

Es ist ein Anblick, der mich umwirft. Nicht der Wind tut es, sondern diese exhibitionistische Demonstration des christlichen Urmartyriums, diese sturmumtoste Religionsinbrunst und *ihr* Irland, auch heute noch - das ist es, was mir hier oben schier den Atem verschlagen will.

Jetzt prasselt auf die schutzlose Gruppe Hagel herab, dessen Körner sich in dicke Tropfen verwandeln, ehe der Himmel unvermittelt aufreißt und die Sonne hervorbricht - four seasons on a monday!

Und da plötzlich sehe ich sie, in der klaren Luft an Kerrys Spitze, nur hauchdünn östlicher gelegen als die Blaskets und, obwohl von Slea Head gut vierzig Kilometer entfernt, grell verraten durch ihre schäumenden Gischtkränze - Skellig Michael und Little Skellig!

Fast schon ein heimatliches Bild für mich.

Mein irisches Tagebuch II

17. März.

St. Patrick's Day, der Tag des irischen Nationalheiligen.

Es hat die ganze Nacht gestürmt. Von den Skelligs ist heute morgen nichts zu sehen, Puffin Island von Gischtschwaden bestäubt.

Wolkenkratzer von Wogen werfen sich gegen die Steilkante der St. Finan's Bay, bis Kap Bolus. Das zerplatzt, zerschellt, läuft sich wund, brüllt wieder an, gibt sich nicht geschlagen – Riesenfontänen, wie surrealistische Wasserblumen.

Auf der Weide bis zum Kliff haben sich Maureens Schafe hinter einer niedrigen Mauer niedergelassen, nur ein paar Böcke halten sich auf den Beinen, schwankend und die Wolle so gesträubt, daß sie fast doppelt so groß wirken wie sonst.

Das Heulen des Windes klingt bedrohlich, das Haus erzittert, Orkanstärke – im Radio wird Warnung für das ganze Land durchgegeben. Wie sollen dabei die Umzüge zu Ehren des Heiligen Patrick vor sich gehen, wie der in Cahirciveen, den ich gern miterleben würde?

Gegen zehn Uhr fahre ich los.

Hinter der Kirche verwandelt sich die Landschaft sekundenschnell in eine Eis- und Hagelwüste. Schrittempo. Was von oben herunterkommt, fällt so dicht, daß die Berghänge verdeckt sind. Aber wenig später, hinter dem Kamm, treiben die Wolken weg, irgendwohin, wölbt sich ein strahlend blauer Himmel, liegt die Ebene bis zum Bentee Mountain, an seinem Fuß Cahirciveen, in flutendem Licht da. Die Luft ist so klar, daß alles wie durch ein Fernglas näher gerückt scheint. Jenseits des Portmagee-Kanals, wie auf dem Präsentierteller, die weißen Häuser von Knight's Town auf Valentia Island und der Leuchtturm auf Beginish Island.

Aber der Wind ist geblieben, und die Sonne wird wohl nicht mehr lange scheinen.

Ich lasse den Wagen weit vor Cahirciveen stehen – die Hauptstraße ist schon an der Peripherie verstopft. Überall formieren sich Gruppen für den Umzug, darunter für die Witterung erschreckend leicht bekleidete Frauen und Mädchen. Offenbar bleibt man bei festen Gewohnheiten, was bedeutet, daß zu dieser Jahreszeit gewöhnlich höhere Temperaturen herrschen. Der diesjährige Winter, hatte Maureen sich gestern erinnert, sei der härteste und längste in ihrem Leben.

Offenbar unbeeindruckt davon im Weichbild der Ortschaft Stimmengewirr, Lärm, Musik, Vorfreude.

Ein Mann zieht an einer Strippe, mehrere Male vergeblich, und klatscht dann freudig in die Hände, als im Karren vor ihm eine kleine Maschine lostuckert. »Ein Paraffinmotor aus den zwanziger Jahren«, befriedigt er bereitwillig meine Neugierde, »nicht erfolgreich, aber umweltschonend.«

Reiter hoch zu Roß, darunter ein Fünfjähriger. Er sitzt so leicht und sicher im Sattel, als wäre er darauf geboren worden.

In den Schaufenstern die irische Fahne, grün, weiß und orange, dazu überall das Kleeblatt, *shamrock*, Irlands Nationalemblem.

Einige Geschäfte haben geschlossen, andere nicht. Bowler's Food Market bietet Kohl und Steckrüben feil, Banks läßt den Zutritt zu den Süßigkeiten frei, und beim Juwelier Sally's Alley – »Fashion, accessoirs, accessories« – steht die Tür einladend offen. Grudel's wünscht all seinen Gästen »A happy St. Patrick's Day and very happy easter«, und O'Sheas »Bed and breakfast«-Schild klappert heftig. Nur der graue Freiheitskämpfer trotzt mit vorgehaltenem Gewehr unbeeindruckt Wind und Wetter. Dabei stürmt es so stark, daß sich die Stechpalmen vor Cahirciveens mächtiger Kirche biegen, als sollten sie entwurzelt werden.

Der Gottesdienst beginnt pünktlich um zwölf Uhr, die Bänke in dem beheizten Schiff sind fast voll besetzt. Es wird hier drinnen mal hell, mal dunkel, gerade wie die Sonne kommt und geht, und ehe ich mich's versehe, knie ich wieder mit den anderen nieder. Männergesichter wie aus Holz geschnitzt, unter den Mädchen ein Madonnenantlitz.

Und dann mache ich hier eine Beobachtung, die eine vorangegangene in der Kirche von St. Finan's Bay bestätigt.

Zwei Reihen weiter vorn hustet ununterbrochen ein Kind, ohne daß ringsum auch nur das geringste Zeichen von Unwillen oder Ärger geäußert wird. Direkt vor mir versucht ein junges

Ehepaar, seinen Dreijährigen in Zaum zu halten. Er hantiert mit einer schwarzen Kette, an der ein Silberkreuz hängt, verliert sie und sucht nun danach. Zwei alte Herren helfen ihm dabei, finden das Kreuz, händigen es dem Kleinen aus und heben ihn auf die Bank zurück zu den Eltern, wo das Spiel von neuem beginnt. Aber andere als liebevolle Reaktionen entdecke ich nicht.

Bei dem Gedanken, wie sich bei gleicher Situation in Deutschland verhalten worden wäre, ziehe ich den Kopf ein.

Die Predigt wird teils in Englisch, teils in Gälisch gehalten. Das einzige, was für meine Ohren in beiden Sprachen phonetisch annähernd gleich klingt, ist »St. Patrick« und »Padraig«, vielleicht weil der altirische Name des Heiligen von dem Priester da vorn mit sehr britischem Akzent ausgesprochen wird. Bei der zehnten Wiederholung höre ich auf zu zählen.

Gegen ein Uhr ist der Gottesdienst aus. Über der Gemeinde liegt eine Atmosphäre wohltuender Unbefangenheit. Sie hält an, als viele nach dem Ende der Predigt in der warmen Kirche bleiben, Freunde wiederfinden, Bekannte begrüßen. Manche Besucher müssen von weit her gekommen sein.

In einer Stunde, um zwei Uhr, soll in Cahirciveen der langvorbereitete Umzug zu Ehren von St. Patrick beginnen, wie heute überall in der Republik Irland und dem katholischen Teil von Ulster.

Ursprünglich wollte ich St. Patrick's Day in Dublin erleben, wollte gestern dort hingefahren und tagsüber geblieben sein, unterließ es dann aber doch, begierig auf eine Momentaufnahme, auf ein Blitzlicht gerade hier, in der Provinz, in Cahirciveen.

Der Umzug, auch *parade* genannt, der um zwei Uhr beginnen sollte, läßt sich Zeit, der Zeiger ist schon eine halbe Stunde weiter gerückt. Doch scheint das hier niemanden auch nur im geringsten zu stören - ein Greenhorn, wer in Irland Pünktlichkeit erwartet. Außerdem geht es links und rechts der Hauptstraße bereits bunt zu. Kostümierte Kinder und Erwachsene mit blauroten Mützen haben sich eingefunden, und die Gehsteige sind gesäumt von Männern und Frauen, denen keinerlei Anzeichen von Unruhe oder Langeweile anzumerken ist.

Und da, gut einstündig verspätet, rollt der erste Wagen heran, ein Laster mit Strohballen auf der Ladefläche und Sattelzeug, dahinter Reiter, Mädchen und Jungen, und ganz am Schluß auf seinem struppigen Pferd der Kleine, der mir vorhin schon aufgefallen war. Stimmengewirr, Musik, Winken.

Vom Himmel fallen Hagelkörner, es ist kalt, gegen null Grad. Leider habe ich niemanden, den ich nach dem Sinn oder Unsinn der jeweiligen Erscheinung fragen könnte, finde aber großes Gefallen daran, sie gerade kenntnislos zu schildern oder zu raten, um was es sich dreht.

Die Uniformierten der örtlichen Polizei, darunter auch weibliche, mit Kordeln und manche ohne Jackett, nur im weißen Hemd, machen die Frage nach Zuordnung leicht.

Die in Schwesternkleidung gewandeten Frauen gehören zweifellos zum Pflegepersonal des hiesigen Hospitals, wohingegen ich keine Ahnung habe, woher die Mädchenschar kommt, die in kurzen Röckchen und roten Umhängen unter Flötenmusik vorbeidefiliert, gefolgt von einer Schar wild bemalter Jugendlicher in Clownsanzügen. Bei einem Zug lachend vor sich hergestoßener Kinderwagen tippe ich auf die Zunft der Hebammen, was schließlich durch schwingende Bewegungen ineinander verschränkter Arme bestätigt wird.

Vom Straßenrand Lachen, Scherze, Begrüßungen.

Dann kommt – warum nicht schon ganz vorn? – St. Patrick, ein Hüne von Kerl, auf dem Kopf eine Tiara aus Papier (nach der er dauernd greifen muß, damit sie ihm nicht wegweht), in der einen Hand den Krummstab, mit der anderen eine Schlange würgend und im Gesicht das breiteste Grinsen, das ich je gesehen habe.

Jetzt scheint die Sonne, aber der Wind pfeift noch stärker durch die enge Hauptstraße von Cahirciveen.

Das macht es der Portmagee Community Band schwer, ihr Transparent zu halten. Es ist an Metallstangen befestigt, die mit bloßen Händen emporgereckt werden, während der Sturm mächtig an dem gestickten Namenszug zaust. Die Träger müssen verdammt kalte Finger haben, wie die Musiker, die dessenungeachtet schmetternd ihre Instrumente bedienen.

Ich verschwinde feige und bibbernd in der Telefonzelle vor der Ortsbibliothek.

Von dort beobachte ich voller Mitgefühl eine Mädchenschar, als Angehörige der Portmagee Play School ausgewiesene Schülerinnen, die gerade in weißen Hemdchen und Miniminiröckchen mit Trommeln und Harmonikas vorbeiziehen, und deren Unempfindlichkeit gegenüber den Außentemperaturen mich zugegebenermaßen stark irritiert.

Die gleiche Empfindung habe ich bei einer Männergruppe, die zu den Klängen des River-Kwai-Marsches vorbeizieht, nackte Brust und in den Händen Fähnchen mit den irischen Farben.

Ihr Beispiel ist es, das mich aus der Telefonzelle heraustreibt. Inzwischen regnet es.

Da rückt ein besonders auffälliger Abschnitt des Umzugs heran. Ein offener Wagen, auf dessen Plattform Männer und Frauen tanzen, singen, Flaschen hochhalten und dabei einen als Esel verkleideten Menschen unter Jubel fortwährend in den Hintern treten. Und das mit Stößen, die meiner Meinung nach zum Exzeß ausarten, was aber offensichtlich weder von dem Getretenen noch den Tretenden so gesehen wird. Dazu wird gegeigt, getanzt und gewitzelt, ohne daß der mißhandelte Mittelpunkt aus den Augen gelassen wird.

Ich grüble. Der äußeren Verkleidung nach handelt es sich um Angehörige der ländlichen Bevölkerung, Farmer, mit großen, cowboyähnlichen Hüten. Sattelzeug und Milchkannen, die auf dem Wagen herumstehen, bestätigen die Vermutung. Dann lese ich auf einem Pappschild »Ministers asses« (»Minister-Arschlöcher«). Und begreife plötzlich, was da geschieht, warum der Esel zu Boden geworfen, betrampelt und geschlagen wird, weshalb sie ihn vertrimmen und er Stroh fressen muß. Das geschundene Langohr da oben symbolisiert Irlands Regierung und das Parlament, den Dail, überhaupt die Politiker schlechthin. Der Zorn (und der Spaß) muß groß sein, denn nun wird der unglückliche Laiendarsteller auch noch mit der Peitsche geschlagen und so wütend malträtiert, daß er einem nur leid tun kann. Gleichzeitig jedoch gibt er sich in seiner grauen Haut so masochistisch, daß Anteilnahme gänzlich unangebracht scheint.

Von religiöser Verbissenheit oder konfessioneller Doktrin keine Spur.

Wie zur Bestätigung erscheint am Schluß von St. Patrick's *parade* in Cahirciveen ein ungeheurer, auf einen Wagen gestemmter Busen, der dann und wann von seinem Wächter gestreichelt und auch sonst pfleglicher Behandlung unterzogen wird.

Ich weiß bis heute nicht, was das Schlußlicht aus Pappmaché bedeutet hat, ich weiß nur: Es kann noch gar nicht lange her sein, daß in dem katholischsten aller katholischen Länder ein solches Gebilde in der Öffentlichkeit vorzuführen völlig unmöglich gewesen wäre.

Aber da kommt noch ein Nachzügler heran, gut fünfzig Meter hinter dem Ende des offiziellen Zuges. Er schiebt eine Karre vor sich her, auf der etwas rotiert, puffend, knatternd und, den Pausen zwischen dem asthmatischen »Töff! Töff!« nach zu urteilen, auch höchst widerwillig: der Paraffinmotor, der zwar nicht erfolgreich war, aber umweltschonend gewesen wäre.

Sein Dompteur freut sich sichtlich, weist mit großen Gebärden auf das stotternde Unikum, tänzelt hinter ihm her und hat die volle Aufmerksamkeit eines Publikums, das den Verspäteten offenbar erwartet und deshalb am Straßenrand ausgeharrt hatte.

Was der Apparat mit St. Patrick und seinem großen Tag zu tun haben soll, das bleibt mir allerdings schleierhaft, wie so manches an diesem Umzug, ausgenommen die unverwechselbare Karikatur des Nationalheiligen und Schlangenwürgers mit der windgefährdeten Tiara auf dem Kopf.

Dennoch bereue ich es nicht, gekommen zu sein, im Gegenteil, auch wenn jetzt die Sonne scheint, ohne daß es dadurch wärmer wird

Irish stew und Ritterschlag

Wieder im Haus am Kliff, spätnachmittags.

Ein Blick aus dem Küchenfenster – es ist fast windstill, und über der See liegt noch Dunst.

Ich beschließe, mich an ein Irish stew zu machen – zum erstenmal in meinem Leben.

Zwar soll es hier irgendwo ein Kochbuch geben, aber ich glaube, das Rezept zu kennen, nachdem ich inzwischen noch zweimal bei Grudle's war. Meinem Instinkt vertrauend, hatte ich gestern die Zutaten eingekauft. Die Zubereitung ist leicht in einer Küche, der es an nichts fehlt, eingeschlossen einen Kartoffelschäler.

Nachdem ich zerkleinert habe, was zu zerkleinern war, gebe ich Butter in den Topf und setze ihn auf die Elektroplatte, die bald vorbildlich arbeitet. Dann brate ich den Speck an und füge alles andere langsam hinzu: mageres, in Würfel geschnittenes Hammelfleisch, Möhren, Steckrüben, Zwiebeln, Kartoffelstücke, Knoblauchzehen und - Weißkohl (dies, zugegeben, nach eigenem Gusto, als kulinarisch erwünschte Zugabe jenseits der irischen Tradition). So geht es Lage um Lage, immer reichlich Pfeffer und Salz dazwischen. Dann, als alles im Topf ist, nehme ich mir ein Herz, suche das Kochbuch, finde es und schlage das Originalrezept auf. Gar nicht schlecht - nur die Fleischbrühe, die darauf gegossen werden soll, habe ich vergessen.

Während es bei mittlerer Flamme im Topf vor sich hinschmort, habe ich Muße, aus dem Fenster zu schauen.

Auf der Weide, nahe am Haus, Maureens Schafe, darunter fünf Lämmer, alle von großer Beweglichkeit, aber eines besonders vibrierend. Wie aufgezogen tollt und hüpft es herum, springt in die Höhe, dabei sämtliche viere vom Boden abgehoben, und blökt und blökt. Ein anderes Lämmchen - früh übt sich - versucht schon aufzureiten, während sich die gemächlich grasenden Alttiere von der Unruhe ihres Wurfes nicht stören lassen. Dabei vollführen die Jungen weiter wahre Bocksprünge, kriegen sich nicht ein vor Lebenslust und Bewegungsdrang, wuseln der Mutter ums gleichmütige Maul und lernen jede Minute die Welt ein wenig genauer kennen.

Im Topf gart es so vor sich hin, duftend, aber für eine Person, wie ich bei geöffnetem Deckel finde, allzu großzügig bemessen. Doch darf es ja für ein paar Tage reichen.

Wie bereits als Kind, kann ich nicht warten, bis es fertig ist, und so nehme ich denn schon mal eine Kostprobe - halbgar, aber wundervoll! Was mir Bigos in Ostpreußen war, das soll mir hier Irish stew werden, vielleicht sogar jede Woche einmal. Es braucht ja nicht immer soviel sein, daß davon drei satt werden könnten.

Die Sache darf jetzt niederen Hitzegraden überlassen werden, und so gehe ich vor Tisch noch einmal hinüber zu Maureen – ich hatte versprochen, vom St. Patrick's Day in Cahirciveen zu berichten.

Um zu Maureen zu gelangen, brauche ich mich nicht anzustrengen. Der Weststurm treibt mich mühelos die Rampe hoch und bis vor ihre Tür.

Das gelbe Haus, in dem Maureen Griffin mit ihrem Sohn Michael wohnt, wurde 1908 gebaut. Davor, auf der anderen Seite des Weges, der nach Puffin Island führt, lastet ein ungeheurer Stapel Torf. Die Schafställe daneben sind leer, alle Tiere draußen. Auf dem Hof ein gewaltiger Misthaufen, im Stall, eng beieinander, sechs Kühe und ein Bulle. Hinter einer geschlossenen Tür kläfft ein Hund. Unter freiem Himmel eine Maschine, um Rüben zu zerschneiden, dazu eine Ansammlung von Leitern, Brettern, Futtermitteln, Drahtgestellen, großen Tonnen.

Als Maureen mich sieht, kommt sie heraus, zieht mich in die Küche und kündigt einen Tee für uns beide an. Ich sehe mich um. Im Herd brennt ein Torffeuer, darüber hängt ein Stiefelpaar zum Trocknen. Zusätzlich gibt es einen Propangaskocher mit zwei Flammen. Kühlschrank, Radio, Fernseher – alles da.

Eine Uhr schlägt sechs. An den Wänden die heilige Familie, Jesus, Maria, Joseph, sehr idealisiert. Der Gottessohn auch allein, über dem Bildschirm, mit dem Strahlenkranz ums Haupt. Daneben ein Ewiges Licht, elektrisch. Allenthalben Fotos, von Enkeln und Enkelinnen. Auf einem Schrank Trophäen, errungen von ihrem Sohn Michael, der Hunde züchtet: zwei Beagles aus Porzellan, »Portmagee 1986«, und andere Auszeichnungen.

Der Tee ist fertig, Maureen läßt sich auf dem Sofa nieder.

Statt daß ich erzähle, animiere ich sie vorsichtig selbst dazu. Der Vater, John Griffin, war Farmer, die Mutter hieß Brigit. Hier, im oberen Stockwerk, wurde Maureen geboren, am 20. Juli 1924. Mit sechs Jahren kam sie in die Schule, ein langer Fußweg bis Ballinskelligs. »Ich war eine mittlere Schülerin.« Lesen, Schreiben, Geschichte, Geographie, Rechnen und Gälisch. »Ich habe das meiste davon vergessen.« Mit vierzehn ging Maureen von der Schule ab, danach half sie ihren Eltern auf dem Hof – »Kühe hüten und melken«.

Geheiratet hat sie 1948, mit 24, einen achtzehn Jahre älteren Mann. »Die Leute behaupteten, er sei zu alt für mich, aber sie irrten sich. Er hat mich nie geschlagen, ein Gentleman – ich war glücklich mit ihm.«

Es folgten vier Kinder – zwei Söhne, zwei Töchter. Jetzt hat sie zehn Enkelkinder. »Zwei davon, Jungen, liebe ich mehr als die anderen, ich weiß nicht, warum.« Dann, stolz: »Keines meiner Kinder oder Enkelkinder ist ausgewandert, kein einziges.«

Elektrisches Licht kam erst 1978, drei Jahre, bevor ihr Mann starb. »An Rheuma, in allen Gelenken, auch in den Fingern, seit 1955, über zwanzig Jahre. Der Tod war eine Erlösung. Gott segne ihn.«

Maureen und Michael Griffin leben vom Verkauf der Schafe und Kälber. Der Sohn bleibt unsichtbar, ich spüre, daß er nicht gefragt werden will, und Maureen tut nichts, um mich zu ermutigen, es zu wagen.

Sie steht um acht Uhr auf, macht Frühstück für sich und Michael, füttert dann die beiden Katzen und zwei Hunde und ist bis zwölf mit der Hausarbeit fertig. Danach hilft sie ihrem Sohn beim Vieh.

Sie bekommt seit fünf Jahren eine kleine Rente, geht seit drei Jahren am Stock, hat es mit der Bandscheibe und war deswegen schon im Krankenhaus gewesen. »Eingegipst. Es war furchtbar.« Sie hat starke Schmerzen, kann in ihrem Alter aber nicht auf Besserung hoffen.

»Einmal im Monat kommt der Doktor.«

Ich sitze vor dem torfbefeuerten Herd in rauchiger Wärme und höre zu. Maureen kommt schwer hoch aus dem Sessel, gießt Tee in die Kanne, schenkt erst mir, dann sich ein. Unnahbar, pflegt sie sich jede körperliche Hilfe zu verbitten. Die Krücke lehnt an der Wand. Manchmal faßt sie sich an den Kopf und verzieht das Gesicht, als hätte sie Schmerzen.

Dann berichte ich ihr von dem stürmischen St. Patrick's Day in Cahirciveen. Sie lauscht aufmerksam, vorgebeugt, und sagt dann: »In Dublin war es noch schlimmer – Schneeregen. Da waren 100 000 Leute auf der Straße, die sind fast weggeweht worden. Genau so in Limerick und Waterford. In Cork soll aber die Sonne geschienen haben, die ganze Zeit.« Sie weist auf den Bildschirm, wie um zu erklären, woher sie ihre Kenntnisse hat. Nach einer Weile meint sie: »Das mit dem Busen, das wäre zu meiner Zeit nicht möglich gewesen.«

Es ist halb acht. Als ich aufstehe, fragt sie: »Haben Sie sich was zu essen gemacht?«

»Ja, Irish stew.«

Sie kichert, nuschelt, ich will wieder »hopeless« gehört haben. Dann sagt sie: »Das ist gut, aber nur, wenn man es richtig macht, wie bei Grudle's. Haben Sie es richtig gemacht, ganz nach dem Rezept?«

»Ja«, lüge ich, wild entschlossen, vor ihr die Weißkohl-Zugabe zu verheimlichen.

Sie bringt mich zur Tür, steckt ihren Kopf hinaus, zieht ihn gleich wieder zurück, ruft: »Huh!« in den Sturm hinein, und dann, zum erstenmal: »Good bye – *my* dear.«

Das war der Ritterschlag! Seit dieser Stunde bin ich mit Maureen Griffin per Du.

Gegen 24 Uhr befinden sich in dem Topf mit Irish stew nur noch Reste – ich konnte nicht aufhören zu essen, wegen des zu vollen Magens kann ich nun aber auch nicht schlafen.

Nach Mitternacht werfe ich die Decke von mir und gehe ans Fenster.

Der Wind hat nachgelassen. Über dem Vorgebirge der St. Finan's Bay dräut ein praller Vollmond, so leuchtend gelb, daß sein Licht die Sterne aussticht – der Himmel ist eine schwarze Decke. Dabei ist die Luft durchsichtig. Vom bull her, dreißig Kilometer entfernt, blinkt es alle sechzehn Sekunden stechend auf, und rechts huscht gleitend das Licht vom Großen Skellig über das Wasser. Ganz hinten, am Horizont, sehe ich die Toplichter der Fischerboote.

Beruhigt lege ich mich wieder hin – so ist die Welt in Ordnung.

Zum Frühstück verzehre ich die letzten Spuren des Irish stew, entdecke dabei aber, daß es angesetzt hatte – der Boden des Topfes zeigt häßliche braune Flecken. Ich kenne mich, weiß, daß ich davor versage, daß meine Küchenfähigkeiten nicht ausreichen, um die Schande zu beseitigen, und hoffe auf Maureen.

Sie kommt gegen neun, wie jeden Morgen, wenn ich im Haus bin, ruft beim Anklopfen, wie zur Bestätigung von gestern abend, »My dear!« und ist sofort bereit, meinen Ruf bei den freundlichen Gastgebern vor Schaden zu bewahren. Also macht sie sich gleich an die Arbeit, schrubbt und glättet, spült und wäscht. Dabei habe ich ein paar Sekunden den unbestimmten Eindruck, als stutze sie mit einem kurzen Blick auf mich, vergesse es aber gleich wieder, weil sie, ganz auf den verschmorten Boden konzentriert, weitermacht.

Jetzt kommt sie zu auf mich, der ihr demütig, am Tisch in der Eßdiele hockend, bei der Arbeit zugeschaut hat, läßt mich in den sauberen Topf schauen, klopft von unten gegen das Metall und bemerkt mit Grabesstimme: »Aber *Weißkohl* gehört nicht zu Irish stew!«

Als sie mein verblüfftes Gesicht sieht, lacht sie scheppernd.

Mit einem Mühlstein um den Nacken ins Meer

Meine überregionalen und nationalen Informationen beziehe ich aus der Lektüre der beiden Tageszeitungen »The Irish Independent« und »The Irish Times«.

Wie andere Printmedien auch, beschäftigt sich fast jede Ausgabe der beiden Blätter ausführlich mit fünf ständig wiederkehrenden Themen: sexueller Mißbrauch von Kindern – Gewalt gegen Frauen – Abtreibung – Zölibat – Ehescheidung. Grundtenor: In jeden dieser Problemkreise ist die älteste Institution Irlands, die katholische Amtskirche und ihre zeitgenössische Hierarchie, bis zum Hals verstrickt.

Ihr hartnäckiger Widerstand gegen Wandlungen und echte Reformen, die indolente Resistenz gegen überfällige Lösungen stoßen auf eine öffentliche Erbitterung, deren Ausdauer und Schärfe bis vor kurzem noch ganz undenkbar gewesen wären. Dabei wird von dieser Kritik niemand ausgenommen, weder

Bischof noch Kardinal, nachdem Woche für Woche neue, dem klerikalen Establishment bekannte und dennoch unterschlagene Straftaten aufgedeckt werden, die einfache Priester, aber auch hohe Würdenträger begangen haben. Gleichzeitig wird in den Zeitungen aber auch Kritik an Eltern geübt, und zwar weit hinaus über die priesterlichen Fälle. Denn selbstverständlich sind die Täter nicht nur in den Reihen der Kirche zu suchen.

Charakteristisch für irische Eltern ist, so die Zeitungen, daß sie die Zeichen für sexuellen Mißbrauch ihrer Kinder ignorieren, was natürlich mit der traditionellen Tabuisierung der Sexualität zusammenhängt. Obwohl in den letzten Jahren immer wieder über sexuelle Vergehen an Kindern berichtet wurde, werden ihre frühen Signale nach wie vor nicht wahrgenommen, oder wollen nicht wahrgenommen werden. Innerfamiliärer Mißbrauch wird nahezu grundsätzlich verschwiegen. Auch ist es erstaunlich, wie oft Eltern ihre Kinder Leuten anvertrauen, die sie nur oberflächlich oder gar nicht kennen.

Obwohl der sexuelle Mißbrauch von Kindern zu den scheußlichsten Verbrechen zählt, widmet ihm die Justiz bisher nicht die Aufmerksamkeit, die ihm zukommt. Die Reaktion der Kirche in den zahlreichen Fällen, in denen Priester angeklagt werden oder verurteilt worden sind, kann man sich unklüger nicht vorstellen: Nicht die Täter in den eigenen Reihen, sondern die Medien werden für die in Gang gekommene öffentliche Diskussion verantwortlich gemacht.

Diese Umkehrung des Übels hat unter liberalen Publizisten Irlands eine Empörung ausgelöst, die der Auseinandersetzung verbal und geistig ein neues Stadium beschert hat. Ihr Wortführer ist Conor Cruise O'Brian, einer der bekanntesten Publizisten und ständigen Kommentatoren des »Irish Independent«. Hier eine komprimierte Zusammenfassung seiner schneidenden Abrechnung mit klerikaler Heuchelei und Verdrehung:

Wer die öffentliche Diskussion über den sexuellen Mißbrauch von Kindern den Medien anlastet, der packt das Übel nicht an der Wurzel - der verlogenen Sexualmoral und dem Zölibat. Wenn die Medien mit den Kirchenoberen kollaboriert hätten, wenn sie willig gewesen wären, all die durch Priester begangenen Sexualdelikte zu vertuschen, wie in den »guten alten Tagen«, dann hätte die Kirche nichts gegen die Medien gehabt. Nur hätte sie dann besser ausgesehen, als sie in Wirklichkeit ist.

Die Kirche, so Conor in seiner Generalabrechnung, fährt auf den üblen Pfaden der Vergangenheit fort, die Praktiken von Priestern zu verdecken und das Vertrauen, das die Kinder und ihre Eltern der Kirche entgegenbringen, institutionell zu mißbrauchen. Werden solche Übergriffe von den Medien öffentlich behandelt, was ihr Recht und ihre Pflicht ist, dann werden sie von der Kirche angegriffen. Leidet die Institution Kirche aber durch das, was sie getan hat, dann leidet sie zu Recht – durch ihr Verschweigen.

Sollten die in diesen Mißbrauch verstrickten kirchlichen Autoritäten tatsächlich an das Evangelium glauben, wie sie ständig predigten, dann wüßten sie, daß sie für ihren Verrat an den Kindern die schlimmste Strafe verdient hätten, nämlich »mit einem Mühlstein um den Nacken im Meer versenkt zu werden«.

Die Kirchenherren wären gut beraten, so Conor Cruise O'Brian in seiner Schlußfolgerung, ihre Anklagen gegen die Medien einzustellen, denn diese reflektierten die öffentliche Meinung weit mehr, als daß sie sie formten. Der größte Wandel in Irland hat sich nicht in den Medien, er hat sich im Volk getan. Die alte Ehrerbietung ist verschwunden, und nichts wird sie wieder zurückbringen. Wie das alte Vertrauen, das nicht fragte und ebenfalls dahin ist, »da wir nun wissen, wie schändlich es mißbraucht worden ist. Wenn heutzutage ein Bischof das Vertrauen des Volkes erwerben will, dann hat er es zu gewinnen und nicht als sein Recht zu beanspruchen.«

Soweit Conor Cruise O'Brians weithin gelesene und beachtete Stimme.

Das sind für Irland neue Töne, unerhörte Sätze, die lange niemand auszusprechen gewagt hätte. Aber es ist die irische Wirklichkeit selbst, ihre soziale und politische Not, die sie hervorzwingen. Für viele gläubige Iren jedoch *kann* immer noch nicht wahr sein, was nicht wahr sein *darf*. Es kratzt an dem Selbstbildnis, das die katholische Hierarchie Irlands von sich und der Kirche entworfen hat und das so lange kritiklos hingenommen worden ist.

Ich glaube, mich sogar in die Lage der Kirche versetzen zu können, weil mir hier etwas Seltsames widerfährt: nämlich an mir selbst festzustellen, wie schwer es ist, eine liebgewordene, aber offenbar doch nicht richtige Ansicht zu korrigieren. Wer mich fragt, welches Volk meinen Kenntnissen nach das freundlichste und umgänglichste sei, dem werde ich immer noch antworten: das irische. Aber ich tue es inzwischen mit Einschränkungen, und das hängt zusammen mit dem zweiten großen Thema öffentlicher Auseinandersetzung: der Gewalt gegen Frauen. Nirgendwo sind mir erschütterndere Zeugnisse dafür vor Augen gekommen als in Irland.

Gerade wird das Martyrium einer irischen Frau bekannt, die seit Beginn ihrer Ehe vor 22 Jahren von ihrem Mann geschlagen worden ist, Tag für Tag, sozusagen als selbstverständliches Programm ihrer Un-Beziehung. Daraufhin sprechen aus Briefen an die Presse ein Entsetzen und eine Empörung, die ich gern hinterfragt hätte. Zum Beispiel: Wo waren die Nachbarn des Ehepaars, warum haben sie nicht eingegriffen? Es kann doch nicht alles verborgen geblieben sein von dem, was sich da regelmäßig ereignete. Und weiter: Das schriftlich geäußerte Entsetzen tut so, als werde hier etwas Einmaliges, eher Seltenes aufgedeckt. Genau das aber stimmt nicht, lassen alle Erfahrungen mit den familiären Strukturen Irlands doch keinen anderen Schluß zu, als daß Gewalt gegen Frauen sehr verbreitet ist. Nicht verbreiteter vielleicht als in anderen Ländern, Deutschland eingeschlossen. Aber so, wie es ist, ist es schlimm genug und will ganz und gar nicht passen zu den allzeit freundlichen Iren, denen ich bisher begegnet bin.

Bis vor zwanzig Jahren waren Frauenhäuser in Irland unbekannt. Damals, 1976, wurde in der Grattan Street von Cork das Edelhouse Residential Centre gegründet, the emergency night shelter, in das sich mißhandelte Frauen flüchten und während der unmittelbaren Krise bleiben konnten. Ein anderes Frauenhaus wurde in Dublin errichtet, dort können, wie später auch in Cork, Frauen länger verweilen und versuchen, ihr Selbstwertgefühl wiederzufinden.

Das Dubliner Haus hat sechs Wohneinheiten, in denen Frauen drei Wochen bleiben können. Wer von ihnen nicht zurückkehren will, kann den außerfamiliären Aufenthalt noch einmal auf der Langzeitstation von Edelhouse verbringen (Longstay section). Aber auch dort dürfen Frauen nicht auf Dauer bleiben.

Ganz abgesehen davon, daß in den irischen Frauenhäusern nur die Spitze des Eisbergs sichtbar wird, die eigentliche Problematik der Institution ist offensichtlich. Je länger von ihren Männern geschundene Frauen in ihr verweilen, desto härter wird es für sie sein, in das alte Milieu zurückzukehren. Was nutzt es ihnen, wenn sie in Edelhouse und ähnlichen Stätten ein Gefühl der Ruhe und Geborgenheit gewonnen haben, sich danach aber wiederfinden in einer Umgebung, die das Motiv für ihre Flucht war? Finden sie doch meist nach ihrer Rückkehr eben jene Zustände vor, die sie von dort vertrieben haben. Das Provisorische der Einrichtung ist fatal. Die Frauen, die ihren häuslichen Qualen entkommen sind und ganz neue Werterfahrungen gemacht haben, leiden nach der Entlassung unter der Fortsetzung ihres Schicksals nur um so schlimmer. Irlands Zeitungen sind voll von Beispielen, wie rasch gewonnene oder wiedergewonnene Würde in sich zusammenfällt, wenn jene häuslichen und familiären Zustände aufs neue hergestellt werden, die sie zerstört hatten.

Auch in Irland sind Frauenhäuser ein Versuch, Heimatlosigkeit zu bekämpfen und bedrohte Frauen und Mädchen zu ermutigen, Entscheidungen zu treffen und Verantwortung zu übernehmen. Aber so lange die sozialen Ursachen für die Gewalt gegen Frauen andauern (darunter gewiß die hohe Arbeitslosenquote), wird die Institution nicht viel mehr als Sozialkosmetik sein, ein Beruhigungsmittel für das schlechte Gewissen der Gesellschaft, so bewundernswert die Leistungen einzelner auch sein mögen.

Das ganze Elend offenbart sich erst richtig, wenn man die Zahlen kennt, die sich hier gegenüberstehen, nämlich die paar dutzend Kinder und Frauen, denen in den letzten Jahren geholfen wurde, und eine Wirklichkeit, die mit Zigtausenden solcher Fälle aufwartet.

Wer die öffentliche Behandlung des Problems hier an Ort und Stelle beobachten und verfolgen kann, der erkennt sehr rasch, daß die Amtskirche gegenüber dem Thema »Gewalt gegen

Frauen« die gleiche Haltung einnimmt wie gegenüber dem sexuellen Mißbrauch von Kindern – verschweigen, verdrängen wie eh und je. Nur daß ihr in der liberalen Presse jetzt ein ebenbürtiger Gegner entstanden ist.

Dritter Schwerpunkt der öffentlichen Auseinandersetzung ist die Abtreibung. Nicht nur die Amtskirche, auch die Richter des höchsten Gerichts haben sich hinter die kompromißlose Formel des Papstes und seiner »Evangelium vitae« gestellt: Abtreibung sei Tötung, und das ohne Ausnahme. Aber auch dagegen regt sich in Irland ein bisher ungewohnter Widerstand. Immer mehr Irinnen und Iren weigern sich, einzig und allein vom ungeborenen Leben auszugehen, ohne die Umstände des geborenen Lebens zu berücksichtigen und das Recht der Frau auf eigene Entscheidung. Dabei scheint die Kluft zwischen dem Anspruch der Moralisten in Kirche und Justiz und den sexuellen Praktiken nirgends größer zu sein als hier.

Die Zahl der Irinnen, die am Morgen danach die Pille nehmen, besonders nach Feiertagen wie Weihnachten und Ostern, wächst ständig – worüber die Presse so rückhaltlos berichtet wie über andere Verhütungsmöglichkeiten. Binnen kurzem habe ich den Eindruck gewonnen, daß in keinem anderen Land so viel und so häufig über das Thema Schwangerschaft und ihren Abbruch gesprochen und geschrieben wird wie in Irland, wo es immer noch offiziell am verpöntesten ist. Nach wie vor gilt bei vielen das »Nice girls don't«-Gebot: Anständige Mädchen tun so etwas nicht. Gleichzeitig aber gibt es wohl in keinem europäischen Land so viel Unkenntnis über Verhütungsmaßnahmen und die Gefahren von ungeschütztem Sex und seinen Folgen. Viele Teenager meinen, daß Verhütung der Liebe etwas von ihrer Romantik nehmen würde, und sprechen deshalb nur ungern darüber.

Außerdem – so der ironische Kommentar im »Irish Independent« von heute – beherzigten allzu viele irische Lover nicht die Samstagswarnung: »Be good – and if you can't be good be careful« – also: »Sei brav, aber wenn's dir gar nicht gelingt, dann paß wenigstens auf.«

Sonst trifft auch auf Irland die Beobachtung zu, daß gerade die Eiferer für den Schutz des ungeborenen Lebens dem geborenen

Leben besonders hartherzig gegenüberstehen, voller Unverständnis für die soziale Wirklichkeit der Frau und Mädchen, für ihre Bedürfnisse und Umstände. Auch hier scheint bei vielen der wahre Antrieb nicht, wie vorgegeben, Liebe zum Menschen zu sein, sondern eine im Grunde tief inhumane Doktrin.

Das Studium der irischen Presse und des Fernsehens läßt aber den vorsichtigen Schluß zu, daß immer mehr Irinnen und Iren die These von der Priorität des ungeborenen Lebens vor dem geborenen, die Verdammung von Abtreibung und Empfängnisverhütung, ablehnen. Was zunehmend auf Widerstand stößt, ist jener abstoßend wirkende Fundamentalismus, der aus religiös-ideologischen Gründen überhaupt keinen Grund für einen Schwangerschaftsabbruch akzeptieren will, auch da nicht, wo Vergewaltigung die Schwangerschaftsursache war. Eine tiefere Verachtung der Frau ist kaum vorstellbar.

Nicht, daß Abtreibungsgegner keine ehrenwerten und aufrichtigen Gründe haben können - ich kenne keinen hiesigen Kommentar, der das in Zweifel zöge. Was es aber schwermacht, solche Haltung zu verallgemeinern, das ist der klerikal-konservative, durch und durch antiliberale Duktus, mit dem das ungeborene Leben immer noch über das geborene Leben gestellt wird.

Das zeigt sich gewiß nicht nur hier, doch was der irischen Situation ihre spezifische Note gibt, ist ein Hochklerus, der die alten Machtansprüche zäh wie in kaum einem anderen Land verteidigt und der die größten Schwierigkeiten hat, seine Traditionen mit einer sich rasch verändernden Wirklichkeit in Übereinstimmung zu bringen.

Das gleiche gilt für die Frage des vierten und fünften der großen Probleme: für das Zölibat und die gesetzliche Scheidung. Während letztere inzwischen bekanntlich durch Volksentscheid, wenn auch nur mit hauchdünner Mehrheit, durchgesetzt worden ist, bewegt sich in den Entscheidungsgremien der katholischen Kirche Irlands hinsichtlich der priesterlichen Ehelosigkeit so gut wie nichts.

Wer auch nur eine Diskussion über das ehelose Dasein von Priestern anzuregen versucht, wie der mutige Bischof Brendan Comiskey, dem wird mit vatikanischem Bann und päpstlicher Fuchtel gedroht.

Aber der Streit über die ungelösten Fragen der irischen »Nachzüglergesellschaft«, solange unter kirchlichem und politischem Verschluß gehalten, ist offen, unumkehrbar und mit einer Heftigkeit ausgebrochen, die noch vor wenigen Jahren nicht denkbar gewesen wäre. Mir scheinen die Neuerer und Reformer eindeutig im Vormarsch zu sein, alle Tendenzen weisen in diese Richtung.

Dabei wird nicht *die* katholische Kirche Irlands der große Verlierer sein, sondern der Teil von ihr, der das Unmögliche will: den Stillstand.

Noch hält sein Klerus die Macht in Händen, aber die vollständige ist es nicht mehr.

Corker Impressionen

Von Macroom auf der vielbefahrenen N 22 kommend, verfranze ich mich auch diesmal bereits am Stadtrand hoffnungslos. Nachdem ich eine volle Stunde brauchte, um bis zur Innenstadt vorzudringen, bleibe ich dort endgültig stecken. Gerade als ich resigniert aufgeben und mit dem Koffer weitergehen will, klopft ein älterer Herr ans Wagenfenster: »Sie sehen so ratlos aus – kann ich Ihnen helfen?« Bedrückt nenne ich mein Ziel. Er geht um den Wagen herum, steigt ein, lotst mich mit freundlichen, aber energischen Hinweisen durch den Verkehrswirrwarr der City von Cork und findet mühelos das Hotel »Metropol«. Dann verschwindet er lächelnd, kaum daß ich ihm meinen Dank abstatten konnte. Eine gute Lehre – der Wagen kommt sofort in die Garage und wird dort bis zur Abreise bleiben. Auch in Cork ist man heute per pedes am schnellsten.

Sein Zentrum liegt zwischen dem North Channel und dem South Channel des River Lee, und die St.-Patrick's-Brücke, wenige Schritte vom »Metropol« entfernt, führt direkt in die Stadtmitte.

Ich beuge mich über das Geländer – träge fließt das Wasser seewärts und mit ihm allerlei Treibgut, Papier, leere Flaschen, große Schmutzplacken. Möwen lassen sich auf dem Wasser nieder, fliegen aber gleich wieder auf, als fürchteten sie sich, vergiftet zu werden. Eine Plakette verkündet einem uninteressierten Publikum, wer den Grundstein für die Brücke legen ließ und wann: der Earl of Carlisle, Lieutenant Sir John Arnott, Mitglied des Londoner Parlaments und Bürgermeister am 10. November 1859. Also noch zu Zeiten der britischen Herrschaft über Irland, an die mit guten Gedanken zu erinnern gerade die Corker wenig Grund hatten. Während der Höllenlärm der *rush hour* über St. Patrick's Bridge liegt, rekapituliere ich meine historischen Kenntnisse der Stadtgeschichte.

Der Name Cork stammt von Corcaight, was auf gälisch »sumpfiger Ort« heißt und eine Gründung des heiligen Finbarr aus dem 7. Jahrhundert war. Nachdem die Wikinger den Ort 820 und später noch mehrere Male überfallen und gebrandschatzt hatten, betritt mit den Anglonormannen 1172 der übermächtige Nachbar England unter Heinrich II. die irische Szene – und dabei wird es auch hier bis in unser Jahrhundert bleiben. Dazwischen wechselte eine bunte Reihe von Eroberern einander ab, nimmt 1495 der britische Kronprätendent die Stadt ein, werden die Einwohner 1644 vertrieben, wenige Jahre später die Zurückgekehrten von Cromwells Truppen massakriert und 1690 die Befestigungen geschleift. Im irischen Unabhängigkeitskampf gegen die britische Militärmacht verlieren 1920 zwei Bürgermeister ihr Leben und brennen große Teile der Stadt nieder. Wahrlich, Cork hat seinen Teil abbekommen.

Die Gegenwart hat allerdings auch ihre Härten.

Auf der Brücke sitzt ein Bettler, eingemummt, und hält den Passanten einen roten Becher hin. Zehn Schritte weiter spricht mich ein junges Mädchen, nein, ein Kind von zwölf, dreizehn Jahren an und will Geld. »Wofür? Hasch, *drugs?*« – »Nein«, sagt sie ganz ernsthaft, »für Essen.« Zwei Minuten später hat sie auf der Brücke einen jungen Mann angesprochen, verhandelt offenbar mit ihm, sieht zu mir hin und winkt mir freundlich zu.

Am Eingang des großen Kaufhauses am Merchant's Quay hockt ein junger Mensch, neben sich einen schottischen Schäferhund und ein Pappschild, auf dem steht: »Würden Sie bitte einem Mann und einem Hund helfen, die hier gestrandet sind? Danke und Gott segne Sie.«

Bilder, wie ich sie in der Provinz nicht gesehen habe.

St. Patrick's Street, der große Korso, birst vor Energie – Massen von Menschen, als wäre die ganze Einwohnerschaft der Insel in dieser buntscheckigen Verkaufsallee zusammengekommen. Blauweiß gestrichene Gebäude mit römischen Rundbögen, Fassaden von tristestem Schwarz, dann wieder anheimelnde Giebelhäuser, grün-weiß, entzückende Balkons, und auf dem Dach von Tracey's Shoes schlägt ein großer Busch aus.

Weiter – Marks & Spencer, unvermeidlich; Men's wear und Boy's wear, mit Hemden bis oben vollgestopfte Schaufenster; Optiker neben Pubs; rot-grüne Fahnen in der Eingangstür eines indischen Restaurants; »Castelli Romani«, Leuchtzeichen schon am hellichten Tage; etwas weiter der Name einer Gaststätte in chinesischen Schriftzeichen. Und Werbung, Werbung, Werbung, wohin das Auge fällt – für Beauty Saloons, für Air Lingus, die nationale Luftlinie, für Clancy's Food and Drink und, wolkenkratzerhaft, für Toyota.

Die kühl verglaste Oper, auf deren Spielplan derzeit »The Plow and the Stars« steht; davor ein Brunnen, auf seinem Rand Plaketten mit den Entfernungen zu europäischen Metropolen: Athen 2875, Paris 841, Madrid 1320, Lissabon 1460 Kilometer. Geschäfte nur für Glückwunschkarten, vor allem mit knackigen Babies in knalligen Farben; andere Läden, die nichts verkaufen als pinkfarbene Schleifchen, Barbiepuppen, Kinderspielzeug, Taschenmesser, Pralinen. Woanders fußballfeldgroße Verkaufsflächen, einzig dekoriert mit dem grellbunten Universum internationaler Zeitungen und Zeitschriften.

Dann von der St. Patrick's Street nach links eingebogen in die Grand Parade und, vorbei am City Market, Corks »Hallen«, weiter bis ans Ende der Allee.

Dort, am Schnittpunkt der Grand Parade und der South Mall, stoße ich auf ein Denkmal, das im Stadtplan stolz als »National Monument« bezeichnet wird, in mir aber, wie andere Beispiele dieser Art, einen seltsamen Zwiespalt erzeugt.

Es ist errichtet worden für die irischen Freiheitskämpfer gegen die britische Herrschaft, für die McCarthys und Mahoneys, die O'Connells, Kellys und Duffys, und zeigt die Fieberkurven aufständischer Unruhe – 1789, 1803, 1848, 1867, 1916 – die äußerst beeindruckende Liste eines unbeugsamen Drangs nach Unabhängigkeit.

Aber was sich da dem Auge bietet, ist nicht zum Anschauen. Der metallene Zuckerbäckerturm, die vollbrüstige Jungfrau Eire, überdacht und gestützt auf ein schräg stehendes Hochkreuz, die Lyra, *das* irische Symbol neben dem Kleeblatt - und das alles schief und spitz und irgendwie mickrig-verfehlt.

Was da staketumstanden aufsteilt, zeugt ebenso wie zahlreiche andere über die Republik verstreute Denkmale von großer Kunstferne und anzweifelbarer Ästhetik. Das schafft peinliche Gefühle in Betrachtern, die sich mit der irischen Geschichte verbunden fühlen und Anteil daran nehmen, produziert etwas, das ich gern in mir niederschlagen würde und das doch da ist. Ich habe hundert Male erlebt, wie wohlwollende Betrachter, Liebhaber des Landes, davor den Kopf schüttelten oder ihn einzogen. Ausländer, gewiß, doch assistiert von den Stimmen kritischer Iren.

Aber seltsam - auch diesmal, wie schon früher an dieser Stelle, vollzieht sich bald ein innerer Umschwung, der einer anderen Bewertung Platz macht. Denn gerade, weil sie so hilflos bemüht sind, das historische Drama, dem sie entwuchsen, adäquat widerzuspiegeln, gerade weil die Kluft zwischen der unermeßlichen Leistung des irischen Kampfes um Freiheit und den Versuchen seiner äußeren Manifestation so erkennbar ist, gerade deshalb haben diese Monumente auch etwas Rührendes an sich. Um den Spagat zu begreifen, der sich da auftut, muß man wohl wirklich länger im Land gewesen sein, muß man lokale Mentalitäten erschnüffelt, kollektive Haltungen begriffen haben, oder sie wenigstens erahnen. Es hat einer großen Strecke meiner 25 Jahre Bekanntschaft mit Irland und den Iren bedurft, um davon eine Vorstellung zu bekommen.

Gleichzeitig frage ich mich hier, am Ende der Grand Parade: Müssen das Ehrenmal und seine Pendants der irischen Jugend an der Wende vom 20. zum 21. Jahrhundert nicht vorzeitlich erscheinen? Haben sie irgendeinen Bezug zu einer Daseinswirklichkeit, in der die EU-Mitgliedschaft der Republik Irland und Großbritanniens selbstverständlich geworden ist und Spannungen zwischen beiden Staaten höchstens im Rahmen solcher

Gemeinsamkeit entstehen können (in diesem Zusammenhang einmal abgesehen von der Nordirlandfrage)? In der Tat haben sich gegenüber der Geschichtssituation, der die Denkmale entwuchsen, die europäischen Verhältnisse inzwischen so grundlegend verändert, daß sich Fragen wie diese ganz von allein aufdrängen. Ich werde versuchen, darauf Antworten zu bekommen.

Jetzt aber auf die Grand Parade zurück und, wie gewohnt, zum Tee in den ersten Stock der »Hallen«, Corks City Market, das geräumige, weitverzweigte und mehrgeschossige Labyrinth eines Freß- und Warentempels, an dem unmißverständlich abgelesen werden kann, daß Irlands Anschluß an die Sitten und Gebräuche des Kontinents endgültig ist, jedenfalls auf diesem Gebiet.

Von der Bazarstimmung der siebziger, noch der achtziger Jahre ist hier nichts mehr zu spüren, auch nicht von dem damals vergleichsweise bescheidenen Angebot, abgesehen von den Fischhallen, deren Auslagen seinerzeit genauso aussahen wie heute. Die Wandlungen haben nicht im Meer, sie haben in der Soziologie Irlands stattgefunden. Geweckte Bedürfnisse wollen befriedigt werden.

Dagegen wäre nichts einzuwenden, nur spüre ich dennoch in mir einen leisen Stich, den Verlust einer mir noch bekannten Originalität, wie ich da vom Rande des offenen Cafés auf Stände und Auslagen hinunterschaue. Das alles ist, finde ich von hier oben, ein wenig zu sauber, zu ordentlich, zu abgepackt, zu – europäisch. Wenn man das sieht, in seiner Uniformität, dann könnte man sich auch woanders wähnen, in Antwerpen, in Stockholm oder irgendwo in Deutschland. Da nivelliert sich etwas, und das in erdteilhafter Dimension.

Völlig originell geblieben dagegen, aus der Gründerzeit stammend, Mittelpunkt einer lichten Rotunde im Parterre und ausgestattet mit der magischen Fähigkeit, die Betrachter erst gehörig zu erschrecken, dann aber herzhaft zu bestricken, ist hier allein der alte Springbrunnen!

Das tropft und leckt da unten nur so vor sich hin, rauscht hoch, fällt wieder zurück, begießt plätschernd metallene Wassertiere und Lotusblüten und läßt aus einem schweren Becken eiserne Pflanzen- und Blütenstelen hervorwachsen. Neben drei reiherähnlichen Vogelgeschöpfen am Rande strebt ein mächtiger Kelch aufwärts, aus dem noch ein zweiter wächst. Diesem wiederum entspringt etwas, das mit seinem Bukett schwingender Antennen ausschaut wie das Knollenhaupt eines extraterrestrischen Wesens, das abheben möchte, aber nicht kann. Ein antizipierter und aufs unschuldigste pervertierter Dalí ist das, ein Kitsch längst jenseits von Gut und Böse, eine Mißgeburt von solcher Eindruckskraft, daß keine andere Wahl bleibt als die der sofortigen Kapitulation vor ihrer Scheußlichkeit.

Erwachsene bleiben davor wie angewurzelt stehen, Kinder werden von Eltern hochgehoben, patschen ins Wasser, jubeln und kreischen. Ich starre, wie vor zwanzig Jahren zum erstenmal, von hier oben wieder fasziniert auf das in seiner dumpfen Ehrlichkeit umwerfende Scheusal herab, und schmeiße, wie damals schon und wie es alle tun, ein paar Münzen in das Becken.

Das blinkt darin, meist kupferbraune Ein- und Zweipencestücke, aber auch helle Zehner, die glitzern wie silbrige Fischbäuche.

Die ganze Zeit über sind angenehme Klaviertöne zu vernehmen hier oben, etwas separiert, spielt ein weißhaarige Pianist all die weichen, sanften Melodien, die sich wohltuend abheben von dem gewalttätigen Sound der Rockbands. Es ist Musik, wie ich sie, hoffnungslos altmodisch, so gern höre, von Tommy Dorsey bis Glenn Miller, »Tea for two«, »Begin the Beguin«, »Some of these Days«, »Once in a while« oder »Two sleepy People«. Auch »The Best of Frank Sinatra and Carlos Jobim« dringt zu mir: »Wave«, »This happy Madness«, »Close to you«. Der Klavierspieler bedient die Tasten ohne Unterbrechung und ganz hingegeben, das Gegenteil von jenen Musikern, deren Spiel eigentlich nur der ersehnten Pause zustrebt. Er macht ein erstauntes Gesicht, als ich ihm applaudiere, freut sich und kommt später an meinen Tisch.

Am Abend dann im Dan Lowrey's, Corks berühmtestem Pub, gleich neben dem Hotel »Metropol«.

Erste Eindrücke.

Dunkle Holztäfelung; Bänke an der Wand, mit Blumenmustern überzogen, gobelinhaft; hinter der Theke eine ausladende Phalanx auf dem Kopf stehender Flaschen; alte Petroleumlampen mit elektrischen Kerzen, nostalgische Werbeplakate, damals »Reklame« genannt – »Player's navy cut cigarettes, mild and medium« auf einem Riesenspiegel. Vergilbte Guinness-Plakate, Postkarten längst vergangener Zeiten – »Good luck in your new job«. Daneben, zentral postiert, Blickfang für die Gäste, Trophäen von Pub-Wettbewerben, 1991, 1992 und 1993 – »First price Dan Lowrey's Tavern, 13 MacCurtain Street, Cork«.

Nach hinten, »Welcome« über dem Eingang, ein zweiter, kleinerer Raum. Flackernder Kamin; eine Wanduhr mit römischen Ziffern und rasch hin- und herschlagendem Pendel; auch hier Nostalgie-»Guinness, extra Stout, brewed in Dublin und London«, Reklame von einst, unaggressiv.

An der Theke sind alle Hocker besetzt, ich sehe nichts als Bier, helles und dunkles.

Zwei junge Frauen neben mir – die eine vor sich Cola, die andere Mineralwasser mit Zitrone – geben mir den Mut, nach einem Softdrink zu fragen. Zu meiner Beruhigung löst die Bestellung bei der Wirtin keine sichtbare Reaktion aus.

Es ist der erste Pub, den ich berüchtigter Nichtalkoholtrinker aufsuche. Während der Fernsehaufenthalte in Irland haben die Teammitglieder immer ohne mich gehen müssen. Diesmal, für das Buch, spüre ich, daß ich um diese urirische Institution nicht herumkommen werde, hier nicht und anderswo ebensowenig.

Immerhin, der Bann ist gebrochen, und nach der freundlichen Annahme meines Bekenntnisses zu Limonade scheint eine innere Hemmschwelle überwunden.

»Mind step« – »Vorsicht, Stufe« – mahnt ein Schild vor Verlassen des Pubs. Draußen, in Höhe des ersten Stocks, zwei Kandelaber, dazwischen »Dan Lowrey's. Established 1897«.

Ich gehe die Straße hinunter zur St. Patrick's Bridge. Es ist nach 20 Uhr, viele Geschäfte sind noch geöffnet – die Pathologie deutscher Ladenschlußzeiten ist hier unbekannt.

Von der Brücke, am rechten Ufer des North Channel, die erleuchtete Front von Dunnes Stores am Merchant's Quay, während sich die angestrahlte Hinterfront des Hotels »Metropol« im ruhigen Wasser wie ein dauerbelichtetes Foto ausmacht.

Cork liegt nicht an der See, aber über Cork Harbour und Lough Mahon im Strömungsgebiet ihrer Gezeiten.

Der Wasserspiegel unter der Brücke liegt deutlich höher als vorhin.

Der Aufstieg zu St. Ann's Shandon ist beschwerlich und führt vorbei an ausgeschlachteten Gebäuden und leeren Fensterhöhlen. Aber mein schlechtes Gewissen drängt mich aufwärts zu diesem bisher ausgesparten Wahrzeichen von Cork – bei den Dreharbeiten war immer zuwenig Zeit dafür.

Verblüffend der *pepperpot* genannte 36 Meter hohe Turm der Kirche. Wie ein dreifach ausgefahrenes Teleskop sieht er aus und ist berühmt wegen des Spiels seiner acht Glocken. Es heißt, gegen ein geringes Entgelt können auch Besucher sie zum Klingen bringen.

Aber nicht heute, wie sich herausstellt. Das eine Pfund, das zu zahlen ist, wird für den Eintritt erhoben, die Kirche ist auch ein Museum. Bänke mit Samtkissen, an den Marmorwänden Namen Verstorbener, darunter häufig die Floskel »who departed this life«. Was wohl nichts anderes besagen soll, als daß der Tod kein Ende, sondern ein Anfang sei.

Alte Bücher, darunter »Opera omnia«, *printed* 1647, und vergilbte Handschriften, eine walisische Bibel von 1718 – alles sicher unter Glas. Ein Gedenkstein, »In loving memory« für den 1934 verstorbenen Dr. Philipp George Lee, weil er über vierzig Jahre treuer Besucher von St. Ann's Shandon war. Er muß mit seinen Besuchen also 1894 begonnen haben.

Ich dagegen breche den meinen ab, weil er untergeht in dem Lärm, den nahe dem Eingang ein einsamer Staubsauger macht, der zwar unbedient herumsteht, aber nicht abgestellt worden ist. Noch lauter ist das Geschnatter des weiblichen Personals, zwei Frauen, deren durchdringende Stimmen ohne Unterlaß durch den Kirchenraum hallen.

So rette ich mich – Pflicht hin, Pflicht her – die Roman Street herunter und über die St.-Patrick's-Brücke in Richtung Anderson's Quay auf das Custom House zu, das Zollhaus am Zusammenfluß des Nordkanals mit dem Südkanal. Dort liegt er vor mir, der Hafen von Cork – Silos, häßliche Gebäude, Grauklötze, hohe Schornsteine. Doch da eine himmelblaue Brigg, weithin leuchtend mit ihren Groß-, Heck- und Bugsegeln, und der von Hamburg her vertraute Anblick an der Pier vertäuter Seeschiffe.

Über den Union Quay zum George's Quay am Südkanal. Alte Holzstege, verfaulte Balken, an denen abzulesen ist, daß die Flut noch drei Meter höher steigen kann; Boote, kieloben, Zeugen längst vergangener Hafentätigkeit.

Auf der anderen Straßenseite reges Leben, die irre Front von Fitzpatrick's second stand shop. Vor dem Schaufenster, draußen, alte Wagenräder, gammelige Pumpen, Transportfahrräder mit einem großen Korb über dem kleineren Vorderrad; Kochtöpfe, Kessel, Pflüge, Sämaschinen, Riesensägen, gewaltige Schöpflöffel - zu nichts mehr nütze, als angestaunt zu werden oder die Phantasie anzuregen, wie die Welt dieser Utensilien einst ausgesehen haben mag. Und hinter lebensgroßen Madonnenstatuen die modernsten Kühlschränke, Herde und Waschmaschinen unserer Zeit.

Dazu irische Volksmusik aus einem unsichtbaren Lautsprecher.

Über die Parliament-Bridge hinüber zu Father Matthew's Memorial Church, Wirkungsstätte des »Apostels der Mäßigung« (1790-1856), der einen von vornherein aussichtslosen Kreuzzug gegen den irischen Alkoholismus führte. Dennoch wurde dem streitbaren Theobald Matthew am 10. Oktober 1861 von der Stadt ein Denkmal errichtet. Das hat seither zwar an der Ecke St. Patrick's Bridge und Lavitt's Quay erfolgreich allen Wettern getrotzt, ist aber trotzdem nicht verschont geblieben vom Schicksal der meisten Denkmale, nämlich notorisch unbeachtet zu bleiben.

In der Kirche glüht es elektrisch - Wachskerzen sind ausrangiert, und der technische Ersatz funktioniert sogar. Man muß ein Geldstück in einen Schlitz werfen und auf einen Knopf drücken, dann leuchtet es rot oder blau auf. Nach einiger Zeit erlöscht das Licht wieder.

Davor kniet jetzt eine alte Frau, wirft eine Münze ein, bewegt die Lippen und schweigt dann mit geschlossenen Augen. So bleibt sie, lange nachdem das blaue Licht vor ihr ausgegangen ist. Blau ist auch die Statue der Muttergottes. In der einen Hand hält sie einen Goldstab, an den das Jesuskind faßt, das sie im anderen

Arm trägt und das seinerseits eine Kugel mit Kreuz stützt, den Globus, obschon der bekanntlich weder völlig christianisiert war noch ist.

Davor Blumen.

Hier, in diesem Kirchentempel, ist Mäßigung gepriesen worden, irgendwie paradoxerweise, denn die sozialen Zustände im damaligen Irland hatten ohnehin den Charakter einer unfreiwilligen Kollektivaskese. Das Elend war einer der großen Gründe für jene Sucht, die Father Matthew so nachhaltig bekämpfte und so ergebnislos, weil seine Ursachen andauerten.

Weithin zu sehen ist die Kirchturmspitze von Father Matthew's Memorial Church auch von der Cook Street aus. Aber in diesem alten Viertel ist von Mäßigung oder Enthaltsamkeit keine Rede. Es liegen Uhren, Gold und Juwelen aus, und ein ungeheurer Lastwagen lädt in bauchigen Fässern Bier ab, Murphy's Irish Stout. Das dauert lange, wobei das Fahrzeug noch den Zugang zu einer anderen belebten und vielbefahrenen Straße versperrt. Aber keiner regt sich auf, keiner hupt, alle warten geduldig, bis der Weg wieder frei wird.

Eine junge Frau in einem langen Mantel und mit Haaren, die ihr Gesicht fast verdecken, holt eine Geige aus dem Kasten, schließt einen Verstärker an und beginnt talentiert zu spielen, irische Weisen, wobei sie sich in abgezirkelten Drehungen bewegt. Eine Mutter mit zwei Kindern ist die erste, die eine Münze in den Kasten wirft.

In einem Wettbüro geht es akut um Pferderennen, die auf dem Monitor verfolgt werden können. Jemand schreibt ununterbrochen Zahlen auf eine Tafel und macht hinter Pferdenamen die Zeichen des neuesten Standes. Die Luft ist dick, in des Wortes buchstäblicher und übertragener Bedeutung. Alle gucken abwechselnd gebannt auf den Bildschirm und auf die Tafel. Wetterfeste Gestalten, etliche am Stock, aber auch sie von großer Ausdauer. Anwesend sind nur Männer. Einer läuft wie ein hungriger Tiger im Käfig auf und ab, schiebt sich zwischen die anderen, den Kopf eingezogen, und starrt auf den Fußboden, als fürchte er von Bild und Tafel eine Katastrophe. Dann *finish*, Endspurt, Peitsche, Auslauf hinter der Ziellinie, die schmalen Hinterteile der Jockeys – Walsh Man heißt der Sieger. Im Wettbüro heisere Schreie des Triumphes und der Enttäuschung. Und schon geht's weiter.

Das genügt – raus.

Die Verkehrsampeln von Cork sind blindenfreundlich. Sie geben einen Ton von sich, solange auf Grün geschaltet ist, und verstummen bei Rot. Die Passanten, die sehen können, warten allerdings meist nicht auf Grün, und das nicht nur in Cork.

Im Foyer des Hotels »Metropol«, abends.

An einem Nebentisch sitzen drei wohlondulierte Damen unter einem Gemälde von Venedig. Ich schätze alle drei in gleichem Alter, so um die sechzig. Sie haben meine Neugierde erregt, und deshalb beobachte ich sie seit einigen Tagen, dezent, hoffe ich, und so, daß sie davon nichts bemerkt haben. Was ich inzwischen herausbekam, ist, daß sie keine Gäste des Hotels sind, sondern Einwohnerinnen von Cork, die hier zweimal die Woche ihren Plausch halten.

Sie tragen die frischen Farben eines unverwüstlichen Frauentypus, einer Gattung, die das kontinentale Europa nicht kennt. Da ist Englisches, ist Britisches im Spiel, nicht von der Abstammung, es sind Irinnen, aber vom Habitus her.

Es ist ein Vergnügen, den dreien zuzuschauen.

Sie sind auf die disziplinierteste Weise lebenslustig, stecken in adretten, ihrem Alter durchaus angepaßten Textilien, aber ohne auf einen distinguierten Schick zu verzichten.

Und natürlich trinken sie Tee.

Wach achten sie auf jede Bewegung und alle Personen in ihrer Umgebung, wobei sie auch mich im Auge hatten, wenngleich mit rasch schwindendem Interesse, da ich es sichtbar nicht erwiderte.

Das stimmte selbstverständlich nicht, sondern entsprang einer Zurückhaltung, die mir geboten schien, um meine Beobachtungen ungestört fortsetzen zu können. Ganz im Gegensatz zu meiner sonstigen Kontaktfreudigkeit spüre ich, vielleicht zu Unrecht, eine deutliche innere Hemmung, ihnen meine geheimen Sympathien zu offenbaren, obwohl sie mir aus allen Nähten platzen. Ich fürchte, und das wahrscheinlich wieder gänzlich unbegründet, die Ablösung ihrer natürlichen »Primärhaltung« durch eine sekundäre, wenn ihr innerer Kreis aufgebrochen würde. Dabei hätte ich ihnen gern Fragen gestellt, befürchte aber, sie könnten sich von mir als Studienobjekte mißbraucht fühlen. Und daran stimmte ja auch einiges, denn ich bin ganz wild auf irische Sonderheiten und spezifische Charaktereigenschaften, und da hinein passen mir die drei nur zu gut. So blieb es also bei der heimlichen Liebe, die ihnen scheinbar unbeteiligt zusah und zuhörte, wie sie da am gleichen Platz unter dem Gemälde saßen, plauschten, Tee tranken und redeten, unbefangen, nicht laut, aber so, daß jeder hätte mithören können. Von ihren Männer und ihren Berufen, den Ehen ihrer Söhne und Töchter, der Gesundheit und Krankheit ihrer Enkelinnen und Enkel. Von der Präsidentin Mary Robinson (in den höchsten Tönen), von Taoiseach John Bruton, dem Ministerpräsidenten (weniger enthusiastisch), sowie von Kulturveranstaltungen in Cork, allerdings ausschließlich solchen, denen sie lieber fernbleiben wollten.

Ich habe sie hartnäckig observiert, die drei wohlondulierten Damen im Foyer des Hotels »Metropol«, *middle class*, lebender Beweis, daß England nach wie vor nahe ist, und doch durch und durch irisch. Ich kenne ihre Namen nicht, aber die - wenn auch einseitige - Begegnung mit ihnen hat mich ermutigt, mich endlich an einen kleinen Katalog irischer Charakteristika zu wagen, ganz ohne Anspruch auf Vollständigkeit, auf Richtigkeit der Beurteilung und ohne absichtsvolle Auslese. Auch da, wo Kritik auftaucht, ist sie bestimmt von jenen Sympathien, die das subjektive Destillat meiner Verbindung zu diesem Land und seinen Menschen sind.

Kannste mir mal 'n Fünfer leihen?

Nirgendwo auf der Welt gibt es Gesichter wie in Irland, es sei denn bei den emigrierten Iren.

Dabei ist ein Hautrot im Spiel, das weder etwas mit Erröten noch mit dem reichlichen Genuß von Guinness zu tun hat. Sie blühen, diese irischen Gesichter, aber nicht im Sinn von »blühender Jugend«, sondern ganz unabhängig vom Alter. Was einem eben noch als Ausbund enormer Häßlichkeit erschien, kann sich urplötzlich in ein höchst angenehmes Antlitz verwandeln.

Und dann die vielen schiefen, quasi verbogenen Gestalten. Ich schwöre, daß ich nirgendwo auf der Welt so viele krumme Leute gesehen habe wie hier. Aber man verfalle nicht dem Irrtum, sie für krank oder gebrechlich zu halten, das Gegenteil ist der Fall. Das wächst vielmehr aus einer kernigen Physis, über die auch abgetragene Hosen und Jacken an windschiefen Körpern nicht hinwegtäuschen können.

Es gibt manches, was den unkundigen Fremden zunächst verschreckt, etwa die seltsame Art der Iren, dich anzuschauen, dabei ein Auge zuzukneifen und den Kopf zur Seite zu schnicken, ganz schnell und wie im Vorübergehen. Ich habe das zuerst für ein Zeichen des Mißfallens und der Ablehnung gehalten, während es in Wahrheit doch ein Gruß, ein Gegengruß oder gar der Ausdruck von Solidarisierung ist.

Nirgends können Menschen so inbrünstig singen und so gelenkig tanzen wie hier – nur ein Volk mit einem tiefen Sinn für Trauer kann so fröhlich sein wie das irische.

Es ist wahr, in diesem Land erhebt sich nichts leicht in die Lüfte, schwingt sich nichts schwerelos hoch – das Lebensgefühl ist vor allem identisch mit Wirklichkeit, und die haftet am irischen Boden. Immer aber sind, gleichberechtigt, auch Träume, Visionen, Phantasien mit im Spiel.

Es gibt hier Haltungen, die auf dem Kontinent, in Deutschland mindestens befremdlich, wenn nicht gar undenkbar wären.

Noel MacMahon und seine Frau Marian aus der Abbey Street Nr. 4 in Dublin haben im Lotto drei Millionen irische Pfund gewonnen, das sind umgerechnet etwa acht Millionen Mark. So steht es in der »Irish Times« mit vollem Namen und Adresse. Aber nicht nur das, es wird auch der Scheck gezeigt, und zwar das Original sowie eine vielfach vergrößerte Kopie, und beides kommt zusammen mit den lachenden Gewinnern auf den Bildschirm. So wird die Nation Zeuge, wie die MacMahons von zu Hause mit einer Luxuslimousine abgeholt werden, wie davor eine große Menge steht und wie aus ihr heraus lauthals gratuliert und gescherzt wird: »Mann, Nachbar, das trifft sich ja gut! Ich bin gerade ein bißchen klamm – kannste mir mal 'n Fünfer leihen?«

Die MacMahons hatten den zweitgrößten Jackpot in der irischen Lottogeschichte geknackt. Der größte lag um einige 100 000 Pfund höher. Daß sie ganz Kinder unserer Zeit sind, wird daran erkenntlich, daß Noel MacMahon auf die Frage, ob er sich nun einen langgehegten Wunsch erfüllen werde, wie aus der Pistole geschossen antwortete: »Ja – einen Mercedes.«

Es gibt in Irland also keinerlei Scheu der Spitzengewinner, ihr Glück zu publizieren, sich darüber interviewen zu lassen oder im Fernsehen aufzutreten und der Öffentlichkeit mitzuteilen, welche Pläne man mit dem Riesenbatzen Geld hat. Furcht vor Belästigungen, Bittstellern oder gar Erpressern scheint unbekannt zu sein.

Das dürfte bemerkenswerte Rückschlüsse auf den Volkscharakter zulassen.

Hier soll nicht idealisiert werden. Skeptische Stimmen sprechen sicher mit Recht vom wachsenden Materialismus einer sich rasch entwickelnden Erwerbsgesellschaft bei gleichzeitig unterentwickeltem Ökologiebewußtsein; davon, daß isolationistische Effekte der elektronischen Medien, allen voran des Fernsehens, dabei sind, das Geflecht traditioneller Sozialbeziehungen aufzuweichen; daß die mangelnde Streitkultur und das starke Harmoniebedürfnis eine kulturelle Ungebrochenheit vortäuschen können, tatsächlich jedoch Problemen und deren Lösungsversuchen gern ausweichen. Und schließlich, daß die Freundlichkeit, die so bestrickend ist für Fremde, einen immer unverbindlicheren Charakter bekommt.

Es bleibt da eine bange Frage, der ich mir nur allzu bewußt bin, nämlich ob trotz des Anschlusses Irlands an eine durch Kommunikation klein gewordene Welt Eigenschaften bewahrt bleiben, die für die irische Identität charakteristisch sind, oder ob diese Identität im Zeitalter kontinentaler und interkontinentaler Nivellierungen durch die Benutzung globaler Techniken nicht viel gefährdeter sein wird, als sie es in der Ära langer kolonialähnlicher Unterdrückung einst war.

Gedanken bei der Rückreise von Cork. Späte Ankunft.

Spartacus läßt grüßen

Am Morgen, Punkt neun Uhr, klopft es an der Haustür, dann das vertraute »Good morning, my dear«, und Maureen tritt ein, ohne Stock und offensichtlich erfreut, daß ich wohlbehalten zurück bin.

Sie hat Torf mitgebracht, Anzünder, Streichhölzer und lädt die Last am Kamin ab. Sie knüllt Zeitungen zusammen, richtet die braunen, stark riechenden Brocken zeltartig gegeneinander, setzt das Papier in Brand und öffnet die Oberklappe. Sofort schlägt die Flamme hell auf, lodert weißlich und hechelt röhrend hoch in den Kaminschlund. Dann setzt Maureen sich an den Tisch in der Eßdiele, holt Gebäck heraus – »home made!« –, selbstgemachte, kleine, sehr feste Rosinenbrötchen, und läßt sich Tee einschenken. Sie trinkt einen Schluck, schaut mich erwartungsvoll an, und ich beginne zu erzählen.

Diesmal von Cork.

Wir vollziehen ein inzwischen eingespieltes Ritual – nach jeder Rückkehr von einer Reise berichte ich Maureen, wo ich war und was ich gesehen habe.

Dann sitzt sie vor mir, nach vorn gebeugt, ganz Ohr, und hört von Landschaften, Regionen, Flüssen und Städten ihres Landes, die sie nie gesehen hat. Das stellt hohe Anforderungen an mein Taktgefühl, denn ich will in ihrem runzeligen Gesicht hinter der Neugierde eine Mischung aus Stolz und Scham entdeckt haben.

Stolz, weil es mir offenbar gelingt, die Schönheiten ihres Heimatlandes vor ihren inneren Augen erstehen zu lassen, Scham, weil es in unseren mobilen Zeiten etwas lächerlich wirken könnte, wenn man so wenig herumgekommen ist wie sie und der Begriff Heimat ganz beschränkt ist auf den kleinen Daseinsradius.

Es kann jedoch nichts schiefgehen, da ich weiß, in welch völliger Übereinstimmung Maureens Immobilität mit ihren Wünschen, Bedürfnissen und Gewohnheiten lebt, was ich an den passenden Stellen einzufügen pflege.

Sie hört jedoch nicht nur zu, sondern unterbricht mich mit Fragen, will wissen, welche Strecken ich gefahren bin und wie lange es von da nach dort gedauert hat – »von Cork bis Killarney?« oder »von Killarney bis Limerick?« Sie ist auf Städtisches erpicht, will wissen, ob es Sachen gibt, die in Cahirciveen nicht zu haben sind, erkundigt sich nach den Preisen von Lebensmitteln und vergleicht sie, wenn ich Auskunft geben kann, mit denen bei Curran's, ihrem Stammladen.

Jetzt steht sie auf, nach einer guten Stunde, tritt vor die kleine Treppe, die zur Veranda führt, schaut auf den Atlantik hinaus, der heute morgen friedlich daliegt, schürt das Feuer im Kamin noch einmal und verabschiedet sich: »Morgen bin ich dabei.«

Draußen greift sie zu ihrem Stock, keucht die Rampe hoch und winkt vom Tor zurück.

Maureen will zur Gestaltung des Buches beitragen, das ist ihre erklärte Absicht, und so fahre ich mit ihr über Portmagee nach Knight's Town auf Valentia Island. Dort ist eine alte Frau gestorben, die Maureen nicht persönlich kannte, wohl aber ihre Verwandten. Das genügt, um der Toten die letzte Ehre zu geben – »so gehen Iren miteinander um«, sagt sie.

Wir halten vor einem pinkfarben angestrichenen einstöckigen Haus, davor eine Menschenmenge. Maureen, von allen gegrüßt, geht hinein, ich in dem engen Flur hinterher. An den Wänden, stehend, Männer und Frauen, dann ein Zimmer, die Angehörigen rechts auf einem Sofa, links die aufgebahrte Tote – eine kleine, zarte Frau, das Gesicht im Kerzenlicht wächsern. Den Angehörigen wird die Hand gegeben, danach vor die Tote getreten.

Beim Hinausgehen bekreuzigt Maureen sich.

Das alles geht mit großem Ernst vor sich, ohne aufgesetzte Trauermienen – Freundlichkeit, manchmal leises Gemurmel, meist Schweigen.

Eine halbe Stunde nach dem letzten Besucher wird die Tote eingesargt und in die Kirche zur morgigen Trauerfeier gebracht.

Wieder im Wagen, sagt Maureen: »Ich will dir noch etwas zeigen.« Sie dirigiert mich aus Knight's Town heraus auf eine Straße hoch über der See, bis tief unten der Leuchtturm auf Beginish Island sichtbar wird. Und dann halte ich vor einer verblüffenden Kulisse: eine gewaltige Höhle, ein aufgerissenes Felsenmaul, darüber eine ungeheure Wand – La Grotta, ein längst stillgelegter Steinbruch!

»Slate quarry« lese ich auf einer Tafel. Hier wurde Schiefer gebrochen, von 1816 bis 1911.

Bis ins Mark bedrohlich ist dieser Schlund, schwarz in der Abenddämmerung, von durchdringender Feuchtigkeit – überall Wasser, an den Wänden und von der Decke herab. Irgendwo versteckt, kreischen Vögel, und da oben, man will es nicht glauben, noch einmal übertürmt von einer gewaltigen Felsformation – die Muttergottes, Maria mit dem Kind, klein, blauweiß und sehr hoch.

Es beginnt zu dunkeln, man kann kaum noch etwas sehen.

»Ich will da nicht hinein«, sagt Maureen, »ich wollte es dir nur zeigen.«

Am nächsten Tag bin ich wieder da, bei vollem Licht, ganz allein und jenseits von Eden.

Es kann nicht wahr sein, was ich da vor mir sehe, diese Höhle, dieses Loch, dieses dreieckige Naturmaul, das sich gefräßig öffnet, als warte es immer noch auf die Hunderte von Männern, Frauen und Kindern, die hier fast ein Jahrhundert geschuftet haben, zwölf pence für den vierzehnstündigen Arbeitstag mit zwei kurzen Pausen, brüllenden Aufsehern, primitiven Werkzeugen – die Apokalypse.

Ich gehe tastend hinein und bin sofort gruftig durchnäßt.

Von oben, von da, wo die blauweiße Mariafigur steht, kommt ein schmaler, scharfer Wasserstrahl herab, fällt in die Mitte einer eingefaßten Fläche, zersprüht in tausend Tropfen. Je weiter es in den Bruch hineingeht, desto niedriger wird die Decke der Höhle.

»Das war Sklavenarbeit«, hatte Maureen gestern beim Wegfahren gesagt, »richtige Sklavenarbeit, nur mit Muskelkraft haben sie die Steine herausgehauen.«

Spartacus läßt grüßen.

Hier, in La Grotta auf Valentia Island, wurde der Stein gebrochen für das Dach der Pariser Oper, für das House of Commons und das House of Lords in London, also für das Unterhaus und das Oberhaus. Von hier kamen die Platten für die Bahnhöfe von Charing Cross und Waterloo Station.

Aus Steinen dieses Bruchs wurden Billard- und Snookertische gefertigt, Kapitelle, Sonnenuhren, Altäre und Hausdächer.

Vor der Höhle liegen zyklopische Blöcke, Relikte der Steinbrucharbeit, jeder einzelne viele Tonnen schwer. Drinnen an den Wänden sind noch deutlich die Spuren menschlicher Arbeit zu erkennen.

Ich stehe mitten in der Höhle und habe das Gefühl, als müßte ihr Dach samt der Muttergottes herabstürzen und alles unter sich begraben. Schwindelig wird einem, wenn man hochschaut.

Unerschöpflich trieft es von oben herab aus verborgenen Löchern. Was für eine Stätte, was für eine Arbeit. Hier war es immer kalt und feucht, auch im Sommer, immer war La Grotta eine Hölle, ein Ort des Grauens und der Schande, ein weiterer Topos, was Menschen Menschen antun können – keine Phantasie vermag sich das auszumalen.

Vor 85 Jahren wurde hier der letzte Schlag getan, aber noch ist es so, als wenn es in der Höhle weiter klingt, hämmert und seufzt, als wenn La Grotta widerhallt von den Stoßgebeten, die abprallten an den gnadenlosen Wänden.

Wenn man nach draußen tritt, ist der Kontrast fast unerträglich. Ich gehe nach vorn, vorbei an den Blöcken, hin zur Steilkante. Rechts drüben Bolus Head und die nasse Flanke der Dingle Bay, links, unendlich, der offene Atlantik, und tief da unten, zu meinen Füßen gischtend, die Brandung an den Klippen von Beginish Island – ein Panorama, für das die Höhlenmenschen von La Grotta begreiflicherweise so wenig Sinn haben konnten wie die Sklaven Roms für die Pracht des Marmors von Carrara oder für die blaue Herrlichkeit der Bucht von Neapolis.

Nachdem La Grotta, der Steinbruch auf Valentia Island, aufgegeben worden ist, 1911, dauert die britische Herrschaft über Irland bis zur Gründung des Freistaates 1921 noch ein Dezennium. Davor lagen 750 Jahre Fremdherrschaft.

Sie kam mit den Normannen, 1171.

Irlands Landpächtern geht es schlechter als Englands Bettlern

Auf dem Wege nach Trim, County Meath, Provinz Leinster.

Die mächtigen Mauern, die Türme, ein Meer von Steinen, sind schon weit südlich des Boyne River von der R 158 zu erblicken – Trim Castle.

Ich nähere mich staunend. Selbst die leeren Fensterhöhlen, die bloßgelegten Gewölbe, die dunklen Verliese und die klobigen Mauerreste überliefern noch bis heute etwas von dem Anspruch eines unbändigen Herrscherwillens.

Der Keep, Mittelpunkt und Hauptbau der Burganlage – ein Steinquadrat von gebirgshaften Ausmaßen, mit dreieinhalb Meter dicken Mauern, durch Ecktürme verstärkt und einem vom Boyne gespeisten Wassergraben umschlossen: eine nie erstürmte, für ihre Zeit uneinnehmbare Festung von auch heute noch erdrückender Wucht.

Mit seiner Fläche von über einem Hektar ist Trim Castle die größte Burg, die in der Epoche normannischer Herrschaft über Irland je gebaut wurde.

Die begann im 12. Jahrhundert, und es waren Iren selbst, es waren die unablässigen Kämpfe ihrer längst christianisierten Mini-, Klein- und Hochkönige gegeneinander, der Dauerzwist rivalisierender Fürstenhäuser, die das Ende der gälischen Selbständigkeit heraufbeschworen.

Es hat einen Namen – Dermot Mac Murrough.

Zum Verständnis ein historischer Rückblick in gebotener Kürze.

Als Mac Murrough, Kleinkönig von Leinster, bei seinem Versuch, Hochkönig von Irland zu werden, 1166 die englische Krone um Hilfe bittet, schickt Heinrich II. den Earl of Pembroke, genannt »Strongbow« (Starker Bogen), auf die Insel. Der Earl und seine Söldner kamen aus einem England, das seit dem Sieg Wilhelms des Eroberers über die Angelsachsen in der Schlacht von Hastings 1066 unter normannischer Herrschaft stand.

Strongbows Schiffe landen am 11. Mai 1169 in der Bannow-Bucht bei Baginbun Head an der Südküste Irlands, die Vorhut der Invasion. Den mit Eisenhelmen und Kettenhemden bewehrten Normannen ist es ein leichtes, den nur mit kurzen Äxten und Steinschleudern bewaffneten Männern Mac Murroughs eine schwere Niederlage beizubringen. Aber als das vollbracht ist, segelt der Earl of Pembroke mit seinen Mannen nicht an Englands Gestade zurück, sondern macht sich selbst zum König von Leinster, als Vasall Heinrichs II. Der setzt 1171 mit einem Ritterheer über, nimmt sämtlichen irischen Gebietern, King Strongbow eingeschlossen, den Treueid ab und ruft sich als »Lord of Ireland« aus. Erst da begreifen die Iren – die zunächst dachten, sie hätten nur einen neuen Hochkönig bekommen –, daß sie zu Untertanen der englischen Krone geworden waren.

Von nun an beginnt mit stetig wachsender Entrechtung der Unterworfenen jene Umverteilung der Macht- und Besitzverhältnisse, deren Muster bis in unser Jahrhundert andauern wird.

Es sind die Normannen, die das System des Großgrundbesitzes einführen, Feudalstrukturen, die bis dahin auf der Insel unbekannt waren, mit zentraler Verwaltung von Dublin aus und der Aufteilung des Landes in Bezirke. Im Gegensatz zu den Wikingern, deren Raubzüge zwar keinen Landstrich ausließen, deren Herrschaft jedoch auf Küstenregionen beschränkt blieb, erstreckt sich die normannische Hoheit mit Ausnahme einiger unwirtlicher Gegenden im Westen auf die ganze Insel. Die Verhältnisse von Herrschern und Beherrschten sind unzweideutig – die einen, wenigen, in den Städten und auf ihren immer zahlreicheren Burgen, die anderen, die Masse der Bevölkerung, auf dem Lande. Aber alle noch unter dem Zepter eines gemeinsamen Glaubens – des katholischen.

Es setzt ein ungeheurer Aufschwung ein, des Handels, des Handwerks, der klösterlichen Bauten, der urbanen Gemeinden und des Münzwesens. Gleichzeitig verschärfen sich die Restriktionen durch die Krone, wird die gälische Sprache verboten, das Tragen irischer Kleidung, der Besuch von Schulen und Universitäten, die Ehe zwischen irischen Ureinwohnern und den Besatzern.

Dennoch geht im anglonormannischen Adel ein langsamer Verselbständigungsprozeß vor sich, passen sich die Herren den Sitten und Gebräuchen des okkupierten Gebietes und ihrer

Bewohner an, wird ihre Herrschaft, so fern von London, immer unabhängiger. Die Präsenz der Krone begrenzt sich im 14. und 15. Jahrhundert nur noch auf den sogenannten Pale, einen mit Grenzpfählen eingezäunten halbkreisförmigen Siedlungsbezirk um Dublin.

Die Reaktionen der englischen Könige auf die Einschränkung ihrer Macht werden ein neues, furchtbares Kapitel irischer Geschichte einläuten.

Zuerst wird Anfang des 16. Jahrhunderts unter König Heinrich VII. die Herrschaft der drei anglonormannischen Dynastien der Earls of Desmond, Ormont und Kildare gebrochen, ehe sein Nachfolger, Heinrich VIII., sich 1541 zum König von Irland ausruft – die Ära der direkten Intervention Londons in die Geschicke Irlands hat begonnen. Die Katastrophe für das katholische Land ist deshalb so perfekt, weil der politischen Unterdrückung im gleichen Glauben nun die konfessionelle Fremdherrschaft folgt: Heinrich VIII. ist nach seinem Abfall von Rom im Jahr 1535 auch das Haupt der von ihm gegründeten Anglikanischen Kirche. Unter dem politischen Primat der Krone übernimmt die Church of Ireland die religiöse Oberherrschaft über eines der ältesten katholischen Länder der Erde.

Damit hat ein Konflikt begonnen, dessen Auswirkungen die Geschichte der Insel bis in das 21. Jahrhundert hinein begleiten wird: der Gegensatz zwischen englischem Protestantismus und irischem Katholizismus. Dieser wird von nun an fast 400 Jahre lang der schwächere Teil sein. Ausgenommen das Deutschland des Dreißigjährigen Kriegs, wird von dem Kampf zwischen Reformation und Gegenreformation kein Land so geschüttelt wie Irland.

Der entscheidende Tag ist der 12. Juli 1690, die Schlacht am Boyne, in der Englands katholischer König James II. geschlagen wird von den Truppen Wilhelms von Oranien (William of Orange, dem zukünftigen König William III.). Mit diesem militärischen Initialdatum ist ein weiteres Kapitel, sozusagen das moderne Stadium in der Unterdrückungsgeschichte Irlands, eingeläutet – die systematische Entrechtung und soziale Deklassierung der Bevölkerung, die ausgeklügelte Ausbeutung vor allem der Bauern. Was der anglonormannischen Herrschaft nur unvollkommen gelungen war, die absolute Machtdurchdringung, gelingt jetzt einem Britannien, das sich zum größten Kolonialreich aller Zeiten mausert und sich nicht scheut, seine reichen Repressionserfahrungen in anderen Kontinenten nun auch auf ein Volk zu übertragen, das das Unglück hatte, sein nächster Nachbar zu sein.

Es bricht die Ära der *Penal Laws* an, Strafgesetze, mit der die Fremdherrschaft verewigt werden soll. Iren dürfen keine Schulen besuchen, keine Pferde besitzen, keine Waffen tragen und ebensowenig Land erwerben (einzige Ausnahme: wenn die Witwe oder die Söhne zum Protestantismus übertreten). Innerhalb weniger Generationen, von der Mitte des 17. bis zur Mitte des 18. Jahrhunderts, verringerte sich der Bodenbesitz in irisch-katholischer Hand von neunzig auf fünf Prozent, verwandelte sich die irische Agrargesellschaft in ein starres System von englischen Großgrundbesitzern und irischen Kleinpächtern. Starb der Vater, so mußte der Boden unter die Söhne verteilt werden, was zu immer stärkerer Parzellierung führte.

Die Folge war eine kollektive Verarmung der Landbevölkerung, die den Schöpfer von »Gullivers Reisen« und protestantischen Dekan an Dublins St. Patrick's Cathedral, Jonathan Swift, im Jahr 1700, also noch bevor die Verelendung ihren Höhepunkt erreicht hatte, schreiben ließ: »Wer durch Irland reist und die Gewohnheiten bzw. die Behausungen der Einheimischen betrachtet, der wird kaum glauben, in einem Land zu sein, das sich zu Gesetz, Religion, Menschlichkeit bekennt. Irlands Landpächtern geht es schlechter als Englands Bettlern.«

Die Polarisierung der krass ungleichen irischen Gesellschaft schafft auf der Herrschaftsseite einen Typus, der in seiner spezifischen Prägung einmalig gewesen sein dürfte: die angloirische *ascendency* – ein Wort, das schwer zu übersetzen ist. Wörtlich genommen, bedeutet es soviel wie Emporkömmlinge, Aufsteiger, eine Kaste von überlegenem Einfluß. Eine andere, begreifbarere Bezeichnung ist *gentry*, was soviel wie Landadel bedeutet und den sozialen oder, besser, unsozialen Kern genauer trifft.

Während die katholischen Kleinpächter für sie auf den Feldern schuften, führt die protestantische *ascendency* ein Drohnendasein der Fuchs- und Fasanenjagd, des Lachsfangs und der

Pferdezucht, der Soireen und der wachsamen Kontrolle ihrer Privilegien. Von ihrer ganzen Erscheinung her sind sie unverwechselbar in Sprache und Erziehung, in ihrer Kleidung und ihren Umgangsformen. Während die alten Normannengeschlechter sich bei aller sozialen Distanz zum Volk im Laufe der Zeit dann aber doch mehr und mehr assimiliert hatten, wird die *ascendancy* immer angloirisch bleiben, mit britischem Kern.

Ihre klassische Periode wird das Georgianische Zeitalter, die Ära prunkvoll klassizistischer Herrenhäuser von betörender Ästhetik.

200 Jahre nach Andrea Palladio, dem großen italienischen Architekten des 16. Jahrhunderts, entstehen zwischen 1700 und 1800 in Anlehnung an sein Vorbild, aber ohne Epigonentum, Bauwerke von unerhörter Noblesse. Der berühmte *Georgian Style* verhinderte bloße Nachahmung und verhalf dem neopalladianischen Stil zu jener kraftvoll künstlerischen Selbständigkeit, deren Bann sich auch heute noch kein Betrachter entziehen kann.

Als klassisches Prunkstück und Vorbild für diese Architektur gilt Castletown House bei Celbridge, County Kildare, in der Nähe von Dublin.

Herrenhaus und *cheerfulness*

Als ich nach langer Fahrt durch einen Park mit uralten Bäumen am Castletown House ankomme und vor der Freitreppe stehe, starrt die herrliche Fassade des Hauptbaues nur so von den Gerüsten einer allerdings bitter notwendigen Restaurierung. Und doch ist der Klassizismus seiner dreigeschossigen Fensterachsen mit den zierlichen Säulen der Kolonnaden zu beiden Seiten stärker als alle Verunzierungen. Ich stehe staunend davor und denke: Wenn selbst dieses bis unters Dach gezogene Stangen- und Leiterkorsett Castletown House nichts nehmen kann von seiner kühlen Schönheit, dann kann ihm nichts die Würde rauben.

Davor, weit, weit, das sanfte Tal des Liffey, Wald, Wiesen – wenn die Ladies und Gentlemen von hier ausritten, muß es lange gedauert haben, bis die Hufe ihrer Pferde über fremden Boden galoppierten.

Drinnen dann Francinis Stuckarbeiten im Treppenhaus, die unprätentiöse Eingangshalle; im Speisesaal der gesprungene Spiegel, um den sich Legenden ranken. Der Rote Salon (Red Drawing-room) mit dem Aubusson-Teppich, die Gemälde des Grünen Salons (Green Drawing-room) und die Pompejanische Galerie.

Die Entstehungsgeschichte von Castletown House bei Celbridge entbehrt übrigens nicht einer gewissen Ironie.

Bauherr des 1722 vollendeten Herrenhauses war William Connolly gewesen, ein im Zug der Landenteignungen zugunsten der Großgrundbesitzer reich gewordener Notar und irischer Parlamentsabgeordneter von großem gesellschaftlichen Ansehen. An der Wiege war dem Sohn eines armen katholischen Kneipenwirts aus Ballyshannon solch steile Karriere allerdings nicht gesungen worden – der Preis für sie war denn auch der Übertritt Connollys zum Protestantismus. Die *ascendency* war bereit, reichen Konvertiten Ausnahmeregeln einzuräumen. Es ändert jedoch nichts daran, daß ausgerechnet der Bauherr des Prunkbaues, der am Anfang des *Georgian Style* in Irland stand, ursprünglich der verhaßten römischen Kirche entstammte.

Ein anderes Beispiel angloirischer Herrensitze, mit viel älterer und sehr wechselvoller Geschichte, ist Ashford Castle bei Cong, County Mayo, am Lough Corrib, Irlands zweitgrößtem See.

An der linken Seite der langgestreckten Gebäudefront ist noch der Ursprung zu erkennen – die Türme und Zinnen einer Festung aus dem 12. Jahrhundert, errichtet von der mächtigen anglonormannischen Adelsfamilie der de Burgos (die sich später in Burkes umbenannte). Mit der Aussicht auf den See und seine zahlreichen Inseln, auf die Wälder an den Ufern des Lough Corrib und die majestätischen Berge Connemaras, ist Ashford Castle ein Platz von unbeschreiblicher Schönheit.

Im 16. Jahrhundert erweitert und in der ersten Hälfte des 19. im Stil eines französischen Schlosses ausgebaut, befindet sich der alte Herrensitz heute als eines der ersten (und teuersten) Hotels Europas im Besitz eines amerikanisch-irischen Konsortiums.

Es muß aber angemerkt werden, daß die Renovierung und Modernisierung Ashford Castles auf dem Standard internationaler Komforthotels weder seiner äußeren noch seiner inneren Originalität etwas zuleide getan haben.

Das Interieur – Holztäfelung und Gestühl, kostbare Vasen, Gemälde, schwere Vorhänge – ist ebenso erhalten geblieben wie die Kamine mit Elfenbein, der Billardraum, die Architektur der Treppen und der drei charakteristischen Stockwerke.

Zum See hin Rasen, Blumenbeete, das große Rund eines Springbrunnens. Über die Inseln und die Weite des Lough Corrib hinweg ist kein Gegenufer zu erkennen. Es weht heftig vom Wasser her.

Auch abends noch, als ich aus dem geöffneten Fenster meines Zimmers schaue: Von den grellen Lichtbündeln der Scheinwerfer angestrahlt, treibt der Wind die Fontäne des Springbrunnens hoch, zerstiebt sie in tausend Tropfen und benetzt damit fein, kaum spürbar, Hände und Gesicht. Nasse Schwaden wirbeln hoch, feuchte Schleier werden in immer neuen Variationen, Figuren, flüchtigen Gebilden von dem beleuchteten Brunnen aufwärts geschleudert, wie der Wind es befiehlt – ein fast unwirkliches Bild.

Als es aufhört zu regnen, steige ich die Außentreppe hinunter, trete auf den Rasen und drehe mich um, den See im Rücken. Da liegt es vor mir, Ashford Castle bei Cong, eine dunkle Front im Licht der Scheinwerfer, hochmütig, schweigend, steingewordene Geschichte von sieben Jahrhunderten.

Einen stärkeren Gegensatz der Lebensverhältnisse als den zwischen der protestantischen Oberschicht in ihren Herrenhäusern und dem Dasein der katholischen Landbevölkerung in ihren *cottages* kann man sich nicht vorstellen.

Das Diktionär weist das Wort aus als kleines Wohn-, Land- oder Bauernhaus.

Tatsächlich waren es Hütten aus Stein oder Torf, in denen Mensch und Vieh zusammen hausten, ohne Innen- und Außenanstrich, ohne Fenster, ohne Kamin – der Rauch zog durch jede Seitenöffnung oder durch das poröse Dach nach draußen ab. Es gab nichts, was gegen Hitze, Kälte, Wind schützte. Geschlafen wurde auf kniehohen Steinwällen, Lager von Stroh, Bettzeug war selten. Die Kindersterblichkeit war die höchste Europas – 200 von 1000. Es muß ein Leben gewesen sein ohne Licht, in beispielloser kultureller Verlassenheit, in einer sozialen Depression ohnegleichen.

Keinem gehörte das Land, auf dem er arbeitete. Die Pächter konnten zu jeder Stunde verjagt werden – wegen Zahlungsunfähigkeit oder weil der Landlord entschieden hatte, Ackerland in Schafweide zu verwandeln. Nur 28 Prozent der Bevölkerung konnten lesen und schreiben.

Es bleibt eines der großen historischen Wunder, daß sich unter der Decke dieser unvorstellbaren Alltagslast die emotionale Kraft der Iren nahezu unversehrt erhielt, daß Besucher im 18. und 19. Jahrhundert immer wieder erstaunt und begeistert von der *cheerfulness* der irischen Landbevölkerung berichteten, ihrem Frohsinn und ihrer Heiterkeit, und von einer Gastfreundschaft, die um so generöser war, als je armseliger sich ihr Angebot entpuppte.

Doch bald tritt ein Ereignis ein, das diese Eigenschaften zerstören, ein neues, bis heute unvergessenes Kapitel in der Horrorgeschichte Irlands aufschlagen und die irische Gesellschaft auf grausame Weise dezimieren wird.

Das Agrarsystem des Pachtwuchers, der Recht- und Landlosigkeit funktionierte nur, weil die armen irischen Bauernfamilien ein Lebensmittel hatten, das es billig und reichlich gab – die Kartoffel. Sie war 1590 aus Amerika in Irland eingeführt worden, wuchs auf fast jedem Boden und bedurfte geringer Pflege. Die Saatkartoffel in ein Loch gelegt, und schon konnte drei Monate später ein vielfacher Ertrag geerntet werden. Der geringe Arbeitsaufwand war wichtig, weil die Landarbeiter den größten Teil ihrer Zeit dem Grundbesitzer widmen mußten.

Es war die vitaminreiche und reichlich zur Verfügung stehende Kartoffel, die entscheidend zum Wachstum der irischen Bevölkerung im ausgehenden 18. und dem frühen 19. Jahrhundert beigetragen hatte. Auch ein kleines Stück Land, eineinhalb *acres*, genügte, um eine Familie von einem halben Dutzend Köpfen zu ernähren, ein durchschnittlicher Erwachsener aß täglich zwölf bis fünfzehn Pfund Kartoffeln. Keine Bevölkerung im damaligen Europa war so abhängig von einer Monokultur wie die irische. Wenn mit dieser Frucht etwas passierte, gab es nichts, was das Nahrungsdefizit hätte ausgleichen können.

Knappheit an Kartoffeln hatte es mehrfach gegeben, so 1739 bis 1741, als eine Hungersnot Tausende dahinraffte, und dann noch viermal zwischen 1816 und 1831. Zwar wurden Hilfskomitees gegründet, aber es wurde keine Strategie zu einer umfassenden, überregionalen Bekämpfung von Hunger entwickelt.

Am 13. September 1845 fragte »The Gardener's Chronicle« prophetisch: »Wo wird Irland im Falle einer totalen Kartoffelfäulnis bleiben?«

Einen Monat später, im Oktober 1845, schlägt sie zu, bricht mit dem Ausfall der Herbsternte über Irland eine Katastrophe herein, die alle bisherigen Hungersnöte zu einem bloßen Vorspiel machen und vier Jahre andauern wird.

In die Annalen der irischen Geschichte ist sie eingegangen als *The Great Famine* – Der Große Hunger.

Die Sterbenden trugen die Toten

Krankheitserreger war ein wahrscheinlich aus Südamerika über den Kontinent importierter schwammiger Pilz (*fungal*), Fäule genannt oder Gifthauch (*blight*), vierzig Jahre, bevor ein wirksames Mittel gegen die Kartoffelpest gefunden wurde. Vom Wind überall in die Saatlöcher getragen, ließen ihre Sporen die keimende Frucht unter fürchterlichem Gestank schwarzverfärbt und ungenießbar zerfließen. Die Hoffnung, daß die Fäule regional beschränkt bleiben würde, wurde bald enttäuscht durch Schreckensnachrichten, die aus allen vier Himmelsrichtungen eintrafen – von Waterford bis Antrim, von Clare bis Meath. Und es handelte sich auch nicht um ein einmaliges Ereignis. Die nächste Ernte verfaulte im Boden wie die davor – der milde Winter 1845/46 hatte alle Keime überleben lassen.

Erst wurden die Schweine und Hühner aufgegessen, dann Pferde, Esel, Hunde. Es wurde Jagd gemacht auf wilde Vögel,

Füchse, Dachse, Frösche, schließlich blieben nur noch Brennesseln, Pilze, Wurzeln, Beeren.

Als es gar nichts mehr zu essen gab, für Tausende, Hunderttausende, kam es zu Szenen, deren Entsetzen zahlreiche Augenzeugen bis in die letzten Einzelheiten geschildert haben.

So wurde der Tod eines Vaters in einer Hütte außerhalb einer Ortschaft im County Clare nur dadurch bemerkt, daß die vor Hunger schreienden Kinder dorthin watschelten und sich beklagten: Der Vater würde nicht mehr mit ihnen sprechen.

Aus Aranmore, County Donegal, berichtet die Augenzeugin Asenath Nicholson:

»In der Ecke einer Hütte lag eine Familie, Vater, Mutter und zwei Kinder, nahe beieinander und reglos. Der Mann war schon in beträchtlicher Zersetzung, die Mutter war als letzte gestorben, nach den Kindern. Sie hatte die Tür geschlossen – die allgemeine Sitte, wenn alle Hoffnungen erloschen waren. Dann verkroch man sich in die dunkelste Ecke, wo Passanten einen nicht sehen konnten, und starb.«

Aus einem Bericht vom Februar 1847, County Cork:

»18 000 Menschen sind nur noch zu Dreivierteln lebende Skelette. Niemals in meinem Leben habe ich solches Elend gesehen, noch konnte ich es mir vorstellen. Körper, von Ratten halb aufgefressen, Hunde, die erschossen werden mußten, weil sie Tote in Stücke rissen, jeden Tag.«

Die Hungersnot zerstörte selbst die natürlichsten menschlichen Bindungen.

Neben Läusen war eine ihrer Folgen ein epidemisch auftretendes und häufig tödlich verlaufendes Typhusfieber. Als der vierzehnjährige James Foley im County Sligo die Quarantäne überlebte, ließ sein Vater ihn nicht zurück ins Haus, da er fürchtete, die anderen Kinder würden angesteckt werden. So starb James Foley draußen in der Kälte vor der Tür des elterlichen Hauses.

Reverend Meeham, ein langjähriger Augenzeuge, sagt über die Symptome des Hungertodes:

»Die fatalste Auswirkung besteht darin, daß das Gesicht anschwillt und eine eigentümliche Umformung der Augen stattfindet – sie treten hervor und schließen sich. Auch die Zehen schwellen an. Die Menschen können nicht mehr richtig gehen, sie werden matt und gleichgültig gegenüber dem, was mit ihnen geschah. Sie starben auf den Straßen, unter den Bäumen, in den Gräben.«

Im schlimmsten der Hungerjahre, 1848, kommt die Cholera dazu und rafft 36 000 Menschen hinweg.

»Die Sterbenden trugen die Toten«, heißt es in einem Bericht.

Der Beispiele hochherziger und praktischer Hilfsbereitschaft, aus Irland, England, dem europäischen Kontinent und anderen Erdteilen, waren Legion und doch nicht mehr als ein paar Tropfen auf dem heißen Stein. Auch der britische Premier, Robert Peel, zeigte guten Willen: »Wieviel Diarrhöe, blutigen Ausfluß, Dysenterie muß ein Volk ertragen, bis man beschließt, ihm mit Nahrung zu helfen?« Das kostet ihn sein Amt, Ende 1845 muß er gehen.

Auf seinem Posten blieb dagegen der Schatzmeister der Krone, Charles Trevelyan, der die Hungersnot öffentlich zu einer Strafe Gottes für ein undankbares und rebellisches Land erklärte und die Hilfsgelder herunterschraubte. Kein Wunder, daß staatliche Programme, von London ohnehin halbherzig organisiert, versagten. So wurden Hunderttausende mit kärglichem Lohn bei Straßenarbeiten beschäftigt, aber ohne daß die Pläne koordiniert wurden. Die Straßen führten ins Nichts oder in Gegenden, wo niemand eine Straße brauchte.

Unter den vielen schrecklichen Folgen des Großen Hungers war eine der schrecklichsten die Einrichtung der *workhouses*, sogenannte Arbeitshäuser. 1838 durch das »Gesetz für die Armen« (*Poor Law*) als Unterkünfte für die Mittellosen, die Untersten der Unteren geschaffen, wurden die Arbeitshäuser nun zu Fluchtstätten für die Verhungernden, letzte Hoffnung verzweifelter Mütter und Väter, sich und ihre Kinder vielleicht doch noch zu retten.

1848 gab es davon in Irland 123. Übriggeblieben sind nur einige Ruinen.

Auf eine von ihnen stoße ich westlich von Cahirciveen, weit abseits der N 70 gelegen – das alte Bagham Workhouse.

Der Weg dahin ist matschig und zu dieser Jahreszeit nur mit Gummistiefeln zu begehen. Dann wuchtet es düster vor mir auf, ein mächtiges, zweistöckiges Gebäude mit leeren Fensterhöhlen, efeuüberzogen, verlassen und immer noch irgendwie bedrohlich.

Hier herrschte vor 150 Jahren ein gnadenloses Regiment für alle, die diese Schwelle überschritten. Die Familien wurden getrennt, die Männer von den Frauen und die Kinder von den Eltern. Niemand durfte das Haus ohne Erlaubnis verlassen, die kargen Mahlzeiten mußten schweigend eingenommen werden. Es gab drakonische Verordnungen gegen alles und jedes – gegen Fluchen, Alkohol, Faulheit, schlechtes Benehmen und Ungehorsam. Die Frauen mußten stricken, die Männer in Steinbrüchen arbeiten.

Ich krieche durch ein Fenster in das leere Gebäude. Der Boden ist feucht, grün bedeckt, überall sprießt Gras aus dem verfallenen Gemäuer. Alte Balken, kein Dach, in der Luft Krähen, Dohlen, Tauben. Das strömt hier noch viel aus von der einstigen Trostlosigkeit und Öde, der Verzweiflung ganzer irischer Generationen, bis hinein in unser Jahrhundert. Denn erst das Ende der britischen Herrschaft über Irland 1921 bedeutete auch das Ende der *workhouses*.

Die Periode des »Great Famine« aber war der Gipfel des Grauens in der Geschichte dieser Institution, die Berichte und die Stiche aus der damaligen Zeit lassen einem das Blut in den Adern gefrieren: vor den Toren Scharen von Müttern, die kaum die Kraft haben, ihre skeletthaften Kinder hochzuhalten, Massen Zusammengebrochener, formlose Menschenhaufen im Hungerdelirium und erbarmungslose Aufseher, die den Unglücklichen den Weg versperren, Eingedrungene hinausjagen und über die Insassen wie Leibeigene verfügen.

Im dritten Hungerjahr kollabierte das Workhouse-System. Die Todesrate stieg drastisch und mit ihr die Zahl elternloser Kinder. Eine Statistik weist aus, daß von den 116 000 Personen, die 1847 in diesen Häusern lebten, 63 000 Kinder waren, die meisten von ihnen Waisen.

Wie mag es damals hier im Bagham Workhouse zugegangen sein?

Ich durchquere die Ruine, stolpere über ihren unebenen Grund – auf der anderen Seite dorniges Gebüsch, Morast, ein Holzgitter, das ich übersteige.

Hier hält es niemand lange aus.

In der Nähe, am Wege zurück nach Cahirciveen, liegt ein riesiges Feld von Grabsteinen, Hunderte, nein, Tausende, davon die meisten ohne Inschrift – hier wurden die Toten des Großen Hungers begraben, darunter auch die Leichen aus dem Bagham Workhouse. Es ist ein Meer von Steinen, kleinen und größeren, nackt, nichts als das Zeichen, daß hier ein Mensch begraben wurde, ohne Namen, ohne Herkunft, ohne Geburts- und Sterbedatum. Dazwischen, sauber und blumengeschmückt, vereinzelte Grabmäler unserer Zeit, mit Todesdaten aus den sechziger und siebziger Jahren.

Gespenstisch – wer läßt die Seinen bestatten zwischen all diesen namenlosen Gräbern einer Periode grauenvollen Massensterbens?

Hier hat vor 150 Jahren nur *ein* Gesetz gewaltet: die Toten rasch, mit dem geringsten Aufwand und den niedrigsten Kosten unter die Erde zu bringen.

Der Boden ist modrig, zwischen den Steinen weiden Schafe. Ich bin am unteren Ende der Stätte angekommen.

Und da plötzlich tollt vor mir, wie aus dem Boden geschossen, eine Stute mit ihrem Fohlen über die angrenzende Wiese, prescht heran, fegt zurück, immer dicht gefolgt von dem Pferdekind, beide irre vor Bewegungstrieb, wie die unsterbliche Kraft der Kreatur selbst!

Es ist ein atemberaubender Moment, ein Trost ohnegleichen, gerade an dieser Stätte.

Als 1850 die Kartoffelpest ausbleibt, ist etwa eine Million Irinnen und Iren verhungert, darunter drei Fünftel der Kinder unter zehn Jahren und der Erwachsenen über sechzig. Von 1845 bis 1851 geht die irische Bevölkerung von acht auf etwas über sechs Millionen zurück, auch durch Auswanderung.

Historiker glauben, daß sich durch die kollektive Hungererfahrung der irische Volkscharakter verändert habe. Die *cheerfulness* wich einem Fatalismus, der sich bis in die zweite Hälfte des 20. Jahrhunderts erhalten sollte.

Und in der Tat – *The Great Famine* wird nichts so lassen, wie es war.

Die landwirtschaftlichen Strukturen sind schwer angeschlagen, viele Großgrundbesitzer bankrott, sechs von ihnen ermordet, die Landarbeiter als Klasse so gut wie vernichtet.

Durch den Ausfall der Pacht sind viele Landlords gezwungen, Boden zu verkaufen. Zum Handeln gezwungen, stellt die britische Regierung dafür Mittel zur Verfügung. Das bedeutet die Übergabe von Grundbesitz in die Hände vieler Bauern. Das Agrarsystem und seine Besitzverhältnisse ändern sich.

Auch hat der Große Hunger politische Folgen. Geheimbünde und nationalistische Bewegungen schießen wie Pilze aus dem Boden. Die Forderung nach *home rule*, irischer Selbstverwaltung unter britischer Aufsicht, verbreitet sich. Die Church of Ireland, Staatskirche des britischen Protestantismus, verliert gegenüber der unterdrückten katholischen Kirche ihren Sonderstatus.

Die einschneidendste Veränderung aber, und die nachhaltigste Folge des Großen Hungers, wird die Massenauswanderung der Überlebenden – nach England, Amerika, Australien.

Im Sargschiff über den Atlantik

Schon während der Hungerperiode hatte ein wahrer Exodus eingesetzt – von 1846 bis 1850 verlassen 1,2 Millionen Irinnen und Iren die Insel. Danach wächst der demographische Aderlaß noch an, wird Irland zu *dem* Auswanderergebiet schlechthin, eine Tendenz, die erst in den siebziger Jahren unseres Jahrhunderts gestoppt werden wird. Irland ist der einzige Staat in Europa, ja wahrscheinlich in der ganzen Welt, in dem heute weniger Menschen leben als im 19. Jahrhundert – vier Millionen heute gegenüber acht Millionen im Jahr vor der Kartoffelpest, 1844. Das heißt: Der Große Hunger hat die irische Nation bis in unsere Gegenwart halbiert.

Das Elend der Zwangsemigration steht für viele Auswanderer dem des Großen Hungers kaum nach.

Noch im Zeitalter der Segelschiffe, dauerte eine Atlantiküberquerung um 1850 rund einen Monat. Wie Baumwollballen verstaut, ohne Rücksicht, Anteilnahme, Mitgefühl seitens der

Kapitäne und Mannschaften, eingesperrt unter Deck, wo niemand kochen konnte und jede Wärme fehlte, sah es für die Passagiere auf den Emigrantenseglern nicht viel anders aus als auf einem Sklaventransporter vergangener Zeiten. Wasser und Nahrung waren verfault, sanitäre Einrichtungen ein Wunschtraum, gewalttätige Mitreisende so häufig wie die grassierende Seekrankheit. *Coffin ships* wurden die Schiffe genannt – schwimmende Särge, und das zu Recht. Nicht so sehr, weil Schiffe sanken (das gab es auch, wurde ausführlich kommentiert und sorgte für zusätzliche Ängste), sondern wegen mangelnder Versorgung während der Überfahrt. So auf der Barke »Elisabeth and Sarah«, die im Juli 1846 vom County Mayo nach Kanada segelte (mit 276 Personen anstatt 212 auf der Passagierliste). 32 Kojen für alle, zuwenig Wasser, kaum Nahrung. Da der Kapitän einen falschen Kurs genommen hatte, dauerte die Reise acht Wochen. Als die Barke im September am Ufer des St.-Lorenz-Stroms festmachte, waren 42 Menschen gestorben.

Mehr Opfer aber noch forderten die sogenannten Passengers Acts der verschiedenen Aufnahmeländer, Gesetze, die niemanden an Land ließen, der kein Geld hatte oder keine einheimischen Unterstützer nachweisen konnte. Die Ausbootung der Passagiere wurde verweigert, oft wochenlang. Einmal ankerten an den Ufern des St.-Lorenz-Stroms auf einer Strecke von fünfzig Kilometern vierzig Schiffe, deren Insassen die Einreise verwehrt wurde. Hunger und Fieber rafften die Menschen nur so dahin. Sie starben unter Deck und wurden über die Reeling gekippt.

Im Ulster American Folk Park von Omagh, County Tyrone, Nordirland, einem Museum für die Auswanderungsgeschichte von Ulster, ist das Innere solcher *coffin ships* nachgebildet. Beim Anblick der Decks und Kojen, je zwei übereinander, dachte ich unwillkürlich an die Baracken von Straflagern, wie die Gewaltregime unseres Jahrhunderts sie so inflationär gezeugt haben – Verschläge, Ställe für Menschen, niedrige Pritschen, die bei Seegang wahre Kotzhöllen gewesen sein müssen.

Der Große Hunger war die Auslösung jener irischen Diaspora, die, weit zahlreicher als die Bevölkerung in Irland selbst, heute über die ganze Welt verstreut ist und in den USA ihre größte und einflußreichste Gemeinde hat. Aber wo immer Iren leben, ihr Habitus ist so unverwechselbar wie ihre enge emotionale Bindung an die einstige Heimat auch nach Generationen noch unversehrt.

Es hat eines Menschenalters bedurft, bis sich die irische Gesellschaft von den schlimmsten Folgen des Großen Hungers erholt hatte. Aber die Geschichten über ihn blieben lange im Gedächtnis, hielten den Zorn auf England wach und setzten seine Zeichen bis in unsere Gegenwart.

Auf eines von ihnen stoße ich im Tal von Delphi, County Mayo.

Rauschend kommt der River Erriff von den Höhen der Partry Mountains herab, fällt weiß schäumend über einen Katarakt und strömt von hier in die langgestreckte Bay von Killary Harbour. Ich fahre an der Nordseite der Bucht auf der Straße zum Doo-Lough-Paß. Unterwegs Angler – hier kann wilder Lachs gefangen werden. Rechts und links der Piste Schafe, Delphi eine Ansammlung weniger Touristenhütten, nicht mehr.

Dann der Eingang zum Tal und links der Doo-See, schmal und bewegt. Der ewige Westwind sprüht ganze Wolken von seiner Oberfläche hoch. Drüben, am anderen Ufer, ein gewaltiges Felsmassiv, durchfurcht von Schründen, die der Regen in die Berghaut gegraben hat.

Und da sehe ich den Stein, rechts der Straße, an der steilen Kante der Sheefry Hills – roh behauen, in Kreuzform, auf einen kleinen Sockel gesetzt.

Ich steige aus und lese auf einem Schild: »Doo Lough Tragedy 1849 Erected to the memory of those who died in the famine 1845-1849«. Und so verlief die Tragödie, von der der Stein spricht.

Am 30. März 1849, im fünften Hungerjahr, war 600 Menschen aus dem Umland von Delphi mitgeteilt worden, sie sollten sich am nächsten Morgen an der Anglerhütte des Marquis von Sligo am Doo Lough einfinden, wo sie von Sonderbeauftragten der Regierung Hilfe bekommen würden. Einige waren vom Hunger schon so geschwächt, daß sie in Delphi blieben, die anderen machten sich auf den fünfzehn Kilometer langen Marsch an den See. Nur notdürftig bekleidet, gerieten sie in einen Schneesturm und trafen erst am Mittag an der Anglerhütte des Marquis ein. Aber die Regierungsbeamten waren gerade beim Dinner und wollten nicht gestört werden. Nachdem die Herren, der Adlige, Colonel Hogrove und Captain Primrose, gespeist hatten, schickten sie die ausgemergelten Gestalten zurück, ohne das Hilfsversprechen wahr gemacht zu haben.

Der zeitgenössische Chronist der Tragödie, James Berry aus Louisburgh, berichtete, daß viele der bis auf die Knochen abgemagerten Menschen auf dem Rückweg hinfielen und am Straßenrand starben.

Vor dem Gedenkstein der Doo-Lough-Tragödie liegt einer jener Kränze, wie sie an Irlands Grabstätten üblich sind – Plastikblumen von schreienden Farben in einer Plastikumhüllung, das Ganze in seiner Künstlichkeit nicht zu überbieten und doch nicht ohne Sinn, wie mir inzwischen klargeworden ist.

Ungeschützte Naturblumen, die von dem dauernden Wind verschont geblieben wären, würden einfach von Irlands notorischen Regenkanonaden niedergehauen werden. Ich gebe zu, daß die eingebürgerte Notlösung mir immer zugesetzt hat, obwohl ich die Gründe dafür kannte. Aber hier, vor diesem Stein, ist keine Spur solcher Empfindungen in mir, hier, in dieser Wildnis, ist der bunte Plastikschlauch nichts anderes als der wohltuende Beweis von Erinnerungen an einen Schrecken, der eineinhalb Jahrhunderte zurückliegt, ohne vergessen worden zu sein.

Der Befreier

Im dritten Jahr des Großen Hungers, 1847, stirbt der Mann, dem nahezu jeder irische Weiler, jede Ortschaft, jede Stadt einen Straßennamen gewidmet oder eine Statue errichtet hat, die überragende Figur im nationalen Freiheitskampf der ersten Hälfte des 19. Jahrhunderts und das bleibende Idol danach, der wortgewaltigste Verfechter der irischen Sache, auch »der Befreier« genannt, *the liberator* – Daniel O'Connell!

1775 als Sohn eines kleinen katholischen Landbesitzers in Kerry geboren, wird er die Fundamente für das nationale Selbstbewußtsein legen, die Voraussetzung für die irische Unabhängigkeit. Dabei kam ihm zweierlei zugute: daß er aus wohlhabendem Hause stammte (die O'Connells hatten ihren Landbesitz der Form halber einem protestantischen Freund überschrieben und damit dem staatlichen Zugriff entzogen) und daß die *Penal Laws*, die antikatholischen Strafgesetze, eine Lockerung erfahren hatten – Auswirkungen des siegreichen amerikanischen Unabhängigkeitskampfes gegen die britische Kolonialmacht und der Ideen der Französischen Revolution.

Wenn auch zögernd, öffnen sich gegen Ende des 18. Jahrhunderts bisher für Katholiken verbotene Berufe, werden tradierte Fesseln gesprengt – 1798 wird Daniel O'Connell Rechtsanwalt. In dieser Eigenschaft wird er bald landesweit bekannt als *der* gelehrte Vorkämpfer irischer Interessen, vor allem der kleinen Leute. Er holt für sie heraus, was herauszuholen ist, und bewirkt, unglaublich, daß Katholiken nicht mehr wie bisher den Zehnten an die protestantische Staatskirche, die Church of Ireland, entrichten müssen. Er wird das Idol der katholischen Massen und 1828 im County Clare als erster katholischer Abgeordneter in das Londoner Parlament gewählt. Innerhalb weniger Jahre war Daniel O'Connell in Irland zum Haupt einer nationalen Bewegung geworden, geht der Kampf um die irische Emanzipation von den Protestanten auf die Katholiken über.

Denn so paradox es klingt, es waren zunächst wohlhabende Protestanten, die wider den königlichen Stachel löckten, nicht die ausgebeutete, entrechtete Mehrheit der verarmten Katholiken. Lange schon schwelte unter der angloirischen Führungsschicht Unzufriedenheit mit dem Mutterland, lehnte sich das rein protestantische Parlament in Dublin auf gegen staatliche Bevormundung und wirtschaftliche Behinderung durch die Regierung in London. Fern der Metropole, fühlten sich viele als Bürger zweiter Klasse, geringer geschätzt als die Landsleute auf englischem Boden und eingeschränkt in ihrem politischen und ökonomischen Spielraum. Sie wollten sich nicht trennen von England, sie waren der Krone treu, aber sie wollten Gleichstellung. Schon Jonathan Swift hatte rügend gefragt: »Bin ich in England ein freier Mann, und werde dennoch innerhalb von sechs Stunden zum Sklaven, wenn ich die Irische See überquere?«

Aber es gab auch radikalere Strömungen unter den Protestanten. Angefeuert durch die Umwälzungen in Frankreich und den jungen USA, formieren sich in den neunziger Jahren des 18. Jahrhunderts die United Irishmen, erschallt der Ruf nach der Republik Irland, personifiziert sich die Herausforderung an die englische Vorherrschaft in der Person des Rechtsanwalts Theobald Wolfe Tone (1763 bis 1798). Das Ziel: die Auflösung der Verbindung mit Großbritannien.

Tone muß aus Irland fliehen, kehrt aber 1796 in französischer Uniform mit einer Flotte von 43 französischen Schiffen und 15 000 Soldaten nach Irland zurück. Doch das abenteuerliche Unternehmen scheitert, Sturm verhindert die Landung des französischen Expeditionskorps in der Bantry Bay, und auch der zweite Versuch ein Jahr später schlägt fehl. Tone wird dabei gefangengenommen und erhängt sich vor seiner Hinrichtung im Gefängnis von Dublin.

Aber die Stellung der Krone ist schwer erschüttert, war doch das Unglaubliche geschehen, der bewaffnete Versuch, sich von Großbritannien zu lösen. Und es waren irische Protestanten, die ihn unternommen hatten.

Die Reaktion der Monarchie: Am 1. Januar 1801 wird die Nachbarinsel durch den *Act of Union* dem Vereinigten Königreich angeschlossen, das Parlament in Dublin aufgelöst und seine hundert Mitglieder als bedeutungslose Gruppe den 658 Abgeordneten des Londoner Unterhauses einverleibt.

Das änderte nichts daran, daß es sich bei den politischen und militärischen Kämpfen der Ära um eine rein innerprotestantische Auseinandersetzung handelte. Die oft beschworene »irische Nation« schloß in den Köpfen der Aufrührer die katholische Mehrheit ganz selbstverständlich aus, darin unterschieden sie sich nicht von ihren konfessionell gleichen Gegnern. Die einzige Konzession der protestantischen Herrschaft gegen Ende des 18. Jahrhunderts gegenüber der Bevölkerungsmehrheit war die Lockerung der strengen Strafgesetze durch den *Catholic Relief Act* 1778.

Dennoch legte die Empörung angloirischer Protestanten den Grundstein für die katholische Emanzipation, beginnt mit ihr die Geschichte des modernen irischen Nationalismus, übernimmt der irische Katholizismus den Kampf um Gleichberechtigung und Unabhängigkeit. Neben seine bisher einzige Institution, die katholische Kirche, stellt sich jetzt eine politische Bewegung.

Ihre Inkarnation ist Daniel O'Connell.

Es war seinen Bemühungen um parlamentarische und administrative Reformen über mehr als zwei Jahrzehnte zu verdanken, daß am 13. April 1829 die *Penal Laws* ganz abgeschafft und der katholischen Mehrheit jedenfalls nominell die gleichen Rechte eingeräumt wurden wie der protestantischen Minderheit. Es war sein Werk, daß im selben Jahr der *Act of Union* von 1801, die Auflösung des Dubliner Parlaments, wiederaufgehoben wurde.

Zwar blieb es ihm 1828 noch verwehrt, seinen Sitz im Londoner Parlament einzunehmen, aber die Zeichen der Zeit ließen keinen Zweifel daran, daß es sich nur um einen Aufschub handeln konnte. Sein ungeheurer Einfluß reicht auch aus der Ferne bis an die Themse.

Daniel O'Connell ist der führende Vertreter des *Act of Parliament*, mit dem 1833 die Sklaverei im britischen Empire offiziell beendet wird. Und als 1840 auf dem großen Antisklavenkongreß in London die amerikanische Suffragette Lucrezia Mott daran gehindert wird, öffentlich zu sprechen, weil das als nicht schicklich gilt, schreibt Daniel O'Connell in seinem Brief zur Unterstützung der Frauenrechte den berühmten Satz: »Mind has no sex.« – »Ansichten haben kein Geschlecht.«

1843 kann Daniel O'Connell dann endlich als erster Katholik seinen Sitz im Londoner Parlament einnehmen, was am 15. August jenes Jahres auf dem geschichtsträchtigen Hügel von Tara von 100 000 Iren gefeiert wird. Daraufhin der Verschwörung angeklagt und zu drei Monaten Gefängnis verurteilt, wird der »Befreier« nach seiner Entlassung mit einem Spektakel sondergleichen triumphal gefeiert. Hoch oben auf einer riesigen, mit Purpurseide und blauem Wollstoff gepolsterten und von sechs grauen Pferden gezogenen Kutsche thronend, gut drei Meter über dem Grund, so zieht er unter dem frenetischen Jubel von 200 000 Menschen in Dublin ein.

Daniel O'Connell ist das katholische Irland, und das katholische Irland ist Daniel O'Connell.

Der Ire ist in unserem Jahrhundert immer wieder mit Ghandi und Martin Luther King verglichen worden. Tatsächlich war Daniel O'Connell nach Erfahrungen, die er als junger Mann im Frankreich der Großen Revolution gemacht hatte, zu einem Anhänger strikter Gewaltlosigkeit geworden und ist es sein ganzes Leben geblieben.

Das dämpfte zwar manchen irischen Feuerkopf, konnte aber auf die Dauer gewaltbereite Organisationen, Geheimbünde und Bewegungen nicht aufhalten.

Als Daniel O'Connell 1847 stirbt, hat er viel erreicht. Er ist der Gründer der katholischen Massenbewegung Irlands, er hat Katholiken auf allen Ebenen des öffentlichen Dienstes den Weg freigemacht, er hat die armen Leute zum erstenmal in die Politik eingebracht und ihnen Identität und Gleichberechtigung verschafft. Die Unabhängigkeit Irlands konnte Daniel O'Connell nicht erreichen.

Sie wird das Werk künftiger Generationen.

Wer in westlicher Richtung Cahirciveen verläßt, entdeckt bald auf der rechten Seite der N 70 eine Ruine – Daniel O'Connells Geburtshaus. An dem verfallenen Gebäude rankt Efeu hoch, und Gräser und Buschwerk sprießen aus den Ritzen eines großen Felsblocks, auf dem der Knabe als Schuljunge gesessen und seine Hausaufgaben gemacht haben soll.

Weit imposanter ist das Haus, in dem Daniel O'Connell gelebt und das er nach seinen Vorstellungen eingerichtet hat – im Derrynane National Historic Park an der Südspitze Kerrys. In vielen Teilen ist es so belassen, wie er es 1825 geerbt hatte.

Im *dining-room* der große Lacktisch mit zehn Stühlen, die Silberhauben, um die Speisen warm zu halten, alte Sessel, der Kamin; im *drawing-room* ein gewaltiger Tisch, die Platte aus Walnußholz, das Bein geschnitzt aus einem Stück Eiche; wunderbare Teppiche; Gemälde von Verwandten, von Frau und Töchtern (er war Vater von elf Kindern), von Freunden.

In der Bibliothek die Taufschale, Schreibtisch und Feder, vergilbte Dokumente. Darunter ein Aufruf O'Connells vom 11. Februar 1844 mit der Anrede »People of Ireland, fellow-country men«: »Übt keine Gewalt, vergreift Euch an niemandem, verletzt niemanden. Nichts würde mir weher tun als das. Geht den konstitutionellen, nicht den revolutionären Weg der Befreiung.«

Zwei Pistolen unter Glas künden von einem dunklen, nie verwundenen Kapitel dieser Biographie – von einem Duell mit tödlichem Ausgang, ausgetragen am 31. Januar 1815. O'Connell war gefordert worden, nachdem er die Haltung einer katholischen Korporation in Dublin als »bettlerhaft« bezeichnet hatte. Er blieb unverletzt, sein Kontrahent, dessen Name mit D'Estaire überliefert ist, starb an der Schußverwundung. Der Sieger hat diesen Tag sein Leben lang bereut, und es ist wahrscheinlich, daß D'Estaires Todesstunde die Ursache war für die tief verwurzelte und immer wieder bekundete Abneigung Daniel O'Connells gegen jede Form von physischer Gewalt.

Vom oberen Stockwerk aus fällt der Blick auf den tiefen Einschnitt des Atlantik, bis vorn an den Sandstrand; hinten steindurchsetzte Höhenzüge, die sich nach Süden hin, gegen die Spitze von Lamb's Head, abflachen.

In einem Extraraum die Kutsche, mit der er 1843 vom Richmond Prison nach Dublin geholt wurde – ein kolossales Fuhrwerk, blau, goldstrotzend, mit mannshohen Rädern, ein Vehikel aus Tausendundeiner Nacht, von der trotzigen Unschuld hemmungsloser Begeisterung konstruiert. Und ganz obendrauf, gefährlich schaukelnd und höchst ungemütlich, der Thronsessel, auf dem der schwere Mann die lange Strecke gehockt und – gebangt haben muß (nicht auszudenken, was hätte passieren können, wenn die Pferde durchgegangen wären).

Im Park die Ruine des Sommerhauses, mit der Rückwand an einen Fels gelehnt, der Turm aus Naturstein gemauert, vermörtelt und darüber rauher Putz. Davor ein Baummonument, aus dem andere Bäume hervorwachsen, moos- und flechtenbedeckt, daneben eine Kamelie mit roten Blüten auf dem grünen Lack ihrer Blätter. In diesem naturbelassenen Park liegt das Haus wie ein verwunschenes Juwel, ein Refugium, in das kein Ungebetener kam.

Ein Gebetener war der frühe Irland-Fan und deutsche Globetrotter Fürst Pückler-Muskau, wenngleich O'Connell ihn gewarnt hatte – der Weg nach Derrynane sei äußerst beschwerlich. Das war er dann auch, aber schließlich traf Pückler ein und hat danach manches geschrieben über seinen nichtadligen Gastgeber (»Wahrlich kein gemeiner Mann, wenngleich der Mann des Volkes«). O'Connell könne, wenn er wolle, so Pückler weiter, »von einem Ende der Insel zum anderen die Fahne der Empörung aufpflanzen«, tue es aber nicht, weil er sich »auf merkwürdige Weise, im Angesicht der Regierung und auf gesetzlichem, offenkundigem Wege« über die Nation Macht verschafft habe, »welche ohne Armee und Waffen dennoch der eines Königs gleicht«.

Kritischerweise jedoch entdeckt Pückler an dem großen Mann dann auch Eigenschaften (dies allerdings in der zugegebenen Widerspiegelung des eigenen fürstlichen Charakters), die den Heros vermenschlichen, so O'Connells ununterdrückbare Eitelkeit, das Baden in der eigenen Größe, seinen Hang zum Theatralischen.

Wie tröstlich.

Gestorben ist O'Connell nicht in Derrynane. Er hatte sich von seinen Ärzten überreden lassen, eine Pilgerfahrt nach Rom zu machen. Unterwegs auf der Reise starb er am 15. Mai 1847 in Genua. Sein Herz kam nach Rom, sein Körper in ein für ihn errichtetes Mausoleum auf dem Dubliner Glesnevin-Friedhof.

In der Geschichte Irlands hat bis heute keiner tiefere Spuren hinterlassen als Daniel O'Connell.

Mein irisches Tagebuch III

10. April.

Gegen drei Uhr früh hatte der Wind das Haus am Kliff so heftig geschüttelt, daß ich fürchtete, das Dach würde weggetragen oder das große Verandafenster eingedrückt werden.

Oben der Mond, an diesem Himmel Westeuropas schon in Dreiviertelgestalt so weißglühend wie der volle über dem Kontinent. Da hängt er über der St. Finan's Bay wie eine ungeheure Nachtlaterne.

Über der See aber liegt Dunst, kein Licht ist zu sehen – weder der eben über dem Wasser dahinhuschende Schein vom Großen

Skellig noch das kreisende, alle sechzehn Sekunden aufzukende Leuchtfeuer auf dem *bull*, noch die schaukelnden Glühwürmer an den Mastspitzen der Fischerboote.

Morgens dann schlägt es an die Scheiben, halb Schnee, halb Hagelkorn. An den dunklen Klippen der Bucht bricht sich die Dünung in immer höher schäumenden Kaskaden, und die Berge sind weiß.

Gegen neun Uhr gleißende Sonne über dem Atlantik, am Horizont beruhigenderweise die drei Höcker – *the bull, the cow, the calf*, vorn rechts, wie ein hingelagertes Überkamel, die braunen Höcker von Puffin Island, und davor, wassergeboren, scharf gezackt, der Scherenschnitt der beiden Skelligs.

Da klopft es auch schon pünktlich an der Tür – »Hello, my dear« –, Maureen kommt.

Heute mit Mantel, Kapuze und festen Stiefeln – es geht zum Einkaufen nach Cahirciveen, zu Curran's, wie immer. Sonst mit einer Nachbarin, heute mit mir.

Als ich gestern spät zurückkam, fand ich auf dem Tisch eine Apfeltorte von Maureen vor. Jetzt, da ich mich dafür bedanken will, schlägt sie nach mir und ruft warnend: »Hopeless!« Das macht es mir wieder schwer, heute endlich zu tun, was ich mir schon so lange vorgenommen, aber nicht gewagt habe.

Am Ortseingang setzt sie, wie immer, wenn sie an dem großen Supermarkt vorbeikommt, eine verächtliche Miene auf und wendet sich ostentativ der anderen Straßenseite zu. Dann fahre ich sie vor Curran's, Cahirciveens Tante-Emma-Laden mit scheuer Andeutung von Selbstbedienung, Maureens Einkaufszentrum seit eh und je.

An der Fleischtheke Mr. Curran, ein rosiger Ire, hinter dem Tresen, auf dem die Kasse steht, Mrs. Curran, eine zierliche, weißbekittelte Frau, die nicht spricht, sondern ihr Englisch zwitschert. Das hört sich originell an, ist aber schwer zu verstehen.

Die Kommunikation nimmt mir Maureen ab. Während sie einkauft, palavert sie mit den Currans, immer wieder beidseitig unterbrochen von Zwischenrufen wie »My Darling« oder »O Darling!« Als sie dann ihre beiden hochbepackten Taschen auf den Tresen stellt, nehme ich mir ein Herz und sage, als sie zahlen will: »Bitte, Maureen, laß das heute mal mich machen.«

Sie stutzt, wobei eine seltsame Veränderung mit ihr vorgeht. Sie richtet sich auf, biegt den Oberkörper nach hinten, legt den Kopf zurück und schaut mich an. Schaut mich so an, daß es keinen Zweifel geben kann, warum: Sie will hinter mein Motiv kommen. Was waltet da – ein Almosenspender, joviales Gebertum, die herablassende Geste vom Wohlbetuchten? Oder Wärme, Freundschaft, die Freude, ihr eine Freude zu machen? Das will Maureen Griffin nach meinem Angebot nun wissen, und deshalb schaut sie mich so an, wie sie es tut, ziemlich lange, will mir scheinen – mir bleibt nichts übrig, als standzuhalten. Dann, endlich, fällt sie wieder nach vorne in ihre gewohnte Schräge und legt dabei behutsam ihre rechte Hand auf meine linke – akzeptiert.

Der Stein, der mir vom Herzen fällt, muß weit zu hören gewesen sein.

Der Waffenstillstand – *cease-fire* – vom 31. August 1994 in Nordirland hat bisher gehalten, jedenfalls was Bombenanschläge betrifft.

Dennoch hat der Konflikt gestern, am 9. April, ein neues Opfer gefordert, das 3284. seit Ausbruch der *troubles* im August 1969. Im South Tyrone Hospital, Dungannon, Country Tyrone, starb Constable Jim Seymour, 56. Im Mai 1973, er war 34, hatte ihn eine Kugel aus dem Lauf eines IRA-Mannes am Kopf getroffen. Seit damals konnte der Polizist von der Royal Ulster Constabulary (RUC) weder sprechen noch sich bewegen, noch essen – er wurde künstlich ernährt.

Gehör und Augenlicht waren unbeschädigt geblieben, so daß Jim Seymour wußte, was um ihn herum vorging. Aber mitteilen konnte er sich nicht, außer, daß er gelegentlich lächelte oder weinte. Hoffnung auf Besserung oder gar Behebung seines Zustandes hatte es zu keiner Zeit gegeben.

Seine Frau hat ihren gelähmten Mann während der ganzen 264 Monate jeden zweiten Tag besucht. Wenige Stunden, bevor er starb, war sie bei ihm mit der Tochter und dem Sohn.

Mit seinen Kindern hat der Vater niemals ein Wort wechseln können, sie waren zu klein dazu, als Jim Seymours aktives Leben ausgelöscht wurde – vor 22 Jahren.

Irische Skizzen

»Ennistymon 7 km«, dann die See – die Cliffs of Moher.

Steil fallen die Felsen aus Basalt und Granit in den Atlantik, 200 Meter tief und mehr, langgestreckt nach Norden auf O'Brien's Tower zu. Unten die Brandung, weißlich, in der schwarzen Wand unzählige helle Flecke, Vögel, zu Tausenden, ganze Kolonien – Tordalken, Papageientaucher, Möwen. Die riesige, dunkelgefiederte *black backed gull*, die kleinere Heringsmöwe, die kesse Kittiwake, sie alle kreisen ohne jeden Flügelschlag im ewigen Westwind. Der bläst das Wasser aus den kleinen Fällen am oberen Rand zurück, pustet es einfach gegen alle Gesetze der Schwerkraft wieder hoch, Myriaden silbern sprühender Tropfen, die aufs Land zurückgeschleudert werden, manchmal in dichten Schwaden, manchmal vereinzelt.

Schründig sind die Kliffs von Moher, ihre geologischen Schichten horizontal aufgeschlagen wie ein Buch der Erdgeschichte, durchlöchert und durchstochen von Zeit und Sturm und Salz. Seit 300 Millionen Jahren steilen sie hier auf, über Äonen gewärmt von tropischen Meeren, dann wieder attackiert von den Wettern endloser Kälteperioden, in den Fugen und Brüchen regendurchsickert. Wie lange hat es gedauert, bis die Brandung die Felszacken da unten von der großen Kante losgeschlagen hat?

Bis in die zwanziger Jahre haben die Cliffs of Moher als Steinbruch gedient, für Kirchen und Straßen in Dublin. 500 Menschen sollen hier gearbeitet haben – es muß ein ungeheurer Lärm gewesen sein.

Auch wurden, auf sehr gefährliche Weise, Vögel gefangen und ihre Eier gesammelt – ein Mann, gehalten von einem Dutzend anderer, ließ sich an den Kliffs bis zu den Nestern hinab und wurde dann mit seiner Beute hochgezogen.

Bis zum Zweiten Weltkrieg konnte am Kliff noch ein zweiter wagemutiger »Sport« ausgeübt werden, nämlich sich von der Sandsteinplattform abseilen zu lassen, was kaum sechzig Sekunden dauerte, um dann von da unten, ein Wettrennen mit der auflaufenden Flut, hochzuklettern, wozu fünfundvierzig Minuten benötigt wurden.

Das alles ist zwar längst verboten, aber ausgestorben ist damit die Gattung tollkühner Menschen nicht.

Ich gehe auf völlig vermatschten Wegen an die Kliffkante, wo es einen schmalen, aber festen Pfad gibt, und stehe vor einer Brustwehr aufgerichteter Steine, hinter denen der Abgrund gähnt. Da kommt strammen Schrittes ein junger Mann heran, wägt einen Augenblick ab, ob er an mir vorbei in die schmierseifenähnliche Matschsoße neben dem engen Pfad treten soll, entscheidet sich dann aber anders: Mit einem Sprung ist er auf der steinernen Brustwehr, balanciert 200 Meter über der Tiefe auf der schmalen Kante und springt von dort zurück auf den Weg. »Death is so permanent«, versuche ich mit gestocktem Atem und halb gelähmter Zunge zu scherzen. Aber der verwegene Typ lacht nur und eilt weiter.

Ganz in der Ferne, verschwommen, die Silhouetten der Aran Islands.

Dahin später.

In Clifden, Connemara, gibt es keinen Hinweis auf die große Kaskade, aber ich finde das Gefälle doch. Etwas außerhalb, unter einer dreibögigen, vermoosten, uralten Brücke donnert der Owenglin der nahen Bay zu. Laut wie der Niagara, von den Felsen im Flußbett zerspalten und von gelben Büschen an den Ufern gesäumt, schießt das Wasser tosend durch eine enge Schlucht dreißig Meter tief hinab.

Weiter auf der N 59.

Torflandschaften, braune Sumpfflächen, dann und wann ein einsames Haus, die ganze Gegend wie entvölkert. Und verhüllt – die Twelve Pins (auch Twelve Bens genannt), Connemaras bizarres Gipfelensemble, haben sich ungnädig hinter Wolken zurückgezogen. Wer ihres erhabenen Anblicks wegen gekommen wäre, der hätte heute kein Glück. Nur der Dawros, der den Höhen entspringt und schäumend, als wenn er glüht, der Ballynakill Bay zufließt, zeugt von den im grauen Himmelssud verborgenen »Zwölf Nadeln«.

Aber dann, kurz hinter Letterfrack, plötzlich Wasser, ein See, und drüben am Ufer, wie eine Erscheinung, eine Art Märchenschloß, das durch die Bäume schimmert, leuchtet, glänzt, mit

Zinnen und Türmen, Erkern und Portalen - Kylemore Abbey. Ein viktorianischer Bau im Tudor-Stil, von einem wohlhabenden englischen Kaufmann im 19. Jahrhundert am Kylemore Lough errichtet. Das sieht aus, so befremdend und so unnahbar, als müsse man sich auf Zehenspitzen nähern.

Die Abtei liegt an einem Berghang, die Front dem See zugekehrt, der sich weit streckt und auf dessen Oberfläche sich die Gebäude sanft flirrend widerspiegeln. Es ist die seltsame Fusion von Natur und Architektur, eingebettet zwischen Gebirge und Wasser, die frappiert.

Ein großer Vorplatz, dessen Mauer zum See herabfällt, und von hier erst sehe ich hoch oben auf dem Berg, mitten in die Wildnis gestellt, hell schimmernd und nicht am Kreuz, sondern mit weit ausgebreiteten, segnenden Armen: Jesus.

Mag die Gestalt von unten auch klein wirken, sie muß dennoch kolossale Ausmaße haben, da sie in so großer Entfernung noch gut zu erkennen ist.

Aufgestellt worden ist die Statue da oben vom irischen Benediktinerorden, dem die in eine Mädchenschule verwandelte Kylemore-Abtei seit langem gehört.

Auch hier verstört mich wieder, wie bei dem Jesus von Slea Head vor den Blasket-Inseln auf Dingle, die bewußte Demonstration, die extreme Botschaft, die da ausgesandt wird.

Beruhigend dagegen das Bild hier unten am See.

Drüben, auf seiner anderen Seite, Berge, die Gipfel verhangen, die Hänge mit grünen und braunen Flecken sanft abfallend, die Vegetation am Ufer dicht wie tropischer Regenwald.

Vor der Abtei ein Hinweis mit Pfeil: »Gotic church« - weit hinten ragt die Spitze eines Kirchturms empor. Es ist, wie sich herausstellt, die Memorial Church Kylemore, erbaut 1876 bis 1880 von J. F. Fuller, der auch Kylemore Abbey und Teile von Ashford Castle errichtet hatte.

Für diese Kirche wurden »shale and cut limestone« verwendet - Schiefer und Kalkstein, Baumaterial, das in den mehr als hundert Jahren porös geworden ist und erneuert werden muß. Drinnen Gerüste, Lärm, Staub, es klirrt und spritzt. Säulen aus wunderschönem Marmor - der grüne aus Connemara, der rote aus Cork - werden aus pistolenähnlichen Geräten mit einem bestimmten Wachs gesäubert. Das erfahre ich von dem Mann, der die Restaurationsarbeiten leitet, von oben bis unten wie gepudert aussieht und aus Dublin stammt. Binnen kurzem weiß ich, daß er lange beim irischen Fernsehen war, aber schon mit fünfzig seinen Abschied nahm, um seinen alten Beruf als Restaurator wiederaufzunehmen und »nie wieder zum Computer zurückzukehren. Das Leben ist nur schön, wenn man mit seinem Beruf in Übereinstimmung ist.«

Als er mich in die Geheimnisse der Stuckrestaurierung einführt, muß er schreien, um gegen den Geräuschpegel anzukommen.

Für mich ist er der erste Ire, der seine Sätze mit deutschen Sprachbrocken durchmischt, und dafür auch gleich die Erklärung liefert: Die Tochter sei in Marburg verheiratet, sein Sohn habe beim Sender Freies Berlin hospitiert – und er in Köln die Erneuerungsarbeiten am Dom über Monate verfolgt.

Als wir uns verabschieden, sagt er: »Tschüs!«

Schon vor Kilcolgan wird der ungeheure Buckel sichtbar, die Abhänge steingrau und bräunlich, alle Flora vom Seewind nach Osten gedrückt, ein überdimensionaler Wal, direkt aus dem Atlantik aufs Land geworfen – der Burren.

Bei Ballyvaughan dann, an seinem Fuße, links ab und auf der N 67 hinein in seine steinerne Einsamkeit. Die Landschaft plattenübersät und doch nackt wie eine Blöße, durchsetzt von Moosen und Flechten, zähen Krüppelpflanzen, die der Leblosigkeit trotzen. Dann und wann noch bebautes Land, Schafe, Weide, ja bis hier hinauf, überraschend, das unvergleichliche irische Grün, befeuchtet und durchatmet vom Atlantik.

In Serpentinen zur Paßhöhe, zum Corkshrewhill, eine Korkenzieherstraße. Der Burren zu beiden Seiten wie eingenebelt, nur im Rücken eine freie Schneise, mit Blick auf die blau und türkis gefärbte See ganz da unten, bis sich auch diese Lücke schließt.

Links und rechts der Paßstraße, schemenhaft, Sträucher, Gestrüpp, Steinwälle, und mitten im Nebel, gespenstisch, die Konturen einer einsamen Kuh.

In diesem Berg aus porösem Kalkstein verschwindet das Wasser hörbar, es bildet Strudellöcher, gräbt unterirdische Betten, wäscht Höhlen aus zu Naturzisternen. Auch auf der Paßhöhe noch Gewächse von alpiner Zähigkeit, vom Wind gestürzte Bäume, deren Wurzeln in der kargen Erde haften, während die Stämme hin und her schwingen und die kahlen Äste sich wie im Tanz wiegen, obwohl sich hier oben jetzt kein Lüftchen regt. Totale Abwesenheit von Menschen, außer der eigenen Person.

Tiefer dann, nach Lisdoonvarna zu, wieder gute Sicht - auf die megalithischen Gräber, stumme Zeugen früher Besiedelung; auf die großflächige, tief gekerbte und an vielen Stellen geplatzte Steinhaut; auf die gewaltigen, von Gletschern und Erosion geschaffenen Terrassen; auf diesen rissigen, wie von der Kraft gnadenloser Erdbeben und heißer Vulkane geformten Zyklopen im County Clare - The Burren.

Bei strahlendem Sonnenschein vom Haus am Kliff auf nach Beara, ans Ende der Halbinsel, um dort mit dem *cable car* überzusetzen nach Dursey Island, an dessen westlichstem Punkt man dem »Stier«, der »Kuh« und dem »Kalb« ganz nahe ist.

Ich habe es satt, sie so weit übers Wasser anzustarren, aus dreißig Kilometer Entfernung oder mehr, drei phantasieanregende Höcker am Horizont, ein Licht nur, das nachts im Sechzehnsekundentakt herüberblitzt aus schwarzer Finsternis.

Und so nehme ich denn die hin und zurück gut 200 Kilometer auf mich, um »the bull, the cow and the calf« wenigstens einmal nahe zu sein, von Kap Dursey aus, wo es nur ein Sprung hinüber zu den Felsen sein soll.

Deshalb also der endlose Weg über den südlichen Ring of Kerry entlang dem tiefen Einschnitt der Kenmare-Bucht ostwärts, ehe es dann auf der anderen Seite westwärts geht, über die Caha Mountains und den Healy-Paß zur Bantry Bay. Unterwegs auf abenteuerlich gewundenen Straßen mit Haarnadelkurven, vorbei an prangendem Stechginster, ganzen Prärien von Narzissen und an Irlands unvermeidlichen Schafherden.

Seit Stunden strebe ich B-C-C zu, wie ich die Dreiergruppe der Einfachheit halber für mich getauft habe, aber bis zum *cable car*, der mich nach Dursey Island hinüberbringen soll, sind es trotzdem noch 24 Kilometer. Schließlich, kurz vor dem Aufgeben, bestätigt mir ein irischer Vierschrot, es sei bis dahin »only one and a half mile«. Nach dieser tröstlichen Auskunft stellt er seinerseits eine Frage, nämlich, was ich auf Dursey Island wolle. Als ich ihm wahrheitsgemäß antworte, schnalzt er zustimmend und fügt an: Ja, vom Bergrücken auf der Dursey-Insel könne man »the bull, the cow and the calf« ganz aus der Nähe sehen.

Und dann liegt die Insel vor mir, ein gewaltiger Erdplacken, getrennt durch einen schmalen Seestreifen, von New York 5280, von Moskau 3310 Kilometer entfernt, wie einer Tafel zu entnehmen ist, aber zu erreichen nicht etwa mit einer Fähre, wie ich gedacht hatte, sondern mit einer Seilbahn!

Da spannt sich ein gefährlich durchhängender Draht zwischen zwei Masten, deren einer hier auf dem Festland, der andere am Inselufer aufragt, beide nicht jünger als das *cable car*, ein offener schwarzer Kasten hoch droben am Mastende auf der anderen Seite.

Ein junger Mann aus Düsseldorf sagt, er warte hier schon zwei Stunden und wolle es dennoch wagen. »Die Abfahrtszeiten sind allerdings ungewiß. Nach Fahrplan müßte ich längst drüben sein.«

Also ist auch die Rückkehr ungewiß.

Ich schwanke zwischen meiner gestauten Sehnsucht, an der Westspitze von Dursey Island den drei inzwischen so vertrauten Felsen endlich so nahe wie möglich zu kommen, und dem bohrenden Verdacht, daß die technische Wartung hier am Rande der Welt wohl kaum auf zentraleuropäischem Standard durchgeführt wird.

Am Ende der Zauderminuten obsiegt dann doch mein tief eingefleischtes Mißtrauen gegen jede Spielart von irischem TÜV für *cable cars*, und ich beschließe, unverrichteter Dinge die Rückfahrt anzutreten. Allerdings nicht auf der Route der Herreise, sondern die R575 weiter nach Norden entlang der Ballydonegan Bay, und das in der Hoffnung, von irgendwo dort »Stier«, »Kuh« und »Kalb« zwar nicht so nahe wie gewünscht, wohl aber näher als vom Haus am Kliff aus zu erblicken.

Bis Allihies Village verrenke ich mir vergebens den Kopf nach hinten. Aber dann will ich, nicht ganz sicher, da draußen im Südwesten den »Stier« erkennen, was mir prompt bestätigt wird von John Terry in O'Sullivan's, einem Laden für alles: Richtig, das sei *the bull*, und ein Stückchen weiter, die Straße ins Gebirge hoch, so wird mir verheißen, tauchten auch *cow* und *calf* auf. Und tatsächlich, da schwimmen sie in ihrer kauzigen Dreieinigkeit, unverdrossen an der ewig gleichen Stelle, sehr viel größer für mich als bisher und an der nächsten Biegung wieder verschwunden. Doch nur, um nach etlichen Kehren erneut aufzutauchen, klarer als vorher, und abermals wegzubleiben. Dann, über einen Grat hinweg, muß es wohl endlich vorbei sein, ist es aber nicht. In voller Schönheit, jungfräulich geradezu, bieten sich die drei ein letztes Mal dar, bevor es hinuntergeht zur Coulagh Bay. Mein Kopf ist steif bis zur Genickstarre.

Jetzt nur noch nach vorn gucken.

Es ist längst dunkel geworden, als ich zurückkehre. Nachts trete ich ans Fenster. Weit hinten, im Süden, blinkt es auf, alle sechzehn Sekunden; weiter draußen, auf See, das stationäre Licht eines dümpelnden Fischerboots; unter einem hellen Himmel Puffin Islands klobige Topographie, und in dunklen Umrissen die Skelligs, die meinem Aufenthalt, dem ersten, den Namen gaben. Der Kleine wie ein Wellenbrecher vor Michael, dem Großen, dessen Licht sanft und niedrig übers Wasser streicht.

Ja und abermals – so ist die Welt in Ordnung.

Maureen kriegt runde Augen, als ich ihr am nächsten Tag von meiner Tour erzähle. Es ist der letzte im Haus am Kliff. Beklommen lade ich das Gepäck in meinen alten Ford. Gedrückter Abschied. Sie bleibt an der Tür stehen, noch krummer, noch schräger als sonst, winkt vage, als ich die Rampe hinauffahre. Dann geht es auf den weiten Weg in die zweite Etappe – von fünfen.

Aber ich habe soeben etwas beschlossen.

Mallard Point

Ein Tag am Lough Sheelin

Es ist acht Uhr morgens.

Der Blick aus dem großen Fenster des Hauses fällt auf den weiten, dreieckförmigen Ausschnitt eines Sees – Lough Sheelin liegt unter einem bedeckten Himmel, es regnet leicht.

Vorn am Ufer steigt ein Fischreiher auf und segelt mit langen Schwingen auf das gegenüberliegende Ufer zu. In der Luft, über dem Schilf, kreischende Möwen und Krähen, die in Schwärmen fliehen. Hinten, vor der Einmündung der kleinen Bucht in den See, entdecke ich etwas Helles, Weißes, hervorgehoben und unbeweglich. Erst durch das Fernglas erkenne ich, was es ist – eine brütende Schwanenmutter. Es nähert sich der Schwanenvater, majestätisch eine winzige Bugwelle vor sich hertreibend.

Auf dem Rasen, zwischen Haus und Hecke, eine wilde Kirsche, ein Baum mit mächtigem Blätterdach, rechts, an der Grenze zum Nachbargrundstück, eine turmhohe kanadische Tanne, und vorm Fenster flügelschlagendes Leben um das hölzerne, auf einen senkrechten Balken gesetzte Vogelhäuschen, von dessen Seiten prall gefüllte Futternetze herabhängen. Daran klammern sich, fortwährend wechselnd, Rotkehlchen, Blaumeisen und Goldammern, die versuchen, mit kurzen Schnabelstößen, Köpfchen nach unten, durch die Maschen soviel wie möglich von dem nahrhaften Inhalt herauszupicken. Die hysterische Atmosphäre erklärt sich aber nicht allein aus der gierigen Konkurrenz der eigenen gefiederten Gattung, sondern auch durch eine Gefahr von höchst anmutigem Äußeren. Auf der Bildfläche erscheinen nämlich zwei Eichhörnchen, fabelhaft behende, ständig fressend und mit grauem Fell.

Ich hatte schon davon gehört, daß in Irland die rötlichen Eichhörnchen von den grauen verdrängt worden waren, hatte aber bisher von der stärkeren Gattung kein Exemplar zu Gesicht bekommen. Nun beherrschen sie da draußen souverän die Szene, klettern am Balken hoch, beachten den wütenden Zwitscherprotest nicht, sondern greifen sich die Netze, reißen sie auf und lassen sich fallen, um unten so lange in sich hineinzustopfen, bis kein Futterrest mehr den Rasen deckt. Dann huschen sie über den Boden, den Schwanz immer horizontal von sich gestreckt, wenn sie laufen, aber das Büschel elegant an den Rükken geschmiegt, wenn sie verharren. Schließlich sind sie so blitzhaft wie gekommen auch wieder unter der großen Tanne verschwunden. Und schon hat ein Buchfink den Dachfirst des Vogelhäuschens aufs neue erobert.

Rechts neben dem offenen Tor zum Grundstück ein Fliederbusch mit seinen lila Dolden, neben dem linken Pfosten, prangendes Weiß, ein blühender Tulpenbaum.

Ich bin 300 Kilometer entfernt von den Skelligs und Puffin Island, hoch oben in der Republik, im County Cavan, einer Grafschaft an der Grenze zu Nordirland. Das Haus, in dem ich gestern angekommen bin, heißt Mallard Point, mein zweiter fester Standort, von dem aus ich meine Reisen machen werde. Es gehört Hamburger Freunden, Dagmar und Yvar B., die es im vorigen Jahr erstanden und nach ihrem Gusto eingerichtet haben – ein fester Bungalow, moderne Küche, zwei Badezimmer und vier wohnlich eingerichtete, höchst anheimelnde Räume. Hier kann ich bleiben, so lange ich will – eine Idylle sondergleichen.

Das war allerdings nicht von Anfang an so, wie ich bei einer Stippvisite aus meinem südlichen Domizil im März feststellen konnte. Die Verwandlung des alten in den neuen Mallard Point war noch nicht abgeschlossen und infolgedessen hier die Hölle los.

Als ich ankam, versuchte gerade ein Riesenlastwagen, zwischen den Pfosten des soeben gestrichenen Tors auf das Grundstück zu gelangen, was schließlich, mit Johnny B. am Steuer, in Millimeterarbeit auch gelang. Im Haus waren überall Handwerker, es ratterte und hämmerte ohne Unterbrechung, und das in jedem Raum. In Mauern wurden Furchen geschlagen, über den Parkettboden Drähte gelegt, die Scherben eines zu Bruch gegangenen Spiegels unter fröhlichen Scherzen des Täters eingesammelt und zwei Bohrmaschinen gleichzeitig angeworfen – eine, um ein Waschbecken festzuschrauben, die andere, um Haken in einem Wandschrank anzubringen, und beides in ein und demselben Badezimmer.

Seit der Ankunft von Yvar und Dagmar B. aus Hamburg hatte es eine Panne nach der anderen gegeben. Zunächst konnten der neue Besitzer und seine Frau nicht ins Haus, weil einer der Handwerker den Schlüssel von innen steckengelassen hatte. Dafür hatte ein anderer den Schlüssel für die Ölheizung mitgenommen. Es mußte ein Fenster ausgebaut werden, damit die Besitzer ihr Eigentum betreten konnten.

Daraufhin stellten sie fest, daß, erstens, der bereits vollständig ausgelegte neue Teppichboden die falsche Farbe hatte, und zweitens, daß große Teile des schon bezahlten Mobiliars noch irgendwo in Dublin standen, statt sich hier an ihrem Platz zu befinden. Dazu waren die Matratzen, die bis sieben Uhr abends angeliefert sein sollten, auch gegen Mitternacht noch nicht da.

Wer jedoch glaubt, diese und andere Widrigkeiten hätten die allgemeine Stimmung trüben können, der irrt. Nicht allein, daß Freund Yvar in seinem Leben, vor allem bis 1945, ganz andere Situationen überlebt hatte und stark im Nehmen ist - auch Johnny B., uneingeschränkter Mittelpunkt der ganzen Handwerkerschar, ein Trumm von einem Kerl, ließ anderes als Zuversicht und unzerstörbaren Optimismus nicht aufkommen. Und daran hatte sich nichts geändert, als ich ihn zum erstenmal sah.

Um ein Haupt länger denn alles Volk, ragte er fast bis zu den Zimmerdecken auf, die Hosen bekleckst und der Jumper von einer Farbe, so unbestimmt wie die seiner Haare. Nur sein Gesicht zeigte das unverwechselbare irische Rot. Unfähig, einen leisen Ton hervorzubringen, dröhnte seine Stimme durch das Haus, als wäre er von lauter Schwerhörigen umzingelt, und sooft er lachte, bleckte er ungeniert den ihm einzig verbliebenen Zahnstummel. Und da Lachen offenbar Johnnys Lieblingsbeschäftigung ist, konnte seine Umgebung den Hauer ausgiebig studieren. Übrigens hatte ihn die eigene Mundmalaise nicht davon abgehalten, Yvar B., als der einmal von Zahnschmerzen befallen war, dringend den sofortigen Besuch beim Dentisten anzuraten.

Johnny B., ein irisches Unikum, hatte Zimmermann gelernt, danach in Dublin hoffnungsvoll Elektrotechnik und Maschinenbau studiert, sein Examen dann aber doch nicht machen können, weil der Vater starb und Johnny zum Ernährer der Familie wurde. Nichts jedoch deutet darauf hin, daß der akademische Abbruch

Johnnys unaufhaltsamen Aufstieg zu jenem handwerklich-technischen Universalgenie verlangsamt hätte, als das er seit einer Generation in der ganzen Region bekannt ist.

Von landläufiger Auskunftsbereitschaft, hatte er mir damals im März schon bald nach dem ersten Händeschütteln mit dem komischen Stolz von Erzeugern vertrauensvoll mitgeteilt, daß er Vater von zehn Kindern sei, zwischen 6 und 25 Jahren, alle geboren von einer Frau, die, seiner triumphierenden Beteuerung nach, heute noch so aussehe wie bei der Geburt des ersten Kindes und die ich, so versprach er dröhnend, kennenlernen würde, wenn ich später hier einzöge.

Das ist nun seit gestern der Fall, und da an Mallard Point noch weitergewerkelt wird, taucht Johnny heute morgen schon früh hier auf, und es gibt ein großes Wiedersehenshallo. Gleich darauf bestätigt mir ein Blick in das prachtvolle Chaos seines offenen Toyota-Kombi nur noch einmal, wie berechtigt sein legendärer Ruf als Alleskönner ist. Unter dem Fahrersitz Bananenschalen, auf der Bank daneben Vorschlaghämmer, Töpfe, eine hochgestellte Holzbank; die Ladefläche bedeckt mit Plastikrollen, Bürsten, Stiefeln, Eisenstangen; auf dem Dach, festgeschnallt, Werkzeugkästen, und hinten, sozusagen die Krönung eines Durcheinanders von fast künstlerischer Anarchie: ein gut drei Meter aus dem Wagen gefährlich hervorstechendes und am Ende unmarkiertes Kupferrohr!

Johnny hat hier alle Klempnerarbeiten verrichtet, hat die Heizung und die Stromleitungen installiert, die Wasserrohre verlegt, das Dach frisch gedeckt und eine neue Garage gebaut. Deren automatisches Tor prüft er jetzt, wobei sich ein stentorhafter Monolog zwischen ihm und »Aivar« ergibt (so spricht Johnny trotz phonetischer Dauerkorrektur seitens des Betroffenen den Namen Yvar aus, meist mit dem Attribut »my friend Aivar«). Der hat Schwierigkeiten, sich rhetorisch gegen Johnnys gutmütige Dominanz durchzusetzen, wobei es immer wieder erstaunlich ist, wie weitgehend dem Selfmademan Yvar bei durchaus noch begrenzten Englischkenntnissen eine Verständigung möglich ist.

Große Pläne hat er, will ein Bootshaus errichten, das am Reißbrett schon entworfen ist, und so geht es nun mit Johnny über den schmalen Weg hinweg an das nahe Ufer des Lough Sheelin.

Der See hinter der kleinen Bucht liegt ruhig da, im Schilf ein bräunlicher Rand, der den hohen winterlichen Pegelstand markiert und gleichzeitig anzeigt, daß der Spiegel seitdem erheblich gefallen ist. Drüben, fern, das leicht ansteigende Gegenufer, hier vorn Grasboden, weich und prall.

Aber nicht mehr lange, denn dann wird eine Trasse gelegt, sozusagen das amphibische Fundament für das Bootshaus, dessen Umrisse und Volumen Johnny mit großen Gesten und schallender Stimme nun aus dem Wust der Zeichnungen vor unseren Augen erstehen läßt.

In der Luft versucht ein Schwarm fluchender Krähen, ihn zu übertönen.

Ich kehre dem See den Rücken und schaue auf das Haus – in seiner gepflegten ebenerdigen Schlichtheit am Rand des etwas ansteigenden Rasens gelegen, sieht es wie ein freundliches Schmuckstück aus. Den Namen – Mallard Point –, in dunklen Metallettern am rechten Eingangspfosten zu lesen, hat Yvar B. von den Vorbesitzern übernommen, einem älteren Ehepaar, das auf die Isle of Man in der Irischen See übergesiedelt ist, aus steuerlichen Gründen, wie es verriet.

Ein großer Angler vor dem Herrn, war Yvar B. oft an irischen Seen gewesen, ehe es ihn im vorigen Jahr in die Crover Lodge verschlagen hatte, einst ein Herrenhaus der angloirischen *gentry*, heute ein Nobelhotel mit herrlichem Blick über den Lough Sheelin. Er griff sofort zu, als er von der Verkaufsabsicht gehört und Mallard Point besichtigt hatte – völlig abgelegen und doch nahe genug an Orten, um sich mit allem Notwendigen zu versehen: Mount Nugent, Oldcastle, Virginia und Cavan, diese Stadt fast schon an der Grenze zum Norden, dem »anderen Irland«.

Nach vierzehntägigem Aufenthalt in Mallard Point rufen die Geschäfte, was heißt, daß Yvar B. und seine Frau Dagmar heute abend noch nach Dublin Airport gebracht und von dort nach Hamburg zurückfliegen müssen. Deshalb wird beschlossen, nachmittags noch einmal auf dem See zu angeln. Und ich soll mitkommen.

Es wäre das erste Mal, denn ich habe in meinem Leben, obwohl es schon recht lange währt, noch nie eine Angelrute in der Hand gehalten. Mir schwant also nichts Gutes, zumal mir Yvars noch vor der Abfahrt erteiltes Anglerlatein ein Buch mit sieben Siegeln bleibt: »Beide Ösen miteinander verbinden, so, hier am Ende des Stahlvorfaches, und dann durchziehen, ganz einfach. Jetzt ist ein System entstanden, das unzerreißbar ist. Dann die Sperre öffnen, das Ganze hier hineinnehmen und die Sperre schließen. Vorsicht, die Dinger sind teuer, Fliegenruten, die Schnur drinnen ist hohl, mit Luftkammern versehen, unsinkbar. Kapiert?«

Von wegen!

Aber tapfer geschwindelt – und los geht es. Mit uns kommt Martin, ein Mann, dem das Kunststück gelungen war, in Mallard Point ohne jede Verzögerung ein funktionierendes Whirlpool einzurichten, Petrijünger von Jugend an und inzwischen Freund des Hauses.

Martin hat ein großes, offenes Gesicht, ist 41 Jahre alt, Vater von sechs Kindern (ein siebtes ist unterwegs) und steckt in grünen Gummistiefeln, schwarzer Hose und einem roten Pulli. Er sitzt im Heck des Bootes und bedient den summenden Außenbordmotor. Yvar hockt in der Mitte, ich habe am Bug Platz genommen.

So geht es hinaus auf den sonnenbeschienenen, aber windbewegten See – das Boot schaukelt, die Wellen kommen quer zur Fahrt. Yvar hat eine Schwimmweste mit, ich auch. Wenn Martin sich etwas dabei denken sollte, behält er es für sich.

Lough Sheelin ist voller Fischarten, doch das Ziel allen Angelns ist *the trout*, die Forelle, die Königin der irischen Gewässer – aus dem See sind schon Dreißig-, ja Vierzigpfünder geholt worden. Drüben, in der Crover Lodge, deren herrschaftliche Front zum See mit ihren sechs Kaminen auf dem Dach jetzt weiß herüber gleißt, sollen einige solcher Prachtexemplare, wohlkonserviert und mit dem Namen ihrer Bezwinger versehen, ausgestellt sein.

Unerreichbare Vorbilder, du Anfänger! Was also sinnst du erwartungsvoll vor dich hin?

Noch ufernah, werfe ich lustlos die Angel aus, lasse Schnur ab, lege den Bügel um. »Na siehst du, du machst das ja wie 'n Alter!«

ruft Ivar. In dem Moment, wie um ihn eines Besseren zu belehren, verhakt sich mein Blinker irgendwo am Grund, die Leine droht zu reißen, aber da setzt Martin schon fachmännisch zurück, und sofort kommt die Rute frei.

Ich lasse wieder Leine, lege den Bügel um, bewege rege den Blinker und will dann und wann am anderen Ende einen einmal stärkeren, dann wieder schwächeren Widerstand verspüren, was sich jedoch als trügerische Hoffnung erweist. Dafür aber hat Yvar jetzt einen Fisch an der Angel, einen großen, der heftigen Gegenwehr nach zu urteilen. Doch als der Fang dann an die Oberfläche kommt, ist es ein *pike*, also ein Hecht. Martin verzieht unmerklich das Gesicht – Iren mögen Hechte nicht, essen schon gar nicht. Yvar weiß das, und deshalb ist seine Freude gedämpft. Forellen müssen ins Boot.

Schwalben flitzen über das unruhige Wasser, ein Raubvogel schwebt hoch über dem See nach Norden, ich sehe seine Schwingen gegen den hellen Wolkenhimmel abgehoben.

Martin nimmt Kurs auf das andere Ufer, gegen den Wind. Wir schneiden die Wellen mit dem Bug, tausend glitzernde Wasserkronen spritzen auf, schlagen wütend gegen das Boot, nässen uns sprühend.

Da hat Yvar auch schon den zweiten Fisch an der Angel – »Eine Forelle«, brüllt er, »ich kenn' doch den Zug!« –, holt die Leine ein, langsam, sehr langsam, und hat doch wieder nur einen Hecht am Haken. »Besser als gar nichts«, murmelt er vor sich hin. Martin nickt, verständnisvoll. Ich auch.

Wir sind in der Mitte des Sees.

Wenn die Sonne einen trifft, ist es angenehm warm, geht sie weg, wird es empfindlich kalt. Am Westufer fällt Regen, aus einer dichten Wolkenbank ziehen schwere graue Schwaden nach unten, im Osten hat der Himmel lauter blaue Löcher.

Und dann, gerade, als ich bei diesem Anblick wieder mal denke: »Four seasons on a monday«, geht ein Ruck so unvermutet durch meine inzwischen fast vergessene Angel, daß mir vor Schreck die Rute fast aus der Hand geglitten wäre. Doch nun spule und spule ich auf, ungeschickt und viel zu schnell, aber das Gewicht am anderen Ende bleibt nicht nur, sondern wird schwerer und schwerer. Und dann schießt er aus dem Wasser hervor, der erste je von mir gefangene Fisch, gläsern, unten hell, oben dunkel und unverwechselbar bepunktet – eine Forelle!

Es ist wahr, ich, der Anfänger, das Untalent, wie beziehungsreich, wenn auch ohne Namensnennung, in dunklen Andeutungen gespottet wurde, ich habe einen Fisch der Spezies »Königin der irischen Seen« gefangen – *the trout*. Yvar wackelt mit dem Kopf, als geschähe ihm großes Unrecht, und versucht, sein Grinsen zu verbergen.

Als wir am anderen Ufer pinkeln wollen, schlägt die Schraube gegen einen Felsen, kann aber weiter arbeiten. Später setzt der Motor aus, ein Zündkabel hat sich gelöst, doch Martin bringt auch das wieder in Ordnung. Danach verfängt sich Yvars Blinker in der Schraube, die Leine ist hin. Jetzt kommt das Grinsen von mir: »Ich denke, da kommt etwas Unzerreißbares zusammen?« Yvar bleibt stumm.

Es regnet und ist kalt, naß hocken wir im Boot. Die Zeichen stehen schlecht – Zeit, zurückzufahren.

Da reißt es abermals an meiner Angel, wird sie schwer und schwerer, kenne ich den »Zug« nun schon, spule bedächtiger auf als das erste Mal, und ziehe – Yvar: »Das glaubt dir kein Leser!« – meine zweite Forelle aus dem Lough Sheelin!

Der Profi mit seinen zwei Hechten gibt sich die größte Mühe, schief und böse dreinzuschauen, aber es mißlingt vollständig. Und so brechen wir denn mitten auf dem See in schallendes Gelächter aus.

Vor der Abfahrt nach Dublin wird nach diesem unterkühlten Nachmittag noch einmal der Kamin »angeworfen«, wie Freund Yvar zu sagen pflegt. Wir sitzen davor, Daggy, meine liebe Freundin, hat im Haus alles auf Hochglanz gebracht, dann fährt Johnny vor, um sie und Yvar B. nach Dublin Airport zu bringen – und jetzt bin ich hier allein, in Mallard Point, nach dem Haus am Kliff mein neues Domizil.

Hier ist es viel wärmer als im rauhen Südwesten, von Winterlichem keine Spur.

Später, in der Abendsonne, gehe ich auf der seeabgewandten Seite des Hauses, hinten, ins Freie.

Auf der bis an den Horizont reichenden Weide hoppelt ein Hase. Goldbraun bei diesem Licht, hält er seine Löffel hoch in die Luft, macht aber sonst den Eindruck, als fühlte er sich ganz sicher. Dabei habe ich heute mittag, nicht weit von der Stelle entfernt, wo Meister Lampe jetzt ist, einen Fuchs entlangschleichen gesehen. Beide, Hase und Fuchs, wollen mir übrigens größer, stärker vorkommen als ihre Artgenossen auf dem Kontinent. Ich gehe wieder hinein und blicke vorn aus dem Fenster des Kaminzimmers.

Die Sonne steht tief im Westen und ist hinter den Bäumen verschwunden, nur noch schmale Lichtstreifen fallen auf den Rasen. Der Kirschbaum bewegt sich leicht, Wind ist aufgekommen. Die schweren Zweige der großen Tanne bewegen sich wie rudernde Arme. Das andere Ufer ist nur noch flüchtig zu erkennen.

Rechts, vor dem Übergang der vollkommen stillen Bucht in den See, brütet immer noch, hell und unbeweglich, die Schwanenmutter. Auf dem Wasser driftet, ganz Silhouette, ein Boot mit zwei Anglern, und in das dunkelblaue Gewölbe des Himmels hinein sticht die leicht schwankende Krone der kanadischen Tanne.

An dem Holzhäuschen auf dem Balken sind die Futterbeutel wieder angebracht, fünf an der Zahl, und pendeln sacht hin und her. Doch um diese Stunde pickt kein Vogel mehr daran, ihr Konzert ist verstummt. Auch die Grauhörnchen sind verschwunden.

Nach Einbruch der Dunkelheit betrete ich den Rasen vor dem Haus. Die Gartenbeleuchtung wirft ihr Licht, kann aber nur anglimmen gegen das Bengalische Feuer eines Mondes, der über den Uferbäumen wie eine glühende Traube hängt, wie ein ovales, weiß erhitztes Riesenei.

Gegen Mitternacht dann hat das Diadem des Großen Wagens über die wandernde Scheibe gesiegt, flammen unzählige Himmelslaternen auf, haben sich Myriaden heller Punkte an die Schwärze des Universums geheftet.

Ein Tag am Lough Sheelin.

Da hat sich viel verändert

Aufbruch in die Umgebung und an die nahe Grenze zu Nordirland – es sind, über Cavan, keine dreißig Kilometer bis dahin.

Nur wenige Schritte von Mallard Point entfernt, da, wo die abgelegene Zufahrt ufernah auf die Kreuzung nach Mount Nugent stößt, führt der alte Chris wie jeden Morgen Hund Barney aus – ein weit überlokal bekanntes Paar, bei dessen Anblick ich, obschon vorgewarnt, nun doch heftig schlucke.

Chris trägt einen Mantel, der lange vor seiner Geburt angefertigt worden sein muß und entsprechend zerschlissen ist. Das Kleidungsstück hat inzwischen, und wohl seit langem schon, eine auberginеähnliche Farbe angenommen und weist auf dem Rücken klaffende Schnitte auf, aus denen das einstmals wertvolle Futter zerfetzt hervorquillt, während eine graue Mütze den bis auf den Nacken fallenden Rotschopf nur unvollkommen bedeckt. Barney, ständig mit »come on, dear!« gerufen, ist der Prototyp jener Gattung, die Promenadenmischung genannt zu werden pflegt – die x-beinige Kreuzung zwischen Bulldogge und Windhund, ein überdurchschnittlich flinker Vierfüßler, umtollt den Alten ständig und läßt ihn keine Sekunde aus den Augen.

Sommers wie winters, so wurde mir berichtet, in seinen denkwürdigen Poncho gehüllt, gemächlichen Schrittes, die Hände auf dem Rücken und in fortwährender Zwiesprache mit Barney, begeht Chris die tagtäglich viermal streng eingehaltene Route. Sie führt das seltsame Paar jetzt von der Kreuzung hinunter zum See und auf die Betonpier, wo Herr und Hund ganz vorn ans Wasser treten und dort lange und stumm verweilen. Dann geht es zurück, wobei Chris alle, die ihm unterwegs begegnen, mit völlig unbewegtem Gesicht auf das freundlichste begrüßt, ehe er und Barney – »come on, dear!« – in einem Holzhaus verschwinden, das zwar außerordentlich baufällig wirkt, auf dem Dach aber mit einer Satellitenschüssel protzt.

Hinter Kilnaleck führt eine alte Brücke über einen schmalen Flußlauf, den River Erne, kaum mehr als ein Bach, dem man hier am Oberlauf nicht ansieht, daß er der Zulieferer eines der bedeutenden irischen Wassersysteme ist. Auf seinem langen Weg in die Donegal Bay durchquert der Fluß die inseldurchsetzte Seenkette des Upper und des Lower Lough Erne und strömt westlich von Ballyshannon mit großer Kraft in den Atlantik.

Die Sonne scheint, und sofort intensiviert die Landschaft ihre Farben, das Gold des Ginsters, die braune Erde am Saum der Hecken, das Schwarz und das Weiß der Rinder.

County Cavan, das ist ein Teil von Irlands großer Ebene, den *midlands*, und ihrer sanfthügeligen Busentopographie unter dem ständigen Wechsel von Hell und Dunkel, von Licht und Schatten. Auf den Weiden überall Fohlen und Kälber unter gleißendem Himmel, aber über den Wassern von Lough Oughter schon wieder drohende Schleier.

Bei Kilishandra dann ab auf die R 201 quer durch ein Gebiet sich ablösender Seen. Längs der Straße, auf beiden Seiten, Wiesen, übersät mit Millionen gelber Blumen, hohes Gras, das sich im Wind wiegt, und auf der Hälfte der Strecke nach Butler's Bridge das Märchen des Killykeen Forest Park – mit seinen blinkenden Wasseraugen wie ein Miniaturkanada und doch tiefstes, innerstes Irland. Und wieder der River Erne, die Strömung hier etwas beschleunigt, zwölf Meter unter einer Brücke, deren Quadern von der Blütenpracht eines Weißdornstrauchs umklammert werden.

Dann plötzlich, hinter Wattle Bridge, verwandelt sich die irische N 54 in die britische A 3, und ich bin im Distrikt Fermanagh, Ulster, ohne es bemerkt zu haben – es gibt hier keine Sperre mehr. Die habe ich noch von früher in Erinnerung, aber jetzt ist die Straße frei und glatt und ohne Schranken – das Werk des von der IRA angebotenen und bis zur Stunde dieser Niederschrift eingehaltenen Waffenstillstands vom 31. August 1994.

Sind an der Grenze der Republik Irland zu Nordirland inzwischen alle Straßensperren weggeräumt? Von Wattle Bridge bis zu dem nur acht Kilometer entfernten Clones wechselt die N 54 dreimal in die A 3, aber an keinem Übergang finde ich auch nur die Spur eines Hindernisses. Hier, wo sich schmale Landbuchten beiderseits förmlich in den anderen Staat hineinbohren, wo die eine Guerilla der anderen ohne weiteres in die Flanke fallen konnte, wo es also keinen mehr oder weniger geraden Grenzverlauf gibt, gerade hier hatte permanent die allerhöchste Alarmstufe geherrscht. Jetzt davon nichts mehr.

Aber dann, hinter Monaghan, auf der Straße nach Armagh, dort, wo aus der N 12 die britische A 3 wird, bei Middletown, ist der so lang gewohnte Anblick wieder da: Bodenschwellen – »Danger Ramp ahead« –, Sandsäcke, Betonmauern, Wachttürme, die oben in engmaschige Drahtkäfige übergehen, und auf Schildern der Befehl, die Scheinwerfer auszuschalten – »Switch off headlights« – die ganze martialische Fortifikation des nordirischen Bürgerkrieges in seiner vollen Montur.

Aber doch auch wieder nicht – denn die sonst stets geschlossene vordere Schranke ist hochgezogen und nirgends eine Uniform zu sehen, weder die der Royal Ulster Constabulary noch die der Armee, während es früher hier wie an den anderen Kontrollstationen nur so gewimmelt hat von nordirischen Polizisten und britischen Soldaten.

Dennoch ist die mächtige Sperranlage nicht unbemannt, ihre Funktion nicht völlig außer Kraft gesetzt, denn lautlos und ferngesteuert – »remotely operated barrier« – verfolgt eine hoch an einem Wachtturm befestigte automatische Kamera meinen Weg durch den Kontrollpunkt.

Kurz dahinter ein Hinweisschild: »Armagh 10 km«.

Die Gegend zwischen dieser Stadt, die mit den Spitzen ihrer protestantischen Kirchtürme herübergrüßt, und dem Grenzverlauf bis Dundalk ist »Mörderdreieck« genannt worden, weil hier die Paramilitärs der Untergrundorganisationen einige der blutigsten Massaker an Zivilisten in der blutigen Geschichte des Nordirlandkonflikts angerichtet haben.

Am Eingang von Middletown komme ich mit einem Einwohner ins Gespräch, einem stämmigen Mann mit bloßen Armen, Maurer von Beruf, wie er bereitwillig mitteilt, hier geboren, Protestant, »aber mit katholischen Freunden«, setzt er nach. Auf meine Frage, wie denn im Ort das Verhältnis zwischen den Angehörigen der verschiedenen Konfessionen während der letzten 25 Jahre gewesen sei, antwortet er: »So schlecht nicht« – »Not to bad« –, gibt aber Spannungen zu, die vor 1969 nicht offen zutage getreten waren. »Nie jedoch ist es bei uns zu

Zuständen gekommen wie in Belfast, Londonderry oder« – er weist mit dem Daumen über die Schulter nach Osten – »wie in Armagh. Middletown hat nie zu den *trouble areas* gezählt. Im großen ganzen haben sich bei uns Protestanten und Katholiken verstanden.«

Wir stehen in Sichtweite der mächtigen Sperranlage, die außer Kraft gesetzt ist und seltsam überflüssig erscheint. Wird sie nun doch gegen ihren eigentlichen Sinn ständig in beiden Richtungen durchquert von unkontrollierten Fahrzeugen und Fußgängern – ein frappierender Anblick für jeden, der erlebt hat, wie rigoros hier ein Vierteljahrhundert lang die Ausweise eingefordert und nicht nur die Autos, sondern oft genug auch ihre Insassen auf das schroffste durchsucht worden sind.

»Da hat sich viel verändert«, sagt der Maurer, »man will, man kann es immer noch nicht glauben. Jetzt hoffen alle, daß er hält, der Waffenstillstand, und daß das Allparteiengespräch in Gang kommt. Das ist das wichtigste.«

Dabei gebraucht der Mann ganz selbstverständlich jene beiden termini technici, von denen die Presse derzeit voll ist: *Decommissioning of Weapons* und *All Party Talks*.

Beim Abschied sagt er: »Die Posten sind zurückgezogen, aber noch da – für alle Fälle.«

Mein irisches Tagebuch IV

20. April.

Die Sonne brennt schon herab, es ist, ungewöhnlich für Irland, der fünfte Schönwettertag nacheinander. Hinter Oldcastle wird meine Neugierde geweckt durch einen Hinweis: »Stone mounds, Passage graves type, Lough Crew« – ein vor 2500 Jahren errichtetes Megalithgrab. Daran komme ich nicht vorbei.

Es wird vom Parkplatz aus ein langer Anmarsch. Immer hügelwärts an Pfählen entlang, pruste ich mit stetig wachsender Fernsicht bergauf. Heckenumstandene Grünflächen da unten, weißgesprenkelt von weidenden Schafen, Getreidefelder, oben ein irrlichterndes Wolkenband.

Endlich auf dem höchsten Punkt der windumtosten mounds, bietet sich ein grandioser Anblick dar. Gräber mit großen Kammern und Nebenkammern; riesige Steinblöcke mit eingemeißelten Rillen, Rhomben, Rechtecken; abstrakte Figuren, Zeichen einer noch schriftlosen Zeit, was dem künstlerischen Empfinden jedoch keinen Abbruch tat. Seltsam, wie tief mich Gravuren berühren, obschon ihr Sinn und ihre Zeichen gänzlich unerforscht sind.

Glaube muß auch hier im Spiel gewesen sein, eine geradezu überbordende seelische Kraft, die der Ort trotz seiner Verfallenheit immer noch ausströmt.

Von hier oben fällt der Blick ungehindert in alle Richtungen wohl an die hundert Kilometer weit. Etwa auf einem Drittel des Radius nach Westen sehe ich den Lough Sheelin, eine der vielen wassergefüllten Gletscherdellen aus der Eiszeit, die heute, an einem strahlenden Sonnentag, aussieht, als wäre sie mit blauer Tinte gefüllt.

Dann, auf der Rückfahrt, zwischen Oldcastle und Mount Nugent, reckt sich plötzlich rechts der Straße, hinter einem Gatter und plastisch abgehoben gegen den hellen Himmel, eine umwerfende Erscheinung hoch – ein Bulle. Nein, das Bild von einem Bullen.

Wieder nein: sein Urbild!

Wie ein antikes Monument steht er da in seiner ganzen unbewußten Schönheit, mit dem mächtigen Kopf und dem gewaltigen Hodensack ein Geschöpf von elementarer Stärke und demonstrativer Zeugungskraft. Auf dem breiten Topos seiner Stirn kräuselt sich lockenähnlicher, wie in Schleifen gelegter Flaum. Dann und wann, in wechselnden Abständen, grollt es dumpf aus ihm heraus, als müsse er auf sich aufmerksam machen, was sich nun in der Tat erübrigt, da sein Mythos auch ohne jede Akustik für sich selbst spricht. Selbst der künstlerischste Ausdruck des mediterranen Tauruskults, ja, die gelungenste Statue griechischer Meister könnte nicht vollkommener geformt sein als das erhabene Stiergebirge da vor mir auf dem erhöhten Feld.

Ich nähere mich ihm, vorsichtig, spreche mit ihm, werbend, was das Tier um einen Gran zutraulicher macht, wie mir scheinen will, ohne daß es jedoch seine eherne Reserve verliert. Da naht auch schon der Besitzer des fleischgewordenen Wunders, ein kleiner, älterer Mann von ländlichem Habitus und hocherfreut über das Entzücken des Fremden: Ferdinand (Fördinänd!) sei der Name des Prachtstücks!

Der »*great guy*«, so erfahre ich nun, stammt aus Frankreich, ist zwischen zwei und drei Jahre alt und ein äußerst gefährlicher Bursche (an utmost dangerous rascal). Denn Ferdinand hat nichts im Sinn, als Kühe zu bespringen. Offenbar meint er aber, jeder Mensch, der in seine Reichweite kommt, wollte ihn daran hindern. Man muß sich vor ihm schützen – »ich auch«, versichert der Ire mit drollig gespieltem Entsetzen.

Aber gut, daß das Gatter dazwischen ist, denn der Anblick des Alten scheint Ferdinand in keiner Weise zu beruhigen, sondern eher gegenteilige Reaktionen hervorzurufen. Denn nun scharrt der Bulle erst recht mit den Hufen, wölbt die ungeheure Brust, versteift sich mit gespreizten Vorderbeinen in Angriffsposition und bietet damit nur noch einmal das großartige Schauspiel seiner animalischen Unverwechselbarkeit.

Als ich den Alten nach der Entfernung bis Mount Nugent frage, sagt er: »Etwas mehr als vier Meilen«, korrigiert sich dann jedoch rasch: »Also ungefähr sieben Kilometer.«

Irland hat seit langem auf metrisches Maß und Dezimalsystem umgestellt. Doch mache ich hier nicht zum erstenmal die Erfahrung, daß ältere Iren immer noch in den alten britischen Meß-, Gewichts- und Distanzkategorien denken, also in *feet* und *inches*, in *libs, pounds* und eben auch in *miles*.

Als ich, nach kurzem Abschied, an der nächsten Biegung anhalte und zurückschaue, sehe ich, daß Fördinänd mir unbewegt nachstarrt.

Das jedenfalls habe ich ihm abgerungen.

Paul und Susan

Wieder in Mallard Point angekommen, finde ich seinen guten Geist gerade dabei, die bunten Rabatten an der Vorderseite des Hauses hingebungsvoll zu begießen. Keine schwere Arbeit, wahrlich, und doch ein besorgniserregender Anblick: denn der »Mann für alles« , Paul L. aus Kilnaleck, County Cavan, sieht aus wie das Leiden Christi.

Denn Paul, dürr, knochendürr, wirkt so hinfällig, als könnte schon der Atem seines Nächsten ihn umblasen. Dünn wie eine Bohnenstange, erinnert er mich stets an die exemplarische Figur des »Otto Normalverbrauchers«, Prototyp der Hungerperiode unmittelbar nach Ende des Zweiten Weltkrieges und in dem gleichnamigen Film legendär verkörpert durch den Schauspieler Gert Fröbe (der dann allerdings wenige Jahre später schon drei Zentner Lebendgewicht auf die Waage brachte, ein Superlativ, den Paul L. auch bei größter Anstrengung nie erreichen wird). Mit seinen 38 Jahren ist die Kalorienfrage längst zugunsten einer natürlichen Hagerkeit entschieden, was allerdings nicht zu falschen Schlüssen über Pauls Energiehaushalt führen sollte. Der scheint eher unerschöpflich zu sein, wie der Katalog seiner Berufe, aus dem mit Gärtner, Automechaniker, Installateur, Fliesenleger, Malermeister und Kaminfachmann das Bukett seiner Fähigkeiten immer noch höchst unvollständig aufgezählt wäre.

In einem über und über verschossenen Overall steckend, auf dem Kopf auch an einem schönen Tag wie heute eine Art Zipfelmütze, werden ihm alle Tätigkeiten um das Wohl von Mallard Point bedingungslos anvertraut. Denn was immer die Hände von Paul L. aus Kilnaleck auch anfassen, es gelingt und gedeiht.

Einmal in der Woche, manchmal auch öfter, wird er begleitet von Susan, seiner Gefährtin, einer jungen Frau, deren nachhaltigster Eindruck dadurch entsteht, daß ihre sanfte Schönheit sich erst auf den zweiten Blick offenbart.

Susan ist für das Interieur von Mallard Point zuständig, sie saugt, wäscht, wischt Staub, lächelt auch allerliebst, wenn ihr zugeschaut wird, macht mich aber resolut aufmerksam auf Fehler, die ihr Mehrarbeit bescheren könnten. Zum Beispiel im

Badezimmer, wo ich, offenbar unbelehrbar, Handtücher, Apparate und Reinigungsmaterial nach Gebrauch an die falschen Plätze zu hängen oder zu legen pflege, völlig abgesehen von unsachgemäß gespültem Geschirr, das Susan aus ganzen Stapeln durchaus lupenrein behandelter Teller, Tassen und Bestecke unfehlbar herausfindet und mir mit strafendem Blick zärtlich unter die Nase hält. Dafür liebe ich sie!

Immer aber hat Paul, egal, wann er hier eintrifft, ob spät oder früh, einen Begleiter: Penny, »the sausage dog«, die »Hundewurst«. So habe ich jenen überernährten, mit dem kommunsten Schwarzweißfell seiner Gattung verunzierten und auf den kürzesten aller Hundebeine herumwatschelnden Mischling getauft, der das Glück hatte, Paul und Susan in die Hände zu fallen – nie hat es liebevollere Gebieter über ein Tier gegeben als sie (ausgenommen vielleicht den alten Chris da unten am Lough Sheelin).

Dennoch ist Penny jeder Aufenthalt im Haus strikt untersagt, wenngleich das Verbot weder von Yvar und Dagmar B. noch von mir kommt, sondern von Paul und Susan. Zwar gilt »sausage dog« zu Hause als stubenrein, aber wird er es auch bei anderen Leuten sein? Die beiden wollen es nicht drauf ankommen lassen.

Nur schert sich Penny nicht im mindesten darum, sondern dringt, wann immer er kann, durch jede Öffnung ins Innere, wirft sich dort, alle viere nach oben, auf den Rücken, um sich unersättlich kraulen zu lassen. Daß ihm dieser Wunsch, mit mir als Masseur, reichlich erfüllt wird, hängt nach der ersten erfolgreichen Symbiose zwischen uns mit Pennys Schlauheit zusammen. Denn einmal im Haus, flitzt er sofort in den Raum, wo die Tür am unverdächtigsten geschlossen werden kann, also in mein Arbeitszimmer, und läßt sich dort auf die beschriebene Weise hechelnd nieder, ohne lange betteln zu müssen. Danach wird ebenso gemeinsam versucht, Penny unentdeckt wieder nach draußen entwischen zu lassen.

Als Paul gerade dabei ist, die Hecke am Rand des Grundstücks oben zu begradigen, bricht auch schon ein Regen wie aus Schleusen los. Es klatscht so heftig gegen das große Fenster zum Garten, rauscht so dicht herunter, daß der Lough Sheelin für mich unsichtbar wird. Paul draußen an der Hecke scheint das nicht zu stören, lediglich, daß er eine Windjacke übergezogen hat, die ihn kaum schützt, während er das geschnittene, triefnasse Blatt- und Astwerk in einen weißen Eimer schaufelt.

Später kommt er ins Haus und füllt den Kamin mit Holzscheiten. Dann sitzt er in einem der großen Ledersessel vor mir mit seinem Jungengesicht, das es einem leicht macht, sich Paul L. aus Kilnaleck als Kind vorzustellen. Und so wird er weiter aussehen, egal, wie alt auch immer er werden wird.

Gestern, sagt er, ist er in Dublin gewesen und hat sich dort wieder im Straßendschungel verirrt, obwohl er die Metropole schon hundertmal in seinem Leben besucht hat. Nie könnte er in der Stadt wohnen – und Susan auch nicht, setzt er rasch hinzu.

Paul hat die Windjacke ausgezogen und sitzt da in seinem verschossenen Overall, neugierig auf den Fremden, auf Deutschland, auf Europa, auf den Kontinent, auf das Buch. Doch gelingt es mir meist, das Gespräch umzukehren und aus ihm etwas herauszuholen.

Ich habe es gern, wenn es draußen zu dämmern beginnt und nur noch Pauls hagere Gesichtszüge zu erkennen sind.

Aber dann, nachdem er und Penny abgefahren sind, ist es über dem See noch hell genug, um eine verblüffende Entdeckung zu machen: In der Mitte der Bucht, zwischen den weißschimmernden Eltern, ziehen vier graue Jungschwäne in Kiellinie dahin, das köstliche Resultat der beobachteten Brutzeit!

Wie die Alten, tauchen auch sie die Köpfchen ins Wasser, paddeln erregt, wenn das Schwimmtempo schneller wird, und lösen dann und wann die lineare Formation auf, um sich, je zwei und zwei und immer auf körperlichen Kontakt bedacht, neben die Eltern zu drängen.

Ein Blick durchs Glas bringt das Quartett der dunklen Federknäuel noch näher heran, ihren Eifer, ihre Furcht, ihre Wachsamkeit, ehe sich alle sechs, ein unglaublicher Anblick, wie in Zeitlupe und auf der Bühne nach links meinen Blicken entziehen.

In kürzester Zeit bin ich hier heimisch geworden.

Wechselbäder – auf irisch

Über Granard und Longford an den Shannon.

Bei Roosky stoße ich auf Irlands längsten Strom, steige aus, trete auf eine alte Brücke. Sonne, Blüten auf dem Wasser, leichter Wind, ein herrliches Klima.

Breit fließt der Shannon dahin, in der Mitte große Inseln, tannenbestanden, Auen, weite Buchten, ein verschwenderisches Wassersystem. Motorboote, Yachten, weiße, bewegte Punkte, zahlreich – die Saison ist im Gang, aber hier nicht so störend wie befürchtet. An den Ufern und gelb über die ganze Landschaft gegossen, Ginster.

Schon vor Leitrim, immer dem Shannon nach, der Buckel der Iron Mountains, kahle Flächen, braun und grün, wie Klippen am Meer, und hoch darüber eine metallene Wespe, der seit langem beobachtete, den Verkehr überwachende Hubschrauber.

Halt in Drumshanbo, noch im unklaren, ob ich die westliche oder die östliche Route entlang dem vom Shannon durchströmten Lough Allen nehmen soll – da klopft es auch schon an die Wagenscheibe, und eine Lady mit zehnjährigem Enkel an der Hand fragt, ob sie mir helfen könne, den Weg zu finden. Nein, nicht die östliche Straße nehmen, sondern die R 207, die am Westufer, beschwört die Frau mich.

Beim Abschied kneift der Knirps an ihrer Seite ein Auge zu und macht, ganz wie die Alten, mit dem Kopf den »irischen Kick«. Als ich versuche, es nachzuahmen, lachen beide.

Noch weit vor Ballinagleragh, auf der mittleren Höhe des Sees, rückt die Straße nahe an den Shannon heran. Ich gehe durch ein Feld von gelben und roten Blumen, werde gebremst durch dichte Himbeersträucher und schaue auf die bewegte Fläche des Lough Allen. Drüben, am anderen Ufer, stille Hügel mit freundlichen Häusergesichtern, zu meiner Linken Weißdorn, zur Rechten, wie gefiedert, Farne, vor mir der See mit seiner immerwährenden Musik.

Da entdecke ich direkt vor meinen Füßen einen dicken schwarzen Käfer in großer Eile. Unbekannten Zielen zu, rennt er mal hierhin, mal dahin, offenbar in Schwierigkeiten, die

Orientierung zu behalten, aber auch der Tücke des Sandbodens zu trotzen. Dauernd sind Gräben und Dämme im Weg, und die nächste Barriere aufwärts schafft er nicht. Immer wieder rutscht er ab, nimmt erneut tapfer Anlauf, rudert dabei heftig mit seinen drei Beinpaaren, von denen das mittlere das stärkste ist, gibt beileibe nicht auf, klimmt dann doch noch über die Schwelle und hat nun freie Bahn. Weit und breit der einzige seiner Art, entschwindet der schwarzgepanzerte Kämpfer sichtlich erleichtert unter einem Ginsterbusch.

Dann zurück nach Carrick-on-Shannon – und aus ist es mit der Ruhe.

Große, mittlere und kleine Flußkreuzer überall auf dem Wasser, zwar nicht, wie behauptet, im Yachthafen so dicht gelegen, daß man auf ihren Dächern den Shannon trockenen Fußes überqueren könnte, aber doch in beängstigender Zahl. Es wimmelt von Menschen, weit über das übliche Maß einer Touristenmetropole hinaus. Und in der Tat – ein Rummelplatz mit Karussells, ohrenbetäubende Musik, Scooter, Kleinkinder an der Hand von Vätern, gefährliche Bewegungsmaschinen mit langen, starren Armen, an deren Enden in wirbelnden Körben schreiende Menschen herumgeschleudert werden, all das und mehr läßt keinen Zweifel – Carrick-on-Shannon wird heute von einem Volksfest heimgesucht.

Es ist halb vier Uhr nachmittags, und gerade schweben – von welcher Hand entlassen? – Hunderte von bunten Luftballons in die Höhe, während hier unten ein Vater, sein enttäuscht wimmerndes Kind auf dem Arm, einem entfliehenden Ballon von schrecklichem Rosa empört nachruft: »Come back, please, come back!«

Auf der Hauptstraße vor der Kirche turnt ein junger Mensch, mit roten Hosen und rotem Turban als Derwisch verkleidet, auf gut drei Meter hohen Stelzen einher, und er tut das so gewandt und beweglich, als stünde er mit seinen Füßen auf festem Boden. Mehr noch wird die öffentliche Aufmerksamkeit gefesselt von einem anderen jungen Mann, der eine lange Metallstange vor sich her schiebt, an deren unterem Ende ein kleines Rad und oben ein winziger Sattel befestigt ist. Mit weit ausholenden Gesten verschafft er sich für wenige Sekunden Ruhe, um der auf den Stufen der Kirche stehenden oder sitzenden Menge zuzurufen: »Lauft mir nicht weg, ich führe euch gleich etwas vor, was ihr noch nie in eurem Leben gesehen habt.«

Links davon, die Straße hinunter, noch in Störweite, bereiten sich auf einem hölzernen Podest zwei Musiker auf ihren Beitrag zum großen Tag von Carrick-on-Shannon vor, bedienen schon mal das Schlagzeug, pusten in die Trompete und bauen lachend und scherzend die ganze Fülle moderner Verstärker und Lautsprecherboxen auf.

Im Pub gegenüber – »Flynn's Bar« – ist längst der Teufel los: ohrenbetäubende Musik, rhythmische Aufschreie, dazwischen die Stimme eines Sprechers. Mein Versuch, in die vollgepfropfte Szene einzudringen, scheitert zwar schon kurz hinterm Eingang, läßt mich aber immerhin erkennen, was die Ursache der kollektiven Hysterie ist: Es geht um ein Rugby-Spiel in Südafrika, und in diesem Rahmen wird gerade – live im Fernsehen übertragen! – der Kampf zwischen den Mannschaften Irlands und Wales' ausgetragen!

Just in diesem Moment bricht ein Höllenlärm los – Fäuste fliegen in die Höhe, in der drangvollen Enge wird sich, so gut es geht, umarmt und mir mit Stentorstimme, als wenn es solcher Bestätigung überhaupt bedürfte, ins Ohr gebrüllt: »Das war unser Punkt, Mann, das war unser Punkt!«

Daraufhin wird die irische Nationalhymne angestimmt, Töne, die jedoch sehr bald abflauen, was meiner laienhaften Beobachtung nach damit zusammenhängen muß, daß Wales den Gegner in eine äußerst kritische Situation gebracht hat. Die allerdings konnte, dem hörbaren Aufatmen der Menge in »Flynn's Bar« nach, rasch geklärt werden.

Draußen flattern Wimpel mit den irischen Farben im Wind, flanieren Mädchen mit Sonnenbrillen, schallen nun von dem hölzernen Podest Fetzen des Welthits »New York, New York« herüber: »This little town blues will melting away...« Das kommt zwar nicht aus der Kehle Frank Sinatras, aber die beiden Iren da oben, eine einzige Vibration, könnten es mit jeder Konkurrenz aufnehmen.

Auf der gegenüberliegenden Straßenseite hat sich eine Menge gelagert, lauscht, summt mit, ruft den Musikern Titel zu.

Erst jetzt entdecke ich eine Kirche, besser ein Kirchlein, von dem ich mich erinnere, irgendwo gelesen zu haben, sie sei die kleinste in ganz Irland – Costello Memorial Chapel.

Unter Glas heilige Sarkophage, davor ein zehnjähriger Junge, allein, völlig ins Gebet versunken, wie taub gegenüber dem Lärm, der von draußen hereintost. Außer uns beiden ist hier niemand.

Vor der großen Kirche an der Hauptstraße hat sich inzwischen eine gespannt wartende Menge eingefunden, während der junge Mann geheimnisvolle Vorbereitungen trifft, um seine Ankündigung – »... was ihr noch nie in eurem Leben gesehen habt« – wahr zu machen. Er hat die Hemdsärmel aufgekrempelt, trägt Knickerbocker, eine leichte Weste und auf dem Kopf einen zylinderähnlichen Hut.

Nun läßt er das Einrad mit der langen Metallstange von einem Zuschauer halten und steigt, in der Linken ein Tablett mit einer gefüllten Tasse Kaffee, auf einer schräg gehaltenen Leiter nach oben, bis er auf gleicher Höhe mit dem Sattel schwebt. Dann bemüht er sich, von der Leiter überzuwechseln, fingiert einige vergebliche Versuche, schafft es dann wie erwartet doch und jongliert, das Tablett mit der Tasse in der Hand, tatsächlich fünf Meter über dem Erdboden ganz oben auf der nun losgelassenen Metallstange. So unglaublich es aussieht, er bleibt, leicht schwankend, auf der Stelle stehen, hält das Tablett hoch in der ausgestreckten Linken, klaubt mit der anderen Hand in seiner Hosentasche nach einem Teelöffel und läßt ihn, unter dem Aufschrei der Menge, in der Tasse landen. Damit immer noch nicht genug, holt der Künstler, forciert hin- und herschwankend, einen winzigen Zuckerwürfel hervor und befördert als Höhepunkt der Galavorstellung auch dieses Stück in den leicht aufspritzenden Kaffee.

Als ihm dann auch noch unbeschadet der Abstieg gelingt, will der verdiente Jubel kein Ende nehmen. Glücklich grinsend, ruft der Jongleur: »Geizhälse leben anderswo, wir sind hier doch nicht in Schottland!« und läßt es nur so Münzen und Scheine in seinen hingehaltenen Zylinder regnen.

Unterdessen sind die beiden Musiker zur Hochform aufgelaufen und geben einen Evergreen nach dem anderen zum besten, vom »Girl of Ipanema« bis Glenn Millers »In the mood«, hingerissen von der eigenen Virtuosität, ihrer unerschöpflichen Spiellust und der tönenden Resonanz der Zuhörer. Soviel elektronische Orchesterzugabe auch dabei ist, der Schlagzeuger gehört zur Spitzenklasse und der Trompeter erst recht – das schallt wie weiland bei Jericho, nur fröhlicher.

Mir huscht plötzlich ein Gedanke durchs Hirn: »Welche Talentverschwendung an die Provinz«, den ich jedoch sogleich vor mir selbst als töricht und abgeschmackt zurückweise – ein dankbareres, verständigeres und sachkundigeres Auditorium als dieses kann es nicht geben.

Im ruhiger gewordenen Pub jetzt glückliche Mienen – Irland hat das Rugbyspiel gegen Wales mit einem Punkt Vorsprung gewonnen. Die eine Mannschaft, erinnere ich mich, war mit roten, die andere mit grünen Hosen angetreten. Aber welche von beiden war die irische? Das hätte ich nur allzu gern gewußt, unterdrücke die Frage inmitten der guinnessumnebelten Fachsimpelei in »Finn's Bar« jedoch, um mich nicht freiwillig der Lächerlichkeit preiszugeben.

Vor dem Pub hat eine junge Mutter ihr Kind auf eine Holzlatte gesetzt. Das Baby, eine einzige rosa Wolke, niest und streckt, darüber erschreckt, flehend die Ärmchen aus.

Lautsprecherwagen fahren durch die Straßen und künden von neuen Vergnügungen. Auf Fenstersimsen stehen Gläser mit Bier. Junge Männer haben ihre Jacken ausgezogen und halten Flaschen in der Hand, aber niemand ist betrunken.

Ehe ich Carrick-on-Shannon verlasse, setze mich noch einmal unter die Menge vor der Kirche.

Abends auf der Rückfahrt dann wieder im County Cavan – Lough Forbes vor Longford.

Das Land leuchtet, es schillert unter der sinkenden Sonne – seine Farben, gelb, grün, blau, rot, atmen, freuen sich mit immer neuen Lichttönungen.

Dann die Stunde, in der die unbeschränkte Helligkeit des Tages in die ersten Schatten der Dämmerung übergeht, ein Zauber, der ganz plötzlich, von einer Sekunde auf die andere, verweht.

Aber hier, in dieser Region, würde ich die Wege nach Mallard Point selbst bei Stockfinsternis und mit verbundenen Augen finden.

Könnte ich leben in diesem Land, für länger oder gar für immer? Es ist müßig, so zu fragen, weil Deutschland mich nicht loslassen wird. Aber wenn es etwas gibt, was mich dazu bewegt, die Frage zu bejahen, dann sind es die Menschen hier, diese Iren.

Aber schon am nächsten Morgen Wechselbad der Gefühle: Nachdem Paul L. mir heute früh den »Irish Independent« und die »Irish Times« hereingereicht hat, möchte ich, nein, nicht *die* Iren, wohl aber einen Teil von ihnen am liebsten auf den Mond schießen!

Durch die Presse der Republik geistert seit Monaten ein Streit, der sich an der gespenstischen Frage entzündet: Soll eine Frau, die seit ihrem Unfall vor 23 Jahren total gelähmt ist und ohne jede Aussicht auf Heilung künstlich ernährt wird, sterben dürfen oder nicht?

Als vor einiger Zeit, also nach fast einem Vierteljahrhundert vergeblicher Hoffnung auf Besserung, die Mutter der Gelähmten in Übereinstimmung mit der Familie die Leiden der Tochter schmerzlos beenden lassen wollte (nach ärztlicher Auskunft durch Entzug der Flüssigkeitszufuhr) und dieser Wunsch dann auch noch durch ein Urteil des höchsten Gerichtshofs legalisiert wurde, brach ein Sturm von öffentlichem Für und Wider aus. Im Gegensatz zu der so lange selbstverständlichen Konformität einer Mehrheit mit den waltenden klerikalen und staatlichen Vormächten, bestätigt sich an dieser Tragödie nur noch einmal, wie tief das zeitgenössische Irland in scheinbar für immer und ewig entschiedenen ethischen Fragen inzwischen gespalten ist.

Das zeigte sich vor allem an dem Personal der Klinik, in der die Gelähmte liegt und wo der Eingriff vorzunehmen wäre. Nachdem zunächst seine Gegner mit dem Argument vom »Recht auf Leben« das große Wort führten und jedem, der nach dem Urteil des Gerichtshofs verfahren würde, den beruflichen Ausschluß androhten, kamen langsam Stimmen hoch, die Barmherzigkeit über ein Prinzip stellten, das Leben auch unter Bedingungen erhalten will, unter denen, wie im konkreten Fall, von »Leben« keine Rede mehr sein kann.

Entsprechend diesen entgegengesetzten Mustern ist auch die öffentliche Meinung gespalten, wobei bezeichnenderweise die

Sprache der Ablehner eines Eingriffs von erschreckender Rigorosität gegenüber jeder anderen Ansicht geprägt ist: Der Spruch des Gerichts über das Recht zu sterben ändere nichts an den gültigen ethischen Grundlagen. Wer das Urteil umsetze und die künstliche Ernährung stoppe, könne sich auf Maßnahmen gefaßt machen.

Was bisher auf die Familie der Gelähmten von den Gegnern eines Eingriffs an Schmähungen, Beleidigungen und Drohungen bis hin zu Mordankündigungen niederging, ist unbeschreiblich. Es war dann auch die Verzweiflung darüber, die die Mutter zu dem fassungslosen Aufschrei trieb: »Was glauben die Leute eigentlich, was ich meiner geliebten Tochter antun will?«

Da der Streit öffentlich ausgetragen wird, findet hier eine unfreiwillige Entlarvung statt. Denn gerade die Bevölkerungskreise, die unter allen Umständen das »Recht auf Leben« obsiegen lassen wollen und jeden Meinungsgegner als »Unmenschen« (»monster«, »brute«) diskreditieren, entpuppen sich nun ihrerseits schriftlich oder mündlich als Anhänger von erklärtermaßen höchst inhumanen Denk- und Verhaltensweisen. Aus dieser doktrinären Unerbittlichkeit erklärt sich die Schärfe der Gegenseite: Was die Gesinnung der »Lebensverlängerer« so besonders abscheulich mache, lautet ihr zentraler Vorwurf, sei, daß sie den individuellen Fall ignorierten, seine Dauer und seine Hoffnungslosigkeit.

Nun sei zur Klärung gesagt: Irland wird nicht, wie Deutschland, in dieser Frage heimgesucht von den blutigen Schatten der NS-Euthanasie, es ist kein gebranntes Kind, was die Vernichtung »unwerten Lebens« betrifft. Seine Geschichte hat einen Verlauf genommen, der diese Bedenken völlig ausschließt. Das Für und Wider, Bewegung und Blockade, sie haben hier andere Motive.

Beobachtung und Lektüre der Auseinandersetzung ergeben aufschlußreiche Charakteristika. Zum Beispiel, daß die unbarmherzigsten Gedanken gerade von denen kommen, die sich am christlichsten gebärden. Auch rufen nun ausgerechnet die Kreise, die sich sonst in Gesetzestreue von niemandem übertreffen lassen wollen, diesmal dazu auf, das Urteil des höchsten Gerichts nicht zu befolgen. Und so werden zur Überraschung vieler gerade aus besonders frommen Staatsbürgern über Nacht Rebellen.

Daß sich die katholische Amtskirche in der vordersten Reihe der Eingriffsgegner sieht, braucht kaum erwähnt zu werden. Wie sich überhaupt im Verlauf des Streits herausgestellt hat, daß eine hohe Identität besteht zwischen den Abtreibungsgegnern, also den Verfechtern des pränatalen Lebens, und jener Unbarmherzigkeit gegenüber dem postnatalen Leben, die der vorliegende Fall so grell ans Tageslicht gebracht hat.

Soweit ich die monatelange Auseinandersetzung in den Medien und in vielen Gesprächen miterleben konnte, haben die Befürworter des Flüssigkeitsentzugs, um das Leben der Gelähmten zu beenden, nie bezweifelt, daß es auch ehrenwerte Motive und Einwände gegen einen solchen Eingriff gibt. Nur haben diese auf seiten seiner Gegner zu keinem Zeitpunkt den öffentlichen Ton bestimmt. Vorgeherrscht hat dort vielmehr eine Form polemischer Selbstgerechtigkeit, von der der liberale Teil der irischen Gesellschaft sich sichtlich schockiert zeigt, ohne sich entmutigen zu lassen.

Den Trubel, die Heiterkeit, das tolerante Miteinander bei dem Volksfest in Carrick-on-Shannon noch im Ohr und im Gedächtnis, zeigt mir die Konfrontation mit dieser Auseinandersetzung nur noch einmal, welchen Wechselbädern der willige Freund Irlands doch immer wieder ausgesetzt wird.

(Ein Postskriptum mit Lichtblick bei der Niederschrift des Buches: Die Gelähmte wurde in ein privates Krankenhaus verlegt, wo der Eingriff vorgenommen und die Frau von ihren Leiden erlöst werden konnte – ohne daß, wie es der Irish Medical Council angedroht hatte, »Maßnahmen ergriffen wurden«.)

Aran Islands oder Wo kam die zweite Leiche her?

Auf der Küstenstraße von Galway nach Westen, in Richtung Connemara.

Ich will mir einen Wunsch erfüllen, den ich schon hatte, als ich Irland vor 25 Jahren zum erstenmal betrat, ohne ihm damals und später nachkommen zu können: Ich will auf die Aran Islands.

Aber schon kurz hinter Galway schwant mir nichts Gutes – die Hauptinsel Inishmore und die beiden kleineren Eilande Inishmaan und Inisheer sind von Land her kaum zu erkennen.

Es regnet und stürmt heute vormittag wie im Winter, und der schwankende Seelenverkäufer im Hafen von Rossaveel sieht auch nicht gerade vertrauenerweckend aus. Schon hier, in der abgeschotteten Bucht, schaukelt das Schifflein wie ein Korken auf stürmischer See – entsprechend wird der Kahn also draußen tanzen, wenn das Meer ihn packt. Seltsamerweise finde ich mich kurz danach, breitbeinig nach Halt suchend, dennoch an Deck wieder, ohne daß daraus jedoch ein längerer Aufenthalt wird. Denn eingedenk meiner ersten Seekrankheit auf einem alten Fährschiff mit dem Tiefgang einer Untertasse zwischen Cuxhaven und Helgoland, bei der mir die eigene Galle nur so um die Ohren flog, fliehe ich nun trotz bereits bezahlten Tickets vom schaukelnden Kahn über die wacklige Gangway doch lieber an Land, um dort auf besseres Wetter und glattes Meer am kommenden Tag zu hoffen.

Und wirklich, beides könnte heute morgen nicht strahlender und friedlicher sein, sogar die Twelve Pins der Connemara-Berge liegen, seltene Fernsicht, wie auf dem Präsentierteller in der Sonne da, während der leichtuniformierte alte Fahrensmann und Kartenkontrolleur an Bord, gestriger Zeuge meines unseemännischen Abgangs, mir beim Ablegen mit einem vertrauensbildenden Klaps auf die Schulter zuraunt: »A perfect day!«

Einmal aus der Cashla Bay hinaus, schaukelt es dann doch ziemlich stark (wie muß das erst gestern zugegangen sein), was aber in keiner Weise die maritime Schönheit schmälert, die sich da vor einem ausbreitet. Vorne, wie überdimensionale Schildkröten, die drei Aran-Inseln, hinter mir, eine gestochen klare Momentaufnahme, die zwölf Gipfel von Connemara, und das stampfende Boot, an dessen Mast ich mich mit dem Rücken anlehne, von der lang anrollenden Dünung des Atlantik schwebend getragen.

Nach einer Dreiviertelstunde dann, den kleinen Leuchtturm zur Linken, Einfahrt in den Hafen von Kilronan auf Inishmore.

Ich mache mich auf den Weg ins Innere, vom ersten Schritt an beeindruckt von dem Element, das hier die absolute Herrschaft auszuüben scheint - nicht die See, das Wasser, der Wind, sondern Steine, Steine, Steine. Die ganze Welt scheint aus ihnen zu bestehen, so allgegenwärtig sind sie, überall, massenhaft, viel zu viele. Aber ohne Steine hätte menschliches Leben auf den Arans niemals Fuß fassen können, und erst langsam begreift man den Zweck ihrer Auftürmung, der Wälle, der mörtellosen Wehr. Die Arans hatten keinen Humus, nur Sand und nährlosen Grund, und den haben die Bewohner mit Tang, Stroh und Dung gemischt, Kleinfläche an Kleinfläche, Parzelle an Parzelle, jede mit Steinen umgeben, weil sonst der Wind die Krume erbarmungslos weggeblasen hätte.

So, in einem tausendjährigen Kultivierungsprozeß von Menschenhand einen Stein auf den anderen häufend, Milliarden im Lauf der Zeit, so sind die steinumwallten Grundflächen der Aran Islands entstanden, trotzten dahinter Kartoffeln, Rüben, Kohl und anderes Gemüse dem ozeanischen Blasebalg und seinem ständigen Westwind, wird ein Monument menschlicher Energie sichtbar, das es in seiner materiellen Dimension durchaus mit der Chinesischen Mauer aufnehmen kann. Denn würde man all die Steinwälle in gerader Linie aufreihen, wie sie Zelle für Zelle, Grundstück für Grundstück umzäunen, würde man eine Umwallung an die andere setzen, bis keine mehr übrig wäre, so reichte das für eine Mauer von den Aran Islands über den ganzen Atlantik bis hin zum mehr als 4000 Kilometer entfernten New York!

Ich hatte davon schon gehört, bevor ich überhaupt irischen Boden betreten hatte, und auch in den seither vergangenen 25 Jahren war oft die Rede gewesen von dieser unglaublichen überseeischen Pointe - Aran Islands - New York, steinverbunden. Aber mir vorstellen, es wirklich begreifen, das kann ich erst jetzt, hier auf der Insel selbst, umzingelt von dem Steinuniversum, das dem Boden der Arans doch noch Fruchtbarkeit brachte.

Welch eine Geschichte.

Da tut es gut, als Gegengewicht Prosaisches aus dem Mund meines *guide* zu erfahren, eines einheimischen Cicerone, dessen Minibus ich mich seit einer halben Stunde anvertraut habe und der nun ein paar Zahlen und Fakten nennt: daß heute kaum mehr als tausend Menschen auf Inishmore leben, deren Existenzgrundlage Fischfang, Landwirtschaft, Schafzucht und Tourismus sind; daß früher acht bis zehn Kinder der normale Familiendurchschnitt waren; daß es elektrisches Licht erst seit 1970 gibt (und die Lampen vorher mit Fischöl gespeist wurden); daß von den 700 *cottages* auf der Insel nur 25 übriggeblieben sind, und daß es auf den Arans kühler als auf dem Festland ist. Zum Abschluß des kleinen Kollegs erfahre ich noch, daß die letzten Engländer die Insel vor siebzig Jahren verlassen haben.

Dann sehe ich das Steinfort Dun Aenghus, Irlands berühmteste Festungsanlage überhaupt, und mache mich wieder selbständig.

Bis da oben hin ist es nicht weit. Die Insel, ohnehin nur achtzehn Kilometer lang und nirgends breiter als drei, hat hier ihre schmalste Stelle.

Auf einem ausgetretenen Pfad mit Mulden, Löchern und spitzen Steinen an den Seiten geht es bergauf näher und näher heran an den äußeren der drei Verteidigungswälle, die das Halbrund des inneren Festungsrings schützten.

Dun Aenghus ist eine Zitadelle mit zyklopischem Fundament, ein sechs Meter hohes und am Fuß ebenso dickes Trockenmauerwerk, das abgetreppt ist und Kammern und Gänge in sich birgt.

Eine von Tausenden ragender Steinpflöcke umgebene frühgeschichtliche Festung, ist es dräuender, größer, schwerer als andere Ringwälle, denen ich in Irland begegnet bin, aber doch eben auch errichtet nach dem System ähnlicher Fortifikationen aus den letzten vor- und ersten nachchristlichen Jahrhunderten.

Was Dun Aenghus absolut einmalig, es so völlig unvergleichlich macht, ist seine Lage: neunzig Meter über der ununterbrochen anrollenden Brandung an das steil abfallende Kliff gesetzt, in schwindelnder Höhe einem riesigen Vogelnest aus Steinen gleich, windzerzaust und mit einem atemberaubenden Blick auf das ewig unruhige Meer.

So liegt es vor mir, der hart an den Abgrund getreten ist und von einer kleinen Ausbuckelung seitlich auf das zerrissene Gestein, die tief zerklüfteten Schründe, Löcher und Schluchten der vertikal abstürzenden Klippen hinuntersehen kann.

Zur Seeseite hin ist die Zitadelle unbefestigt, doch vermuten Historiker, daß auch dort eine Trockenmauer gezogen war. Die ersten Bauherren der Festung sollen Angehörige des vorkeltischen Volks der Firbolgs gewesen sein, die Dun Aenghus nach einem ihrer Anführer benannt hätten. Aber all das liegt im Dunkel einer Vorzeit, von der nur verwehte Sagen künden.

Bis heute offengeblieben sind auch andere Fragen, die sich hier jedem Betrachter ganz von selbst stellen: Gegen wen eigentlich war diese gewaltige wehrtechnische Anlage gerichtet? Wie groß war die Zahl ihrer Verteidiger auf der stets spärlich besiedelten Insel, und wurde der Feind von hier oder vom Festland erwartet? Vor allem aber: Woher sollten auf die abgelegene Insel so viele Angreifer kommen, wie nötig gewesen wären, um Dun Aenghus erfolgreich zu bestürmen und zu erobern?

Ob darauf jemals Antworten gefunden werden oder nicht – großartig genug ist die gigantische Steinfestung und völlig gerechtfertigt der Stolz einer hier angebrachten Inschrift: »Dun Aenghus is one of the finest monuments of its kind in Europe«.

O ja, die alte Keltenburg ist in der Tat eines der imposantesten Denkmale ihrer Gattung, aber ebenso unbestritten auch – das allergefährlichste!

Denn hier, wo schon ein einziger falscher Schritt den tödlichen Sturz in den Abgrund bedeuten kann, sind keinerlei Vorsichtsmaßnahmen getroffen worden. Mit Schaudern registriere ich, daß Kinder unbeaufsichtigt am Klippenrand entlanglaufen und Halbwüchsige ihre Beine herabbaumeln lassen. Wobei es kein Trost ist, daß offenbar noch nichts passiert ist – bereits das erste Unglück aber wäre eines zuviel.

Also zum Abschied mit berechtigter Sorge ein Blick in Richtung Abgrund und ein letzter auf die Ringwälle und ihre ausgeklügelte Verteidigungsmethode (von der wehrhaften Peripherie ins immer stärker befestigte Innere), dann mache ich mich per pedes auf den einstündigen Weg nach Kilronan.

Links, über die blaue Wasserfläche des North Sound hinweg, Connemaras erhabene Bergsilhouette; rechts, jenseits des South Sound, die düstere Wand der Kliffs von Moher und die mächtige Wölbung des Burren; auf der Straße vor, hinter und neben dem Wanderer Blumen, Karst, alte *cottages* und, endlos, geschichtete Steine.

Während des Marsches erinnere ich mich dunkel an Bilder aus dem berühmten Filmklassiker »Die Männer von Aran«, den Robert Flaherty, ein Amerikaner irischer Abstammung, 1934 mit Laiendarstellern von der Insel drehte, was dem Schwarzweißstreifen ein Höchstmaß an Authentizität verlieh. Mir geisterte der nie gesehene Film als schemenhaftes Heldenepos durch den jünglingshaften Sinn, Vorbild eines gefährlichen Daseins, das in immer nassen Kleidern von Haifischen, Stürmen und Hunger dauerbedrängt war. Aber wo und wann mir zum erstenmal das Stichwort »Aran Islands« als etwas ganz Außergewöhnliches, Fremdes, Geheimnisvolles ins Hirn gepflanzt worden ist, weiß ich nicht mehr.

Ebensowenig, wann ich zum erstenmal davon gehört habe, daß der Sinn der komplizierten Strickmotive auf den kratzigen Aran-Pullovern aus Schafswolle darin bestand, daß ertrunkene Fischer oft genug nur an den familieneigenen Mustern identifiziert werden konnten. Dagegen ist mir in Erinnerung, daß ich bei der Kunde dachte: Müssen die aber lange in der See gelegen haben.

Und nun, nach so langer Zeit, komme ich auf dem Marsch über die Insel vorbei an den Gedenkstätten für die Ertrunkenen oder nie Zurückgekehrten, sogenannten *memorial stones*, wuchtige Male mit Inschriften auf gälisch und mit einem steinernen Kreuz obendrauf.

In Kilronan miete ich mir ein Rad und fahre an der Bucht entlang auf den Ostzipfel von Inishmore zu.

Nach geradelten zehn Minuten vor Killeany ein unvergeßliches Bild: Am Strand sitzt ein junges Mädchen auf einem Stein in Jeans und Sweater, die langen rötlichen Haare bis tief den Rükken hinunter, den Kopf auf die Knie gelegt und die Arme dahinter verschränkt. Ich weiß, daß es blöd ist, schäme mich vor mir selbst, komme aber nicht dagegen an zu denken: die Loreley der Aran Islands.

Der Anblick der Küste ist weniger romantisch. Der Sand ist verschmutzt, Unrat liegt herum, überall Ölplacken. Man wendet sich mit Grausen.

Dann ein Friedhof, Gräber ohne Kreuze, nur Platten mit Inschriften, einige auf englisch, die meisten auf gälisch (alle betagteren Inselbewohner, heißt es, beherrschten noch die rauhe Keltensprache). Uralt müssen viele hier geworden sein, wie Bridget O'Donnell, der 1849 geboren wurde und 1948 mit 99 starb. Andere Geburts- und Sterbedaten weisen 85 und 90 Jahre aus. Lange gelebt haben die Menschen hier, so ganz ohne Smog und verseuchtes Wasser.

Noch hat sich daran nichts verändert, tönt es in den Werbeblättern des Massentourismus, noch seien Luft und Erde rein und die Brunnen klar. Aber wird es so bleiben? Fünf Boote bringen in der Saison täglich 2000 Menschen auf die Insel und zurück.

Zu den Umweltsorgen kommen soziale. Wer höhere Bildung will, muß aufs Festland, und das ohne jede Hoffnung, nach Schul- und Universitätsabschluß auf der Insel eine Beschäftigung zu finden. Außerhalb der Sparten Landwirtschaft, Fischfang und Tourismus gibt es kaum Arbeit. Mehr noch als im übrigen Irland sind Erwerbslosigkeit und Auswanderungszwang die Merkmale einer malerischen, aber nichtsdestotrotz bitteren Armut. Sie fördert die Versuchung, dem Druck von wohlhabenden In- und Ausländern nach privatem Grunderwerb nachzugeben und so langsam, aber sicher die alten sozialen und mentalen Strukturen der Inselgesellschaft aufzulösen. Und das gilt für die ganze Gruppe der Aran-Inseln, also auch für die beiden kleineren.

Von den Puffin Holes am Ostende von Inishmore aus blicke ich auf Inishmaan (900 Hektar) und, daran vorbei, Inisheer (300 Hektar), sie schon auf halber Strecke zur Küste von Clare. Wie unbewohnte Satelliten der Hauptinsel liegen sie da, dornröschenhaft vergessen, obwohl jede etwa 300 Einwohner hat. Es gibt dort drüben kein Hotel, auf beiden Inseln nicht, nur private Unterkünfte. Erfreulicherweise ist auch auf Inishmore die Hotellerie eher unterentwickelt – was bewahrt vor Übernachtungen, mit denen sich der Tourismus noch stärker festbeißen könnte.

Wie ich überhaupt mit Genugtuung feststelle, daß sich die Gaststätten weder um die zahlungskräftige Klientel kriecherisch reißen, noch sich irgend jemand darum kümmert, zeitgemäßes Besteck zu beschaffen. Das Restaurant in Kilronan jedenfalls, in das ich nun einkehre, hat so krumme Zangen, daß meine bei dem Versuch, das große Schalentier auf dem Teller fachgerecht zu knacken, in hohem Bogen auf den Boden fliegt, ohne daß Anstalten getroffen werden, das Werkzeug auszuwechseln. Überall woanders hätte ich daran Anstoß genommen, in Verbindung mit den obigen Assoziationen aber registriere ich die Distanz zum Gast eher mit Befriedigung. Daß es mir schließlich dennoch gelingt, an den ersehnten Inhalt der Scheren zu gelangen, verdanke ich eher dem Zufall als meiner Geschicklichkeit im Umgang mit Brechwerkzeugen.

Die verbleibende Zeit bis zur Abfahrt nutze ich, um auf die andere, die seeabgewandte Seite von Inishmore zu radeln, dorthin, wo vor langer Zeit ein französisches Segelschiff strandete, was dem Küstenabschnitt den Namen »The Frenchman's beach« einbrachte.

Dort angekommen, fällt mir ein, daß sich viel später ganz in der Nähe ein anderes Drama zugetragen hat, eine Geschichte, die, so makaber sie sich auch anhören mag, doch verbürgt sein soll.

Ihr zufolge wanderte vor dem Ersten Weltkrieg ein Mann in jungen Jahren von Inishmore nach Amerika aus, wo er heiratete und zum Millionär wurde. Schon zu Lebzeiten war er beseelt von dem (später auch testamentarisch niedergelegten) Gedanken, auf Inishmore begraben zu werden. Nach seinem Tod Mitte der sechziger Jahre trifft die Witwe alle Vorkehrungen, dem Begehren nachzukommen. Also wird der Leichnam von New York nach Shannon Airport geflogen, von wo der ebenso teure wie gewichtige Sarg weiter auf die Hauptinsel der Arans befördert werden soll.

Aber während das heutige Inishmore über den bedenklichen Fortschritt einer Piste für kleinere Maschinen verfügt, gab es diese Möglichkeit damals noch nicht.

Also verfällt die Bestattungsfirma am Vortag der Trauerfeier auf die naheliegende Idee, den Transport auf die Insel per Hubschrauber vornehmen zu lassen, was schnell gehen muß, da die Witwe ihr Kommen angesagt hat.

Die Trauerfeier soll, wie es hier Sitte ist, bei offenem Sarg zelebriert werden. Und so steigt denn der Drehflügler, unter sich an einer langen Trosse das gute Stück aus Eiche samt Leichnam, rechtzeitig in Shannon Airport auf, zieht kräftig seine Bahn nach Nordwesten und steht bald mit peitschenden Rotoren hoch über der Stelle, wo der heftig schaukelnde Sarg vorsichtig abgeseilt werden soll. Das angesichts Hunderter von Insulanern, die sich das Schauspiel nicht entgehen lassen wollen, halsverrenkend nach oben starrend, mit angehaltenem Atem und in sicherer Entfernung. Dies erweist sich als gerechtfertigte böse Vorahnung, denn zwei Sekunden nach Einleitung des Endmanövers löst sich der schwere Holzbehälter aus der schwankenden Halterung, stürzt mit wachsender Geschwindigkeit erdwärts und zerschellt so gewaltsam am Boden, daß die Leiche herausgewirbelt, in mehrere Teile zerfetzt und bis zur Unkenntlichkeit entstellt wird.

Die ahnungslose Witwe trifft planmäßig ein, und die Trauerfeier geht wie vorgesehen vonstatten – der Sitte gemäß bei geöffnetem, wenngleich bis zum Kopf des Toten blumenübersätem Sarg. Der wird, dem lebenslang geäußerten Wunsch des Verblichenen entsprechend, in die Erde seiner Heimat Inishmore gesenkt, woraufhin die Witwe die Insel wieder verläßt. Dies, wie ausdrücklich verlautet, in dem befriedigenden Gefühl, den letzten Willen ihres geliebten Mannes buchstabengetreu erfüllt zu haben.

Obwohl auf der Insel alle die Wahrheit kannten, hat die Hinterbliebene weder erfahren, daß sie vor der falschen Leiche trauerte, noch ist über den Kreis der Eingeweihten je herausgekommen, wer der andere Tote war. Ebenso blieb es tiefstes Geheimnis der Insulaner, welcher Künstler über Nacht den neuen Sarg so angefertigt hatte, daß er von dem zertrümmerten Original nicht zu unterscheiden war.

Mir ist die Story schon einige Male zu Ohren gekommen und in den entscheidenden Punkten so übereinstimmend, daß ich mir den Glauben an ein historisches, wenngleich äußerst irisches Geschehen gar zu gern erhalten würde.

Auf der Rückfahrt von den Aran Islands dann keine mitteilenswerten Begebenheiten mehr. Nur ist die Flut im Hafen von Rossaveel so gestiegen, daß im Gegensatz zu heute morgen kein Fallreep nötig wird und die Passagiere von Deck direkt an Land treten können.

Oder etwas anderes Grauenhaftes geschieht, etwa eine Feuersbrunst

Jäher Stop auf der N 17 bei Ropefield, dreißig Kilometer vor Sligo.

Auf der rechten Straßenseite ein Dutzend verkommener Wohnwagen, in langer Reihe auseinandergezogen; zwischen Müllbergen Hunde, die sich von den Abfallhaufen nur dadurch unterscheiden, daß sie sich bewegen. Holzgestelle, Drähte, Metallstücke, Plastiksäcke, Pappe. An Leinen flatternde Wäsche, Handtücher, Hemden, Hosen; eine Blechtonne, aus der es giftig hervordunstet; Männer, die sich an Metallteilen zu schaffen machen, Frauen, die Scheiben putzen, Kinder, mit verrostetem Spielzeug hantierend - *travellers*.

»Reisende«, so werden behördlicherseits wie allgemein in einer auch hier zur Verbrämung neigenden Gegenwart die Angehörigen jener Gruppe genannt, die vorher weniger rücksichtsvoll *itinerants* hießen, »wanderndes Volk«, und noch früher unverblümt *tinkers* geschimpft wurden, Kesselflicker.

Am Problem selbst, 4000 bis 5000 teils nomadisierenden, teils seßhaft gewordenen Familien mit insgesamt rund 25000 Angehörigen, ändern wechselnde Titulierungen nichts - die *travellers* sind Irlands große Sozialwunde geblieben.

Aus der Tiefe der Inselgeschichte kommend, ein uraltes Geschlecht, aber keine Zigeuner (hier irrt Bölls »Irisches Tagebuch«!), leben sie traditionell vom Handel mit Pferden und Altmetall, wechselten sie vor noch gar nicht langer Zeit vom Pferdewagen über auf die Pferdestärken motorisierter Karossen, und sind sie nach allen statistischen Erhebungen von weit unterdurchschnittlicher Gesundheit und Schulbildung. Nach regierungsamtlicher Feststellung existiert bisher kein einziger Student aus ihren Reihen.

Es gibt seßhaft gewordene *travellers*, aber die Mehrheit zieht immer noch unstet von einem Aufenthaltsplatz (*site*) zum andern, sei er legal oder illegal.

Ich nähere mich einem der traurigsten Kapitel im Buch der irischen Sozialhistorie. Daß sich nun auch die Medien seiner angenommen haben und fortwährend darüber berichten, hat den deprimierenden Status quo bisher kaum korrigiert.

In den meisten irischen Gaststätten werden *travellers* nicht bedient. Wirtshäuser, die dagegen verstoßen, werden als »Kesselflicker-Pubs« etikettiert und von der Einwohnerschaft gemieden. Nach dem »Irish Independent« waltet so etwas wie die berüchtigte *Indian list*, ein ungeschriebenes Papier, das in einigen Teilen der USA immer noch wirkt und Indianern grundsätzlich die Welt der Weißen verbietet. Hier, wo sich Einheimische und *travellers* von der Hautfarbe her nicht unterscheiden, arbeitet so etwas wie ein Kasteninstinkt mit der seherischen Gabe, die *underdogs* untrüglich an Merkmalen zu erkennen, die unsereinem verschlossen bleiben. Auch dann, wenn *travellers* einzeln auftreten, werden sie von Einheimischen sofort erkannt, in Pubs gewöhnlich mit der Konsequenz, daß ihnen jeglicher Drink verweigert wird.

Von Ausnahmen abgesehen.

So erregte vor kurzem ein Fall in der Nähe von Galway Aufsehen, als eine Wirtin namens Mary Reilly, die auch sonst »Reisende« bediente, in ihrem Pub eine *traveller*-Hochzeit feiern ließ. Das genügte, um ein Gericht zu veranlassen, ihr die Verlängerung der Schanklizenz zu verweigern.

Ein anderer Fall, der böses Blut machte, war der des Joe J. und seiner neunköpfigen Familie aus Moate, County Westmeath, östlich von Athlone.

Dabei ging es um eine sogenannte *relocation* – die Familie, die schon einmal in der Nähe von Moate gewohnt, dann aber nach ungutem Abschied von der Nachbarschaft ihr Nomadendasein wiederaufgenommen hatte, sollte seßhaft gemacht werden. Zu diesem Zweck war ihr ein Bungalow mit vier Zimmern zur Verfügung gestellt worden, nachdem Joe J. zugesagt hatte, daß er weder mit Wohnwagen noch Pferden erscheinen und sich auch mit den Nachbarn nicht wieder anlegen würde.

Als dann die Kosten für das vom County Council Moate, der Gemeindeverwaltung, gekaufte Haus öffentlich bekannt wurden – 46 000 Pfund, also weit über 100 000 Mark –, war der Aufruhr da. Zahlreiche Moater Einwohner sperrten aus Protest mit einem Sitzstreik über mehrere Tage die Dublin-Galway-Road, so daß der Verkehr umgeleitet werden mußte – für die Medien ein gefundenes Fressen. Immerhin kam dabei heraus, daß die angegebenen Motive der Empörung bei etlichen nur vorgeschoben waren. Von den Kameras bedrängt, sich zu äußern, was sie an der Sache denn so ärgere, antworteten die Protestierer unter strikter Einhaltung ihrer Anonymität zunächst einhellig: daß die Behörde sie nicht gefragt habe, wie sie zum Einzug der Familie in den Bungalow stünden – das habe sie geärgert!

Als die Fernsehleute weiter nachbohrten, ob sie denn eine andere als die nun demonstrierte Haltung eingenommen hätten, wenn um ihre Ansicht nachgesucht worden wäre, erklärten die Protestierer ebenso einhellig: Nein, niemals hätten sie Joe J. und seiner Familie erlaubt, in den Bungalow einzuziehen.

Der wahre Grund der Ablehnung bestand also nicht darin, daß sie übergangen worden waren, sondern lag viel tiefer. Wobei die Zurückweisung von *travellers* um so offener auftrat, je ungebildeter die Befragten waren. Auch das scheint ein einigendes Merkmal kollektiver Abweisung von fremden Gruppen zu sein.

Von einem andern Ort, Newbridge im County Kildare, ist gerade bekannt geworden, daß der Plan, dort ein Haus für wohnungslose *travellers* zu errichten, gar nicht erst aus der theoretischen Phase herauskam, sondern sogleich nach seiner Bekanntgabe von einer wahren Wutreaktion der einheimischen Bevölkerung im Keim erstickt wurde.

Das Problem, so lange publizistisch vernachlässigt, ja unterdrückt, ist dabei, in der medientransparenten irischen Gesellschaft seine Zähne zu zeigen.

Dabei hat es durchaus seine zwei Seiten.

Die Polizeistatistiken ergeben unmißverständlich, daß die Irish traveller's community (so wird sie offiziell geführt) überdurchschnittlich beteiligt ist an Rowdytum, gewalttätigen Auseinandersetzungen innerhalb der Gruppe, Alkoholismus, Eigentumsbeschädigung und »illegalem Parken«, wie ausdrücklich vermerkt wird. Und dieselben seriösen Stimmen, die warnen, damit pauschale Diskriminierungen und menschliche Abwertungen zu rechtfertigen, werben gleichzeitig darum, nun nicht andererseits alle Einwände von Iren gegen die *travellers* ungehört zu verdammen, sondern zu erkennen, daß es sich um eine schwierige Aufgabe handelt, die nur in beiderseitiger Toleranz und Übereinkunft gelöst werden kann.

Wobei das Ziel ist, die *travellers* seßhaft zu machen, ohne den nomadisierungswilligen Teil dazu zwingen zu wollen. Man hofft auf die Überzeugungskraft des Gegenbeispiels.

Was immer der Regierung in Dublin vorgeworfen werden kann, eines jedenfalls nicht: daß sie sich um das Problem keine Gedanken gemacht hätte. Dafür steht ein 300 Seiten starker, in dieser Art nie zuvor in Auftrag gegebener Bericht, der offen zugibt, daß der Status quo der *travellers* inakzeptabel und einer zivilisierten Nation unwürdig ist. Um ihn zu beheben, sieht ein Plan bis zum Jahre 2000 neue Wohnungen für Tausende von Menschen vor, Verbesserungen im Erziehungs- und Gesundheitswesen und für den Teil der *travellers*, der nicht seßhaft werden will, vermehrte *basic facilities*. Das bedeutet Versorgung der öffentlichen Aufenthaltsplätze, *serviced caravan sites*, mit Elektrizität, Wasser, Hygiene- und Sanitäranlagen sowie Feuerschutz – alles Einrichtungen, die heute noch an allen Ecken und Enden fehlen.

Es ist ein Mammutprogramm, dessen Verwirklichung auf zwei große Hindernisse stößt: die Finanzierbarkeit (sie beliefe sich auf über eine Viertelmilliarde Pfund) und den horrenden Widerstand in der Bevölkerung gegen eine Sozialpolitik solcher Dimension für solche Gruppe.

Dennoch bestehen die Behörden darauf, das Programm zu verwirklichen.

Dabei behilflich können Veränderungen in der *traveller*-Gemeinde selbst sein. Hat sich ihr politisch bewußtester und sozial agilster Teil im »Irish Traveller Movement« doch eine Organisation geschaffen, der zunehmend publizistische Aufmerksamkeit gewidmet wird und die in den letzten Jahren erheblich an öffentlichem Gewicht gewonnen hat.

Dies dank Aktivisten wie Trish Hegarty und Thomas McCann, die immer wieder zwei Haupthindernisse der Integrierung scharfsinnig analysieren und eindrucksvoll bekämpfen: die Verinnerlichung des Geächtetenstatus in der *traveller*-Gemeinde selbst und ihre verbreitete Diskriminierung von außen. Trish Hegarty zum Grundproblem: »Irland hat sich angewöhnt, den

Mißbrauch von Menschenrechten überall in der Welt anzuprangern – gut so! Nur vergißt es dabei, wie diese Rechte im eigenen Land gehandhabt werden.«

In Hegarty und McCann verkörpert sich eine neue Generation der *travelling community*, die selbstbewußter auftritt als ihre Vorväter und -mütter, sich schulisch oder autodidaktisch gebildet hat und den Ist-Zustand einfach nicht hinnehmen will. Sie steht auf und rebelliert, beruft sich auf die Menschenrechte, dringt auf Änderungen. Sie will nicht länger Irlands »Neger« sein, verlangt überall gleiche Behandlung, in Bars, Theatern, Hotels, Kinos, und klagt Politiker an, die, statt die Gleichheit für alle Bürgerinnen und Bürger einzufordern, mit Seitenhieben gegen die *travellers* opportunistisch nach Wählerstimmen schielen.

Dabei wollen sie keine Einebnung der Gemeinschaft, weder soziologisch noch mental, gemäß den unterschiedlichen Wünschen und Lebensweisen in ihr. Es gibt Familien, die ihr Nomadenleben aufgeben würden, wenn sie ein Standardhaus für sich allein beziehen könnten, andere, die seßhaft werden würden, wenn die Sippe in einer Gruppenbehausung beisammen bleiben könnte, und dritte, die auf traditionelle Weise weiterleben wollen.

Die Dialektik der Diskriminierung ist überall die gleiche, auch in Irland: Erst trägt sie dazu bei, einen bestimmten Zustand zu schaffen, dann greift sie diejenigen an, die sich in ihm befinden. Thomas McCann bringt das auf den Punkt, wenn er sagt: »Der Zwang für die *travellers*, unter extremen Bedingungen und an illegalen Plätzen zu leben, macht sie zum Zentrum der Ablehnung von Seßhaften, die sie genau an den Plätzen und nirgendwo anders haben wollen. Irland wünscht die *travellers* nicht und ist dabei, ihre Kultur zu zerstören – weil es sie nicht kennt.«

Wie kompliziert die Auseinandersetzung um die *travellers* inzwischen geworden ist, zeigt blitzlichthaft der Artikel einer irischen Journalistin, die weder in den Verdacht geraten kann, aus der konservativen Ecke zu kommen, noch gar, Rassistin zu sein.

Das *traveller*-Leben, schrieb sie jüngst im »Irish Independent«, sei nach jedermann zugänglicher Wahrnehmung schäbig, und es solle weder ermutigt noch bewundert werden. Das täten aber viele, an der Spitze Sozialarbeiter und Geistliche, die für diese

»Kultur« werben und allen, die anders dächten, Schuldgefühle suggerierten. Es sei nicht schlecht, so zu leben, schlecht sei nur, wenn jemand meine, daß ihm der Titel »*traveller*« mehr Rechte gebe als anderen, zum Beispiel illegal zu campen oder die Straßen mit Müll zu verunreinigen.

Das Echo sowohl auf die beherzigenswerten wie auf die angreifbaren Auslassungen des Artikels war gewaltig, aber die einen wie die anderen verwahrten sich gegen einen gleichzeitig aufgekommenen Terminus, von dem niemand mehr sagen könnte, wer ihn im Zusammenhang mit den *travellers* zum erstenmal ausgesprochen hatte: »inferior people« – also »minderwertiges Volk«.

Zur Ehre der irischen Öffentlichkeit kann gesagt werden, daß der unverhüllte Rassismus des Wortes sie geradezu aufgeschreckt und deutlich die Stimmen gedämpft und defensiver gestimmt hat, die in der öffentlichen Diskussion mit den landläufigen Argumenten hausieren gegangen waren, *travellers* seien Leute, die nichts zur Gesellschaft beitrügen und nur den Steuerzahlern auf der Tasche lägen.

»Inferior people« – der Ausdruck hatte eine Schockwirkung, mit ihm war etwas Neues, Unheimliches aufgetaucht, fremd bisher und ungewohnt, und entsprechend waren die Reaktionen. Sie haben Bestrebungen ermutigt, ein Gesetz gegen Diskriminierung zu fordern, wie das »Irish Traveller Movement« es seit langem tut, und das ohne Zweifel große Zustimmung erfahren würde. Denn immer hat es auch Stimmen gegeben, die sich vehement für die *travellers* und das Recht auf die Freiheit ihrer Lebensweise ausgesprochen haben.

Entscheidungen sind nötig. Die Zahl der *travellers* wächst, während die Maßnahmen, die zu ihrer Seßhaftigkeit führen sollen, mit bürokratischer Langsamkeit vor sich gehen. Dabei wäre Eile geboten. Der Kreis der Seßhaften erweitert sich nicht, wohingegen die Zahl der Wandernden jährlich um etwa vier Prozent wächst. Sie leben auf der Straße, und oft genug auf illegalen Plätzen. Um allein die legalen, unter behördlicher Aufsicht stehenden Aufenthaltsplätze (*serviced caravan sites*) mit der nötigen Infrastruktur auszustatten, wie Wasser, Telefon und Feuermeldestätten, müßten bis zum Ende des Jahrhunderts neunzig

Millionen Pfund aufgebracht werden – ein einziger Wohnwagenplatz kostet 50 000 Pfund.

Aber auch Irland gibt mehr aus, als es an Steuern und sonstigen Einkünften einnimmt. Die Hoffnung, daß das *traveller*-Problem in einer geduldigen und sorgsamen Weise gelöst werden wird, ist unter Eingeweihten denn auch eher gedämpft.

Eine der vielen Leserstimmen zum Thema hat mich so beeindruckt, daß ich sie wörtlich notiert habe:

»Am wahrscheinlichsten ist, daß wenig oder gar nichts vorangehen wird – bis irgend etwas Furchtbares geschieht. Bis ein traveller, ob Seßhafter, ob Nomade, schwer verwundet oder getötet wird. Oder etwas anderes Grauenhaftes geschieht, etwa eine Feuersbrunst, wie sie an diesen Plätzen ohne Strom so leicht durch Kerzen entstehen kann.«

Hinter Dromahair stoße ich wieder auf einen *traveller*-Platz mit den gleichen, schon so oft gesehenen Bildern: Wohnwagen, die meisten aufgebockt, ohne Räder, andere auf fahrbereiten Reifen; Wäscheleinen, an denen schweres Arbeitszeug hängt, streunende Hunde, Stapel von Scheiten, herumliegende Metallteile. Ein kleiner gelber Lieferwagen lädt Holzkäfige ab, offenbar für Geflügel oder Kaninchen; ein Mann kniet mit ölverschmierten Händen vor einem Motorrad, zerrt an der Kette, läßt sie mit einem Fluch sausen; aus einem der Wagen kommt eine junge Frau mit einem Roller, auf den sie einen kleinen Jungen setzt, während ein älterer Mann versucht, die verbeulte Lenkstange eines Fahrrads geradezubiegen.

Die Menschen sehen abgerissen aus, arm, stumpf. Ihre Stimmen klingen gedämpft, ihre Bewegungen sind matt. Über der Szene liegt Schwermut. Hier sieht alles nach Daueraufenthalt aus, da die meisten *caravans* ohne Räder sind. Aber ich entdecke nirgends Toiletten oder Anschlüsse für Wasser, für Strom und Telefon.

Auf der anderen Straßenseite, ein ganzes Stück zurückgesetzt, glänzt eine Front säuberlicher Reihenhäuser herüber, eine Nachbarschaft, wie man sie sich gegensätzlicher nicht vorstellen kann.

Ich bleibe nicht lange, weil jeder, der anders handelt, vor allem wenn sein Auto ein fremdes Kennzeichen hat, sofort in den

Verdacht gerät, die *travellers* wie die Insassen eines exotischen Zoos anzustarren, was nach meinen Beobachtungen Touristen mit gezückter Kamera nur allzuoft tun.

Meine erste Begegnung mit *travellers*, irgendwo in Donegal, liegt jetzt 25 Jahre zurück. Ich erinnere mich noch genau daran, wie ratlos ich war, als ich auf den Pferdefuhrwerken Menschen erblickte, die sehr wohl anders aussahen, und auch an mein Staunen darüber, daß es sich nicht um »Zigeuner« handelte. Daß sie nicht »dazugehörten«, daß sie geächtet waren und sich danach benahmen, war mir von allem Anfang an klar. Das Thema hat mich seither nie verlassen, was sich auch in meinen Irlandfilmen dokumentiert.

Heute, ein Vierteljahrhundert später und in weit größerer Kenntnis über die anhaltende Problematik als damals, stellen sich mir bei Begegnungen wie der vor Ropefield und dieser hinter Dromahair zwei Hauptfragen.

Wer sagt, das Leben der *travellers* sei schäbig, hat recht. Sie sind ständig bedroht, starren vor Schmutz und Elend, sind ewig auf der Flucht und zeigen ein gehetztes Gesicht. Ihre Gemeinschaft ist ausgeschlossen von den selbstverständlichen zivilisatorischen Errungenschaften unseres Zeitalters, und diesen Ausschluß haben die meisten ihrer Angehörigen verinnerlicht. Unter solchen Bedingungen konnte keine »Kultur« entstehen, jedenfalls nicht im Sinn der kreativen Kraft, die dem Begriff innewohnt. Insofern haben meiner Meinung nach kritische Stimmen, wie die der zitierten Journalistin im »Irish Independent«, recht. Die Emanzipation der *travellers* von der eigenen Geschichte kann deshalb nur in der Aufhebung der Umstände bestehen, die ihr Leben bis heute prägen. Dabei könnte die soziale Integration durchaus bedeuten, daß das Eigenleben der *travellers* an Bedeutung verliert oder sogar aufhört. Eine Chance, sagen die einen, eine Gefahr, die anderen.

Werden sich soziale Integration und weiter erwünschte Traditionen glücklich mischen, wird es friedvolle und tolerante Lösungen geben? Das ist die eine Frage.

Und die andere?

Alle Zeichen deuten darauf hin, daß die Ablehnung von *travellers* »aus dem Bauch heraus« kein Einzelfall ist, vielmehr tritt sie allen Beobachtungen nach überall auf, wo die Gesellschaft mit ihnen in Berührung kommt. Sie ist laut, sie ist gewaltbereit – und sie verstört mich.

Denn all die freundlichen, humanen Züge der Iren sind von mir gerade so erlebt worden, wie ich sie schildere, und keineswegs Selbsttäuschung oder gar das Zeugnis einer schauspielerisch genialen Nation.

Aber gerade aus ihren Reihen kommen Skeptiker, die meinen, mit der Nächstenliebe sei es hierzulande nicht sehr weit her und ein Rassen- und Fremdenproblem wie in anderen europäischen Ländern existiere im eigenen nur deshalb nicht, weil es an der nötigen Objekt- beziehungsweise Subjektmasse fehle. Da, wo ihr Ersatz in Erscheinung trete, eben in Gestalt der *travellers*, tauche sofort auch schon das Problem auf, ein Vorgeschmack auf Konflikte, die entstehen würden, falls aus dem Irland des Auswanderungszwangs für eigene Bürger ein Einwanderungsland für Fremde werden würde.

Also: Wie stark ist die Gegenkraft zu dem Demonstrationstypus von Moate und dem Erfinder des »inferior people«? Und wird sie, im Fall eines Falles, stärker sein?

Das ist die zweite Frage, die sich mir stellt. Nicht ohne Beklemmung, wie ich gestehe, da ihre Antwort mein Irlandbild zwar nicht aufheben, wohl aber versehren könnte.

Dabei würde ich es mir doch nur allzu gern erhalten.

Mein irisches Tagebuch V

2. Mai.

Auf dem Weg nach Drumcliffe, zum Grab von William Butler Yeats, County Sligo.

Ich nehme von Ropefield nicht die kürzere Strecke über die Hauptstraße, sondern biege bei Carrowmore zum Lough Gill ab, um auf Nebenpfaden zum Wasserfall von Glencar und von dort weiter nach Drumcliffe zu kommen.

Vor Glencar dann ein Schild – »Yeat's Country«.

Ich mache einen Abstecher hoch zum Wasserfall, der schäumend und funkelnd von einer begrünten Wand fünfzehn Meter tief in ein Becken herabstürzt und sich über mehrere Stromschnellen in den See ergießt. Eine moosige Oase ist das hier oben, eine Grotte, aus der es überall heraustropft, mit weitem, freiem Blick durch die flirrende Luft bis zum Gegenufer des Lough Gill. Auf seinem glatten Spiegel da unten dümpelt ein einsam gleitender Schwan dahin in der heute heißen Mittagssonne, die ihm nichts anhaben kann, so gut gekühlt, wie sein Gefieder von unten ist.

Auf der Fahrt weiter hinein in Yeat's Country dann das zerklüftete, schründige Panorama der Dartry Mountains, und ein erster Blick auf den Benbulben – »seinen« Berg. Eine steinerne Riesentafel ist das, mit der Abplattung oben an die weltbekannte Silhouette des südafrikanischen Kapgebirges erinnernd. Eine gewaltige, von der Sonne rötlich bestrahlte Felswarze, von der man sich leicht vorstellen kann, wie sich an ihr seit Urzeiten die Phantasie der Menschen entzündet hat. Allen voran die William Butler Yeats, durch dessen dichterisches Werk die Geister der Region irrlichtern und raunen, der mir mit seinem bebrillten Gelehrtenkopf immer als Irlands vornehmster Poet erschienen ist und dessen Grab ich hier auf dem Friedhof von Drumcliffe suche und finde.

Es ist überraschend schlicht, fast möchte man sagen, primitiv, steingesäumt, und versehen mit der ebenso stolzen wie mystischen Inschrift: »Wirf einen kalten Blick, o Reiter, auf Leben, auf Tod – und reite weiter.« W. B. Yeats 1865-1939, George Yeats (seine Frau) 1892-1968.

Einige Besucher bleiben vor dem unscheinbaren Grab stehen, andere gehen achtlos vorbei. Aus hohen Bäumen sticht mit zwei Pylonen der Turm der Church of St. Columbia hervor. Drinnen, neben der Kanzel, ist eine Tafel angebracht: Zur Erinnerung an Reverend John Yeats, der hier von 1811 bis zu seinem Tod 1846 Gemeindepfarrer war – des Dichters Urgroßvater. County Sligo war das Stammland der Yeats.

Das Grab mit dem häßlichen grauen Stein macht den Eindruck, als sei die letzte Ruhestätte des Nobelpreisträgers von 1923 absichtlich unaufwendig gehalten, wie nebenbei errichtet, in demonstrativer Bescheidenheit, um keinen Wallfahrtsort zu schaffen. Dazu der abweisende Spruch.

Krähen über dem Haupt, hat auch Heinrich Böll vor langer Zeit hier gestanden, zu einer nassen und kalten Jahreszeit, aber mehr noch innerlich fröstelnd angesichts der vieldeutigen Grabinschrift: »Cast a cold Eye – On life, on Death – Horseman pass by!« Sie habe, bekennt Bölls »Irisches Tagebuch«, mit Eisnadeln auf ihn eingestochen, wie an Swifts Grab in Dublins St. Patrick's Cathedral.

Mir will scheinen, als wenn die protestantische Dürftigkeit auf dem Friedhof von Drumcliffe ein, wenn nicht falsches, so doch stark reduziertes Imago des William Butler Yeats suggeriert. Da gibt es einen ganz anderen, diesem von Hoch zu Hoch schreitenden Leben weit gemäßeren Platz: Thoor Ballylee bei Gort, County Galway!

Auf der N 66, hinter Loughrea, ein Schild: »Yeat's Tower 1 km«. Rechts ab auf eine schmale asphaltierte Straße, wird er über den Baumwipfeln schon bald sichtbar, der »sturmgeschüttelte Ort«, »the storm beaten place«, ein quadratischer, zinnenbewehrter Turmklotz, dessen mittelalterliche Wehrhaftigkeit auch durch die sichtlich später eingelassenen Fenster nicht beschädigt werden konnte.

Errichtet worden ist die Feste im 13. und 14. Jahrhundert von dem mächtigen Normannenclan der de Burgos, die von ihrer Höhe viele Generationen lang Ausschau gehalten haben nach Feinden, Freunden und Gästen, ehe die antikatholischen Strafgesetze, die *Penal Laws*, im 17. und 18. Jahrhundert auch dieser längst in Burkes umbenannten, aber katholisch gebliebenen Dynastie die letzten Reste ihrer einstigen Macht nahmen.

Der Autor zahlreicher Dramen, darunter »The Countess Cathleen« und »Cathleen ni Houlihan«, der große Anreger der neuen irischen Literatur in englischer Sprache und weltberühmte Lyriker, William Butler Yeats, stand zum erstenmal 1896 vor dem alten Turm. Auf der Suche nach einem eigenen Sommerdomizil, erkannte er auf Anhieb, daß das *castle* sein Rückzugsort werden würde, Stätte der Inspiration, die seinem Hang zu Sagen, Märchen und irischer Mythologie in idealer Weise entgegenkommen würde. Bewegt von den vielen Geschichten um den einsamen Platz, entzückte ihn besonders jene, daß »zwischen den Mühlrädern von Ballylee alle Übel kuriert werden«.

Das Zusammentreffen war um so glücklicher, als ganz in der Nähe, in Coole Park, Lady Gregory lebte, Mittelpunkt der nationalen Kulturszene und Yeats in enger Freundschaft verbunden. Beide zählen 1898 zu den Gründern des berühmten Abbey Theatre, der Dubliner Nationalbühne, auf der die wichtigsten Premieren der Zeit stattfanden und deren langjähriger Leiter Yeats werden sollte.

Nachdem es ihn immer wieder während der Besuche bei Lady Gregory zu dem verwunschenen Platz in der Nähe hingezogen hatte, kauft Yeats Anfang 1916 den Turm und die *cottage* daneben für ganze 35 Pfund. Dann schreibt er im November jenes Jahres über seine Umbaupläne enthusiastisch an eine Freundin: »Ich plane, den Gegensatz zwischen der mittelalterlichen Burg und der bäuerlichen Behausung aufrechtzuerhalten. Während sich in ihr alles Erforderliche befindet, kann ich der Burg für wenig Geld ein großzügiges Raumensemble widmen.«

1917 wird mit der Renovierung des völlig heruntergekommenen Anwesens begonnen. George Yeats, geborene Hyde-Lees, die er im Oktober jenes Jahres geheiratet hat, sieht ihn mit dem Architekten William A. Scott Tage und Wochen über den Zeichnungen brüten.

Mit der Wahl des *castle* als repräsentativem Sitz folgt Yeats bewußt den Traditionen einer kultivierten Aristokratie, die er beneidete, der er sich aber durch den Adel des Geistes immer als ebenbürtig empfand.

An eine Freundin, gleichsam als Wappenherr: »Was glaubst Du, was denkst Du über die Adresse ›Thoor Ballylee‹? Thoor ist der gälische Name für *tower*. Das sollte den Leuten den Verdacht nehmen, daß es sich um moderne Gotik oder um einen Tierpark handelt. Ich denke, der schroffe Ton von 'Thoor' berichtigt die Weichheit der Stätte.«

Und ein anderes Mal, emphatisch: »Everything is so beautiful here.«

Sehr wahr – auch heute noch ist »hier alles so schön«.

Im Parterre, dem *dining-room*, bläuliches Glas, schönes Geschirr, das Fenster offen. Ganz in der Nähe, vor dem Turm, sprudelt der River Ballylee über braunem Grund, fließt hinter einer kleinen Schnelle rascher ab und verliert erst unter einer dreibögigen Brücke sein Blinken und Glitzern.

Ich steige den Turm hoch, auf Treppen, wie poliert von der Zeit und von ungezählten Schritten, eine blaue Kordel als Geländer, Schlitze in der Mauer, durch die grell die Sonne fällt.

Im ersten Stock das Studio, Yeats Arbeitszimmer, höher das Schlafzimmer. Ein einfaches Holzbett, Waschschüssel, Spiegel. Geöffnete Fenster, die Vorhänge bewegen sich, der Kamin hoch und rechteckig.

Weiter aufwärts habe ich den Eindruck, als wenn die Treppen immer schmalbrüstiger werden. Unter Übergewicht können die Burgherren seinerzeit kaum gelitten haben – gut vorstellbar, wie korpulente Leute sich hier keuchend durchquetschten, wenn »Alarm, Alarm!« geschrien wurde.

Yeats Dichterauge hat die Verteidiger die engen Stufen hinauflaufen sehen: »Rauhe Männer in Waffen, kreuzgegürtet bis zu den Knien und in Eisen gehüllt« – »to the battlements« – »zur Brustwehr hoch«!

Und dann ist sie erklommen, die Plattform, zinnenbewehrt, sonnengewärmt, rings umgeben von bukolischem Frieden.

Im Osten die Höhenzüge der Slieve Aughty Mountains, die Landschaft dorthin hügelig, gewellt; grüne Flächen, Hecken, grasendes Vieh. Tief unten der Fluß, um meinen Kopf, schwirrend, Insekten. Baumwipfel um den Turm, gleich hoch wie seine Zinnen, einige Kronen noch höher.

»I climbe to the tower top and lean upon broken stone…«

William Butler Yeats hier oben, auf die Brüstung gelehnt und in die Landschaft schauend.

Man kann sich keinen Platz vorstellen, der ihn hätte stärker inspirieren können als dieser. Hier hat er den Gedichtzyklus »The Tower« verfaßt, den Unabhängigkeitskampf als Nationalist gegen England erlebt, anschließend innerlich zerrissen die Phase des Bürgerkriegs durchgestanden und danach friedvolle Zeiten mit seiner Frau George, Tochter Anne und Sohn William Michael verbracht.

Zu diesem Zweck ließ er, wie 1916 angekündigt, im bäuerlichen Haus (»the peasant's cottage«) Küche, Bad, Wohnzimmer und Schlafräume einrichten mitsamt allen erforderlichen Bedarfsgegenständen (»the necessities«), um freie Hand zu haben für sein Reich (»to devote the castle to a couple of great rooms«).

Doch dann, nach den ersten Jahren, werden die Abstände zwischen den Aufenthalten in Thoor Ballylee immer größer, die Besuchsintervalle proportional zu Yeats steigendem Ruhm immer seltener. Er wird 1922 Senator, kriegt ein Jahr später, noch vor George Bernard Shaw, den Nobelpreis für Literatur und sieht sich mehr und mehr beansprucht durch die Leitung des Abbey Theatre. Nach 1928 hat Yeats Thoor Ballylee nicht wieder aufgesucht. Der Tod von Lady Gregory im Jahr 1932 riß ein letztes Glied der Verbindung weg.

Ein riesiges Œuvre in Lyrik, Dramen und Prosa hinterlassend, stirbt William Butler Yeats, fast 74, am 28. Januar 1939 in Roquebrune an der französischen Riviera. Neun Jahre später, 1948, wird sein Sarg in die Erde von Drumcliffe gesenkt.

Gemessen an einem langen Leben, macht sich die Periode von Thoor Ballylee in Yeats Dasein zeitlich eher bescheiden aus.

Und doch war der *tower*, der seinen Namen trägt, mehr auf ihn zugeschnitten als alle anderen Daseinsstätten. Hier, im Schatten des Benbulben, hat Yeats sich seine Mythologie geschaffen, hat sich sein Genius entfaltet, hat er sich verewigt – »to be carved on a stone at Thoor Ballylee«, wie er antizipiert hatte.

Und so geschah es.

Ich muß mich auf die Zehenspitzen stellen, um die verblaßte Gravur einer Tafel an der Turmwand zu entziffern:

»I the poet William Yeats	Ich, der Dichter William Butler Yeats,
with old millboards and	habe mit Pappkarton und
sea-green slates	meergrünem Schiefer
and smithy work from	und Eisenteilen aus der
the Gort forge	Schmiede von Gort
Restored this tower	diesen Turm wiederhergestellt
For my wife George.	für meine Frau George.
And may these characters remain	Und mögen diese Dinge bestehen,
When all is ruin once again«	wenn alles andere wieder Ruine ist

Der darin wohl für viel spätere Zeiten von ihm beschworene Verfall trat früh ein. Nach 1928 hat Yeats Thoor Ballylee nie wieder aufgesucht, Turm und Cottage verfielen. Fotos aus den vierziger und fünfziger Jahren zeigen die Gebäude in einem bejammernswerten Zustand. Bis 1961 die Kiltartan Society, unterstützt von Bord Failte und Ireland West Tourism, die Restaurierung von Thoor Ballylee übernahm. George Yeats hat das noch erlebt, sie starb 1968.

Der heutige Zustand des wiederhergestellten Thoor Ballylee entspricht dem von 1926, aber das gilt nur für das *castle*, nicht für die *cottage*. Sie hat keine Ähnlichkeit mehr mit ihrer ursprünglichen Funktion als geräumiger Spiel- und Tummelplatz für die Kinder und als Wohnung der Familie gegenüber dem repräsentativen Habitus des *tower*. Die *cottage* ist umgebaut worden zu einem Besucherzentrum mit all dem üblichen Touristenkitsch, Fotozubehör, CD-ROMs, mit Büchern, die keinerlei Beziehung zum Sinn des Ortes haben, und mit Zeitschriften, auf die das noch weit mehr zutrifft.

Nach außen hin aber hat sich an der natürlichen Gewachsenheit des gesamten Komplexes und seiner Umgebung nichts geändert.

Ich setze mich im Garten gegenüber an einen der hölzernen Tische, deren Hocker mit dem Fuß fest in den Boden eingelassen sind – hier ist es schattig. Ich sehe mich um.

Eine kleine Brücke führt über einen Nebenarm des River Ballylee, es plätschert sanft, gluckert, gurgelt. Nach vorn fällt der Blick über eine verwetzte Mauer auf eine sonnendurchleuchtete Landschaft, die weit hinten von den Umrissen der Slieve Aughty Mountains begrenzt wird; seitwärts verläuft sich die Straße, die hierherführt, in ein geheimnisvolles Grün, und wenn ich mich umdrehe, wieder dem *tower* zu, sehe ich nur sein unverwüstliches Fundament – nach oben ist alles durch Blattwerk verdeckt.

Da sitze ich an diesem Sommernachmittag vor Thoor Ballylee, Yeat's Tower, und bin dankbar für die Stunde, die das zuläßt. Sie ist eingefügt in ein Leben, das mir gestattet hat, in großer Freiheit, ohne Zensur, zu veröffentlichen, was immer ich geschrieben oder gesprochen habe, ein unerhörtes Privileg, ja, eine Gunst des Schicksals. Sie macht die Schatten meiner Biographie in Vergangenheit und Gegenwart nicht vergessen, treibt sie nicht aus, ist aber eine Kraft, die über die Bürden gesiegt hat.

Everything is so beautiful here

Am Ufer des Lough Sheelin ist Johnny B. mit schwerem Baugeschütz aufgefahren.

Da drüben überm Weg sind Bulldozer und Betonmischmaschinen am Werk, Geräte, die einen solchen Höllenlärm verursachen, daß in Mallard Point das eigene Wort nicht zu verstehen ist, es sei denn, Johnny B. selbst spricht es – und das tut er jetzt.

Die Hosen weiß bekleckst, wie immer in dem Jumper von undefinierbarer Farbe steckend und bei seinen Lachgewittern ungeniert den einzigen Zahnstummel bleckend, dröhnt er mir den Zweck des Radaus ins Ohr: Es gehe um das Fundament des Bootshauses »for my friend Aivar«, das müsse gelegt werden, und seine Leute und er seien nun dabei. Dann tritt er ans Telefon, wählt, erwischt »Aivar« am anderen Ende in Hamburg auch, brüllt, daß die Wände bersten wollen, horcht in die Muschel, lacht und endet mit »Okay«.

Dann verkündet Johnny, daß er ein wichtiges Werkzeug vergessen habe, es nun holen werde, von zu Hause, und ich ihn begleiten solle: Ich müsse doch endlich seine Familie kennenlernen, etwas außerhalb von Mount Nugent.

Widerstand zu leisten oder wichtige Arbeit vorzuschieben wäre sinnlos. Also finde ich mich auf dem Beifahrersitz eines ungeheuren Trucks mit Johnny am Steuer wieder, die Ohren in der Kabine bald wie betäubt, während Johnny mir irgend etwas klarzumachen versucht. Da nicht nur seine Lautstärke, sondern auch sein harter irischer Dialekt mir Verständnisschwierigkeiten bereitet, dauert es eine Weile, bis ich begriffen habe, worum es geht. Johnny lädt mich zum Auftritt einer berühmten Band ein, die bald in Oldcastles renommiertem Pub »Ceili Bar« spielen wird und die ich, so behauptet er, mein Lebtag nicht vergessen würde – dort würden einige der bekanntesten irischen Musiker auftreten.

Selbst wenn ich nicht bereit gewesen wäre, darauf einzugehen (was nicht der Fall ist), Johnny fragt gar nicht erst nach meiner Zustimmung, sondern kutschiert, dauernd nach links und rechts grüßend, donnernd durch das winzige Mount Nugent. Fünf Minuten später hält er an und lädt mich aus.

Über Schlaglöcher hinweg, die alle mir bisher bekannten Weguntiefen übertreffen, erblicke ich vor einem giftgrünen Wellblechschuppen eine Phalanx schlammbesudelter Gummistiefel verschiedener Größen; daneben einen Trecker, der aussieht, als wäre er schon auf Napoleons Marsch nach Moskau ausrangiert worden, und neben ihm ein funktionsunfähiges Raupenfahrzeug, das bereits vor Jahren aus Mangel an Benzin verdurstet sein muß.

Unterdessen ist Johnny mit rudernden Armen im Wohnhaus verschwunden, wohin ich ihm folge. Ich stehe in der Küche und schaue durch eine Tür in den Anbau, wo eine Unmenge Matratzen und Bettzeug herumliegt, unverkennbar die Schlafstätte der Familie.

In den Betten liegen mehrere Personen, von denen ich nur Schöpfe erkennen kann, so vermummt liegen sie da, während hier in einer Ecke der Küche ein Radio mit großer Phonstärke plärrt, in einer anderen ein alter Fernseher läuft und auf einem großen Tisch in malerischer Anordnung eine Säge, gekochte Kartoffeln, Zeitungen und aufgeschnittene Milchbeutel herumliegen. Da ich im Schlafraum fünf Köpfe gezählt habe und in der Küche zwei Jungen und zwei Mädchen zwischen dreizehn und siebzehn Jahren stehen oder sitzen, hat sich ein beträchtlicher Teil der Familie um mich versammelt. Freundliche Gesichter, »hello!«, mir wird ein Apfel gereicht. »O« und »a«, als Johnny berichtet, ich schriebe ein Buch, Zutraulichkeiten, wie ich sie gern habe und erwidere.

Zwischen allem aber, an den Tisch gelehnt, in einem roten Pullover und einer lila Hose, fröhlich lachend und mit einer Haut, so glatt und schier wie die eines jungen Mädchens, der ruhende Pol des Tohuwabohus, Johnnys Frau – ihre Hand nach der meinen ausgestreckt und unerschütterlich aufrecht, obschon sich ihr eine von Johnnys bratpfannengroßen Pranken mit ehelichem Stolz schwer auf die Schulter gelegt hat.

Der ist nur zu berechtigt (wenngleich Johnny, vorsichtig ausgedrückt, den eigenen Anteil daran zu überschätzen scheint). Niemand sieht Norma B. an, daß sie an die fünfzig ist, ein Dutzend Geburten hinter sich hat (zwei Kinder starben), seit Jahrzehnten tagaus, tagein, von morgens bis abends, mit nichts anderem beschäftigt ist, als zu stillen, zu füttern, Mahlzeiten vorzubereiten und für die immer größere Familie zu putzen, zu waschen, zu nähen. Und dennoch hat sie nicht nur den Körper einer jugendlichen Lady behalten, sondern zeigt, weit eindrucksvoller noch, auch jenes Lächeln, das nur ein tief im Inneren unversehrtes Gemüt hervorzuzaubern vermag. Seltsam, wie einen solche Erfahrung beglückt, obwohl man selbst nichts dazu beigetragen hat.

Ich glaube, ich habe das nicht verbergen können, als ich mit Johnny nach Mallard Point zurückfuhr, denn er tätschelte mir den Kopf und ließ mich dröhnend wissen, ich sei, seiner Meinung nach, »a good guy«. Er meint wohl: Einer, der begreift, was er sieht.

Als Paul L. in Mallard Point eintrifft, ist der Lärm von Bulldozer und Betonmischmaschine drüben am Seeufer verstummt.

In seinem blauverschossenen Overall macht sich der dürre Mensch aus Kilnaleck sogleich an die Arbeit, spaltet Holz zu Scheiten, jätet Unkraut, begießt die Blumenspaliere am Haus und grüßt jedesmal freundlich ins Fenster hinein, wenn er vorübergeht. Susan, seine Gefährtin, trifft etwas später ein, gewährt mir huldvoll den Anblick ihres sanften, schönen Gesichts, in dem ich heute den Ausdruck eines gewissen Wohlwollens zu entdecken glaube, offenbar, weil sie in der Küche nichts vorgefunden hat, was ich verbrochen haben könnte. Ich höre sie mit Bestecken klappern, leise vor sich hinsummen und Penny barsch, wenngleich ganz und gar nicht so gemeint, anzuweisen, gefälligst draußen zu bleiben.

Natürlich tut die schwarzweiße Promenadenmischung nur so, als scherte sie sich darum, derweilen sie geschult den günstigsten Moment ausspäht, um dank der vorsorglich von mir geöffneten Tür so rasch wie möglich in dem dafür vorgesehenen Zimmer zu verschwinden. Dort wirft sich Penny auf den Rücken, streckt alle viere von sich und fordert, fanatisch hechelnd, gekrault zu werden. Woraufhin »sausage dog« (»Hundewurst«, wie ich sie erinnerlicherweise getauft habe) auch diesmal nicht zu warten braucht und prompt in ihrem Sinn bedient wird.

Später sitzen wir alle vier im Kaminzimmer und starren in die züngelnden Flammen, Paul und Susan in die gewaltigen Ledergarnituren versunken, während ich auf dem Parkettboden vor dem Kamin hocke und Penny, gegen den gespielten Protest der beiden, da kraule, wo er es am liebsten hat – hinter den Ohren. Auf meine beredte Klage, daß einer meiner großen Lebenswünsche, ein Labrador, bisher und wohl auch weiterhin unerfüllbar bleiben werde, weil ich dauernd unterwegs sei, sagt Susan mit gespielter Strenge: Ein Hund sei wie ein Kind, und wer das nicht akzeptiere, der solle gefälligst die Finger von der Kreatur lassen. Ob ich mir denn nicht einen anderen Beruf zulegen könne?

Wahrheitsgemäß muß ich ihr antworten, darüber noch nie nachgedacht zu haben.

Penny ist, erfahre ich heute abend, ein besonders kluger Hund. Er hat, sagt Susan, zwei Näpfe, einen fürs Fressen, den anderen fürs Saufen. Wenn einmal vergessen worden ist, beide zu füllen, dann setzt Penny seine Pfote auf den leeren Napf und wirft ihn um, damit der Mißstand öffentlich wird.

Die Hundebekanntschaft, so nun Paul, ist auf abenteuerliche Weise zustande gekommen. Penny war einen Abhang hinunter an einen unzugänglichen Flußlauf gekollert, ohne die Möglichkeit, wieder hinaufzugelangen oder sich sonst aus eigener Kraft zu befreien. Auch war die Gefangenschaft so weit von jeder menschlichen Behausung entfernt, daß niemand Pennys verzweifeltes Jaulen hören konnte. Als Paul zufällig auf ihn stieß, befand er sich bereits in einem Stadium fortgeschrittener Erschöpfung. »Er muß da bestimmt schon vierzehn Tage gelegen haben. Überlebt hat er nur, weil Wasser da war.«

Penny, sehr wohl spürend, daß mit Anteilnahme von ihm gesprochen wird, scheint schier erdrückt zu werden von dem Gewicht der eigenen Bedeutung, denn nun droht er mir vom Schoß zu fallen, so extrem gibt er seiner Forderung Ausdruck, auf der Stelle noch nachdrücklicher gekrault zu werden.

Als ich wieder allein bin, trete ich nach hinten aus der Tür, und siehe, auf dem Feld, kurz hinter der Grundstücksgrenze, hockt wieder Meister Lampe, fährt, als er mich erblickt, seine langen Löffel noch steiler aus, und stiebt nach Hasenart hoppelnd davon.

Vorn liegt der See golden und unberührt da in der Abendsonne, in der Bucht vor Mallard Point aber gleitet, unglaublicher Anblick, die Schwanenfamilie wie schwebend dahin.

Die Jungen, immer noch grau, haben jetzt etwa ein Viertel ihrer erwachsenen Größe erreicht, halten sich jedoch meist weiter ängstlich an die Eltern. Schwimmt dann eines von ihnen einmal kühn davon, erschreckt es augenscheinlich sogleich wieder vor der eigenen Courage und paddelt rasch zurück in die schützende Nähe von Vater und Mutter, die weißschimmernd und souverän die Aufsicht führen.

Dann, als fast schon nichts mehr zu sehen ist, die Sonne verschwunden und der Himmel bleiern, formiert sich die Schwanenfamilie zu ihrer großen Nachtvorstellung: vorn und am Ende die schlanken Hälse der Großen, dazwischen die vier Jungschwäne, so zieht sie in Kiellinie dahin – ein bewegtes Gemälde aus Farbe, Licht, Dunkel und Traum.

Darf ich da, mit William Butler Yeats Erlaubnis, nicht sagen: »Everything is so beautiful here«?

Wenn die Straße nicht so eng gewesen wäre

Auf der Fahrt an den Lough Ree, einen der größeren Seen Irlands, vom Shannon durchflossen und in der Mitte unsichtbar geteilt durch die Grenze der Counties Westmeath und Longford.

Über Granard in die *midlands*, irischstes Binnenland, das sich denken läßt, mit weiblichen Wölbungen und pastoralen Panoramen von fast utopischer Friedlichkeit.

Aber dann, noch weit vor Lanesborough, ein Bild, das um so abschreckender wirkt, je näher es rückt. Aus einer vierschrötigen Industrieanlage stemmt sich ein endlos langer Schornstein hoch, dem wie unter Druck wahre Qualmströme entquellen, dicht und schwarz. Das muß ein Kraftwerk sein, dessen Häßlichkeit durch seine Höhe von überall her zu sehen ist, aus welchen vier Himmelsrichtungen man auch immer hier an den nördlichsten Punkt des Lough Ree kommen mag.

Also noch vor Lanesborough südwärts zum Lough Ree, in freier Landschaft und frischer Luft, auf einsamen Pfaden und dem Ostufer stets so nahe wie möglich.

Grünstrotzende Vegetation, eine mächtige Burgruine, die leeren Fensterhöhlen wie tote Augen, die Mauern von Pflanzen beklettert. Vereinzelt Farmhäuser, rosenbestanden, Weiden bis zum Wasser hin, grasendes Vieh, Rinder und Schafe, der Himmel heute tief. Ich bin auf einem Nebenweg von Nebenwegen, aber auch der ist noch gepflastert - Irland, deine Straßen! Allerdings, diese hier ist so schmal, daß sich begegnende Autos nicht ausweichen könnten. Kaum gedacht, sehe ich in einiger Entfernung vor mir eines, das aber zum Glück in meiner Richtung fährt.

Zu beiden Seiten jetzt größere Gehöfte, offene Scheunentore, rechts Durchblick auf bewaldete Inseln und überall mächtige Bäume, die mir auffallen in ihrer Knorrigkeit, deren Namen ich aber nicht kenne.

Dann plötzlich Stopp - ein Gatter versperrt den Weg. Also zurück. Doch bald kann ich nicht weiter - da steht ein Auto, das eben, auf der Herfahrt, noch nicht an der Stelle war, sondern aus dem Tor gekommen sein muß, und an dem sich jetzt ein alter Mann zu schaffen macht.

Ich kann nicht vorbei, die Straße ist, wie befürchtet, für zwei Wagen zu eng.

Aber da streckt der Alte auch schon beschwichtigend einen Arm nach mir aus, hebt das schwere Holztor hoch, läßt es einklinken, geht auf mich zu, öffnet den Wagenschlag, steigt ein und reicht mir die Hand.

So lerne ich James Skelly kennen.

Im Hemd, mit Hosenträgern, eine grüne Mütze auf dem Kopf, sitzt er im alten Ford neben mir und schaut mich aus wachen Augen wohlwollend und neugierig an.

Eine Viertelstunde später bin ich in Kenntnis seiner biographischen Eckdaten, ohne dazu mehr beigetragen zu haben, als ihm aufmerksam zuzuhören.

James Skelly, 1914 geboren, ist 81 Jahre alt, Vater von drei Söhnen und zwei Töchtern, die ihn bis heute zum achtfachen Großvater gemacht haben (eine Tochter, setzt er nach, ist gestorben - wobei es mir so scheint, als stocke er bei dem letzten Wort).

Sein Vater wurde früh begraben, er, das älteste von sechs Kindern, mußte mit der Mutter für die Familie sorgen. Als er vierzehn war, verließ er die Schule, wurde Farmer, hütete das Vieh, pflanzte und erntete Weizen, Kartoffeln, Rüben und hat sein Lebtag nie etwas anderes getan.

1947, mit 33, hat er geheiratet, mit 65, 1979, wurde er Rentner. Erst ein Jahr später bekam diese Gegend elektrisches Licht, vorher gab es nur Paraffin und Kerzen. Seither hat sich vieles geändert, und etliches zum Guten. »Zum Beispiel der nationale Gesundheitsdienst – eine Errungenschaft, auf die selbst der größte Optimist nicht hoffen konnte. Das fing 1988 an, vor sieben Jahren.«

Damals vermachte James Skelly seinen Besitz, 150 *acres* Land, dem ältesten Sohn, der gerade geheiratet hatte. »Das ist da drüben.« James Skelly dreht sich um und zeigt auf ein Gehöft, das etwas verdeckt hinter Bäumen liegt.

Während seines Reports prüft er, ob ich auch alles verstehe, kontrolliert es durch dazwischengestreute Fragen, macht mir die Beantwortung aber leicht, weil sein Englisch sehr verständlich klingt.

Als hätte ich ihn auf eine gewisse Diskrepanz zwischen seiner kurzen Schulzeit und seiner Bildung angesprochen, sagt er, einen pfiffigen Ausdruck im Gesicht: Eine seiner Schwestern – »Gott hab sie selig!« – und er, sie wären die Familienmitglieder gewesen, die ein »überdurchschnittliches Gehirn« gehabt, sich weiter gebildet und für das Leben gut gerüstet hätten. Dazu gehörte, daß er sich immer für Geschichte interessierte. Ob ich die Burgruine da vorn gesehen hätte? Und als ich nicke: »Die hat einem katholischen Earl gehört, bevor die Engländer kamen und es ihm weggenommen haben – wie sie uns immer alles stahlen, die Räuber.« Dabei grollt James Skellys Stimme, als dauerte die britische Fremdherrschaft bis in die Gegenwart an.

Gleich darauf erfahre ich von ihm, wie die großen Bäume heißen, die mich so beeindruckten, deren Namen ich aber nicht kenne – und was ihre Hauptaufgabe gewesen sein soll.

»Sykomoren! Ihre Lordschaft, die Whites, haben den Besitz des Earls dann übernommen und auf dem *estate* irische Sklaven schuften lassen. Die großen Bäume, die Sie ringsum sehen« –

James Skelly läßt seine Rechte über dem Kopf kreisen –, »haben die englischen Siedler gepflanzt, wie überall in Irland, und das mit Bedacht. Sykomoren haben besonders starke Äste. Das mußte auch sein, denn daran pflegten die Briten mit Vorliebe mehrere Iren nebeneinander aufzuknüpfen.«

Das klingt, als habe er gestern zuletzt solch schauerlicher Hinrichtung beigewohnt.

»Ich war sieben, als die Briten 1921 verjagt wurden, und habe von ihrer Herrschaft noch was mitgekriegt. Jeder von uns hatte damals ein Gewehr, auch mein Vater. Ich muß so um die fünf gewesen sein, als er einmal von Polizisten verhört wurde und ich Angst hatte, daß sie ihn mitnehmen würden. Ich glaube, ich hätte die beiden erschossen, wenn sie das getan hätten.«

Ich nehme die günstige Gelegenheit wahr und frage: »Was wird morgen sein? Glauben Sie an eine Vereinigung der Republik mit Nordirland?«

Überrascht blickt er auf: »Was für eine Frage – klar! Wir werden alle Briten von unserem Boden vertreiben, ohne Ausnahme. Das ist so sicher, wie morgen die Sonne aufgeht.«

Da brütet etwas ganz tief drin in dem Alten neben mir, etwas, das nie herausgekommen ist. Doch trotz seiner massiven Rhetorik wird James Skelly weder scharf im Ton, noch verändert das erstaunlich runzelfreie Gesicht mit den lebendigen Augen seine freundliche Mimik.

Dann fragt er, was mich hierhergeführt habe, kriegt rote Wangen, als ich ihm von meinem Plan berichte, ein Buch über Irland zu schreiben, und besteht darauf, daß ich ihm nach Lanesborough in sein Haus folge.

Etwas stöckerig geht er zu seinem Wagen, an dessen Hinterscheibe ein dickes L klebt, für *Learner*, Anfänger (obwohl James Skelly, wie seinen Worten zu entnehmen war, schon seit früher Jugend fährt), und rauscht staubwirbelnd so forsch ab, als befände er sich immer noch in jenem energiegeladenen Lebensstadium.

Als wir am Rand von Lanesborough vor dem Haus stehen, dringt es beunruhigend gelb aus einem der beiden Schornsteine hervor. »Just the same matter!« flucht er – »Immer der gleiche Mist!« –, eilt ins Haus, wo er in der Küche über dem Herd eine

Klappe zuschlägt, sich mit dramatischer Gestik am Tisch niederläßt und einen Blick auf seine Frau wirft, der strafend sein soll, aber augenscheinlich jede Wirkung verfehlt. Denn sie nimmt das Malheur und die lautlose, aber grimmige Abstrafung durch ihren Mann hin mit der Routine einer erprobten Ehefrau, die nichts mehr erschüttern kann. Kein Wunder – die beiden müssen jetzt, wenn sie 1947 die Ringe getauscht haben, seit achtundvierzig Jahren verheiratet sein, rechne ich nach.

Kathleen Skelly, hochgewachsen, weißhaarig, selbstbewußt, füllt ihrem Mann den bereitgestellten Teller mit Kartoffeln, Gemüse und Fleisch, setzt sich zurück auf ihren Platz am Fenster und beginnt dort an irgend etwas zu stricken.

»Die Straße war zu eng, um aneinander vorbeizukommen«, erklärt er ihr meine Anwesenheit, »sonst hätten wir uns nie kennengelernt.« Während er ißt, wandere ich ein bißchen im Haus herum – es ist geräumig, mit fünf Zimmern, einem lange nach dem Einzug installierten Badezimmer, einstöckig und, wie alle irischen Häuser, ohne Keller.

Die Küche geht über in eine Veranda, die als Geräteschuppen dient und durch deren Fenster man auf eine große Wiese schaut – Schafe, ein alter Brunnen, ausgeschlachtete Landmaschinen. »Noch unser Grundstück«, sagt er, »hier gehören wir hin.«

Mir wird eine Riesentasse Kaffee vorgesetzt und ein Berg Gebäck, das Ähnlichkeit mit unserem Streuselkuchen hat. Wir sind zu dritt in einer Atmosphäre, als kennten wir uns schon lange, so daß meine notorische Neugierde nicht falsch verstanden wird.

Kathleen Skelly kommt aus Roscommon, ist 72 und geht am Samstag zur Messe, James Skelly dagegen besucht die Kirche am Sonntag. »Den Gottesdienst am Samstag gibt es erst seit zehn Jahren«, sagt er, »und ich will von meinen Gewohnheiten nicht abgehen.«

Er hat sein Mahl beendet, die Beine von sich gestreckt und die grüne Mütze abgenommen. So sitzt er vor mir, in Hosenträgern, auf dem Kopf ganze Büschel wirrer grauer Haare, und beginnt zu erzählen.

Viele aus der Sippe der Skellys sind alt geworden, 95 der Großvater mütterlicherseits, der bis dahin Jahr für Jahr den Lough Ree durchschwommen hat. »Hin und zurück! Aber nicht hier oben bei Lanesborough, wo er schmaler ist, sondern weiter südlich. Haben Sie mal gesehen, wie weit weg das andere Ufer entfernt ist? Doch eines Tages fiel er und starb. Dabei wollte er so gern hundert werden.«

Beide Skellys haben in der Schule Gälisch gelernt, inzwischen jedoch so gut wie alles vergessen. Er: »In Galway hatten wir uns mal verfahren, da habe ich an eine Haustür geklopft und eine Frau, die herauskam, nach dem Weg gefragt. Aber da sie nur Gälisch sprach, nicht Englisch, hat sie mich nicht verstanden.« Darauf Kathleen Skelly, seelenruhig: »Man kann auch sagen, daß du es warst, der sie nicht verstanden hat.«

Beide sitzen gewöhnlich drei Stunden am Tag vor dem Bildschirm und sehen vor allem gern Talkshows. »Aber wir hören auch Radio, Shannon Side, eine lokale Station. Sie bringt unsere wunderbaren irischen Lieder, die so schön sind wie unsere Landschaft.«

Als ich auf das Kraftwerk vor Lanesborough und sein Ungetüm von Schornstein zu sprechen komme, das weit und breit die Gegend verschandelt, stoße ich auf James Skellys lebhaften Widerspruch. »Der Anblick ist nicht schön, stimmt, aber die Emissionen sind ungiftig – da wird keine Kohle verfeuert, nur Torf, und der ist nicht umweltfeindlich. Ganz im Gegenteil, die Rauchpartikel fallen zur Erde zurück und düngen den Boden. Außerdem ist das Werk ein wichtiger Arbeitgeber in der Region.«

Ich habe da so meine Bedenken, halte sie aber zurück, zumal ohnehin alle Gegenargumente versagen, wenn es um Arbeitsplätze geht, auch in Irland.

Kathleen Skelly erinnert sich, wie sie mit Schaufel und Spaten losgezogen sind, auch Frauen, um Torf zu stechen. »Daß damit Schluß war, ist noch gar nicht so lange her. Inzwischen geht das alles maschinell vor sich, was natürlich kräftesparend und viel ergiebiger ist. Trotzdem, wir haben uns auch gefreut, bei der Arbeit zusammenzusein.«

Ich habe viele diese Felder gesehen, riesige Flächen, gleichmäßig abgestochen und von Hunderten und aber Hunderten von bunten Plastiksäcken mit Torf bestanden. Wie wird das gehandhabt, wem gehören die einzelnen Packen, und wie werden sie auseinandergehalten?

Da lachen beide. »Jeder weiß, welche davon ihm gehören, und welche nicht, jeder kennt das genau. Darüber gibt es nie Streitereien.«

Sie haben von der Republik eine ganze Menge gesehen, waren in Sligo, Galway, Kerry, Cork, auch in Dublin, aber noch nie in Nordirland. »Da fahren wir erst hin, wenn die sechs Grafschaften wieder zu uns gehören«, sagt James Skelly, seiner bereits zuvor geäußerten Zuversicht entsprechend.

»Dann werden wir nie dahinkommen«, hält Kathleen Skelly dagegen, »denn diese Vereinigung wird es nicht geben.«

»Wenn du wenigstens sagen würdest: zu unseren Lebzeiten nicht«, seufzt ihr Mann und macht eine Bewegung, als wollte er mir bedeuten: Was seine Frau sage, sei nicht so ernst zu nehmen. Wirklich nicht?

Gemeinsam sind sie beunruhigt über den florierenden Verkauf von Grundstücken und Häusern an Ausländer, schwanken aber, ob das die richtige Einstellung sei: Europa – ja; Tourismus – in Ordnung. Aber seßhaft werden, sich hier einkaufen?

»Der Westen Irlands ist davon nicht so bedroht wie der Osten und der Süden. Aber das kann noch werden. Wir Iren sind gebrannte Kinder, wenn Fremde bleiben wollen. Das geht so schnell nicht aus uns heraus.«

My home is my castle – das eigene Heim als Lebensburg?

»Ja«, sagt Kathleen Skelly, »das gilt für Irland noch mehr als für England, woher der Spruch doch stammt. Kein Land in der Welt hat so viel Privatbesitz an Haus und Grund und Boden wie unseres. Keine Jugend will rascher weg von den Eltern und selbständig werden – im eigenen Haus. Das ist wie eine Manie.«

»Und das geht nur auf Pump«, ergänzt er, »nur auf Kredit. Also sind wir auch eine der höchstverschuldeten Bevölkerungen auf der Erde.«

Es ist Spätnachmittag geworden und der Kuchenberg vor mir erst halb abgetragen, die Skellys aber dringen auf totalen Verzehr. Gegen diese Gastfreundschaft komme ich nicht an, also mampfe ich tapfer weiter, verdonnere mich aber selbst dazu, ab morgen zu fasten.

»Ich schreibe ein Tagebuch, seit vierzehn Jahren.« James Skelly fordert mich auf, ihm zu folgen, holt in der guten Stube ein dikkes Album aus einem Fach hervor und zeigt auf das Datum der letzten Eintragung - gestern. »Darin schreibe ich auf, was es so gibt, was sich ereignet, klein oder groß, ganz egal. Manchmal passiert auch gar nichts.«

Und manchmal Schreckliches.

Auf einer Kommode, neben einem ausgestopften Fasan, entdecke ich ein Foto, das vollkommen beherrscht wird von einer jungen Frau - ganz in Weiß, mit Hochzeitsschleier, Grübchen in den Wangen, schlank wie eine Lilie, verzückt lachend, die Lebensfreude selbst. Neben ihr, in der emporgereckten Hand einen Blumenstrauß, ein gleichaltriger, vielleicht sogar jüngerer Mann im schwarzen Anzug und mit gefrorenem Lächeln um den Mund. Ahnungslos wie ich bin, schaue ich die beiden fragend an und sehe, wie ihre Mienen sich um einen Schatten verdüstern. Dann nimmt Kathleen Skelly das Bild in die Hand und sagt mit sichtlicher Überwindung: »Da wußte unsere Tochter noch nicht, daß sie gerade einen Trinker geheiratet hatte, einen gewalttätigen Burschen, der sie schon einen Tag danach schlug und dann immer wieder. Ohne uns davon je auch nur ein Wort zu sagen, hat sie das ein Jahr ausgehalten, bis sie nicht mehr konnte.« Dann, nach einer Pause: »Sie war neunzehn, als sie Selbstmord beging.«

Das also ist die Erklärung dafür, daß James Skelly vorhin im Wagen stockte, als er davon sprach, daß eine seiner Töchter gestorben sei.

Jetzt holt seine Frau ein schweres Lederalbum aus einer Schublade und blättert darin die fotografische Chronik ihres toten Kindes auf, vom Säuglingsalter an, selbstvergessen, nur dann und wann einen Kommentar murmelnd, den ich nicht verstehe. Aber Kathleen Skelly ist sich ohnehin nicht mehr bewußt, daß ihr jemand zuschaut, wie sie da Seite um Seite umschlägt, vor einigen länger verharrt, auf anderen rasch mit den Fingerspitzen über die Fotos der Tochter fährt - und ganz plötzlich, als durchführe sie ein durchdringender Schmerz, das Album zuklappt.

Dennoch hatte ich wahrnehmen können, was die Ursache für den jähen Abbruch war - ein Foto, auf dem der Bräutigam die

Braut küßt, die, selig vor Glück, ein Bein von der Erde abgehoben und es mit dem hochhackigen Schuh waagerecht vom Knie ab nach hinten weggeknickt hat.

Zum Abschied treten Kathleen und James Skelly mit vor die Tür, älter, als sie mir anfangs schienen – sie das Album noch unterm Arm, er mit wirrem Haar und in Hosenträgern, beide in einer gebeugten Würde, von der sie nichts ahnen.

»Wenn die Straße nicht so eng gewesen wäre, hätten wir einander nie kennengelernt«, sagt er wieder. Und fügt an: »Es ist unwahrscheinlich, daß wir uns noch einmal begegnen. Aber ich glaube, wir werden uns nicht vergessen.« Ganz gewiß nicht, denke ich.

Und mache es hier wahr.

In Mallard Point zurück, wird der Tagesausgang getrübt durch die Zeitungslektüre.

In der Presse wird ausführlich der Fall eines Vaters behandelt, der jede seiner fünf Töchter in ihrer Kindheit und ersten Jugendzeit über Jahre hin sexuell mißbraucht hat. Dabei glaubte jede von ihnen, sie sei die einzige Mißbrauchte, so konspirativ ging der Vater vor. Das Schweigen der Töchter vor seiner Frau erkaufte er sich mit der Drohung: Wenn die Mutter davon erführe, wäre das ihr Tod.

Der Horror saß so tief, daß sie darüber erst jetzt, als Erwachsene, sprechen können. Unter großen seelischen Qualen haben sie sich zusammengetan und endlich den Vater angeklagt – um der Gerechtigkeit willen und um an den furchtbaren, unvergeßlichen Erfahrungen mit dem eigenen Erzeuger nicht zugrunde gehen zu müssen.

Die Reaktion der Justiz auf die Ungeheuerlichkeit des überwältigend dargelegten Tatbefundes kann nur als schamlos bezeichnet werden: Ohne seine Gründe zu nennen, lehnte der Generalstaatsanwalt der Republik Irland den Strafantrag gegen den Vater ab.

Dessen einzige Reaktion bestand in der Erklärung: Er werde seinen guten Namen mit allen legalen Mitteln verteidigen. Dabei kann er anonym bleiben – solange gegen ihn nicht offiziell ermittelt wird, darf sein Name bei Strafe nicht genannt werden.

Von der Ablehnung ihres Strafantrags erfuhren die Töchter aber nicht durch den Generalstaatsanwalt, sondern durch die Polizei. Darauf faßten die Frauen ihren Schmerz und ihr Leid in fünf Sätze, die sich lesen wie die Prosa einer klassischen Gesamtanklage gegen solche Täter und ihre Beschützer in der Justiz: »Wenn es Verhöre durch das Gericht gab – uns ist nichts darüber mitgeteilt worden. Auch könnten wir nicht sagen, welche Anwälte uns dabei vor Gericht vertraten, denn weder haben wir sie gesehen, noch kennen wir ihre Namen. So, wie die Sache ausging, sind wir die Verlierer. Aber das will nicht in unseren Kopf. Denn daß der Täter nicht verurteilt wurde, bedeutet auch, daß wir niemals zur Ruhe kommen werden.«

Alle Versuche, dem Generalstaatsanwalt die Gründe seiner Ermittlungsverweigerung zu entlocken, parierte der mit der Behauptung: Damit würde er seine Unabhängigkeit verlieren.

Fazit: Nicht nur, daß den Opfern Gerechtigkeit vorenthalten wird, es wird ihnen auch nicht gesagt, warum das so ist.

Auf die gleiche Weise werden zahlreiche Fälle von Vergewaltigung, auch in der Ehe, und sexuellem Vergehen an Kindern abgeschmettert, selbst wenn ein ärztliches Attest vorliegt.

Das einzig Erfreuliche an dieser todtraurigen Justizfarce: Die Wellen in der liberalen Öffentlichkeit schlagen hoch, weil die wahren Gründe der gehäuften Ermittlungsverweigerungen auch ohne das Eingeständnis ihrer Verursacher allgemein bekannt sind – opportunistische Anpassung des Justizapparats an eine politische und klerikale Bigotterie, die sich nicht gegen das Delikt, sondern gegen seine Aufdeckung empört.

Dergleichen brächte mich überall in Rage. Warum aber tut es das so besonders heftig in Irland?

The Shaskeen Band on tour

Die »Ceili Bar« ist rammelvoll, als ich gegen 22 Uhr 30 in Oldcastle eintreffe, und Johnny B. dort bereits groß in Fahrt.

Mit Schlips und Kragen und in seinem besten Anzug wie verkleidet wirkend, hebt er das – wievielte? – Glas Stout zum

Willkommen in die Höhe und weist, als seien sie seine Schöpfung, mit dem Ausdruck schrankenlosen Stolzes auf die Musikanten. Am Klavier eine Frau, ein Akkordeonspieler auf einem Hocker, daneben ein Schlagzeuger und am Saxophon - der Maestro: sechzig, Besitzer des in ganz Irland berühmten Pubs, Politiker, Künstler, Geschäftsmann, als Senator in Dublin langjähriges Regierungsmitglied, in Oldcastle geboren und eine nationale Legende schon zu Lebzeiten - Michael Lynch!

Er ist schlank, groß, trägt eine Brille und Lackschuhe, hat am Hinterkopf eine kleine kahle Stelle und steht etwas gekrümmt auf, als er jetzt das Saxophon beiseite legt, eine gewaltige Baßgeige an sich zieht und mächtig in die Saiten greift - tönend und tief, die Würze des Orchesters. Der Akkordeonspieler - eine karierte Jacke mit dunklem Schopf; der Schlagzeuger - rote Wangen über schwarzen Hosen; die Pianistin - aus wadenlangem Kleid ein Jugendstilkopf auf dem geschwungensten Hals der Welt. Und alle vier, mit Michael, Geschwister: »The Shaskeen Band on tour!«

In der »Ceili Bar« dröhnt, klingt, rauscht es nur so - Irish country songs at its best.

An Tischen und Wänden, Kopf an Kopf, Zuhörer, die mitsummen, mitsingen, aufspringen, sich in kunstvollen Schritten drehen und rasch wieder auf ihre Plätze zurückeilen. Unter den Tänzern auch Johnny, ein Bär von Kerl, unerwartet behende und plötzlich seine Frau im Arm, die schwebt, als sei sie eine Elfe und nicht gestandene Mutter von zehn Kindern - ein wunderbares Bild.

Es wird Guinness ausgeschenkt, in Strömen, und das seit Stunden schon. Aber niemand ist betrunken, keine Spur davon. Da lehnen sie am Billardtisch, Zigarette in der Hand oder im Mund, unbeeindruckt, wenn ihnen der Rauch in die Nase zieht.

Überall Kinder, die Beleuchtung milde. Hinter der Theke eine junge Frau mit Pagenschnitt, die unentwegt Gläser füllt. Das Geschäft floriert, auch heute abend, wie alles, was Michael Lynch anfaßt und betreibt.

»Ceili Bar« - das ist der Austragungsort musikalischer Wettbewerbe auf nationalem Niveau, ein Treffpunkt besonderer Art, prominent durch seinen Besitzer und von gediegener Herkunft.

Ich stehle mich hinter die Frontscheibe des Pubs und ziehe den Vorhang zur Seite. Alte Gläser; eine in Holz gefaßte Flasche, 1710, Smith Wick's, ausgestorbene Biermarke; Whiskeyflaschen von Power & Son, längst ohne Inhalt; Gartenzwerge (wie kommen die hierher?); güldene Pappbehälter, alt, Vorstufe der Blechdosen.

Drinnen rings an den Wänden Fotos: »Oldcastle Intermediate Champions 1987«, »St. Baigids, Junior Champion 1994«, darunter die Namen der Sieger, Lynch, Reillys, MacEnroe – *Gaelic football*, Heiligtümer!

Inzwischen hat sich der Kapelle ein Mann zugesellt, der mit zwei Löffeln in einer Hand den Takt schlägt, ein scharfes, metallisches Geräusch. Das geschieht so blitzschnell, daß es schwer ist, hinter die Methode zu kommen. Er hält die beiden Löffel in der Linken, streicht sie durch die rechte, auf dem Oberschenkel ruhende Handfläche und erzeugt so mit unglaublicher Geschicklichkeit rhythmische Trillergeräusche, die haargenau zu Takt und Melodie passen.

Während Michael Lynch die überdimensionale Baßgeige wieder gegen das Saxophon getauscht hat, bemächtigen sich nun Gäste der verschiedenen Instrumente. Einer hat das Akkordeon ergriffen, ein anderer sich ans Klavier gesetzt, auf die Tasten einhämmernd, ein dritter sich der Trommel bemächtigt – all das in Übereinstimmung mit den Lynch-Geschwistern, die bewundernd daneben stehen und in die Hände klatschen.

Die Stimmung wird ausgelassen, der Rahmen der *Irish country songs* gesprengt, international Bekanntes aufgespielt: »Rose of the Barrel«, »Yellow River«, die Soundtrack-Ohrwürmer aus dem Film »Dr. Schiwago«, schließlich Wiener Melodien. Ich will es nicht glauben – Straußsche Kompositionen in einem irischen Pub, wenn auch einem der prominentesten des Landes. All das wird schnarrend, klirrend und völlig fehlerfrei von dem Löffelmann begleitet, der außer den Händen und dem taktschlagenden linken Fuß mit steifem Körper und der unbewegten Miene eines Buster Keaton dasitzt.

Johnny und seine Frau singen mit, wobei sie noch Zeit finden, mich ihrer unverbrüchlichen Freundschaft zu versichern, obwohl ich keinen Tropfen Guinness trinke, sondern Ginger Beer und Schweppes.

Trotzdem brummt mir der Schädel, ich gehe vor die Tür des Pubs. Es regnet aus dem Nachthimmel über Oldcastle, die gegenüberliegende Wand ist grell beleuchtet, die nassen Fäden ziehen stramm herunter, und im Hintergrund sticht, wie eine Theaterkulisse, der spitze Turm einer Kirche hoch.

Mitternacht ist vorbei, aber drinnen laufen noch die Kinder herum, darunter ein fünfjähriges Mädchen, das Haar hinten mit einem dicken roten Wollknoten zusammengerafft.

Auf dem Billardtisch liegen leere Gläser, leere Flaschen, Jakken, eine einsame weiße Kugel und ein offener Kasten mit einer Klarinette.

Nach der greift Michael Lynch jetzt und gibt den Ton an – gegen ein Uhr früh klingen altirische Weisen durch die »Ceili Bar«, gefühlvoll, weich, melancholisch. Die Gesichter nehmen einen anderen Ausdruck an, wenn die Melodie betont getragen ausklingt. Danach Jubel, Applaus, Aufschreie.

Johnny beugt sich zu mir herüber, bleckt seinen einzigen Zahn und brüllt mir ins Ohr: »Michael hat sich das selbst beigebracht, er spielt die Instrumente seit seiner Kindheit, da gibt es keines, das er nicht kann, keines.«

Just in diesem Moment, als wollte er Johnnys ungehörtes Lob bestätigen, legt Michael Lynch die Klarinette zurück, setzt sich ans Klavier und gibt mit der Pianistin ein Duett. Er, die Schwester um Haupteslänge überragend, sie mit betörendem Hals neben ihm, beide mit kunstfertiger Gewandtheit in die Tasten greifend, eine irische Geschwistereinheit, die alsbald vervollkommnet wird durch die beiden anderen Brüder an Schlagzeug und Akkordeon.

Erst jetzt bemerke ich die an das Klavier gelehnte Krücke – sie gehört dem Ziehharmonikaspieler, mit zwanzig das jüngste der vier Geschwister.

Der Pub ist verraucht, die Theke besetzt und Johnny mit dauergebleckten Zahn in Hochstimmung – den Arm um die Hüfte seiner Frau gelegt, sind sie das jugendlichste Paar hier weit und breit.

Gegen drei Uhr früh löst die Mutter der Fünfjährigen den roten Wollknoten und dreht das Haar der Tochter zu einem Zopf. Der Fernseher blieb die ganzen Stunden ausgeschaltet.

Gegen fünf Uhr früh, bei Tageshelle, liege ich endlich im Bett, unfähig einzuschlafen, weil das Nachtkonzert der irischen Lieder in meinem Kopf einfach nicht ausklingen will.

Aber der Schlaf hätte ohnehin nicht lange gedauert.

Es ist sechs Uhr, als erst vom Seeufer her der Motor des Bulldozers aufbrüllt, dann, nach einigen vergeblichen, aber phonhaltigen Startversuchen, die Betonmischmaschine röhrend anläuft, über allem aber schließlich ein Organ triumphiert, dessen grelle, berstende Akustik nur einem ausgeschlafenen Körper entströmen kann, tatsächlich aber jenem Johnny B. gehört, der mit mir vor einer Stunde, und nach wohl gut zwanzig Gläsern Stout, aus der »Ceili Bar« ins augenschmerzende Morgenlicht getreten war.

Längst vorbei die geographischen Irritationen

Fahrt um den Lough Sheelin.

Ich fühle mich in einer tiefvertrauten Landschaft mit tiefvertrauten Orten:

Mount Nugent – gleich hinter der Brücke rechts der geräumige Kramladen mit dem dennoch spärlichen Angebot, den immer schrumpeligen Äpfeln, den vertrockneten Zwiebeln, dem ganzen anarchischen Sortiment von Mash Mallows über Kitschpostkarten bis zu schweren Rasenmähern und der überwältigend freundlichen Bedienung: Familiensache, Mutter, Tochter, Sohn, alle langaufgeschossen, immer lächelnd, undevot, auf die sympathischste Weise unprofessionell.

Ballyjamesduff und das alte »Percy French Hotel« dort.

Das langgestreckte Kilnaleck, erste Etappe auf der Fahrt nach Cavan, Zentrum des gleichnamigen County, mit einer Ahnung von der nahen Grenze zu Nordirland.

Und Oldcastle, wo es nicht nur die »Ceili Bar« gibt, sondern auch Eamon D. und seinen Elektroladen – ein Anruf, gleich zu welcher Stunde, und bald schon knirschen die Reifen seines Wagens auf dem Kies von Mallard Point.

Jetzt, auf der Nordseite des Lough Sheelin, vor Ballymachugh, badet das Land förmlich im flutenden Mittagslicht, fühle ich mich wohl, zugehörig, kenne ich die Wege, die Pfade, das Labyrinth der steinernen Zäune. Längst vorbei die geographischen Irritationen des Anfangs und seiner Beklemmung: Findest du das versteckte Mallard Point je wieder, wenn du von Granard, vom Lough Gowna oder von Kells zurückkehrst?

Die schöne Selbstverständlichkeit, mit der ich längst durchs Land kutschiere, in guter Kenntnis der Region zwischen Crosserlough und Ross, Kilcogy und Castletown; die immer neue Erwartung auf der R154 vor dem Hinweisschild »Crover Lodge – Lough Sheelin«: Wann taucht es auf, das schöne weiße Haus mit den braunen Fensterrahmen, den Stechpalmen und den beiden Gipshunden am Eingang als stumme Torwächter? Wann blinkt rechts zum erstenmal der Spiegel des Sees auf? Wann kommt der Abschnitt, durch den man fährt wie durch einen grünen Tunnel?

Nun vorbei am Ostufer auf die Südseite des Lough Sheelin, nach Finea, bei bedecktem Himmel, aber trotzdem hellem Licht, und weiter in Richtung Castlepollard.

Auf der Hälfte der Strecke steige ich aus – rechts und links der Straße Moor, Sumpf. Obwohl das Gras hoch ist, sackt man sofort ein, wenn man drauf tritt. Ich verlagere mein Gewicht auf ein Bein, und da will es einen gurgelnd tiefer saugen. Dabei sieht die Decke so friedlich aus mit ihren einladend im Wind nickenden roten, gelben und weißen Blumenköpfchen.

Etwas weiter eines dieser Torffelder, maschinell bearbeitet und bis an den Horizont gestreckt: Tausende, Zehntausende von braunen Rechtecken, in Viererreihen nebeneinander, eine große Zahl von ihnen frisch gestochen, mit glänzender Oberfläche, andere trockener, schon braun und dunkelbraun. Ganze Tagewerke, die früher viele Menschen verrichteten, schafft heute eine Maschine in sechzig Minuten.

Auch hier wieder die Stapel abgepackter bunter Plastiksäcke, die weite Fläche übersät davon, verwunderlich und eindrucksvoll.

Ich vergehe mich an staatlichem oder vielleicht auch privatem Eigentum und lade fünf bereits ziemlich gedörrte Torfbriketts in meinen Wagen für den heimischen Kamin.

Dann geht es von Collinstown an den Lough Lene. Lieblich liegt der See da, eingerahmt von sanften Hügeln, eine der vielen

Gletscherdellen aus der Eiszeit. Krähen in der Luft, auf dem Wasser kein Boot, Waldinseln. Hier, wie auch am Lough Owel oder Lough Derravaragh, hat vor Tausenden von Jahren der frostige Hobel angesetzt, hat die weiße Schneide tief gegraben und auf dem Rückzug Irlands Märchenseen hinterlassen.

Auf dem Rückweg an der Straße ein toter Dachs, ein großes Tier, ohne äußere Verletzungen, und doch ein Opfer des Verkehrs. Kein seltener Anblick in diesem Land, überfahrene Tiere, wenn auch nicht oft solche großen wie dieses, das noch im Tode seine wilde Schönheit bewahrt hat.

In Mount Nugent haucht die Zündung des Wagens ihr Funkenleben just in dem Moment aus, als ich die Reparaturwerkstatt von Mr. Smith passiere. Der grüßt schon herüber, ölbefleckt und einen großen Schlüssel in der Hand. Mit dem hantiert er unter der geöffneten Haube, findet die wunde Stelle sofort, gibt mir ein Zeichen - und schon springt der Motor wieder an. Salär? Keines! Mr. Smith winkt energisch ab, Freundschaftsdienst, gern getan.

Vor vierzehn Tagen war der Wagen für eine größere Reparatur am Auspuff hier einen vollen Tag gewesen - für ganze fünf Pfund, umgerechnet etwa zwölf Mark. Da mag man nur mit Wehmut an so manche Faktura denken, die von deutschen Werkstätten ausgestellt worden ist.

Jetzt lasse ich den Wagen auf Mr. Smith's Einladung gleich auch waschen, in einer Anlage, deren Rost den Gedanken, ihr könnte Wasser entströmen, absurd erscheinen läßt, die dann aber doch, und sogar heiß, funktioniert.

Da steht er nun, mein alter Ford, und wird von seinem Dreck befreit. Bis heute hat er, überschlage ich, bei meinen Buchreisen in Israel, Ostpreußen und Irland insgesamt an die 40 000 Kilometer zurückgelegt, eine Strecke also einmal rund um die Erde, und zwar dort, wo sie am umfangreichsten ist. Und mag man es mir glauben oder nicht: Ungeachtet mancher Beulen und einiger verschämter, von außen jedoch nicht erkennbarer Roststellen, sieht mein motorischer Untersatz fast noch so neu und unversehrt aus wie bei seinem Kauf im Jahr 1982.

Nun meinerseits verschämt, gestehe ich gegenüber der alten Kiste (wie ich alle meine Autos, auch die nobleren, zu nennen pflege) Empfindungen ein, wie sie betagten Reitersmännern gegenüber ihren langjährigen Pferdegefährten nachgesagt zu werden pflegen, wobei dann oft die Rede vom »Gnadenbrot« ist. Das läßt sich gewiß auf die »eisernen Pferde« nicht so ohne weiteres übertragen, aber meinen alten Ford auf irgendeiner Abladehalde einfach vergammeln zu lassen, das kann ich mir auch nicht vorstellen.

Wieder in Mallard Point unter dem Kirschbaum, entdecke ich vom Liegestuhl aus im Schein der Abendsonne, daß die Brust der schwirrenden, flitzenden Schwalben bunt ist, ockerfarben mit einem Stich ins Rötliche. Aber das ist nur zu erkennen, wenn die phantastischen Luftsegler in einem bestimmten Winkel zur Sonne fliegen, von Nord nach Süd, und auch nicht länger als eine Sekunde lang.

Allmählich leert sich der Himmel, werden die schwarzen huschenden Schatten da oben weniger, verlassen sie das fahle Blau des Übergangs vom Tag zur Dämmerung und suchen ihre Nester auf.

Mallard Point hat zwei davon, eines unter dem Seitenfirst, das andere unter der Dachrinne neben dem hinteren Hauseingang.

Mein irisches Tagebuch VI

25. Mai.

Heute morgen am Vogelhäuschen das alte Drama mit neuer Besetzung.

Ungeheures Krähenkonzert ab sechs Uhr früh. Ein Blick hinaus: Die gravitätischen Schwarzfedern picken in Scharen die Reste des Vogelfutters auf, das die räuberischen Eichhörnchen hinterlassen haben, während Blaumeisen und Rotkehlchen sich droben an den aufgehängten Futternetzen gütlich tun, so lange es eben geht.

Da tauchen sie auch schon wieder auf, schimmernd in ihrem prachtvollen Silberfell, von einem Augenblick zum anderen die Szene beherrschend. Noch bevor sie hochgeklettert sind, stiebt und flattert es oben davon.

Was tun – hinauslaufen und die Eichhörnchen verscheuchen?

Ihre graue Gattung ist, wie ich inzwischen gelesen habe, erst zu Beginn des 20. Jahrhunderts nach Irland gekommen, nachdem hier wie in England die roten Eichhörnchen fast völlig ausgestorben waren.

Nota bene und bei dieser Gelegenheit: Es fehlt auf der Insel eine ganze Reihe kontinentaler Gattungen. In der Eiszeit waren alle Tiere und Pflanzen eingegangen. Als es dann wärmer wurde, die Gletscher schmolzen, kam vom Festland her zwar eine neue Fauna und Flora, aber nur so lange, bis der steigende Meeresspiegel Irland zur Insel machte. Für etliche Arten zu früh – es gibt hier keine Schlangen, auch Maulwürfe nicht. Von den 150 Säugetiergattungen auf dem europäischen Festland sind in Irland nur 27 heimisch geworden.

Eine Lösung des Problems da draußen auf dem Rasen vor der großen Panoramascheibe bringt diese evolutionäre Erkenntnis jedoch leider nicht. Das größere der beiden Grauhörnchen hat sich wieder akrobatisch an dem Stützbalken hochgehangelt, sich eines der prallen Vogelfutternetze bemächtigt, es aufgerissen und den Inhalt in Kürze fast vollständig aufgefressen. Was dabei herunterfällt, nimmt das andere Tier auf, und als die Zufuhr von oben stoppt, versucht es seinerseits, hinaufzuklimmen. Dabei vollführt es, Kopf nach oben, Kopf nach unten, wahre turnerische Kunststückchen, doch reicht die Courage nur bis zur Hälfte des Aufstiegs, oben gebietet das andere Graufell, und der schwache Konkurrenzversuch fällt in sich zusammen.

Schließlich satter Abgang beider – den Schwanz waagerecht von sich gestreckt, wenn sie laufen, aber das Büschel in dekorativer Biegung an den Rücken geschmiegt, wenn sie verharren. So verschwinden sie unter der riesigen kanadischen Tanne zum Nachbargrundstück.

Am Ausgang der Bucht zum See ist unterdessen die Schwanenfamilie aufgetaucht, die Alten nun für sich, aber die Jungen immer noch in ihrer Nähe und eng beieinander, gleichsam ein Schritt zur Selbständigkeit bei wachem Risikoinstinkt. In der Zwischenzeit sichtbar gewachsen, ist ihr Gefieder nach wie vor von unansehnlicher Farbe, als sollte Häßlichkeit Feinde abstoßen. Quicklebendig, tauchen sie die Schnäbel ins Wasser, schütteln sich, paddeln aufgeregt hin und her und geraten, wenn eines von den vieren zu weit abkommt, ganz rasch wieder zu dem einheitlichen Knäuel, das die Alten keine Sekunde aus den Augen läßt. An der kindlichen Abhängigkeit vom Ruhepol der schlankhalsigen Eltern hat sich bisher offenbar nichts geändert.

Die innere und äußere Abnabelung der Jungschwäne werde ich hier nicht mehr erleben.

Am Nachmittag geht es noch einmal zum Angeln auf den See hinaus, mit Martin, dem Vater von sechs Kindern, das siebte unterwegs – in zwei Wochen soll es soweit sein.

Wie letztesmal in grünen Gummistiefeln, schwarzer Hose und einem roten Pulli, setzt er sich hinten ans Steuer des Außenbordmotors und lenkt das Boot aufs offene Wasser.

So tuckern wir hinaus.

Die Westhälfte des Lough Sheelin ist in Schatten getaucht, die andere wird golden bestrahlt, wie die Büsche und Bäume am Ufer.

Ich habe, wie Martin auch, eine kurze Angel ausgeworfen und lasse Leine ab. Auf dem ruhigen Wasser geistern Insekten, es glitzert und funkelt über dem See, und da steigt rechts von uns, steil wie ein Flugzeug und flügelschlagend, eine Wildente auf. Plötzlich wölbt ein Regenbogen seinen schillernden Halbkreis von Ufer zu Ufer, wie ein gigantischer Fächer steht er über dem See, verliert sich unterwegs in Wolkengeschwadern und prahlt, wo seine Farben wieder auftauchen, mit irisierender Leuchtkraft.

Hier unten ist es so gut wie windstill, droben aber ziehen helle und dunkle Schleier mit hoher Geschwindigkeit dahin.

An Martins Angel hat zuweilen etwas gezogen, aber Fische waren es nicht. Er sitzt am Heck mit seinem großen, offenen Gesicht, ein freundlicher, grundgütiger Mann, der unter dem mangelnden Fangglück sowenig leidet wie ich – es ist einfach schön, auf dem See zu treiben. Gerade, weil es warm ist, wahrscheinlich der bisher wärmste Tag des Jahres überhaupt.

Das Licht changiert, hell und dunkel, die Wolken werfen Schattengebilde auf das Wasser. Kurz hinter dem östlichen Ufersaum ein Haus mit gelber Front, gesäumt von riesigen Rhododendronbüschen, aus dem Kamin Rauch; niedrig über uns zwei

Fischreiher mit hörbar starken Flügelschlägen; der nasse Spiegel ringsum glatt wie eine Haut, über die man streicheln möchte. Außer unserem Boot kein anderes weit und breit, Martin und ich die einzigen Menschen auf der Welt. Der Rapalla, der künstliche Fisch, blinkt dümpelnd unter der Oberfläche.

Aber die Angel habe ich ohnehin vergessen.

Bei der Rückfahrt kommt Wind auf, die Wellen klatschen gegen das Boot, doch kühler wird es nicht. Wir haben keinen einzigen Fisch gefangen, waren aber drei Stunden in einer Luft, wie es sie vielleicht nur noch in Irland gibt.

An der Betonpier, ufernah, auf der Kreuzung nach Mount Nugent, begrüßt mich das wohlvertraute »Come on dear!«, mit dem der alte Chris seinen Hund Barney lockt. Die x-beinige Mischung zwischen Bulldogge und Windhund tollt heute besonders heftig herum, schwankt einen Augenblick, ob sie mich ankläffen oder alle Energie auf ihren Gebieter konzentrieren soll, folgt ihm dann aber auf dem Fuße.

Wenn eine Steigerung denn überhaupt noch möglich war seit dem ersten Anblick – dem alten Chris ist sie gelungen. Ungeachtet der gestiegenen Temperaturen (in Irland ist es Sommer), trägt er auch heute den auberginefarbenen Mantel mit den klaffenden Schnitten, aus denen das einstmals wertvolle Futter noch weiter hervorgequollen ist. Das rote Haar unter der grauen Mütze scheint mir ebenfalls ein Stück gewachsen und die Kommunikation zwischen Herr und Hund noch vollkommener zu sein, während beide in fortwährendem Dialog ihre Route von der Kreuzung hinunter zum See und auf die Betonpier streng einhalten.

Da ich von diesem gewohnt gewordenen Anblick nicht so rasch lassen will, studiere ich bis zur Rückkehr des seltsamen Paares die große Tafel mit der Aufschrift »Shannon Regional Fisheries Sport Lough Sheelin« – vielfältige Anweisungen, Gebote und Verbote für die Sportfischer auf diesem wie auch jedem anderen See.

Daraus geht hervor, daß eine Angelerlaubnis erforderlich ist; in der Saison vom 1. März bis zum 12. Oktober nur Forellen bis zu 11,83 *inches* (etwa 30 Zentimeter) gefangen werden dürfen (nicht mehr als sechs pro Tag); zwischen dem 1. März und dem 30. April nur die künstliche Fliege auszuwerfen ist (»artificial fly only«); Fischen mit Grundnetzen zwischen dem 1. Mai und dem 15. Juni gestattet ist, aber nur von Ruderbooten aus (»trawling permitted under oars only«), wohingegen vom 16. Juni bis zum 12. Oktober alle Fangmethoden erlaubt sind.

Nachsatz: »Coarse fishing not permitted on lake« – was ich übersetze mit: »Unpetrihaft darf nicht gefischt werden.«

Derweilen sind Chris und Barney vom See zurückgekehrt, wobei der Alte mich mit völlig unbewegtem Gesicht zum zweitenmal freundlich grüßt, eine Weile neben mir vor der Tafel stehenbleibt und sehr nachdrücklich mit dem Kopf nickt, gleichsam in Anerkennung der Leistung, die ich mit der intensiven Lektüre der Anglerbestimmungen vollbracht habe. Dann schreitet er stracks neben dem außer Rand und Band geratenen Barney – »Come on dear!« – auf das baufällige Holzhaus mit der großen Satellitenschüssel zu und verschwindet darin.

In Mallard Point ist Susan schon am Werk – bevor ich eintrete, höre ich den Staubsauger röhren. Rasch rekapituliere ich, ob ich Grund hinterlassen haben könnte, mir ihren Unmut zuzuziehen, sei es dadurch, daß ich Töpfe oder Geschirr falsch eingeordnet, den Kühlschrank offengelassen oder den Müllsack nicht an die vorgesehene Stelle in der Garage plaziert habe. Doch die Sorge scheint unbegründet, denn Susan begrüßt mich mit jener respektvollen Huld, die ihr niemand nachmacht, und einem Lächeln um Mund und Augen, von dem sie weiß, daß ich es hinreißend finde.

Paul ist hinterm Haus am Zaun beschäftigt, wo seit Tagen eine große Rinderherde weidet, die einige Pfähle an der Grundstücksgrenze gelockert hat.

Später begießt er die Rabatten, mäht den Rasen, schneidet an der Hecke herum, stapelt Holz, klopft an Rohre und zieht Schrauben fest.

Knochendürr, dünner als eine Bohnenstange und wie immer in seinem blauverschossenen Overall, macht Paul L. aus Kilnaleck seinem Ruf als guter Geist von Mallard Point alle Ehre. Auch an diesem Hundstag trägt er seine Zipfelmütze auf dem

Kopf, während die Hitze Penny heute offenbar so schlapp gemacht hat, daß er keine Anstrengungen unternimmt, ins Haus zu gelangen – die rundliche Promenadenmischung liegt mit heraushängender Zunge im Schatten der hinteren Hauswand.

Aber ungeachtet der Außentemperaturen wird später doch der Kamin angezündet, und so sitzen wir denn alle vier, die »Hundewurst« auf meinem Schoß, davor und schauen in die Flammen.

An diesem letzten Abend erfahre ich, daß Paul sich vor einem Jahr einer schweren Lungenoperation unterziehen mußte. Eine verschleppte Krankheit der Luft- und Atemwege hatte ihn in die Nähe des Erstickungstodes gebracht. Erholt hat er sich davon immer noch nicht, und es bleibt zweifelhaft, ob das überhaupt möglich sein wird.

Im Lauf der Stunden versinkt seine dürre Gestalt immer tiefer in dem übermächtigen Sessel, verschwimmt sein hagerer Kopf immer mehr, während sich Susans schönes Gesicht, dem Licht näher, wie ein lebendes Gemälde gegen den dunklen Hintergrund abhebt.

Penny ist auf meinem Schoß eingeschlafen und der Holzstoß im Kamin niedergebrannt.

Aber wir bleiben noch beieinander, als fürchteten wir uns vor der Trennung.

Als ich wieder allein bin, stelle ich zunächst das allabendliche Stilleben auf dem Nachttisch neben dem Bett her: die Schlüssel für das Haus, den Schlüssel für das Auto (und zwei Ersatzschlüssel!), die Sonnenbrille, die Uhr, Oropax (hier völlig überflüssig), die Brieftasche, das Notizbuch mit den Telefonnummern, mein Bandgerät und das Kleingeld, irische Münzen. Dann trete ich aus dem Haus und auf den Rasen – weich streichelt das feuchte Gras die Sohlen.

Kein Blatt bewegt sich.

Die Gartenlaterne nahe der Hecke wirft ihren Schatten nach rechts, zum Nachbargrundstück hin. Ich halte die Hand so, daß der Schein mich nicht blendet, schaue hoch und sehe nichts als Schwärze. Vom See her Entengeschnatter, dann wieder Ruhe. Ich gehe auf den Kirschbaum zu, ganz nahe heran, Äste und

Blätter im Gegenlicht – stumm, regungslos, wie erstarrt. Ich habe so etwas von stehender Luft noch nicht erlebt.

Um mich herum kein Hauch.

Als die Laternen ausgehen, bricht aus dem Dunkel da oben, erst langsam, dann immer funkelnder, immer strahlender, ein wahres Diadem von Sternen hervor, glimmen seine Lichter wie Myriaden himmlischer Leuchtkäfer am Firmament, gaukelt mir diese irische Sommernacht, duftend und von dröhnender Stille, wieder einmal den Traum vom Elysium vor.

Was da aufsteigt, eine kindliche Sehnsucht nach dem Paradies, kommt ganz aus der Tiefe des eigenen Ich und hält nur für wenige Sekunden an – doch die dauern lange.

Es ist eine seltsame und schwer beschreibbare Kombination aus Gegenwartseindrücken und einer geheimnisvollen Aufbewahrung von Bildern, deren Ursprünge nicht mehr zu ergründen sind, die aber in solchen Momenten wie Erinnerungsblitze aufzucken. Das hat übrigens auch eine Geruchsnote, was nichts mit der Nase, sondern mit der Atmosphäre zu tun hat, in der ich mich befinde.

Es müssen weit vorschulische Eindrücke gewesen sein, die das bewirken, in einer sehr frühen und hochsensiblen Daseinsetappe empfangen. Was dabei entsteht, ist der Gegenpol meines Lebensgefühls, die Gegenwelt meiner Traumata – Zärtlichkeit, Frieden, Wärme, Helligkeit. Sie tauchen mich in ein unvergleichliches Wohlgefühl ein, das mir im Lauf der Zeit diese ewigen Sekunden immer kostbarer gemacht hat. Das hat nicht das geringste zu tun mit jenem bekannten Aha-Effekt »Diese Situation habe ich irgendwann schon einmal erlebt«, sondern entstammt einer biographischen Epoche, der Angst noch unbekannt, die von Furcht noch nicht angetastet war.

Gewiß, die Vorstellung vom Paradies, also die zeitlich kurze, jedoch ungeheuer intensiv erinnerte Einbettung in ein visionär erfahrenes Elysium, ist mir auch anderswo gekommen, nicht nur in Irland. Aber daß sie mir hier, während meines bisherigen Aufenthalts nicht nur einmal erschien, diese Vision, daß sie mehrfach aus der wundersamen und wunderbaren Archäologie des eigenen Früh-Ich hervorgeschürft worden ist, das entspringt keinem Zufall, sondern der häufigen Nähe zwischen meinen bukolischen Träumen und so manchen meiner Begegnungen auf dieser Insel.

Nirgendwo aber habe ich mich so zurückversetzt gefühlt in die Unschuld kindlicher Imagination von Geborgenheit wie auf diesem Flecken Erde hier, in diesem Haus, von dem ich morgen Abschied nehmen werde – Mallard Point am Lough Sheelin, County Cavan, Republic of Ireland.

Irische Skizzen

Donegal!

Vor Killybegs, auf dem Wege nach Slieve League, zu Europas höchsten Klippen.

Links die Inver Bay, spitz zulaufend auf den Leuchtturm von St. John's Point, dahinter Mac Swyhe's Bucht – dann der freie Blick auf die Donegal Bay und die Unendlichkeit der See.

In Serpentinen geht es an der Küste entlang, die Landschaft wildromantisch, üppigste Vegetation, auch hier im Norden Irlands Dichte, Fülle, überströmendes Grün. Dazwischen Häuser, die Zeichen eines neuen, manchmal spießigen, manchmal gediegenen Wohlstands, wenn auch um den Preis erheblicher Verschuldung.

Dann stehe ich am Ufer des River Owenwee, vor mir die Nordflanke des Slieve League, von Ost nach West bis 600 Meter aufsteigend, wolkenfrei heute, ein ungeheurer Felsklumpen, oben schartig wie der Kamm eines Drachen.

Nach Glencolumbkille zu nimmt die Gegend alpinen Charakter an, keine Bäume mehr, nur Sträucher, Gras, Heide, Moor. Hinterm Ort wieder der Blick auf die See und auf die Kirche hoch droben – St. Columbkille, die Krone von Glen Head.

Unweigerlich ficht einen der Gedanke an: Hier bist du am Ende der Welt, hier geht es nicht weiter – so jedenfalls fühlt es sich an, zumal sich die spärlichen Hinweisschilder ausschließlich der gälischen Sprache bedienen. Aber Irrtum, die Straße streckt und streckt sich, wird zu einem Paß, klettert hoch und höher – noch ein Stück, und du kannst von Donegal bis Boston blicken.

Weiter südlich weist die Karte sogar noch zwei Ortschaften aus, und wirklich, Malin More und Malin Beg sind keine Phantome, sondern entpuppen sich als Ansammlungen anmutiger Häuser, deren blendendes Weiß einem unter dem heute geradezu griechisch-blauen Himmel fast eine Ägäis-Idylle vorgaukeln könnte.

Aber Rathlin O'Birne da vorn, eine Insel mit obligatorischem Leuchtturm, ist wieder ganz atlantisch, das Wahrzeichen einer nördlichen Sphäre im Schatten gewaltiger Felsabstürze. Dahin will ich noch, auf die Seeseite des Slieve League, mit dem Boot, das mir in Teelin zugesagt worden war.

Und das knattert und schaukelt dann mit mir um Carrigan Head herum, am Steuer ein stummer, aber nautisch höchst versierter Fischer, bis vor die atemverschlagende Fassade des Trabane Cliff. Die oberste Spitze eben in den Wolken, die Klippen darunter steil ins Meer hinab, durchfurcht von Rinnen, Schründen, Kerbungen, mit Schotterwunden, flechtenbewachsen und unten, fünfzig, sechzig Meter über dem Gischtrand der Brandung, senkrecht abstürzend – so erhebt sich vor mir eine Wand von zermalmender Wucht. Sie ist derart erdrückend, daß ich den Eindruck gewinne, die starre Masse bewege sich bösartig, Zentimeter um Zentimeter, auf mich zu. Als ich mich umschaue, gegen das Heck, wo der Fischer hockt, sehe ich, daß er grinst – wohl in der hundertfachen ewig gleichen Erfahrung, daß beim Anblick des Trabane Cliffs nichts bleibt, als in Beklemmung und Staunen ebenso schaudernd wie bewundernd zu schweigen.

Dann lasse ich mich zurückfahren und fasse unterwegs den Beschluß, Slieve League zu besteigen, und zwar von der Landseite, von Bunglass aus. Dort geht es eine äußerst schmale Straße hinauf bis zu einem Parkplatz und weiter über einen noch schmaleren Pfad auf die Klippen zu. Dann an ihnen entlang höher und höher.

Warnschilder.

Ich weiß, daß ich nicht zünftig genug angezogen bin für solche Bergtour, spiele aber auch nicht va banque – das Wetter ist gut, und zwar, allen Anzeichen nach, dauerhaft. Dennoch bin ich im Zweifel, ob der Aufstieg bei ungünstigeren Witterungsbedingungen unterblieben wäre. Spüre ich ihn doch nur zu deutlich in mir, während ich emporstapfe - diesen seltsamen Magnetismus, den der Slieve in mir auslöst, die Verzauberung, die wächst und wächst mit dem immer grandioseren Blick auf die See, ein Naturschauspiel sondergleichen.

Hier, auf diesen Klippen und ihrem One Man's Path, gibt es wirklich niemanden außer einem selbst, hier ist man zurückgeworfen auf nichts als die eigene Person. Wenn du fällst, in die Brandung da unten, bleibst du verschollen und wirst niemals gefunden werden. Also Vorsicht beim Sitzen auf den Vorsprüngen und Naturbänken, und auch das nur, wenn schwindelfrei. Weit mehr noch als vor Glen Head, mehr auch als von den Cliffs of Moher aus, stellt sich hier oben auf dem Slieve League rauschhaft die Illusion ein, im Westen übers Wasser die nächste Küste, Amerika, heraufscheinen zu sehen - töricht, aber ununterdrückbar.

Wahrlich, phantasiefördernd ist Donegal, von machtvoller Einsamkeit und uneroberbar.

Von Muff über Quighley's Point nach Malin Head, dem nördlichsten Festlandspunkt.

Hinter Carndonagh weitet sich die Trawbreaga Bay, ein Sund, kaum Wasser jetzt, Ebbe, wie trockengefallen das Becken. Aber bei Nordweststurm und gleichzeitiger Flut sollen die Wellen sechs Meter höher aufs Land schlagen.

Ich rieche die See, lange bevor ich sie sehe, auch hier, kenne die Zeichen, mit denen die Landschaft ihre Nähe ankündigt.

Dünen, Felsen, Schafe, Jodschwaden. Heidekraut zwischen den Steinen. Auf der Höhe von Lag fällt der Blick über den Ausgang des vom River Swilly durchströmten gleichnamigen Sees auf Fanad Head - es gibt kein County mit so unbeschränkter Weitsicht wie Donegal.

Dann die Küste von Malin Head: zerrissen, zerklüftet, von unzähligen Felsrunzeln ebenso entstellt wie geologisch geadelt - eine Narbe der prächtig erhaltenen späteiszeitlichen Küstenlinien entlang Irlands nördlichen Gestaden aus der Zeit vor 15 000 Jahren.

Hart an der See ein Martello Tower, wie alle anderen 1805 auf Befehl der britischen Admiralität als Stützpunkt gegen napoleonische Invasionsabsichten errichtet, später umfunktioniert in einen Leuchtturm, heute und längst schon nur noch bestaunt als Überbleibsel eines so fernen und unglaublichen Europa, in dem Kriege zwischen England und Frankreich noch möglich waren (so kopfschüttelnd, einen Schreibblock in der Hand, ein Student aus Oxford zu einem norwegischen Kommilitonen).

Aber der nördlichste Punkt Irlands überhaupt ist Malin Head nicht - sein allernördlichstes Hoheitsgebiet heißt Inishtrahull, eine kleine, von hier aus gut sichtbare, leuchtturmbewehrte Insel. Da hinüber zu gelangen ist schwer und ungewiß. Deshalb begnüge ich mich denn damit, so weit nach vorn zu treten, bis die Schuhspitzen vom Atlantik benetzt werden.

Mit dem Gesicht nach Norden, darf ich mich ungestraft nach hinten lehnen - der Wind aus Südwest, angenehm warm, aber kräftig genug, drückt meinen Rücken hoch. Weich wie Watte, als wenn man sich gegen ein Luftkissen lehnt, könnte ich mich von ihm tragen lassen.

Hinter Letterkenny über den lebhaften River Leannan quer durch Donegal in Richtung Gweedore. Lichter Himmel, strotzendes Grün auch hier, wilde Blumen, dichte Hecken - es kracht und birst nur so von Chlorophyll.

Aber nördlich des Owencarrow und seines felsigen Bettes weicht das Liebliche, wird es kahl, hat sich die Zivilisation zurückgezogen, herrscht nichts als Natur.

An beiden Ufern von hohen Abhängen gesäumt, Teil des Glenveagh National Park, streckt sich weit in die Berglandschaft hinein Lough Beagh - im Sonnenlicht ein gleißender Smaragd, im Schatten eine dahindämmernde, unentschlossene Schönheit.

Beiderseits der R251 die Kahlheit des Hochlandes, Moor, Torffelder. Darauf, winzig, verloren, ein Mann, der unentwegt gefüllte Plastiksäcke zu einem Laster schleppt - seit Stunden der einzige Mensch, dem ich begegnet bin.

Vor den Muckish Mountains nach Süden abgebogen, sehe ich ihn dann endlich, schon von weitem, den Berg, den ich suche und der mich hierhergeführt hat - Errigal Mountain.

An die 800 Meter erhebt sich der mächtige Kegel mit klaffenden Hängen und viel losem Gestein, wie eine überdimensionale Abraumhalde - nur daß Menschenkraft nicht ausreichen würde, sie so hoch aufzutürmen. Faltig ist Berg Errigal, ein einsamer Riese, ausgewaschen, abwitternd, ohne geologische Zukunft, aber noch gut für Millionen von Jahren im Widerstand gegen die Erosion durch Salzwind und ewigen Regen.

Die Donegal Coastal Road hoch zum Tory Sound, rechts übers Wasser Horn Head - Kap Horn -, nicht so sturmumtost wie die Spitze Südamerikas bei Feuerland, doch gischtüberstäubt und ständig berannt von der ungestümen Dünung des Atlantik.

Draußen auf See, wie ein ungezogener, losgerissener Ableger, Tory Island - ein Leuchtturm, die weißen Häuser von East Town und West Town, und der Landzipfel an der Ostspitze keck nach Norden gekrümmt.

Weiter nach Ballybofey, vorbei am Aghla Mountain, 600 Meter hoch, scharfe Einkerbungen an den Flanken, enorme Rillen im Zickzack bis in das Tal, die Furchen von der Strömungskraft des Regens um so ausgehöhlter, je tiefer sie sich ziehen.

Von dunklen Tannen umstanden, schmal, aber lang - Lough Finn, eines von Europas besten Lachsgewässern, heißt es, wie die anderen Seen Donegals in dieser Region am Fuße der Blue Stack Mountains auch.

Zügig geht es hinunter, und vor Ballybofey dann sanfter Übergang zu lieblichen Fluren - ganz plötzlich liegt das wilde Gebirge weit zurück.

Und eine letzte Strecke noch bis zu einem bestimmten Punkt, an Letterkenny vorbei auf die N 13, davon ein Abstecher querfeldein und immer bergauf, bis sich ein ehern getürmtes Massiv von Steinen, Wällen, Mauerkränzen erhebt, das jede Weiterfahrt verbietet - Grianan of Aileach!

Ich will ihn nicht erforschen, ich will ihn nur sehen, den megalithischen »Sonnenpalast«, so die Übersetzung des gälischen Grianan, konnte Donegal einfach nicht verlassen, ohne einen Blick geworfen zu haben auf sein berühmtestes Stone Fort - vom 5. bis zum 12. Jahrhundert Sitz der Könige von Ulster, hoch über allem und mit erhabener Aussicht, damals wie heute.

Ringsum Felder, gelb, grün, braun, eines davon am Fuß des Hochhügels übersät mit Krähen, Tausende dieser pickenden, hackenden, gravitätisch einherschreitenden pechschwarzen Rabenvögel.

Vorn Inch Island, mitten im Lough Swilly, eine große Insel, mit ihren Weiden, Rindern, Schafherden wie eine mäßig entfernte Spielzeuganlage, auf der man alle Lebewesen verschieben und auswechseln könnte. Weiter westlich, wo der River Swilly aus dem See tritt, zwischen Fanad Head und Dunaff Head, der blaue Rand des Ozeans. Und östlich von Grianan of Aileach, wie eine ungeheure Wasserbeule mitten im Land, ein Meerbusen, durch den sich die Grenze zwischen der katholischen Republik Irland und dem britischen Nordirland hinzieht – Lough Foyle.

Immer noch weht es warm aus Südwest, aber hier oben faucht der Wind so stark, daß man sich festhalten muß, um von ihm nicht weggetragen zu werden. Das zischt einem um die Ohren, windet sich um die Glieder wie eine unsichtbare Schlange, und fegt durch die Ritzen, Lücken und Löcher in der Trockenmauer.

Wenn ich mich in den Schutz von Grianan of Aileach stelle, den Hals hochrecke und nach rechts hinüberdrehe, kann ich direkt jenseits der Grenze, schon drüben in Ulster, Kirchtürme und Häuser einer Stadt erkennen, die mein späteres Ziel sein wird, deren Bewohner ihr aber nicht denselben Namen geben: der protestantische Teil nennt sie Londonderry, der katholische nur Derry.

Dahin später, als fünfte, letzte Etappe meiner Reise.

Achill Island

Dies ist ein privater Ort

Von der alten sechsbögigen Brücke hinter Newport wird die Sicht über die Clew Bay frei – droben dunkles Himmelsspektakel, über das Wasser nach Westen die hellen Umrisse von Clare Island, an der Gegenküste, weit links, der ungeheure Kegel des Croagh Patrick, Irlands Heiliger Berg.

Vorn scharf abgezeichnet die Grate der Corraun Peninsula, ragende Felswände, oben in den Wolken, auf den Weiden Schafe, zur See hin weite Sandflächen, Boote auf dem Trockenen, Ebbe.

Auf der Halbinsel, hinter Mulrany, nehme ich die nördliche Route. Links der Corraun Hill, davor auf kahlen Hügelflächen Stechginster, hier unten, zu beiden Seiten der R 319, Irlands überwältigendes Prachtgrün und, wie flammende Inseln, das Zyklam des wuchernden Rhododendrons.

Weiter, endlos weiter, man hat den Eindruck, nie ans Ziel zu kommen, alles scheint auf diesen Straßen doppelt so lange zu dauern. Aber dann plötzlich ist das Schild da: »Achill Sound«, liegt der Sund mit seinen Rinnen vor mir, bin ich an der Drehbrücke, von der ich soviel gehört und gelesen habe. Ich fahre darüber weg, steige jedoch auf der anderen Seite sogleich aus und gehe zurück, um nachzuschauen, ob der Schwenkmechanismus noch funktioniert, Schiffe also weiter passieren können, oder ob der Durchlaß defekt ist, der Übergang festgeschweißt und der Name Achill *Island* nurmehr ein touristischer Schwindel. Aber noch während ich nach Drehbolzen und Schwenkrille fahnde und gerade dabei bin, den gewaltigen Sockel in der Mitte der Fahrrinne, den steinernen Angelpunkt der Drehbrücke, zu untersuchen, kommt auch schon ein schlaksiger Ire heran, ich schätze den Mann auf dreißig, fünfunddreißig. Er grinst breit und informiert mich mit Siegermiene, als gehöre sie ihm, daß die Brücke arbeite wie eh und je: »It does work like in former times.«

Beruhigt gehe ich zurück und entdecke erst jetzt, daß jeder Besucher von Achill Island zunächst begrüßt wird von Patrick Sweeney's Super Market, einem unübersehbarem Allzweckladen –

»Hardware, furniture, meals, wines, fashion, crafts« steht über einer an Öde nicht zu überbietenden Lieferrampe. Was nichts anderes besagt, als daß man hier vom Reißnagel bis zum Beefsteak alles erstehen kann.

Durch die Ortschaft und auf die Straße ins Innere – Cashel, Keel, Dooagh, lese ich auf der Karte, die mir die Böll-Familie hat zukommen lassen, um leichter den Weg zur *cottage* im nördlichen Teil der Insel zu finden. Mit einem kleinen Kreis kenntlich gemacht, liegt sie geographisch am Fuß des Slievemore, ein gewaltiger, von überall her wahrnehmbarer Gebirgsblock, über 700 Meter hoch und zur Seeseite steil abfallend – sozusagen der Thron von Achill Island.

Aber vorher möchte ich die Insel erst noch ein wenig erkunden, also weiter westwärts.

Vor Cashel wieder wahre Rhododendronwälder, leuchtendes Ginstergelb, die Wohltat des Golfstroms bis hier hinauf spürbar. Üppige, mediterrane Vegetation, Wiesen voller Blumen, Weiden mit blaubepunkteten Schafen, unberührte Moorflächen und weite Torffelder, auch hier maschinell gestochen und deshalb anzusehen wie ein blanknasser, zehntausendfach parzellierter Sumpfrücken.

Durch Keel. Draußen auf See ein Riff, Bill Rocks, wie der Finger eines einsam Ertrinkenden in der Wasserwüste des östlichen Atlantik. Auf dem Gipfel des Croaghaun (671 Meter) eine dunkle Wolke; über die ganze Gegend verstreut Häuser, jedes für sich, mit weißen Fassaden und grauen Schieferdächern; der Paß höher und höher, schmaler und schmaler, je mehr es auf Moyteoge Head zugeht. Tief unten eine Bucht mit hellem Strand, rechts der Straße, bemoost, weißbesteint, die Flanken des Croaghaun, von denen herab über mächtige Felsbrocken ein wilder Gebirgsbach sprüht und tosend durch einen dreiröhrigen Tunnel unter der Straße hin dem Meer zuströmt. Vor der Küste dümpelt ein Fischerboot, davor ein zerbrechlicher Kahn, der bedrohlich schwankt – ein Mann in einem Anzug mit greller Warnfarbe hat stehend eine Angel ausgeworfen.

Ich bin an einem der westlichsten Punkte des Atlantic Drive. Jetzt zurück über Keel bis zum Lake Annascaddy, kurz dahinter auf die Straße nach Norden, vor dem Slievemore schließlich abgebogen in Richtung Doogort – und dann stehe ich vor der Heinrich Böll Cottage.

Erster Eindruck: eine Idylle – weiß und versteckt liegt das Haus da. Hinter einem rotgestrichenen Tor mit zwei Pfosten, auf denen je eine Kugel von gleicher Farbe sitzt, rankt wie ein stummer, aber gefährlicher Wächter ein riesiges Gewächs auf, das Hunderte von Blattsicheln hochreckt, während auf der anderen Seite des Grundstücks, gleichsam in mildernder Absicht, ein Bach so raunend und murmelnd fließt, wie es sich keine Phantasie romantischer ausdenken könnte. Von hier aus ist weit vorn, an der Bucht von Doogort, der Atlantik zu sehen.

Das Tor ist offen, die Türen des Hauses sind es ebenfalls, obschon ein kurzer Gang durch die Räume zeigt, daß derzeit hier niemand wohnt. Es gibt nicht die geringsten Utensilien, die auf einen Besucher schließen lassen. Ich fühle Wärme aufkommen, es wird Vertrauen geschenkt, Ehrlichkeit vorausgesetzt. Mir kommen die irischen Stimmen in Erinnerung, die erklärten, daß sie weder ihre Autos abschlössen noch nachts oder auch nur tagsüber die Haustüren zusperrten – niemals. So sei es immer gewesen und sei es noch. Allerdings, diese Leute wohnten nicht in Städten, sondern auf dem Land. Und hier bin ich auf dem Land.

Auf deutsch und englisch lese ich: »Heinrich Böll Cottage. Dies ist ein privater Ort, bitte respektieren Sie die Ruhe der Gäste und Künstler, die hier für einige Wochen leben und an ihren Werken arbeiten. Danke.«

Längst ist das Haus von der Böll-Stiftung in Köln zum Aufenthalts- und Erholungsort für ausgesuchte Personen gemacht worden, seit Jahrzehnten schon, jetzt aber ist niemand hier. Also komme ich mir wie ein Eindringling vor und gestehe eine Benommenheit, die während dieses ersten Besuches auch nicht weichen und meine Konzentrationsfähigkeit beeinträchtigen wird.

Ich schaue mir die Zimmer an, will sie zählen, beginne – ein Schlafzimmer, die Küche, ein Wohnzimmer mit Kamin –, unterbreche dann aber den Rundgang. Über dem Kamin ein Bild »Heinrich Böll – 1917-1985«, daneben ein Zitat aus einer Frankfurter Vorlesung von 1964: »Die Urbanität eines Landes läßt sich daran erkennen, was in seinem Abfall landet, was an Alltäglichem, noch Brauchbarem, was an Poesie weggeworfen, der Vernichtung für wert erachtet wird.«

Eine Mahnung, auch an die Besucher.

Weiter, nun nach dem Text meines Bandgeräts: »Ein Flur, links davon ein leeres Zimmer mit verschlossenem Kamin, geradeaus Badezimmer und Toilette, dann eine Stufe runter. Abermals Zimmer mit Kamin, Bücherbord, weiß gestrichen. Noch ein Schlafzimmer mit zwei Betten und noch ein Kaminzimmer, in dem ein Fahrrad steht, Bänke, Korbsessel. Draußen auf dem Hof ein Tisch, zwei Stühle dagegen geklappt. Es wohnt hier niemand in dem Haus, aber die Türen sind geöffnet. Hurra!«

Ich verlasse das Grundstück, besteige meinen alten Ford und fahre die Straße nach Doogort hinunter, zum Post Office. Das ist geschlossen – angeblich komme ich nach 18 Uhr. Daß danach hier nichts mehr geht, steht nirgends vermerkt, sondern wird mir bereitwillig mitgeteilt von zwei jungen Männern, die die Fassade des Postamts anstreichen. Es ist drei Minuten vor 18 Uhr. Morgen früh um 6 Uhr, sagen die beiden Maler, wird wieder geöffnet.

Ich hatte ohnehin nicht viel Hoffnung, zu finden oder in moderner Variante wieder anzutreffen, was Heinrich Bölls »Irisches Tagebuch« mir so unvergeßlich suggeriert hatte in der Erzählung »Das neunte Kind der Mrs. D.«: nämlich einen »jener spröden, fast stummen Flirts, wie sie nur bei glühender Liebe und fast krankhafter Schüchternheit möglich sind«.

Und das geht so: Siobhan, siebzehn und mit den »Augen der Vivien Leigh«, versieht Dienst im Postamt (von Doogort? Ich weiß es nicht, nehme es aber einfach mal an, auch weil es egal ist, wo in Irland sich die Szene abspielt).

Das Mädchen vermittelt Ferngespräche, zahlt aus, nimmt Einzahlungen entgegen, setzt Siegel mit der irischen Leier auf große Briefumschläge, bedient den Klappenschrank und wird dabei beobachtet von einem »Jüngling mit baumelnden Beinen auf der Posttheke«. Der sagt zu Siobhan: »Schönes Wetter, nicht wahr?«

Und sie antwortet: »Ja«, froh, daß der Klappenschrank brummt.

Eine Situation, die sich bis zur Unerträglichkeit verdichtet bei dem Versuch, aus dem Gefängnis erotisch motivierter Sprachlosigkeit auszubrechen.

Er: »Wunderbares Wetter, nicht wahr?«

Sie: »Wunderbar.«

Dieses verzweifelte Suchen in der Gewißheit, nichts zu finden, was erlösen könnte aus der Not der Geschlechter.

Er, diesmal mit fast brechender Stimme: »Fabelhaftes Wetter, wie?«

Sie, mit den Augen der Vivien Leigh, die ihre schreckliche Anziehungskraft ausmachen: »Ja, fabelhaft!«

Wer macht das dem Autor in dieser Zärtlichkeit, Atemlosigkeit und Verständnistiefe nach?

Es hätte wohl auch bei noch geöffnetem Postamt von Doogort eine Wiederholung nicht gegeben, obschon ich mittags gesehen hatte, daß dort ein junges Mädchen hinter dem Schalter saß, hübsch, jedoch nicht »mit den Augen der Vivien Leigh« (die 1936 – dies zur Erhellung jüngerer Leserinnen und Leser – bekanntlich in der Verfilmung von Margret Mitchells berühmtem Roman »Vom Winde verweht« die Rolle der Scarlett gespielt hat).

So bleibt mir nichts, als neben dem Postamt von Doogort an die Steilküste zu treten, über die Blacksod Bay zu blicken und bewundernd zuzuschauen, wie der Atlantik bei auflaufendem Wasser mit seinen nassen Tentakeln heimlich und lautlos immer tiefer ins Land hineingreift.

Meditationen auf Achill Island über Heinrich Bölls »Irisches Tagebuch«

Hat es je eine trauerdurchtränktere Frohbotschaft gegeben als in dieser Erzählung? Mit jener unerlernbaren Mischung aus Ernst und Humor, die sich der allgegenwärtigen Bedrohung des Menschen durch den Menschen stets bewußt ist und doch gleichzeitig auch das unüberwindbare Gegenmittel dazu parat hält – die Liebe?

Es mag sich inzwischen herumgesprochen haben, daß ich, aus guten Gründen, kein gläubiger Mensch bin, und mir deshalb jede Art von Theologisierung des irdischen Lebens gegen den Strich geht. Aber bei Böll, seltsam, sieht sich diese Abwehr in mir aufgehoben. Zum Beispiel, wenn ich, entzückt, über das frühchristliche Irland einen Satz wie diesen lese: »Vor mehr als tausend Jahren lag hier, so weit außerhalb der Mitte, als ein Exzentrikum, tief in den Atlantik hineingerutscht, Europas glühendes Herz.«

Da gibt es nichts, da schmelze ich – Glaube hin, Glaube her – einfach so dahin.

Unfähig, seinen Gott länger als ein paar Lidschläge aus den Augen zu verlieren, muß der große Kirchenkritiker Böll ihn gleich wieder erwähnen – oder jedenfalls, was mit ihm zu tun hat.

Ob sich das nun, gleich auf den ersten Seiten des Buches, manifestiert in dem verwehten Dialog zwischen dem glaubens- und illusionslosen Mädchen und dem verstörten Priester bei der nächtlichen Fahrt über die Irische See, ob später an dem Gesicht oder an den Füßen der Jeanne d'Arc – hier sieht sich meine ablehnende Empfindsamkeit gegenüber allem Religiösen nicht berührt, immunisiert Böll mich sozusagen vor mir selbst, weil es ihm immer um den Menschen geht. Da treffe ich mich mit ihm, im Diesseits.

Auch weiterhin unfähig, an das Jenseits zu glauben, spüre ich bei der Lektüre gerade dieses kleinen Bändchens von noch nicht 140 Taschenbuchseiten fast so etwas wie Neid, daß einer wie Heinrich Böll Halt findet in einem Gott, an den ich nicht glauben kann. Manchmal wünschte ich, es ihm nachtun zu können (ich weiß, vergeblich).

Natürlich ist sein »Irisches Tagebuch« auch ein eminent politisches Werk, ohne daß die Poesie dadurch aufgehoben würde. Mir ist das nur noch einmal klar geworden bei zwei Passagen mit dem geschichtlichen Hintergrund »Die Feinde (Deutschland) meiner Feinde (England) müssen meine Freunde sein«.

Zunächst in der Erzählung »Ambulanter politischer Zahnarzt«.

Unnachahmlich, wie der Gast vom Kontinent auf die befürchtete Konfrontation reagiert, als Padraic sich nach dem fünften

Glas Bier genug Mut angetrunken hatte, um unsicher zu forschen: »Sag mal, Hitler war, so glaube ich, kein so schlechter Mann, nur ging er, so glaube ich, ein wenig zu weit.«

Da ist es also wieder, schon das x-te Mal gehört, Böll will resignieren, will stumm bleiben bei soviel Ignoranz. Aber Tatzeugin Annemarie Böll, anfeuernd: »Los, nicht müde werden, zieh ihm den Zahn ganz.«

Darauf Heinrich, seufzend, doch schon halb bereit: »Ich bin kein Zahnarzt.« Aber dann bohrt er den langgepflegten Irrtum doch an. »Hitler war Hitler, er ging über die Leichen von ein paar Millionen Juden, Kinder...«

Noch leistet Padraic Widerstand: »Schade, daß auch du dich von der englischen Propaganda hast betören lassen, schade.«

»Komm«, sagt Böll darauf, »laß dir den Zahn ziehen.«

Und nun bohrt und bohrt er seinen Schwur, nie zu schweigen, wenn es »darum« geht, so tief in den gehätschelten Irrtum hinein, bis der schluckende, immer gepeinigtere Hitler-Nostalgiker stöhnt: »Hör bitte auf, der Nerv liegt ganz bloß.« Und später, konsterniert: »Es ist nur so dumm, weil ich jetzt gar nicht mehr weiß, warum ich die Deutschen so gern habe.«

Darauf Böll, im rechten Moment versöhnlich: »Vergiß nicht nachzuspülen, und wenn du Schmerzen hast, komm zu mir, du weißt, wo ich wohne.«

Das gleiche Thema in der Erzählung »Kleiner Beitrag zur abendländischen Mythologie«, der Story von George, dem fotografierenden Pensionär und Oberst a. D., und dem Objekt seiner Linse, einem alten, uralten Mann. Der sollte zur Erprobung neuer Farbtechniken vor dem grandiosen Hintergrund einer Kirchenruine aus dem 6. Jahrhundert mit der untergehenden Sonne und einer Pfeife im Mund auf einer kleinen Insel im Shannon aufgenommen werden. Und Böll war mit eingestiegen in das Boot des Obersten im Ruhestand.

Drüben erst einmal Tee, viel Tee im Kaminzimmer eines verlassenen Herrenhauses mit Möbeln aus der Dickens-Zeit, dann bedächtiges Gespräch zwischen dem alten Mann, der aussieht wie ein Moritatensänger vor Hunderten von Jahren, und dem Oberst – »mit seinem langen fuchsigen Haar, dem fuchsigen Spitzbart wie eine Mischung von Robinson Crusoe und Mephisto«.

Das heißt, nur der Oberst redet, besser, er raunt auf den aufmerksam hinhorchenden Alten ein, mit vielsagenden Blicken zu dem Gast aus Deutschland, und bemüht sich, langsam, sehr langsam zu sprechen, damit der auch versteht, was geredet wird. Dies gelingt zwar nur mäßig, immerhin ist aber doch soviel zu erkennen, daß der Monolog des Pensionärs ständig drei Worte wiederholt: »Rommel, war, fair«, wozu sich bald ein viertes gesellt, ein Name – »Henry« und immer wieder »Henry«. Der auf die Shannon-Insel mitgenommene deutsche Passagier begreift zwar schnell, was mit »Rommel, Krieg, fair« gemeint ist, nämlich die Verklärung Erwin Rommels, Hitlers Feldmarschall und Chef des deutschen Afrikakorps, und des »fairen Kampfes«, der angeblich im Wüstensand geführt worden ist. Aber erst nach einiger Zeit kommt Böll dahinter, wer mit dem ehrfürchtig ausgesprochenen Namen »Henry« betitelt wird, nämlich kein anderer als er selbst, Heinrich, der ein »Held« gewesen sei in Rußland als Angehöriger der Wehrmacht.

So indoktriniert von dem rothaarigen Oberst, packt den Alten, Uralten vor dem Gast und Ostfrontveteranen tiefer Respekt, der sich äußert in immer neuem Händedruck und den ehrfürchtig wiederholten Worten »Rommel«, »war«, »fair«, »hero« und »Henry«. Der kommt sich indessen alles andere als ehrfurchtgebietend vor, und weiß vor soviel fehlgeleiteter Begeisterung nicht ein noch aus. Als höflicher Gast sieht er sich jedoch in diese bis zum Abschied fortdauernde Verkehrtheit so eingepfercht, daß ihm artikuliertes Aufbegehren nicht mehr gelingt. Während der Alte am Ufer steht und »Rommel«, »war«, »Henry« stammelt, und der pensionierte Souffleur, schon mit dem Gast im Boot, dazu bejahend nickt, bleibt dem in der Kehle stecken, was er sagen, rufen, schreien möchte: »Rommel war nicht der Krieg – und Henry war kein Held, bestimmt kein Held, bestimmt nicht.« Heraus aber kommt dabei schließlich nichts als ein mehrfaches »Nein« über die Wellen hin.

Im Buch heißt es weiter, Kommentar, Fazit und Prophetie zugleich: »Auf dieser kleinen Insel im Shannon, die nur selten einmal ein Fremder betritt, wird man vielleicht an dunkel glühenden Kaminen in fünfzig, in hundert Jahren noch von Rommel, vom War und von Henry erzählen. So also dringt das, was wir Geschichte nennen, in entlegene Gegenden unserer Welt ein: nicht Stalingrad, nicht Millionen von Ermordeten und Gefallenen, nicht die verstümmelten Gesichter europäischer Städte - der Name des Krieges wird Rommel heißen, Fairneß und als Beigabe Henry, der leibhaftig dort war und aus dem blauen Dunkel heraus, vom sich entfernenden Boot aus ›Nein, nein, nein!‹ rief - ein mißverständliches und deshalb zur Mythenbildung geeignetes Wort.«

Die Sensoren des Schriftstellers sind seine Musen. Wer hätte feinere gehabt als Heinrich Böll?

Wie im »Porträt einer irischen Stadt«.

Da hat ein Junge in einem Limericker Speiselokal für zwanzig Pfennig Kartoffelchips gekauft, sich nach Meinung der Wirtin aber zuviel Essig aus der Flasche darauf gekippt.

»Du Hund, willst du mich ruinieren?«

Was wird passieren - wird er ihr die Pommes in das wutverzerrte Gesicht werfen? Nein, tut er nicht. Nur sein Kinderbrustkorb pfeift, und das laut genug, daß der Beobachter aus Deutschland sich an das bitterste Wort des bitteren Jonathan Swift aus dem Jahr 1729 erinnert: »Man möge doch zur Linderung von Elend und Hunger einjährige irische Kinder als Braten zubereiten und verspeisen. Ein Kind reicht für zwei Mahlzeiten, wenn hungrige Freunde zu Besuch kommen. Der Leser soll erkennen, daß dieses Heilmittel nur für Irland allein und kein anderes Land gedacht ist, das jemals auf Erden war oder sein wird. Mein Plan bringt uns auch nicht in Gefahr, England zu kränken.«

Solche Zeiten sind längst vorbei, gewiß - der Junge, aus dessen Lunge die Pfeiftöne kommen, braucht Kannibalismus nicht zu fürchten. Nur bewegt er sich in einem Dasein, das ein paar Tropfen Essig zuviel zu einem Streitpunkt und eine schallende Ohrfeige von der erhobenen Hand der Wirtin immer noch möglich macht.

Doch dann wenden sich die Dinge, wie sie sich, behaupte ich, so glorreich nur in armen Ländern wenden können. Dick und schwammig, mit blutender Nase und Schuhen, die von der Sicherheitsnadel auf die Kordel gekommen sind, so naht der Retter. Verbeugung vor der erzürnten Wirtin, die Andeutung eines Handkusses, aus der Tasche ein Geldschein, den sie erschreckt annimmt, ehe sie die unzurückweisbare Aufforderung vernimmt: »Darf ich Sie bitten, gnädige Frau, diese zehn Schilling als Bezahlung für sechs Tropfen Essig als angemessen zu betrachten?«

Vollendete Grandezza unter Schmutzschichten, unheilbar verletzter Stolz als überlegene Geste, die ganze Großzügigkeit der alleräußersten Armut – im Mikrokosmos dieser gleichsam zum Standbild geronnenen Szene ist all das beieinander. Wer hat sie außer dem Dichter erfaßt?

Gleichgültige schleichen vorbei, Trunkene torkeln, Kinder mit Gebetbüchern sputen sich, um noch rechtzeitig die Abendandacht zu erreichen.

Grund genug für die Erkenntnis: Was alles an denkwürdigen Erlebnissen und Ereignissen ist doch für immer verlorengegangen, weil kein Schriftstellerauge ihnen zugeschaut hat!

Das aber war zum Glück dabei, als es auf die erste Reise der Böll-Familie nach Achill Island ging – und in der Erzählung »Mayo – God help us« kann nachgelesen werden, wie beschwerlich sie war.

Nicht nur, daß der sehnlichst erwartete Scheck aus Deutschland ausbleibt – das Irland Mitte der fünfziger Jahre kann jenseits der Wechselstuben mit Bölls (allerletzter) DM-Banknote nichts anfangen: »Fuggers Gesicht hat keinen Kurs in Mittelirland« (wie die Zeiten sich inzwischen doch gewandelt haben und mit ihnen übrigens auch der Wechselkurs: damals, 1956, kostete ein irisches Pfund 11,40 Mark, heute noch ganze 2,40).

Aber dann tauchen auf der vertrackten Reise für die Familie – »drei übernächtigte Kinder, zwei verzagte Frauen und ein ratloser Vater« – Samariter auf, und zwar zunächst in Gestalt des Bahnhofsvorstehers von Athlone: Er läßt die sechs ohne Fahrschein weiterfahren – auf Kredit! Und das setzt sich über Roscommon und Claremorris fort durch immer neue Barmherzigkeit im Dreß der irischen Staatsbahn, wenngleich auf der Strecke die »Anzahl der auf Kredit beförderten Personen« mehrfach notiert wird, was in dem »ratlosen Vater« den Verdacht weckt, daß ihm zum Schluß eine ebensooft addierte Endsumme präsentiert werde. Ein Irrtum, wie sich beruhigenderweise bald herausstellte – die Notizen erfolgten nach geheimnisvollen Vorschriften lediglich beim Übertritt von einer Provinz in die andere.

Der Freundlichkeit und Höflichkeit des Personals tut das keinen Abbruch, im Gegenteil. Die nach der im Speisewagen ausgegebenen allerletzten irischen Geldnote nun vollends pfundlose Böll-Familie kriegt in Westport zu allem noch einen »großen Bahnhof«. Diesmal in der Person des dortigen Vorstehers, eines alten Herrn, der sich zum Zeichen seiner Würde und der Ehrerbietung vor den fast Gestrandeten einen großen ziselierten Messingstab an die Mütze hält. Zwar kann auch er nichts anfangen mit Fugger auf dem nutzlosen und einzig verbliebenen DM-Schein, der ihm um die Nase gewedelt wird – »A nice man, a very nice man« –, aber bis hierher ist man immerhin gekommen.

Und da begibt sich auch schon ein weiteres irisches Wunder, denn in einer Westporter Bank öffnet sich auf höchst fragwürdige Sicherheiten hin eine Kassenschublade, der zwei Ein-Pfund-Noten entströmen. Die werden sogleich entschlossen in Tee, Schinken, Eier, Salat, Keks und Eiskrem investiert, wobei nach bezahlter Zeche unerwarteterweise sogar noch eine halbe Krone übrigbleibt. Dafür ersteht das schmachtende Familienoberhaupt Heinrich sofort seinen geliebten Tobak samt Zündhölzern, und auch dann blinkt noch ein silberner Schilling in seiner Hand.

Und so wird denn – »God help us« – alles doch noch gut, wird »am Rande von Mayo, fast am Achill Head, von wo es bis New York nur noch Wasser gibt«, endlich das ersehnte Ziel erreicht: »Schneeweiß war das Haus gestrichen, marineblau die Fensterrahmen, im Kamin brannte das Feuer. Es gab als Begrüßungsmahl frischen Lachs.«

Herz, was willst du mehr? Zumal der Blick nach Süden über die Clew Bay hinweg auf die Berge von Connemara fällt und nach rechts auf die »letzten zwei Kilometer Europas, die noch zwischen ihm und Amerika liegen«.

Nur – Böll Cottage konnte die Bleibe nicht gewesen sein, denn die liegt im Norden der Insel und schaut auf den meist nebel- oder regenverhangenen Rücken des Slievemore.

Immer hockt neben der Fähigkeit zur Freude auch Melancholie, blitzt neben Bölls unverwüstlichem Humor auch Wehmut auf, konzentriert sich sein Blick vom Allgemeinen auf spezifisch Irisches. So auf jene Milchflasche vor der Tür eines winzigen Häuschens gegenüber an einem Limericker Morgen – sie ist nicht hineingeholt worden.

Warum nicht?

Im Kriegskind Böll, solange Zeitgenosse und Kenner des kollektiven Mangels, regt sich Neugierde. Schläft der Besteller noch? An der Garderobe hängt ein Hut, und das Licht brennt drinnen auch. Eine Nachbarin kommt hinzu: »Tatsächlich, er hat 's Licht brennen lassen.« Schweigen, dann: »Na ja, das Licht hätte er ja ausmachen können.« Schließlich die Pointe, die irische Auflösung des Rätsels um die Milchflasche vor der Haustür gegenüber an jenem Limericker Morgen: »Nach Australien werden die ihm die Rechnung ja nicht nachschicken.«

Der Mann war abschiedslos ausgewandert.

Das Tragische und das Komische, unauflösbar miteinander verknüpft.

So auch in der Erzählung »Der tote Indianer in der Duke Street«, die Sache mit dem Polizisten, der die Nummer in den Zulassungspapieren mit der an den Autos zu vergleichen hat. Und der weiß, wie töricht, ja erniedrigend diese Beschäftigung für Landsleute ist, denen man so von vornherein eine gehörige Portion Mißtrauen entgegenbringt.

Deshalb beginnt die dienstliche Aufgabe bei dem ersten Kontrollversuch denn auch mit einer ausführlichen Betrachtung des Wetters, ehe der Dialog allmählich auf Familiäres übergeht. Der Kontrolleur, zutraulich: »Wissen Sie, an dem Tag, an dem meine Älteste ihr jüngstes Kind bekam ...« Der Kontrollierte, eifrig ergänzend: »Als meine Schwiegertochter, die Frau meines zweitältesten Sohnes, als sie ihr erstes Kind bekam ...«

Nachdem das eine Weile so gegangen ist, wird der traurige Umstand erörtert, daß Catie Coughlan den Pfarrer von St. Mary erstochen hat, ohne Reue gezeigt zu haben. Dann erst gerät das Gespräch auf den toten Indianer, den eine Nonne in der Duke Street gefunden hatte und von dem niemand weiß, woher er kam, weshalb er denn auch »Unser lieber roter Bruder aus der

Luft« genannt wurde. Weit interessanter aber als die Herkunft des toten Indianers scheint für Polizist und Autofahrer zu sein, daß der Wind respektlos den schweren Habit der Nonne gehoben und darunter eine braune Unterhose mit rosa Stopfwolle zu erkennen gegeben hatte. Eben das hatte nicht nur die wichtige Frage aufgeworfen, ob die Polizei nun die Hosen aller Nonnen der Umgebung besichtigen müsse, »was begreiflicherweise einen Mordskrach gegeben hätte«, sondern die viel wichtigere, ob solche gestopften Hosen auch im Himmel getragen würden.

Dann endlich, nach dem ernsten Hinweis des Landsmannes im Auto, sich mit den vielen ungeklärten Fragen dieses Falls doch besser an den Erzbischof zu wenden, gibt der Polizist seiner Hemmung einen Stoß und sagt: »Übrigens, kann ich Ihre Papiere mal sehen?«

Darauf der Angesprochene: »Oh, ich habe sie vergessen.«

Und nun wieder, ohne Wimperzucken, der Polizist: »Oh, Ihr Gesicht wird ja wohl Ihres sein.«

Eine unbezweifelbare Tatsache, welche aber leider keinen Schluß auf die Besitzverhältnisse des Autos zuläßt. Das aber wird ewig unbeantwortet bleiben, da nur noch das Schlußlicht zu sehen ist und es wahrlich den Gipfel unlandsmännischen Mißtrauens bedeutet hätte, wenn ein Ire einen anderen solcher Bagatelle wegen zurückrufen würde.

»Der Regen ist hier absolut, großartig und erschreckend. Diesen Regen schlechtes Wetter zu nennen, ist so unangemessen, wie es unangemessen ist, den brennenden Sonnenschein schönes Wetter zu nennen.«

So steht es in der Miniatur »Betrachtung über den irischen Regen«.

Gut deshalb bei solch feuchter Beständigkeit, im Haus stets Kerzen zu haben und ein wenig Whisky, auch Kartenspiele, Zigaretten und Stricknadeln, nicht zu vergessen die Bibel, um sich bestätigen zu lassen, daß darin erfreulicherweise eine zweite Sintflut nicht angedroht wird.

Aber dann rinnt der Regen doch unter der Tür hindurch, sammeln sich Wasserzungen zu Pfützen, beginnt im Parterre Spielzeug zu schwimmen und die Kinder sich mehr erstaunt als erschrocken vor den Kamin zu hocken. Endlich wird noch ein Gast hereingeschwemmt, ein durchnäßter Zeitgenosse mit durchgeweichtem Pappkoffer, dem die Böllsche Adresse irrtümlich als Hotel angegeben worden war. Natürlich kommt Dermot, so heißt der unverhoffte Besucher, hier unter, und das besser als in einem Fünf-Sterne-Schuppen.

Im Verlauf des Abends entpuppt Dermot sich nicht nur als guter Bibelkenner, Kartenspieler, Erzähler und Whiskytrinker, sondern auch als Freiwilliger, der im Zweiten Weltkrieg in deutsche Kriegsgefangenschaft geraten war und Sinti- und Romakinder, die bei der Evakuierung des KZ Stuthof umkamen, in hartgefrorener Erde zu bestatten hatte.

In dieser Nacht, unter dem Dach von gleichgesinnten Deutschen, bleibt der irische Gast trocken.

Morgens dann steht ein großer Regenbogen über der See, derart nah, »daß wir ihn in der Substanz zu sehen glaubten; so dünn, wie Seifenblasen sind, war die Haut des Regenbogens.«

Ich bin lange mit mir zu Rate gegangen, wie ich in diesem Buch meine innere Verbundenheit mit Heinrich Böll bekunden könnte, hinaus über das, was vorn gesagt ist und bereits so zu deuten wäre – mit einer Widmung, einem Prolog, einem eigenen Kapitel. Schließlich habe ich solche Pläne verworfen, nicht nur, weil jede Ausweitung über die irische Thematik meines Buches hinaus unvereinbar wäre mit seinem strengen Gestaltungskonzept, sondern auch, weil biographisch Eingestreutes ohnehin als Pars pro toto gedacht ist, im einzelnen also immer auch die ganze Persönlichkeit gemeint ist.

Dennoch habe ich den Gedanken unambitiöser, unpathetischer, also Böll gemäßer Extrahonneurs nicht aufgegeben. Und hier ist sie denn, mit einer Liebeserklärung an Irlands Wetter, meinem Tribut an seine großartige Unbeständigkeit und seinen sicheren Wortbruch, eine Huldigung, die ich, ganz sicher, daß Heinrich Böll sie wortwörtlich unterschreiben würde, einer nicht ungewollten Feierlichkeit wegen in Anführungsstriche setze:

»Ich kann nicht traurig sein über den irischen Regen, die feuchte Kühle von oben ist meine Freundin, ich habe ein Verhältnis mit ihr. Irlands Regen ist eine Verheißung, daß die Insel so grün, so bunt bleiben wird, wie sie war und ist – ich kann ihm nicht gram sein. Wie ein Schwamm ist die irische Erde, wie ein geöffneter Mund, von dem der nasse Himmel eingesogen wird, so, wie ich den Regen oft in mich hineingeschlürft habe und dabei, wie schön, triefnaß geworden bin.

Ich liebe die Wüste, ich habe das geschildert in meinem Buch 'Israel, um Himmels willen, Israel'. Aber ich liebe auch ihr Gegenteil: Irland.

Und es ist sein Regen, der es dazu macht.«

Von der Clew Bay bis zur »Dramaturgie der bösen Tat«

Auf dem Atlantik Drive nach Cloghmore.

Rechts immer das Panorama der Ashleam Bay, schraubt sich die Straße höher und höher, eine richtige Bergtour, bis sich, von der Paßhöhe her gut sichtbar, weit südwestlich aus dem Atlantik die Zacken der Bill Rocks und die nördliche Breitseite von Clare Island erheben.

Dann wieder hinunter, durch Cloghmore hindurch und weiter auf dem Weg nach Derreen.

Rechts der Straße nach Norden erst eine Burg, Carrickkildavnet Castle, lese ich auf der Karte, dann ein Friedhof, Kildownet Cemetery, geschlossen. Und nun sehe ich den Stein, auf dem steht: »Of your charity pray for the souls of...« Es folgen, ich zähle, 32 Namen, »who were accidentally drowned in Clew Bay on 14th of June 1894«. Das Mal ist auf der linken Seite des Kildownet-Friedhofs errichtet, ein einzelner Stein auf einer großen Fläche, dahinter der Achill Sound, und drüben, über 500 Meter hoch, der Corraun Hill.

Es nieselt.

Was war hier geschehen? Warum waren 32 Menschen ertrunken, was waren die näheren Umstände ihres Todes, über die hier so wortkarg Auskunft gegeben wird?

Also zurück nach Cloghmore. Dort entdecke ich in der Nähe

einer Fischverarbeitungsfabrik eine Plakette, deren Inschrift übersetzt lautet: »Zur Erinnerung an die 32 Opfer, die in der Clew Bay ertranken. Errichtet am 14. Juni 1994.«

Was mich auch nicht klüger macht.

So spreche ich den ersten Menschen an, der mir begegnet, eine Frau von etwa 55 Jahren, die den Rasen vor einem Haus sprengt und mir bereitwillig, mit der ganzen Freundlichkeit der Menschen hier, Auskunft gibt.

1894, also vor etwas mehr als hundert Jahren, hat sich das Unglück ereignet an der Küste vor Westport. Leute aus dem Inneren des Landes waren es, die auswandern wollten, auf der Fahrt nach Schottland, in zwei Fischerbooten, sogenannten *hookers*. Ganz jung waren sie, einige erst zwölf Jahre alt, und da sie zuvor nie die See gesehen hatten oder große Schiffe, eilten sie, als ein Dampfer backbords vorbeizog, alle auf eine Seite. Dadurch kenterten die Boote, wobei die jugendlichen Passagiere unter die Segel gerieten und 32 von ihnen ertranken.

Gerettet wurden nur wenige.

Die Frau, die mir das Drama berichtet, als hätte es sich gestern ereignet, ist in Cloghmore geboren und hat ihr ganzes Leben hier zugebracht. Sie trägt einen grauen Rock und eine braune Wolljacke und sagt nach einer Weile des Schweigens: »Der Tod der jungen Leute stand in Zusammenhang mit der Massenauswanderung. Und die war immer noch eine Folge der Hungersnot.«

Eine persönliche Erinnerung an das Unglück hat sie natürlich nicht, aber die großelterliche Generation, so hat sie behalten, hat oft davon gesprochen, wie übrigens auch vom *Great Famine*, der eine Auswanderungslawine ausgelöst hat, die immer noch nicht ganz gestoppt ist. »Auch auf Achill Island nicht«, fügt sie an.

Drüben im Osten, weit hinter dem vorgelagerten Achillbeg Island, liegt die Küste der Clew Bay bei Westport, wo die *hookers* umschlugen.

Beim Abschied sagt die Frau: »Mit der Plakette da hinten an der Fabrik und dem Gedenkstein auf dem Friedhof wollten wir auch bekunden, daß die Hungersnot von damals immer noch in unserer Erinnerung ist.«

Auf Achill Island finden sich noch zwei weitere Zeugen aus der Zeit der Katastrophe und ihrer Folgen.

Der erste, unheimlichere von beiden, liegt ein paar Kilometer westlich der Böll Cottage – das verlassene Dorf, *the deserted village*. Langgestreckt, eine Front von 800 Metern, liegt es da – eine Ruinenlandschaft. Kein einziges Haus steht mehr ganz, nur noch die Mauern sind erhalten, die Dächer längst eingestürzt. Da heute morgen der Quarz- und Glimmerkegel des Slievemore bis zum Gipfel völlig wolkenfrei ist, bietet die schweigend ausgebreitete Zerstörung an seinem Fuß den Anblick grenzenloser Trostlosigkeit und andauernden Schmerzes.

Wasser war vom Berg reichlich herabgeflossen – ein schmales, zerklüftetes Flußbett teilt den Ort. Wenn es damals Brücken gegeben hat, heute ist davon keine Spur mehr übriggeblieben. Nur die unvermeidlichen Schafe rupfen nach wie vor Irlands Gras inmitten all der toten Verfallenheit. Ich wende ihr den Rükken zu, drehe mich um und empfinde die Kulisse von Land und Meer nach Süden hin als einen geradezu schockhaften Gegensatz: über dem Sund die Majestät der Felsenküste von Corraun, in unendlicher Höhe ein augenstechend heller Himmel, der Atlantik blau und glatt wie ein Spiegel, und in der Luft ein Rauschen, wie es nur dort hörbar wird, wo ein großes Wasser endlich gegen festen Boden anläuft.

In keinem Irland-Baedeker habe ich etwas gelesen über das verlassene Dorf, und auch die sonst so spontane Auskunftsfreudigkeit der Eingesessenen schien mir bei Nachfragen deutlich gedämpft, als wollte man etwas verbergen oder schäme sich des Bildes, das sich dort bietet.

Außer mir ist niemand anwesend, und so betrete ich denn gegen ein unbestimmtes Gefühl innerer Reserve *the deserted village*.

Auf Resten herabgestürzter Balken wächst dicker Moospelz; alle Türen sind raus, gähnende Eingänge; Ställe neben der Küche, Mensch und Vieh lebten eng beieinander; die Durchbrüche von einem Raum zum anderen waren niedrig, ich muß mich bücken. Es riecht nach Katzenpisse. Wenn ich spreche, hallt es, eine dumpfe, auf mich zurückrollende Resonanz der eigenen Stimme. Erschrecken, als Schwalben aus unsichtbaren Nestern auffliegen und davonflitzen.

Es ist wie eine Befreiung aus Atemnot, als ich heraustrete und auf die Straße zurückgehe.

Niemand weiß mehr, wann das Dorf geräumt wurde, ob plötzlich oder in Etappen, in Panik oder geplant. Eine seltsame Geschichtslosigkeit liegt über den leeren Fensterhöhlen, den porösen Mauern, dem alten Pflaster, eine gebieterische Stille von fast körperlich zu spürender Abweisung.

Und doch wird auch ohne genauere Kenntnisse klar, was sich hier wie entkleidet darbietet, vielleicht besonders eindrucksvoll in seiner verlassenen Einheitlichkeit, aber eben doch nur *ein* Blatt in der Chronik jener großen Dauertragödie, die seit Jahrhunderten den Namen Auswanderung trägt und deren gruftige Hinterlassenschaft einem überall in Irland begegnet.

Obwohl es Massenflucht aus Zwang und Not schon vor der Mitte des vorigen Jahrhunderts gegeben hat – es waren der Große Hunger und seine Nachära, die in der Geschichte der demographischen Ausblutung Irlands ein neues Zeitalter einleiteten. Von ihm waren auch die Menschen am Fuß des Slievemore betroffen.

Lange vor mir war Heinrich Böll hier gewesen – sein »Irisches Tagebuch« bezeugt es mit der Erzählung »Skelett einer menschlichen Siedlung«.

Darin heißt es: »Dunkle Fensterhöhlen, kein Stück Holz, kein Fetzen Stoff, nichts Farbiges, wie ein Körper ohne Haare, ohne Augen, ohne Fleisch und Blut. (...) Alles, was nicht Stein war, weggefressen von Wind, Sonne, Regen und Zeit, schön ausgebreitet am düstern Hang wie zur Anatomiestunde das Skelett eines Dorfes.«

Auch die alte Nachbarin der Bölls wußte nicht, wann das Dorf aufgegeben wurde – 1880, sie war damals ein kleines Mädchen, wohnte dort schon niemand mehr.

Von den sechs Kindern, so weiter in der Lektüre, war nur ihr ältester Sohn Tony bei ihr geblieben. Er hütete das Vieh, und wenn er mit den Tieren von der Weide heimzog, dann sah Tony um so älter aus, je geringer die Distanz zwischen ihm und dem Beobachter wurde – sechzehnjährig aus der Ferne, dreißig an der Hausecke, fünfzig, wenn er scheu ins Fenster hineingrinste. In umgekehrter Richtung ging es, lese ich, entgegengesetzt zu: der aus der Nähe Fünfzigjährige »verwandelt sich an der Ecke in einen Dreißigjährigen, wird oben am Hang, wo er im Vorbeigehen den Esel krault, zum Sechzehnjährigen, und als er oben für einen Augenblick an der Fuchsienhecke stehenbleibt, für diesen Augenblick, bevor er hinter der Hecke verschwindet, sieht er aus wie der Junge, der er einmal gewesen ist«.

Da klappe ich Heinrich Bölls »Irisches Tagebuch« zu und sage: »Wunderbar.«

Den anderen Zeugen des Großen Hungers und seiner Folgen auf Achill Island lokalisiert Bölls »Irisches Tagebuch« folgendermaßen: »Wild und wie für den Hexensabbat geschaffen, mit Moor und Heide bedeckt, ragt der Croaghaun auf, der westlichste der europäischen Berge, zur Seeseite hin 700 Meter steil abfallend; vorne auf seinem Hang im dunklen Moorgrün ein helles kultiviertes Viereck mit einem großen, grauen Haus.«

Davor stehe ich jetzt, an der Südküste der Insel, oberhalb von Dooagh, und lese im Böllschen Text über das Gebäude weiter: »Hier wohnte Captain Boycot, an dem die Bevölkerung das Boykottieren erfand: hier wurde der Welt eine neue Vokabel geschenkt.«

Das Haus da war das Feriendomizil von Captain Charles Cunningham Boycott (mit zwei t!), dessen Name in der Tat gegen den entschiedenen Willen seines Trägers zu einem international gebräuchlichen Negativbegriff geworden ist, und das Ereignis, das dazu führte, fand 1880 statt.

Obwohl seit der großen Hungerkatastrophe also die Dauer einer ganzen Generation verstrichen war, hatte sich an den Besitzverhältnissen nicht viel geändert. Auch gegen Ende des 19. Jahrhunderts noch gehörten 4 000 protestantischen Großgrundbesitzern achtzig Prozent des fruchtbaren Bodens, während vier Millionen katholischer Landsleute keine Handbreit Erde ihr eigen nannten.

Boycott, ein Offizier der englischen Besatzungsarmee, der mit Sitz in Ballinrobe die Güter von Lord Erne am Ostufer des Mask-Sees im County Mayo verwaltete, galt als besonders hartherziger Geldeintreiber. Als die Pächter ihn im Herbst 1880 schlechter Ernten wegen um eine 25prozentige Senkung der Pacht baten, lehnte Boycott ab – womit die schmähliche Geschichte seines Namens ihren Anfang genommen hatte.

Denn im Gegensatz zu früher fügten sich die Pächter diesmal nicht, sondern verweigerten jede Zahlung, und gleich dazu auch noch alle Hilfe bei der Einbringung der Kartoffelernte. Als auf dieses Signal hin sämtliche Bediensteten – Stallknechte, Hirten, Hausangestellte – die Arbeit einstellten und sich ihnen die Schmiede, die Bäcker, die Handwerker von Ballinrobe und Umgebung solidarisch anschlossen (also den Eintreiber »boykottierten«), wußte der sich keinen anderen Rat, als fünfzig britische Soldaten zur Erntearbeit anzufordern. Was sich allerdings sehr bald schon als nächste Etappe auf dem Wege zur globalen Diskreditierung des Namens Boycott entpuppte.

Nicht nur, daß der in jenem Herbst besonders heftige Regen an der Westküste Irlands die ohnehin lustlos verrichtete Tätigkeit der Abkommandierten auf den Feldern erheblich beeinträchtigte – die Ballinrober behandelten die militärischen Landarbeiter in ihren klatschnassen Uniformen nicht anders als ihren lokalen Befehlshaber. Sie verkauften ihnen weder Lebensmittel, noch verrichteten sie irgendeine Arbeit für sie. Verständlich deshalb, daß den Soldaten nichts anderes übrigblieb, als Lord Ernes Schafe und Rinder zu schlachten, um nicht zu hungern, und Bäume, viele Bäume zu fällen, um nicht zu frieren. Derweilen lernten die Kartoffeln in der Erde von Mayo das Schwimmen, und der verzweifelte Captain, daß der Boykott gegen ihn das Signal für einen landesweiten Stimmungsumschwung war.

Resignation und traditionelle Fügung in ein angeblich unveränderbares Schicksal hatten einer Atmosphäre des Aufruhrs und des Widerstandswillens Platz gemacht. Sie zwangen die britische Regierung, jene Landreformen einzuleiten, die schließlich das alte Feudalsystem aufbrachen, den Grundbesitz breiter streuten, vor allem aber mithalfen, eine Hauptvoraussetzung für den Triumph des Unabhängigkeitskampfes zu schaffen: das den ländlichen Massen Irlands von Daniel O'Connell eingepflanzte Selbstbewußtsein zu stärken.

Völlig ruiniert, blieb Charles Cunningham Boycott, dem unfreiwilligen Auslöser des Emanzipationsprozesses, keine andere Wahl, als aufzugeben und nach England zu flüchten.

Nicht ohne dank der ausführlichen Berichterstattung der englischsprachigen Presse noch zu seinen Lebzeiten entsetzt Zeuge zu werden, wie der eigene Name weltweit zum Synonym wurde für solche Begriffe wie (siehe »Brockhaus«) »Verrufserklärung, Abbruch der Beziehungen, Nichtbeteiligung als politische, soziale oder wirtschaftliche Zwangsmaßnahme«.

Von hier aus, dem ehemaligen Ferienhaus des glücklosen Captain auf Achill Island oberhalb von Dooagh, war die Sicht über die Clew Bay damals gewiß so großartig wie heute. Nur dürfte sein Besitzer wohl kaum vorausgesehen haben, daß das Domizil einst zu einer gruseligen Touristenattraktion werden würde, und erst recht nicht, was sein Beitrag zu Irlands späterer Souveränität war.

Das übrigens ganz dem Gesetz der antiken Tragödie gemäß, nach dem ein Schicksal gerade durch die Maßnahmen, mit denen es abgewendet werden soll, nur um so rascher herbeigeführt wird. Wie die meisten Betroffenen, hatte auch Charles Cunningham Boycott von dieser Dramaturgie der bösen Tat natürlich keine Ahnung.

Es bleibt wahrlich genug, um Irland zu preisen

Obwohl ich ohne weiteres in der Böll Cottage hätte übernachten können, war eine innere Barriere nicht zu überwinden, weshalb ich mich im nahen »Slievemore Hotel« einquartierte. Das allerdings hatte ich ab ein Uhr früh heftig zu bereuen, denn von da an bellte über Stunden hin ein Hund, der dem Grollen und Donnern nach die Größe eines ausgewachsenen Bernhardiners haben mußte.

Um so verblüffter war ich dann, als ich gegen Morgengrauen grellwach in dem Kläffköter einen Winzling seiner Gattung erkennen mußte, fast schoßhündchenhaft, aber trotzdem nicht zu unterschätzen. Denn sowie er mich hinter der Gardine entdeckte, stellte er sich auf die spärlich befellten Hinterbeine, eine Pose, die ihn zwar auch nicht imponierender machte, auf jeden

Fall aber die Phonstärke seines Bellpotentials noch erheblich anschwellen ließ. Doch da war ohnehin nichts mehr zu retten.

Vor dem Abschied von Achill Island aber noch einmal zur Böll Cottage.

Wieder alles offen, wieder niemand sonst da, wieder ein Gang durch die Räume.

In einem Zimmer vor dem Bücherbord ein blauer Liegestuhl, in einem anderen, mit zwei Betten, Fußbälle, gelb, weiß, blau, rot und schwarz. In diesem Raum auch der einzig offene Kamin. Bei meinem Gang notiere ich: ein Fahrrad, ein langer Holztisch, auf dem gebügelt werden kann, darauf ein Messer. Die Heizung kalt. Ein Paytelefon, das keinen Laut von sich gibt, der Kühlschrank leer, aber unter Strom. Ein Glasschrank mit blauem Geschirr. Boiler, Teller, Tassen, Bestecke, ein vierflammiger Gasherd, alles da. Hier könnten ganze Familien wohnen.

Reminiszenzen, Gedanken, Überlegungen.

Ich bin Heinrich Böll zum erstenmal im Urgebäude des Westdeutschen Rundfunks am Wallrafplatz begegnet, Anfang der sechziger Jahre, damals noch von Hamburg aus, bei einem Interview für eine NDR-Fernsehsendung über das schwierige Verhältnis zwischen der Bundesrepublik und der Sowjetunion. Böll nahm dabei den prinzipienfesten, aber unprovokanten Standpunkt ein, den ich von ihm kannte und mit ihm teilte.

Die nächste Zusammenkunft kam 1970 zustande, als er sich meine WDR-Fernsehdokumentation »Hunger – Herausforderung auf Leben und Tod« zeigen ließ. Die Sendung war zwei Jahre zuvor ausgestrahlt worden, aber er hatte sie nicht gesehen und wollte das nun nachholen. Danach trafen wir uns bei verschiedenen Anlässen immer wieder. Gesprochen werden brauchte dabei nicht viel, da es doch nur darauf hinausgelaufen wäre, daß der eine den anderen mit der gleichen Grundgesinnung agitiert hätte.

Das letzte Mal sah ich Heinrich Böll Anfang 1985, seinem Todesjahr, im Rodenkirchener Haus eines gemeinsamen Freundes. Eine Notiz von jenem Abend über meine Eindrücke: »Weltbürger und zugleich Kölner, durch und durch, unverblümt gottesfürchtig, ein Kenner der Kirche und ihrer Sünden, Lexikon für den ›Kölner Klüngel‹, Insider, aber nicht integrierbar oder

-willig. Vor allem und ganz vorn: ein Humorist von großem Ernst.«

Meine kürzeste Charakteristik heute würde lauten: »Ein Mensch der bedächtigen Rede, mit einer unverwechselbaren Modulation der Stimme, von der ich nie, in all der Zeit, auch nur ein einziges leeres Wort vernommen habe – kein einziges.«

Gerade so ergeht es mir mit dem, was ich von Heinrich Böll gelesen habe, also nahezu alles von ihm Gedruckte. Ich kenne niemanden sonst, bei dem das so vollständig zutrifft.

Auch bei hoher, ja höchster Übereinstimmung im Elementaren können sich Differenzen ergeben, die verschiedene Wege und Möglichkeiten zu dem erstrebten Ziel offen und abweichende Meinungen erkennen lassen. Nicht so bei Heinrich Böll, obschon ich danach gefahndet habe, weil mir solche lichtdichte Kongruenz unheimlich war und ist. Ihre Vollständigkeit empfinde ich jedoch als eine Bereicherung meines Lebens, sie ist mir teuer und kostbar, und ich weiß, daß sie nicht enttäuscht werden kann.

Es ist Heinrich Böll vorgeworfen worden, ich habe solche Stimmen selbst gehört, sein »Irisches Tagebuch« habe ein Irlandbild gezeichnet, wie die Deutschen es sich wünschten, er solle sich später auch selbst in diesem Sinn geäußert haben. Unterstellt, daß das stimmt, kann es an meiner Bewertung eines Buches, das über ein Irland vor vierzig Jahren geschrieben wurde, nichts ändern – in seiner Zärtlichkeit und seiner Ergründungstiefe bleibt es ein zeitloses Werk.

Unkritisch, wie oft behauptet, ist es keineswegs. Das wird häufig übersehen von denen, die nicht bereit sind, eine von Verständnis, Zugehörigkeit, ja Liebe ummantelte Kritik anzuerkennen. Ich habe da analoge Erfahrungen mit meinem in den gleichen Mantel gehüllten Verhältnis zu Israel und den Reaktionen darauf. Allesverneiner wie Allesbejaher können bezeichnenderweise mit solcher Position nichts anfangen.

Klar, daß ein Buch über das Irland der neunziger Jahre anders sein muß als eines aus den fünfzigern. Kein Land in Europa, behaupte ich, hat sich in der seither verflossenen Zeit mehr gewandelt als Irland.

Kürzlich sah ich noch einmal eine Mitte der sechziger Jahre hergestellte TV-Dokumentation des Westdeutschen Rundfunks aus der alten Serie »Der Dichter und seine Stadt«: »Dublin und James Joyce«. Der Unterschied zwischen dem damaligen und dem heutigen Bild der irischen Hauptstadt wollte mir kaum mehr meßbar erscheinen. Was hat die lebenssprühende, menschenwimmelnde, geschäftsdynamische und kulturell aus allen Nähten platzende Metropole der Republik Irland von heute noch zu tun mit dem verschlafenen Provinznest, das da auf dem Schirm erschien mit seiner Straßenöde, den schlecht angezogenen Passanten, der ganzen sichtbaren und riechbaren Rückständigkeit eines Landes immer noch am Rand des alten Kontinents? Wenn ich die persönlichen Eindrücke meiner ersten Aufenthalte in Irland vergleiche mit dem jetzigen, dann kann ich nur sagen: Ich muß auf einem anderen Planeten sein als damals!

Wer heute durch die Republik fährt (ich habe insgesamt 15 000 Kilometer in ihr zurückgelegt), der kann nach der äußeren Erscheinung eher den Eindruck haben, er durchquere ein Land von erklecklichem Wohlstand. Überall sind neue Häuser gebaut oder alte restauriert worden, oft genug von zweifelhaftem Geschmack und allem kleinbürgerlichen Dekorum, Gartenzwerge eingeschlossen. Aber selbst wenn der Kreditrahmen bis zum äußersten ausgereizt sein sollte, mit dem Cottage-Image von einst bis tief hinein in die zweite Hälfte unseres Jahrhunderts hat das Irland unserer Tage nichts mehr gemein.

Und geschaffen hat all das die Einbindung Irlands in »Europa«, seit seinem Eintritt 1973 in die EWG, heute EU, und das ist großartig.

Bölls Irland hatte etwas von der Unschuld der Rückständigkeit an sich – die, in der Tat, ist ihm inzwischen gründlich genommen.

Richtig, daß man überall auf Eigenschaften stößt, die gern und nicht zu Unrecht als irische bezeichnet werden und von denen auf diesen Seiten immer wieder erzählt wird. Und dennoch sind die Warnungen ernst zu nehmen, daß die Iren in den letzten zwanzig Jahren zunehmend materialistischer geworden sind, unverbindlicher untereinander und geldorientierter, und daß die Kriminalität dabei ist, ihre städtischen Grenzen zu sprengen und sich bis in die letzten Schlupfwinkel auf dem Land auszubreiten. Dazu kann nicht bestritten werden, daß die elektronischen Medien, allen voran das Fernsehen, auch in Irland dabei sind, das immer noch dichte Sozialgeflecht der Gesellschaft zugunsten wachsender Isolierung bestürzend erfolgreich aufzulösen; daß eine immer noch weit höhere Arbeitslosenquote als auf dem Kontinent das Problem Nummer eins bleibt, und daß die Auswanderung sich zwar reduziert hat, aber nicht gestoppt wurde.

Wahr ist, daß die große Wettermaschine Atlantik in Irland eine Luftreinheit zaubert, von der wir nur träumen können, aber auch, daß das Grundwasser gefährdet ist und viele Seen ebenso.

Ja, ich fürchte den Einzug der Moderne und ihre einebnende Technokraft und habe gleichzeitig doch großes Vertrauen in die Beständigkeit des irischen Volkscharakters, mag es an den Rändern auch Einbußen geben. Je tiefer ich in mich hineinhorche, je länger ich in diesem Land bin, desto sicherer werde ich, daß die Rede von etwas Unzerstörbarem ist. Das ist das Grundgefühl, seit ich vor 25 Jahren zum erstenmal nach Irland kam, aber nie war es so stark wie diesmal.

Auf meinen Reisen durch die Welt hat es lange Strecken gegeben, auf denen mich die Begegnung mit Menschlichkeit erstaunte, weil sie das Untypische war. In Irland dagegen habe ich mich an sie wie in keinem anderen Land als das Typische gewöhnt.

Warum hat sich gerade ein so grausam behandeltes Volk wie das irische soviel Sensibilität erhalten? Soviel Bereitschaft, zuzuhören, sich mitzuteilen, Rat zu geben, unverwüstlich Humor zu wahren?

Meine Suche nach dem Schlüssel dafür endet regelmäßig bei der Erkenntnis: Eben weil die Geschichte die Iren so grausam behandelt hat, haben sie daraus den Umkehrschluß gezogen.

Soll damit etwa unterschlagen werden, daß es hier, wie überall, Räuber, Diebe, Mörder, Sittlichkeitsverbrecher, Politgangster, uneinsichtige Priester und eine durchaus menschenfeindliche Konfessionalität gibt? Tue ich das? Natürlich nicht.

Aber bei aller Kritik, ohne Scheuklappen und mit hochgeschobenem Visier – es bleibt wahrlich genug, um dieses Irland zu preisen, von ihm hingerissen zu sein, es zu bestaunen und zu lieben!

Und daran hat sich gar nichts geändert, heute wie damals, als Heinrich Böll sein »Irisches Tagebuch« schrieb.

Dublin

Von Nixen, St. Stephen's green und *street characters*

O'Connell Street, von der gleichnamigen Brücke aus gesehen, City, Zentrum der Metropole.

Vorn die von Taubenkot dauerbeschmutzte Kolossalstatue des »Befreiers«, zu beiden Seiten des denkmalbesetzten und abgasverräucherten Mittelteils der Allee der im Gegenverkehr tosende Hauptstadtverkehr, eine 24stündige *rush hour*, und an der Anna Livia Plurabelle, der mißratenen Symbolfigur des Liffeyflusses, arbeitet heute wieder Margret Doyle Dunne. Die zierliche alte Dame macht trippelnde Bewegungen, streckt die Arme aus, gibt Laute von sich, verändert dauernd ihren Kurs und ihre Miene, freudig oder trauernd, traumtänzelnd und ohne Blickkontakt mit Passanten, als sei sie allein auf der Welt. Ein Halstuch um, das schüttere Grauhaar im Wind, setzt sie eine aussterbende Tradition fort, Ausdrucksform öffentlicher Darbietung aus der Vorkinozeit, jeder Bewegungsphantasie freien Lauf lassend, kunstvoll und längst an den Rand gedrängt von der kinematographischen und elektronischen Übermacht unserer Zeit – Margret Doyle Dunne ist eine der letzten *street characters*.

Auf der kupferoxidierten Liffey Maid, diesem Nixengeschöpf mit unproportioniert langen Beinen und strähnigem Haar, turnt ein kleines Mädchen in winzigen Jeans und dunklen Locken, vorsichtig geführt vom Vater und mit einer Puppe in der Hand. Auf der steinernen Brüstung junge Mädchen und junge Männer, Eis schleckend. Flatternde Tauben, wohin man guckt, und Möwen, hoch über Dublins breiter Prachtavenue von der nahen See kündend. Wie die saubere Brise, von der dann und wann die Abgashölle überraschend zerteilt wird.

Hinüber zur Henry Street – Fußgängerzone, Ladenpassagen, Cafés, lichtdurchflutete Arkaden, *die* Shopping Mall. Ein wogendes Menschenmeer, als sei hier die ganze Nation kaufwütig versammelt, nirgends habe ich so viele Einkaufstaschen auf einmal gesehen.

Rechts ab, in die Moore Street, zum zentralen Gemüse- und Blumenmarkt. Neben Dschungeln von Schnittblumen und Pflanzen massenhaft künstliche Buketts von augenstechendem

Blau und schmerzendem Rot, Farben, deren Perversion sich jeder Beschreibung entzieht, die aber offenbar äußerst beliebt sind. Zwischen Bergen von Kohl, Zwiebeln, Äpfeln und Stapeln leerer Kisten haben sich eine hochrädrige Droschke und ein mit Wippfedern dramatisch dekorierter Gaul verirrt, störend, wegversperrend und allseits bejubelt. Von überall her irische Weisen, dazu Gestalten wie aus den Büchern Edgar Allen Poes, und das am hellichten Tag.

Zwei kleine Jungen haben sich unter einen Stand verkrochen und werden von der Besitzerin verjagt. Vor einer Bäckerei sitzt eine Frau, krault sich im Haar und preist monoton die Ware an, vornehmlich, wenn niemand vorbeikommt. Der Wind treibt Plastiktüten vor sich her und abgeschälte Zwiebelhaut. Zwischen den Ständen vergammeln zerquetschte Orangen, im Rinnstein Reste von Blumenstengeln, und in meine Nase zieht der durchdringende Geruch von Fisch. Die schwarzen Behälter für Abfall – *litter* – quellen über, hier und in der Henry Street. Dort bieten sehnige Jünglinge lauthals Feuerzeuge an, Tabak, Batterien. Ich warte, doch es kauft niemand.

Weiter zur Grafton Street. Gegenüber dem unvermeidlichen Marks & Spencer – Bewley's Oriental Café: Zuckerwaren, Rosinen, Gebäck, alle süßen Herrlichkeiten der Welt. Zu Recht berühmt, aber drinnen, wie immer, zu heiß, zu stickig. Dafür duftet es aus Ann's – »Your local baker« – himmlisch nach frischem Brot. Im Book Shop daneben Fotos der alten Grafton Street, ohne den Glamour der modernen Verkaufswelt, vor Erfindung des Motors.

Disput zwischen einer armselig gekleideten Frau und einem Polizisten. Der war herbeigerufen worden von einem Juwelier, vor dessen Geschäft sie gebettelt hatte. Nun packt die Frau ihre Sachen und schreit und schimpft in den Laden hinein, während der waffenlose Uniformierte höchst unglücklich von einem Fuß auf den anderen tritt und der Juwelier und sein Personal sich verschüchtert in die hinteren Räume zurückgezogen haben.

Dann St. Stephen's Green – der Park in der Sonne!

Hunderte von Menschen liegen auf dem Rasen, bis an den Rand des Sees, die meisten Studentinnen und Studenten, ein Anblick geradezu leuchtender Jugend. Dazwischen spazieren watschelnd und vertrauensvoll Enten, weiße und bunte, schnattern um Futter, plustern sich auf, schlagen mit den Flügeln, alles Freßbare blitzschnell aufpickend.

Am Parkrand spielt ein Alter auf einem Hammerklavier, das er auf den Knien trägt, spindeldürr, mit wehenden weißen Haaren, die sein Gesicht verdecken und ihm bis auf die Brust reichen. Sein Spiel macht dem martialischen Namen des Instruments – hammering – akustisch alle Ehre, doch niemand beschwert sich.

Ein Springbrunnen drückt seine Strahlen, ein gutes Dutzend, wie glitzernde Spinnenbeine aus einem Spinnenleib hoch, ehe sich jedes einzelne oben umbiegt und ins Becken zurückfällt.

Kleine steinerne Brücken, Blumenbeete, wasserbenetzte Idyllen. Gepriesen sei Arthur Guinness, Sproß der großen Brauersippe, der 1880 das neun Hektar große Parkgelände mit seinen Teichen und Gärten herrichten ließ – es hat nichts von seiner Schönheit verloren.

Am Eingang der Grafton Street singt ein junges Mädchen zur Gitarre, lächelnd, ohne Scheu – klare Stimme, rote, bis in den Rücken fallende Haare. In einiger Entfernung von ihr spielt eine vierköpfige Männerkapelle die Zither-Melodie aus dem berühmten Orson-Welles-Film »Der dritte Mann« – mit zwei Ukulelen, einer Gitarre und einem Baß, an jedem Instrument bunte Luftballons.

Ich staune über die Unbefangenheit der Menschen, die sich hier ungefragt selbst darstellen. Offenbar befürchtet niemand von ihnen Spott oder irgendeine andere negative Reaktion.

Voller Energie ist Dublin in seinem Zentrum, quirlig und bunt, nicht wiederzuerkennen, seit ich vor langer Zeit zum letztenmal hier war – welch ein Sprung, welch ein Leben. Nur die Kinder, Dublins verwahrloste Straßenkinder, die gibt es immer noch.

Auf der O'Connell Street, neben dem »Gresham Hotel«, vor einer heruntergelassenen Jalousie, sitzt ein acht-, neunjähriger Junge, gelbe Jacke mit rotem Kragen, und spielt auf einer Flöte. Das heißt, er piept einfach wahllos Töne vor sich hin und streckt dann bettelnd die Hand aus. Plötzlich tauchen zwei Mädchen und zwei Jungen etwa gleichen Alters auf, zerren an ihm und seiner Flöte, dringen bei »Burger King« ein, holen sich von drinnen für Kunden reservierte Pappkronen, setzen sie draußen auf, zerreißen sie, lärmen. Dann laufen alle fünf wie die Wiesel zwischen den Autos über die Straße und verschwinden neben der Liffey-Nixe in den Keller der Herrentoilette, auch die beiden Mädchen. Rasch kommen sie wieder hervor, nun einen Hund bei sich, der ihnen auf dem Fuße folgt, und rennen weg. Dabei stoßen sie sich, schubsen sich, suchen fortwährend die körperliche Berührung. Ihr Benehmen ist selbstbewußt und ungeniert, klein gebliebene Erwachsene, von denen keiner ein Kindergesicht hat. An der Front eines langgestreckten Kinos vorbei – »Die größte Leinwand Irlands und sein bester Sound« –, flitzen sie hinter dem »Gresham« um die Ecke und sind verschwunden.

Ich gehe auf die Brücke über die Liffey, eine Überführung, die breiter ist als lang.

Der Fluß teilt Dublin quer durch in eine nördliche, kommunere, und eine südliche, vornehmere Hälfte. Das war einmal anders – von der Mitte des 18. bis zur Mitte des 19. Jahrhunderts hatten die georgianischen Häuser am Mountjoy Square und in der Gardiner Street als die besten Adressen gegolten. Als dann aber arme Massen vom Land in die Stadt geströmt waren, hatte der Auszug der Wohlhabenden begonnen. Was immer sich inzwischen daran soziologisch geändert oder erhalten hat – im öffentlichen Bewußtsein gilt die Zweiteilung der irischen Metropole nach wie vor, und die Liffey ist die Trennlinie.

Ich stehe auf der O'Connell Bridge und schaue nach Osten. Zwischen Bachelor's Walk und Aston Quay, ein Stück stromaufwärts, der Metallbogen der eisernen Penny Bridge. Das Flußbett windgestreichelt, die Ufermauern grün, tangbesetzt, der Wasserspiegel jetzt weit unter der oberen Flutmarkierung.

Beobachtungen am ersten Tag in Dublin.

Selbst wenn's um die Wurst geht – die Iren verlieren den Humor nicht

Duke Street 21, in »Davy Byrne's Pub«.

Man kann hier drinnen kaum das eigene Wort verstehen, denn gegenüber ist die Hölle los – da wird ein Gebäude abgerissen, um

Platz zu machen für einen modernen Einkaufstempel der Firma Marks & Spencer. Es ist weit nach acht Uhr abends, aber die Abbruchbirne ist immer noch im Gang. Staubschwaden nebeln die Straße ein, und über allem thront ein langhalsiger Kran.

Dann kommt Ralf Sotschek, 1954 in Berlin geboren, Brille, freundlich, vom ersten Blick an gewinnend, seit 1985 in der Hauptstadt, verheiratet mit einer Dublinerin, Vater zweier Kinder. Ich hatte schon von Deutschland aus Verbindung mit ihm aufgenommen, kannte ihn aus Merian-Heften, und weiß, wen ich da vor mir habe – *den* Experten für Irland, das »andere«, nördliche, eingeschlossen.

Neben mir im »Davy Byrne's« sitzt ein Multipublizist, der Irland- und Großbritannien-Korrespondent der Berliner »tageszeitung« (»taz«), Autor zahlreicher Bücher über Dublin, Belfast, den Konflikt im Norden, über irische Folklore, Geschichtenerzähler und Rockbands; Fernsehdokumentarist, Rundfunkjournalist, Mitarbeiter von zahlreichen Zeitschriften und Magazinen – die immer noch höchst unvollkommene Aufzählung einer Biographie von ungewöhnlicher Kompetenz und beruflicher Redlichkeit.

Zwischen dem korpulenten, gemütsoffenem Kollegen und mir bedarf es kaum einer Vorverständigung. Manches, was in dieser Rubrik über Dublin berichtet wird, ist von Ralf Sotschek angeregt und inspiriert worden. Auch bei der Abfassung des Buches konnte ich ihn zu jeder Tag- und Nachtzeit um Rat behelligen.

Daß ich jetzt an dieser heiligen Stätte des Guinness-Ausschanks bei meiner ingwerversetzten Limonade bleibe, er aber schon beim dritten Glas Stout ist, tut den gegenseitigen Sympathien keinen Abbruch.

Der Pub mit dem legendären Namen ist brechend voll und dafür noch erstaunlich unverqualmt. Parkettboden, vor der Theke runde Stühle, der Barkeeper in Hemd und Schlips, die Entlüftung wohltuend, gut, daß der Fernseher nicht läuft. Gegen 22 Uhr übertönt das Stimmengewirr den Lärm der Abbruchbirne draußen, und der Pub ist total verraucht. Ralf ist wohl bei seinem sechsten oder siebten Glas angelangt (bei dem es nicht bleibt), aber so klar bei Verstand wie zu Beginn. Wohl hatte er mich inzwischen aufgefordert, an dem dunklen Gesöff wenigstens zu nippen, was ich auch gehorsam tat, ohne jedoch überzeugt zu werden. Daraufhin bestellte er mir teilnehmend einen weiteren Softdrink.

Bis schließlich das »Time, ladies and gentlemen, please« ertönt, der warnende, noch nicht ganz ernstgemeinte Aufruf, das letzte Guinness zu bestellen, bin ich von ihm eingeweiht in die Dubliner Szene der »verlängerten Wohnzimmer«, wie die Pubs auch genannt werden; daß bei Fagan's in der Lower Drumcondra Road die Bar nach wie vor männerbeherrscht ist, die Frauen also immer noch in die benachbarte *lounge* verbannt sind, wo sie zwar auf Polstern sitzen, aber für die Getränke mehr bezahlen müssen; daß »Ryan's« in der Parkgate Street – »der schönste überhaupt« – 1990 den Wettbewerb um den »Pub des Jahres« gewonnen hat; daß bei »Madigan's« in der North Earl Street die alte Uhr immer noch die Botschaft »tempus fugit« (»die Zeit flieht«) verkündet, und daß »Davy Byrne's«, wo wir sind, im »Ulyssees« von James Joyce genannt wird.

Wir beide sind die letzten Gäste, die gehen, nachdem Tische und Stühle hochgeklappt und auf die Bänke gestellt worden sind und der Parkettboden schon aufgewischt wird.

Aus der Fülle der Angebote, die Ralf Sotschek mir macht, entscheide ich mich für eine Versammlung kommender Woche in Dublins Gewerkschaftshaus, Parnell Square 36. Es handelt sich um eine Solidaritätsbekundung für Journalisten und Redakteure, denen von der Leitung eines irischen Pressekonzerns mit der Begründung sinkender Auflagen rigoros gekündigt wurde, während die Betroffenen die wahren Motive für ihre Entlassung und Aussperrung in kritischen Artikeln gegenüber dem Management sehen. Bedroht sind 400 Menschen. Derzeit kommt eine Notzeitung heraus, zwei Blatt, um zu zeigen, daß man noch da ist. Doch zu retten wird kaum etwas sein, zumal der Staat schon abgelehnt hat, einzugreifen. »Du sollst mal sehen, was da los ist. Selbst wenn's um die Wurst geht – die Iren verlieren den Humor nicht.«

Zum angegebenen Termin ist der kahle Raum im Parterre des St. Georgian House noch so gut wie leer. Nur vorn am Tisch, wo alle möglichen Bücher liegen und ganze Batterien von Flaschen aufgestellt sind, hantiert ein älterer, verschmitzt wirkender Mann herum – markantes Gesicht, grauer Schopf, buntes Hemd unter einem leichten Jackett. »Joe«, klärt Ralf Sotschek mich auf, »der Zeremonienmeister.« Der schnickt uns, auf die unnachahmbare irische Weise, mit dem Kopf seinen Gruß zu.

Eine Stunde später ist der rauchgeschwängerte Raum gefüllt von etwa achtzig Männern und Frauen, deren Eintrittsgeld, zwei Pfund, den Entlassenen übergeben werden soll. Einstweilen reden sie alle durcheinander, ohne sich um die Vorbereitungen da vorn zu kümmern.

Der Ernst der Sache wird in einen Spaß gekleidet. Es geht heute abend um ein Quiz, bei dem sich je vier Leute an einem Tisch als Rateteam zusammenfinden und die Fragen auf einem Zettel beantworten, der vorn abgegeben und dort bewertet wird. Die einzelnen Teams haben Nummern, und ihre Punkte werden nach jedem Rategang an die Tafel geschrieben. Es gibt zehn Runden mit je sechs Fragen. Sieger ist, wer die meisten Fragen richtig beantwortet hat.

Die Vorbereitungen am Tisch vorn sind in vollem Gang, aber niemand scheint das zu beachten. Die Stimmung ist locker, auf merkwürdige Weise disziplinlos und doch auch wieder aufmerksam. Als Joe ins Mikrofon ruft: »Das kann vielleicht der langweiligste Abend eures Lebens werden«, kriegt er vollen Applaus. Er hat das Jackett ausgezogen, rückt die Brille herunter und macht ein grimmiges Gesicht.

Erste Frage: Wer hat den letzten Euro-Gesangswettbewerb gewonnen? Proteste, Gelächter (nach irischen Siegen war es diesmal zwar Norwegen, aber die Hauptperson der Band, eine Violinistin, war Irin). Was ist die älteste Droge? Lachsalven aus dem sachkundigen Publikum: Alkohol – jedermann weiß das. Dann wird es politischer. In welchem Wahlkreis findet morgen eine Nachwahl zum Londoner Unterhaus statt? Ralf souffliert mir die Antwort: »In North Down, Nordirland.« Mir wird schlagartig so etwas wie eine politische Ortung klar: Für diese Versammlung hier gibt es nur *ein* Irland – das wiedervereinigte.

Vierte Frage: Durch welchen Song ist die portugiesische Diktatur gestürzt worden? Da steht an Tisch 20 eine Frau auf und beginnt, ein Lied in portugiesischer Sprache zu singen, eine Exilantin, die mit einem Iren verheiratet ist – »Grandola villa Morena«. Der Ire stellt sich neben sie und singt mit. Danach erklärt die Portugiesin, das Lied habe keinerlei Anteil an dem Sturz der Diktatur Gaetanos gehabt, »aber schön ist es doch«. Lachsalven und die Forderung, ihr den Preis, einen blauen Regenschirm, zuzuerkennen, obwohl das Rateteam 20 nicht an erster Stelle steht. Plebiszitärer Zuspruch der Versammelten.

Ich bin hier, ganz unverkennbar, unter irischen Linken. Aber ich habe ein anderes Gefühl als unter deutschen Linken. Ich nehme mal vorweg, was ich im Lauf des Abends und später erfahre.

Das hier sind Leute, die mit der katholischen Bürgerrechtsbewegung in Nordirland sympathisieren, in Selbsthilfeprojekten arbeiten und Sozialhilfeempfängern Rechtsberatung geben. Für mich wird etwas altmodisch Linkes sichtbar, schwebt etwas selbstverständlich Proletarisches mit, gibt es ein ungebrochenes Bekenntnis zum Gegensatz zwischen Arbeit und Kapital. Mir scheint, dies ist eine Linke mit einem freien Gewissen, ohne die Belastungen deutscher Linker durch ihre Allianz mit der gewalttätigen »Muttermacht« Sowjetunion. Hier herrscht eine völlig andere Atmosphäre, ist ein tragischer Sozialhintergrund durchwürzt von einem unverwüstlichen Humor, wo auch notorische Guinness-Trinker jeden Bierernst verweigern. Ich spüre keine Ideologie.

Je weiter die Stunde vorrückt, desto listiger und feuriger wird Joe auf seiner Empore. Da korrespondiert etwas zwischen dem silberhaarigen Zeremonienmeister im bunten Hemd und diesem Auditorium von dynamischer Disziplinlosigkeit und sprungbereiter Lachfähigkeit, die dennoch keine Sekunde vergißt, um was es hier jenseits des Quizspaßes geht. Da kommt kein Funken Flachheit, keine Spur von Oberflächlichkeit auf. Ich kann mich nicht erinnern, in Deutschland unter Linken je eine Runde von so unverstellter Fröhlichkeit vor ernstem Hintergrund erlebt zu haben, wie hier in Dublins Parnell Square 36. Und ich entdecke noch eine Nuancierung.

Während der Antiklerikalismus sozusagen eingeboren ist, während mit vollen Segeln gegen Irlands an der Macht befindliche Politikerklasse vom Leder gezogen wird und Ministerpräsident John Bruton mehr als einmal am Pranger steht, entdecke ich eine fast verschämte Zuneigung zu Mary Robinson, der Präsidentin, es fällt, wenn sie erwähnt wird, kein Wort gegen sie.

Mitternacht geht vorbei, doch niemand denkt an Aufbruch.

Ich habe nicht gewußt, wie lange eine Elefantenkuh schwanger geht oder bei welchen drei Sportarten sich rückwärts bewegt wird. Aber gegen ein Uhr früh wird das Team von Tisch Nr. 3 zum Sieger erklärt, und der Preis, drei Flaschen Whiskey, von Larry O'Leary in Empfang genommen. Dieses Unikum war mir schon den ganzen Abend aufgefallen.

Larry O'Leary ist ein Mann, der aussieht wie die eigene Karikatur. Er geht durch den Raum wie ein stelzbeiniger Vogel, den großen Kopf mit der langen Nase immer irgendwie gesenkt, ein schmales Lächeln um die Augen und nie ohne Mütze. Als er zu mir kommt, summt er die Melodie des KZ-Liedes von den »Moorsoldaten«, gibt mir seine Karte und sagt: »Ruf mich an, ich bin halb besoffen, da kommt kein vernünftiges Wort raus. Ich gehe.« Das macht Larry O'Leary wahr, aber nur bis zum Nebentisch. Da läßt er sich nieder, greift nach einem vollen Glas, das nicht er bestellt hat, blickt fröhlich schwankend in die Runde und trollt sich bald auch von dort. Gegen zwei Uhr hat er den letzten Tisch vor dem Ausgang erreicht.

Man kennt ihn nur im immer gleichen Habitus. Er trägt Schnurrbart, blaues Hemd, Lederjacke, schwarze Hose und schwarze Schuhe – denn Larry O'Leary ist der Darsteller des legendären irischen Arbeiter- und Gewerkschaftsführers James Larkin (*Big Jim*), sozusagen seine Verkörperung vom Dienst. Wann immer es gilt, für irische und ausländische Filmproduktionen oder Theateraufführungen den Mann zu mimen, der gesagt hat: »Das Große scheint groß, weil wir auf den Knien liegen, laßt uns aufstehen« und von dem gesagt worden ist: »Er sprach zu den Arbeitern, wie nur Jim Larkin sprechen konnte« – Larry O'Leary, längst in seine Haut geschlüpft, ist stets zur Stelle. Und so ist denn unter all den Denkmalen, Standbildern und Monumenten auf dem Mittelstreifen der O'Connell Street für mich die dramatischste Figur die des »Jimmy« Larkin – die Arme ekstatisch ausgestreckt, die ganze Gestalt leidenschaftlich verrenkt, bietet er den Anblick eines Menschen von höchster Selbstentäußerung im Dienst für andere.

Er war nicht der einzige Heros, Irland hat deren viele und mit den unterschiedlichsten Charakteren hervorgebracht. Und doch weisen ihre Biographien häufig etwas Gemeinsames auf: die Grenzen zwischen Heroismus und Kopflosigkeit, zwischen Tragik und Lächerlichkeit, zwischen Opfermut und Anarchie sind bis zur Unkenntlichkeit verwischt.

Eine schreckliche Schönheit kam zur Welt

Am nördlichen Ende der O'Connell Street ragt eine Statue auf, die in ihrer gesammelten Reserve quasi das Gegenbild des proletarischen Larkin sein könnte: das linke Bein elegant vorgestellt, die rechte Hand waagerecht ausgestreckt, die linke auf einen Tisch gestützt, Mantel, Weste und Hose aus vornehmem Tuch, ganz Patrizier - Charles Stewart Parnell (1846-1891).

Ich lese: »Niemand hat das Recht, einer Nation auf ihrem Marsch eine Grenze zu setzen. Niemand hat das Recht, zu seinem Land zu sagen: Bis hierher sollst du gehen und nicht weiter.«

Parnell war die große charismatische Figur der irischen Freiheitsbewegung in der zweiten Hälfte des vorigen Jahrhunderts, der Vorkämpfer für *home rule* (nationale Selbstverwaltung) und Initiator der irischen Landreform - so etwas wie Irlands ungekrönter König. 1875 kommt er als Abgeordneter der Irish Parliamentary Party ins Unterhaus, wird rasch zu ihrem Führer, brilliert als Redner und glänzender Taktiker und zieht nach der Wahl von 1886 mit 96 Anhängern der *home rule* in Westminster ein. Er scheitert jedoch mit seinen Plänen - am Veto des britischen Oberhauses und an einer Liebesaffäre mit einer verheirateten Frau. Vor allem diese Liaison entzieht Parnell die Unterstützung seiner katholischen Anhänger.

Bis dahin hatte der Protestant Charles Stewart Parnell Reformen und Nachdenken über Reformen in Bewegung gesetzt, die irische Sache vehement in das Bewußtsein der englischen Öffentlichkeit befördert und dabei katholische Bundesgenossen zur Seite gehabt. Gleichzeitig aber schuf er den Boden für nationalistische Forderungen, die weit über *home rule* und Landreform hinausgingen.

Im letzten Viertel des 19. Jahrhunderts radikalisiert sich die irische Szene merklich. Auf dem Programm zahlreicher Organisationen steht nicht mehr die nationale Selbstverwaltung in der britischen Union, sondern Irlands Unabhängigkeit. Wieder werden katholische Geheimbünde gegründet, wie die Fenians, Parteien wie die Irish Socialist Republican Party, Sinn Fein (Wir selbst), die Gälische Liga (Gaelic League), dazu Gewerkschaften mit den gleichen Forderungen, so James Larkins Irish Transport and General Workers Union.

Dazu waren während und nach dem Großen Hunger in die USA ausgewanderte und dort reich gewordene Iren zu einem erheblichen politischen und finanziellen Machtfaktor geworden, der direkt in die irischen Geschicke eingriff (und das bis heute tut). Für sie alle galt nur ein Gesetz: der Austritt Irlands aus der Union, die Loslösung von England, Irlands Souveränität.

Diesem Ziel kam der 1. August 1914 gerade zurecht. Der irische Dichter Sean O'Casey: »Der Weltkrieg breitet sich über Europa aus, und Irland freut sich über die Not seiner Feinde« – genauer wohl über die seines Hauptfeindes England.

Als die Londoner Regierung schließlich unter dem Druck der Umstände (und angesichts von 50 000 irischen Freiwilligen in den Reihen der britischen Armee) zähneknirschend nachgibt und Parnells alte Forderung nach der Home Rule Bill tatsächlich verabschiedet wird, ist es zu spät.

Am 24. April 1916 bricht unter Führung von James Conolly der sogenannte Osteraufstand los. Die Führung der Rebellen verschanzt sich hinter Sandsäcken im General Post Office, dem Dubliner Hauptpostamt, macht sich gefechtsbereit und verliest dort als erste Kampfhandlung jene berühmte Erklärung, die als Charta der irischen Unabhängigkeit in die Geschichte eingegangen ist und deren Wortlaut mit dem Satz beginnt: »Wir erklären, daß das Recht des irischen Volkes auf die Verfügungsgewalt über Irland und auf ungehinderte Herrschaft über seine eigenen Geschicke unumschränkt und unveräußerlich ist.«

Dann bringen die Aufrührer ihre Gewehre in Anschlag.

Schlechter konnte ein Aufstand nicht vorbereitet sein. Die Rebellen waren untereinander zerstritten, die Dubliner Bürger von der Erhebung überrascht und zunächst keineswegs auf seiten der Aufständigen. Das britische Militär unter General Maxwell fackelte nicht lange. Zusammen mit den Bordgeschützen des Kanonenbootes »Helga« auf der Liffey legte britische Artillerie das Hauptpostamt und 179 andere Gebäude im Zentrum der Stadt in Schutt und Asche, eine Übermacht, der die Aufständischen fünf Tage lang trotzten, ehe sie kapitulierten.

Es war von Anfang an das Unternehmen eines verlorenen Haufens, eines irischen Kamikazekommandos. Außer kleineren Aufständen in Galway und Wexford, gab es in der Provinz keinerlei Unterstützung, die Hoffnung auf Waffenlieferungen aus Deutschland hatte sich noch vor Ausbruch der Kämpfe zerschlagen, und mehr als 1200 Männer und Frauen konnten nie zusammengetrommelt werden. Vorbereitung und Ablauf des Osteraufstands mußten den Eindruck erwecken, als ob hier die Selbstmordkandidaten einer Gruppe politischer Abenteurer den Scheinversuch unternahmen, die Herrschaft einer der stärksten Militärmächte ihrer Zeit mit ein paar Flinten stürzen zu wollen.

Die Rädelsführer wurden in das Dubliner Kilmainham-Gefängnis gebracht und zwölf von ihnen sofort standrechtlich hingerichtet (General Maxwell: »Shoot' em!«), darunter James Conolly, der wegen seiner Verletzungen nicht stehen konnte und den das Erschießungspeloton deshalb auf einem Stuhl füsilierte. Wahllos wurden in ganz Irland Tausende verhaftet, in die Gefängnisse gesteckt oder nach England und Wales deportiert.

Es war diese Brutalität der britischen Behörden, die die anfängliche Ablehnung des Osteraufstands in der öffentlichen Meinung rasch umschlagen ließ in glühende Befürwortung, ja Mystifizierung. Die verspotteten Rebellen verwandelten sich sozusagen über Nacht in mythologische Helden, und William Butler Yeats schreibt in seinem berühmten Gedicht »Easter 1916«: »Alle sind verwandelt, ganz und gar, eine schreckliche Schönheit kam zur Welt.«

Obwohl man sich den Sieg der Gegenseite nicht vollständiger vorstellen kann, wird der Osteraufstand 1916 doch zum entscheidenden Signal für die irische Unabhängigkeit, die Zäsur im nun aussichtslos gewordenen Kampf Großbritanniens, sich ganz Irland als Teil des Vereinigten Königreichs zu erhalten. Nach einem überwältigenden Sieg Sinn Feins bei den gesamtirischen Wahlen von 1918 und einem mit ländlicher Guerillataktik 1919 gegen die britische Armee begonnenen und erfolgreich geführten Krieg schließt London im Juli 1921 einen Waffenstillstand und sieht sich zu Verhandlungen gezwungen.

Ihr Ergebnis ist die Teilung der Insel in 26 Grafschaften (*counties*), die den zu mehr als neunzig Prozent katholischen Freistaat Irland bilden, während 6 Grafschaften mit protestantischer Mehrheit, aber starker katholischer Minderheit als Nordirland im britischen Königreich bleiben.

Dazu war allerdings ein politischer Winkelzug nötig. Denn Ulster bestand ursprünglich nicht aus sechs, sondern aus neun Grafschaften. Da aber drei von ihnen mit etwa achtzig Prozent so große katholische Mehrheiten hatten, daß die demographische Vorherrschaft der Protestanten über Nordirland auf die Dauer nicht gesichert gewesen wäre, wurde kurzerhand auf diese *counties* verzichtet. Daher geht heute noch die Grenze zwischen Nordirland und der Republik Irland mitten durch die Provinz Ulster.

Das Parlament des irischen Freistaates in Dublin, die Dail Eireann, ratifizierte zwar nach heftigen Debatten den Freistaatsvertrag mit Dominionstatus im Britischen Empire, das später in den Commonwealth umgewandelt wurde, aber nur mit der dünnen Mehrheit von 64 zu 57 Stimmen – die Gegner der Teilung Irlands waren fast genauso stark wie ihre Befürworter. So kommt es im Sommer 1922 zu einem Bürgerkrieg, der mehr als ein Jahr dauern, mit großer Härte geführt und die Irish Republican Army (IRA) gebären wird.

Und wieder fällt Dublins Innenstadt in Trümmer, wieder stehen ganze Quartiere in Flammen, aber diesmal durch die Granaten des irischen Freistaats, dessen reguläre Armee nun gegen die aufständischen Landsleute mit der gleichen Unbarmherzigkeit vorgeht wie zuvor die Briten: Innerhalb des ersten Halbjahrs ihrer Amtszeit läßt die neue Regierung 77 Menschen hinrichten.

In der Tat, »eine schreckliche Schönheit war geboren«. Nach elf Monaten müssen die Gegner der Teilung den bewaffneten Kampf aufgeben, doch das politische Klima wird auf lange Zeit verdorben sein.

Der Wandel zu einem über den Parteienstreit hinweg in nationaler Identität geeinten Staat ging nur zäh vor sich. Erst spät, 1948, legt Irland den Dominionstatus ab, verläßt im folgenden Jahr das britische Commonwealth und ruft die Republik aus. 1955 wird Irland Mitglied der UNO, schließt 1966 einen Freihandelsvertrag mit Großbritannien ab und macht 1973, mit dem Beitritt in die damalige EWG, den ebenso ersehnten wie endgültigen Schritt nach »Europa«.

Wenngleich sich die Situation seit dem Bürgerkrieg unvergleichbar gewandelt hat, die aus ihm hervorgegangenen gegnerischen Anschauungsparteien - Fine Gael und Fianna Fail - prägen noch heute weitgehend das politische Leben der Republik Irland (wobei erfreulicherweise neue Strömungen - voran Labour und Grüne - neben sie getreten sind).

Die »irische Frage« aber schwelt weiter, die Spaltung der Insel ist geblieben - in eine katholische Republik von vier Millionen Einwohnern mit einer winzigen protestantischen Minderheit, und dem im Vereinigten Königreich verbliebenen Nordirland, dessen Bevölkerung von rund eineinhalb Millionen sich zusammensetzt aus 56 Prozent Protestanten und 44 Prozent Katholiken - das »andere Irland«.

Ihm wird in diesem Buch eine eigene, die letzte Rubrik gewidmet.

Die alte Lehre des Cu Culainn

Ein paar Schritte weg von der Statue des Charles Stewart Parnell auf der O'Connell Street, und ich stehe vor den sechs ionischen Säulen des General Post Office, des Hauptpostamts.

Oben die Standbilder der Hibernia, des Merkur und der Fidelitas, unter dem hochmächtigen Portal der ununterbrochene Strom der Passanten, und auf der Straße Dublins Abgashorror.

Da stehe ich, das Taschentuch vor die Nase gehalten, und denke: Welch ein verkitschter Klassizismus, aber welch ein typisch irisches Geschichtsdenkmal auch!

Am Ausgang des Osteraufstandes, der hier am 24. April 1916 begonnen hat und bereits fünf Tage später zu Ende gewesen ist, konnte es für die Rebellen zu keiner Sekunde auch nur den geringsten Zweifel geben. Aber wer meinte, hier hätte nichts gewaltet als organisatorische Verwirrung und logistisches Unvermögen, der hätte von Irland und seiner Geschichte nichts begriffen.

Was die Väter des Aufstands hierhertrieb – James Conolly, Thomas J. Clarke, Sean Mac Diarnada, Thomas Mac Donagh, Patrick H. Pearse und ihre Mitkämpfer –, das kam aus dem tiefsten irischen Urgrund.

Als die Verteidiger des General Post Office von den Briten aufgefordert wurden, den aussichtslosen Kampf einzustellen und sich zu ergeben, wurde ihnen geantwortet: »Wir sind hier, um zu sterben, nicht um zu gewinnen.« Und Patrick Pearse wird vor der Hinrichtung im Abschiedsbrief an seine Mutter schreiben: »Wir haben Irlands Ehre und unsere eigene gerettet.«

Was hier zum Vorschein kommt, hat eine lange Tradition. Sie ist keltisch und geht zurück auf den mythischen Helden Cu Culainn, der nach ihr handelte. Wer in jenen Zeiten einen Feind bestrafen wollte, ging vor dessen Tür und hungerte sich zu Tode. Das gleiche Prinzip trieb die Rebellen des Osteraufstands: die Überwindung des Gegners durch die eigene Auslöschung, der Triumph in der Niederlage, der Sieg über die Sieger – durch Selbstopferung!

Diese Haltung verknüpfte die Kirche früh geschickt mit der Kreuzigung Jesu und dessen gewaltsamem Ende, aber ihr Ursprung ist vorchristlich. Patrick Pearse identifizierte sein Blutopfer ausdrücklich mit Cu Culainn. Symbolisiert wird der Triumph in der Niederlage im Dubliner Hauptpostamt durch jenen zusammenbrechenden Jüngling, an dessen Sockel der Wortlaut der Unabhängigkeitserklärung vom 24. April 1916 in bronzenen Lettern eingeleitet wird mit dem Satz: »In jeder Generation hat das irische Volk sein Recht auf nationale Freiheit und Souveränität geltend gemacht – sechsmal während der vergangenen drei Jahrhunderte mit Waffengewalt.«

Und viele Male davor schon. 28 Generationen insgesamt hat

die Fremdherrschaft vom 12. Jahrhundert bis zur Proklamation des Freistaats 1922 gedauert, und volle 27 Generationen davon war der Kampf gegen die Unterdrücker ohne jede Aussicht, zur Unabhängigkeit mehr beitragen zu können, als sie vorzubereiten, nicht, sie auch zu erringen.

Dieses aus dem Dunkel irischer Vorgeschichte stammende Weltbild ist gezeichnet von einer 700jährigen Erfahrung, Verlierer zu sein und dennoch nicht zugrunde zu gehen. Unter solchen Herrschafts- und Daseinsbedingungen konnte Selbstachtung nur durch Selbstopferung gewonnen werden – ein Mythos, der grundverwurzelt war in der gälisch-katholisch-nationalistischen Sippengesellschaft und es noch ist. Denn wie sehr auch immer die IRA ihn zur Rechtfertigung ihres Terrors instrumentalisiert, die Motive vieler Anhänger sind von der Irrationalität solcher Traditionen inspiriert worden.

Alte Fotos von 1916 und aus den folgenden Jahren zeigen das General Post Office und die umliegenden Gebäude als Ruinen mit leeren Fensterhöhlen, Stätten trostloser Verwüstung, Tummelplatz britischer Soldaten mit geschultertem Gewehr in Herrenpose. Aber ebenso deutlich ist auf den vergilbten Aufnahmen zu erkennen, daß die Standbilder über dem Portikus nach wie vor aufragten, daß Hibernia, Merkur und Fidelitas den Beschuß überstanden hatten.

Jetzt kann ich mir keinen prosaischeren Platz als meinen Standort gegenüber den sechs Säulen des Hauptpostamts vorstellen. Das rauscht und eilt massenhaft daran vorbei, als wollte Dublin sich in seiner dynamischen Geschäftigkeit von keiner anderen Metropole übertreffen lassen. Am Wochenende gar läßt der hohe Geräuschpegel der City zu keiner Stunde auch nur um ein Phon nach, auch zwischen zwei und fünf Uhr früh nicht, was ich als Gast des »Gresham Hotels« mit Vorderzimmer im ersten Stock leidvoll erfahren mußte, als die hauptstädtische Herbergssituation mir einmal keine andere Möglichkeit ließ.

Nun aber scheint mir, als wenn niemand von den Tausenden von Menschen, die ich während der letzten Stunde von meinem Platz gegenüber dem General Post Office aus beobachten konnte, auch nur einen einzigen Gedanken an die historische Stätte da drüben verschwendet hätte.

Und doch, bei all dem natürlichen Desinteresse, das das Alltagspublikum auf der O'Connell Street der Inflation ihrer hochmögenden Denkmalsriege zwischen dem »Befreier« und Parnell entgegenbringt (William Smith O'Brien, Sir John Grey, Father Matthew und manch anderer noch) – ich lasse mir nicht ausreden, daß von dem düsteren Granitbau immer noch ein heimliches Fluidum, eine faszinierende Imagination ausgeht.

Und es ist ein Dubliner von Geburt und langem Lokalstammbaum, der mir das bestätigt.

The Book of Kells

Neill S. könnte der Prototyp des Wikingers sein, Nachkomme jener räuberischen Nordmänner, die mehr als 200 Jahre lang die Insel verheerten, ehe ein seßhafter Teil auf ihr verblieb und sich mit den Kelten mischte.

Groß ist Neill S., breitschultrig und hellhaarig, von kühnem Gesichtsschnitt. Aber wehe, man spricht ihn auf den vermuteten Ursprung an. Dann legt er sofort los, daß »Neill« nur die offizielle Schreibweise seines Vornamens ist, daß er bei sich und den Seinen »Niala« (sprich »Nihl«) heißt und sich zu den Nachfahren der vorkeltischen Urbevölkerung zählt. Das berichtet er lächelnd, ohne den Anflug von Doktrinärstum oder Fanatismus, aber durchaus bestimmt.

Neill S. ist, wie eine lange Kette seiner Vorfahren, in Dublin geboren, sechsfacher Vater (fünf Jungen, ein Mädchen) und Lenker eines Privattaxis, das ich jederzeit telefonisch erreichen kann. Im Verkehrsmoloch Dublin den eigenen Wagen zu benutzen könnte nur einem Neuling oder ganz und gar Ortsunkundigen einfallen. Da ich aber wunderbarerweise gegen alle Erwartungen für meinen alten Ford einen verbotsfreien und dazu noch kostenlosen Parkplatz ergattert habe, lasse ich mich von diesem vermuteten Nachkömmling irischer Ureinwohner durch die dauerverstopften Straßen Dublins kutschieren. Was Neill S. mit ebenso professioneller Könnerschaft wie großer persönlicher Auskunftsbereitschaft honoriert.

Und so werde ich denn auf den Touren zwischen Phoenix Park und Marino, Phibsborough und Dolphin's Barn, Inchicore und Ringsend informiert, daß Neill S. heutzutage – als Mann am Steuer – keinen Alkohol mehr trinkt. Und das in striktem Gegensatz zu jenem Lebensabschnitt, als er vor den Küsten Nordafrikas und im Marmarameer auf Bohrinseln nach Öl gegründelt hatte, Knochenarbeit, »die selbst ein Abstinenzler ohne Suff keine drei Tage durchgehalten hätte«. Zwar war die Bezahlung gut, für die Steuer aber leider das irische Finanzamt zuständig, was zusammen mit der *health distribution*, der Gesundheitsabgabe, den Schwund von mehr als der Hälfte des Lohns bedeutete. Doch jetzt, als selbständiger *taxi-driver*, »kann ich eine Menge absetzen«. Gerade hat er für die Familie ein Haus gekauft und ist dabei, es einzurichten.

Ein lebendes Beispiel dafür, daß fast achtzig Prozent der Iren von heute Hausbesitzer sind, »mit Abstand der höchste Anteil auf der ganzen Welt, gemessen an der Gesamtzahl der Bevölkerung«, wie Neill S. nicht ohne Stolz kommentiert. Gleich darauf vermeldet er mir einen weiteren Grund für den Drang zum eigenen Haus: Da auch seine Brüder mit zahlreichem Nachwuchs gesegnet sind und ihre Herkunft geradeso wie er in die Urzeit verlegen, ist die Sippe dabei, den vorkeltischen, den Stamm der »echten Iren« zu mehren.

Wie schön, daß Neill, wenn er dieses Thema berührt, noch jedesmal lacht und ihm so die doktrinäre Note nimmt.

An seinem vor einigen Jahren verstorbenen Vater, einem Polsterer von Beruf, muß er sehr gehangen haben, denn er erzählt immer wieder von ihm. Padraig S. hat die Insel nie verlassen und ist nie auf einem Schiff gefahren oder in ein Flugzeug gestiegen – »ein stationäres Leben, wie es heute kaum mehr vorstellbar wäre«. Jeden Sonntag hielt er Hof mit einem opulenten Frühstück, auf das Neill und seine vier Brüder sich königlich freuten, ein Ritual, das den Vater noch jedesmal provozierte, seine Kenntnisse der gälischen Sprache zum besten zu geben.

Und an dieser Stelle wird nun plötzlich eingestandenermaßen ein Schwachpunkt sichtbar, den allerdings die große Mehrheit der modernen irischen Gesellschaft mit Neill S. teilt: Wie sie kann er sich trotz seiner Traditionsverbundenheit in der gälischen Sprache nur noch brockenhaft ausdrücken. Und das ungeachtet zahlreicher offiziell und privat geförderter Anstrengungen der Gegenwart, das Spracherbe zu erhalten und zu verbreiten – Bemühungen, die zuweilen krampfhaft wirken und Züge von Fanatismus annehmen können.

Neill S. jedenfalls, obschon vorkeltisch fixiert, empfindet sein gälisches Sprachdefizit offensichtlich als beschämend, denn bei dem Bekenntnis will ich einen Anflug von Röte in seinem verwegenen Gesicht bemerkt haben.

Sonst ist er eine wahre Fundgrube für Antworten auf neugierige Fragen, weshalb mir seine Kommentare oft wichtiger sind, als rasch an die genannte Adresse zu gelangen. Während Neill S. mit Bravour, aber ohne jedes Rowdytum am Steuer, die Northumberland Road hinunterprescht, vor dem Goethe-Institut am Merrion Square hält, parallel zum Grand Canal fährt oder über Ballsbridge eine Adresse an Dublins Peripherie zu erreichen sucht, erfahre ich von ihm: daß ein großer Teil der akademischen Jugend verstärkt auswandert, weil er im eigenen Land keine qualifizierten Jobs findet, es hier keine Wehrpflicht gibt und nie gegeben hat, die fünfziger und sechziger Jahre berüchtigt dafür waren, daß in der Hauptstadt und anderswo zugunsten von Immobilienhaien an der georgianischen Bausubstanz schamlos Raubbau getrieben wurde (»was heute so nicht mehr geht«) und daß das Umweltbewußtsein gewachsen ist dank der Grünen – »the Green Party«, die es nun auch in Irland gibt.

Es macht einfach Spaß, mit ihm durch Dublin zu fahren, und es ist lehrreich obendrein.

An diesem Junimorgen nun bestätigt mir Neill S., daß er niemals, zu keiner Zeit seines Lebens, am General Post Office vorbeigefahren oder -gegangen sei, ohne ein besonderes Gefühl im Herzen zu haben, ein merkwürdiges Kribbeln, wie an keiner anderen Stelle Dublins.

Auch nicht beim Anblick des Trinity College, der Universität der »Dreieinigkeit«, deren voller akademischer Titel lautet: Collegium Santae et Individuae Trinitatis iuxta Dublin a Serenissima Regina Elisabetha fundatum – und wo ich jetzt aussteige.

Und dann betrete ich, vorbei an den Standbildern von Oliver Goldsmith und Edmund Burke, den Campus der Universität, die 1591 von der englischen Königin Elisabeth I. zu dem ausdrücklichen Zweck gegründet worden ist, »die Iren zu zivilisieren«. Dabei muß die Tochter Heinrichs VIII. nur die Söhne der Besatzer für Iren gehalten haben, denn andere konnten sich an dieser protestantischen Eliteschmiede bis 1793 nicht immatrikulieren. Es bedurfte keines Hinweises »Katholiken unerwünscht«, da ihr Ausschluß selbstverständlich war. Noch einmal achtzig Jahre hatte es gedauert, bis 1873 akademische Grade an Katholiken verliehen wurden, und erst 1904 durften Frauen, protestantische und katholische, durch das hölzerne Tor vor den Campanile, den Glockenturm, treten, von dem jetzt mächtige Schläge dröhnen – das Signal, die Pause zu beenden und zu den Examina zurückzukehren. Für den Studenten neben mir scheint das allerdings nicht zu gelten, denn unbeeindruckt beißt er kräftig in seinen Toast mit Salat und liest in einem Buch weiter.

Ich sitze auf einer Bank des Library Square, an einem Rasen von solchem Grün, wie es nur die Tradition britischer Gartenkultur hervorbringen kann, wenngleich hier verunziert durch ein Schild »Please keep off the grass«. Vor mir, jenseits des geschotterten Vorplatzes, des Parliament Square, die Rückseite der langen Eingangsfront, mit der blauen Uhr im steinernen Dreispitz über dem viersäuligen Innenportal – golden blitzen Zeiger und römische Ziffern herüber. Wer alles ist unter dem schmalen Halbrund ein- und ausgegangen – Jonathan Swift, Thomas Moore, Oscar Wilde, Samuel Beckett, um nur wenige zu nennen, nicht zu vergessen Mary Robinson, die Präsidentin.

Hunde und Hausierer allerdings durften zu keinem Zeitpunkt den Campus betreten, dürfen es auch heute nicht, wie das Verbotsschild am Eingang unmißverständlich gebietet.

Hinter mir, in der Mitte des Rasens, als wäre das 400jährige College darum herumgebaut worden, ein Baum. Wie gedrechselt, in sich gewunden, wächst er aus der Erde hervor, um weiter oben dann fünf ebenso gewaltige wie selbständige Stämme in die Breite und die Höhe auszutreiben. Eine Naturkathedrale, so alt vielleicht wie diese Mauern und Gebäude, die Dining Hall, der große Speisesaal, die Kapelle (the Chapel) und die Examination Hall, zu der hin die Studentinnen und Studenten nur so strömen, eingeschlossen nun auch mein Nebenmann, der jetzt das Buch zuklappt und sich aufmacht – jetzt wird's ernst.

Was ich hier suche, ist älter als das Trinity College und sein erhabenes Baummonument, viel älter, aus dem 8. Jahrhundert und einzigartig dazu: ein Höhepunkt keltisch-christlicher Kunst, die kostbarste Handschrift, die je überliefert wurde, ein in Großbuchstaben geschriebenes, unvergleichlich dekoriertes und überwältigend farbenprächtiges Originalmanuskript, das Staunen der ganzen Kulturwelt, »Irlands Kronjuwelen« – »The Book of Kells«!

Schamhaft suche ich nach ihm, mit schlechtem Gewissen vor mir selbst, 25 Jahre nach meinem ersten Aufenthalt in Dublin endlich einen während der Drehhatz fürs Fernsehen immer wieder aufgeschobenen Vorsatz zu verwirklichen. Dies mit der Entschuldigung, daß ich in der Tat damals nicht jene Muße hatte, wie ich sie mir für mein Buch nun nehme.

Einen eigenen Eingang hat es, das »Buch von Kells«, und im Longroom der Bibliothek ist es ausgestellt, in der Mitte des Raumes, unter Glas. Das Licht ist ausgeschaltet – »The light would harm the book«, erläutert dezent und um Verständnis heischend die Aufsicht. Ja, in der Tat, das Licht würde das Unikat beschädigen, also wird mühevolles Lesen zum kleineren Übel.

Es herrscht eine seltsame Atmosphäre, eine Mischung zwischen Neugierde und Ehrfurcht. Ein blondes Mädchen hat sinnend die Arme auf den Rand des Tisches gestützt, starrt durch das Glas und rührt sich nicht vom Fleck, obschon sich andere Besucher sammeln. Es ist alles so eingerichtet, daß es vor der temperierten Vitrine selbst keinen Massenandrang geben kann, nur Einzelbetrachtung.

Und da liegt es vor mir, »the Book of Kells«, von dem hier an jedem Tag eine neue Seite aufgeschlagen wird – heute ist es Folio 292, das Porträt von St. John, dem Evangelisten Johannes. Erster Eindruck: Nie habe ich solche Farben gesehen, solches Grün, solch magnetisches Rot. Ich starre auf labyrinthische Kalligraphien, Zeile um Zeile; auf Figuren, in die man hineinkriechen möchte, um in die letzten Ziselierungen der Miniaturen zu gelangen. Wie nötig das wäre, zeigen vergrößerte Kopien an den

Wänden, angestrahlt von Licht – Folio 174 und 175, ornamentös bis in die letzte Fiber, auf der Fläche eines Daumennagels mikroskopisch fein ausgefeilte Panoramen.

So unglaublich das Werk, so unglaublich die Geschichte dieses Buches der vier Evangelien.

Als Ort seiner Entstehung wird ein Felsen an der Westküste Schottlands genannt. Auf Seite 201 hält die rechte Hand des Evangelisten Lukas den oberen Teil des Wortes »Jona«, ein Name für die Insel Jonas. Dorthin hat der irische Mönch Connachtach (»hervorragender Schreiber und Abt von Jona«) im Jahr 791 die begabtesten Künstler und Schönschreiber der damals bekannten Welt gerufen. Und sie kamen, kamen in den Nebel des Nordens und der Irischen See – aus dem nahen England, dem fernen Byzanz, aus der Sonne Italiens. Sie kamen aus einer Welt, die sich vom Untergang Roms, von den Nachbeben der Völkerwanderung immer noch nicht erholt hatte und deren christliches Kraftzentrum sich längst von der Kurie im Vatikan an den westlichen Rand des Kontinents verlagert hatte, nach Irland, dem Ursprung der triumphalen Re-Christianisierung einer in Trauer, Kriegsnot und Finsternis gefallenen abendländischen Welt.

Dort oben auf Jonas sollte etwas ganz Außergewöhnliches, etwas Einmaliges entstehen, und dafür wurden keine Mittel gescheut – das im 6. Jahrhundert vom Heiligen Columba gegründete mönchische Gemeinwesen war ein reiches Kloster. Üppiger, schöner, verschwenderischer sollte kein Buch je illustriert worden sein noch künftig werden. Es heißt, daß allein 185 Kälber geschlachtet wurden, um aus ihrer geschmeidigen Haut das beste aller Pergamente herstellen zu lassen. Die Rohmaterialien und Ingredienzien für Farben – für Ultramarin, Karminrot, für ein Gelb, leuchtender als die Sonne – lieferten die Vorgebirge des Himalaya, der Hindukusch und Pamir, Persien und die Arabische Halbinsel, aber auch Frankreich und Spanien. Allein die Namen der Schreibgeräte und -flüssigkeiten, wortgeronnene Poesie, wollen mir auf der Zunge zergehen: *ink purple* (Purpurtusche), *brownish iron-gall* (Braun von eisengalliger Farbe), Tinten, schwärzer als Kohle (*black carbon*). Und dann heißt es über die zartesten, leichtesten, duftigsten Pinsel, die Schwung- und

Schwanzfedern von Gänsen oder Schwänen: »Their pens were quills of the tail feathers of geese or swans.« Und es waren die begabtesten Hände des Zeitalters, die sie führten.

Eine erlesene Schar großer Künstler muß da am Ende des 8. Jahrhunderts auf Jonas zusammengekommen sein, ein Gremium von Hochindividualisten, sicher für Abt Connachtach schwerer zu hüten als ein Sack voll Flöhe, aber von explosiver Kreativität. Es ist überliefert, daß zwei von ihnen die primi inter pares gewesen sein müssen, Meister ihres Fachs, der eine vermuteterweise ein Schotte, die uralte künstlerische Technik der Kelten im Blut, der andere ein vibrierender Südländer mit entgegengesetztem Temperament, aber beide am Werk als Duo unübertrefflich.

Der eingeflochtene Metallreichtum frappiert ebenso wie die Feinarbeit im kleinen, kleinsten und allerkleinsten. Betrachtet man, zum Beispiel, den Kopf des Lukas unter einer Vergrößerungslinse, dann offenbart sich an diesem Bildnis von kaum einem Zentimeter, daß Augen, Brauen und Pupillen ausgearbeitet sind wie auf einem Gemälde. Und noch eines kommt durch das »Book of Kells« an den Tag, voller Phantasie und bekennerisch durchgehalten: eine Sinnlichkeit fürs Körperliche, eine Unbefangenheit gegenüber menschlicher Leiblichkeit und Sexualität. Sie trennt die Schöpfer des Buches, wenn nicht vom Christentum ihrer Ära, so doch unaufhebbar von dem Lust- und Liebeskrampf, von der heuchlerischen Prüderie der päpstlichen Amtskirche, deren Arm damals noch nicht bis Irland reichte.

Hier lebte noch etwas Heidnisch-Natürliches, hier, so fern von Rom, schien die Verteufelung des Fleisches noch unbekannt. Es wimmelt nur so von phallischen und vaginalen Symbolen, Andeutungen und Direktheiten, von kopulierenden Schlangen, rolligen Katzen und geilen Katern, von ausgefahrenen Penissen und unmißverständlich demonstrierten Orgasmen. Eine schwellende Vorstellungskraft tobt sich hier aus – an Fischen, Blumen, barock ausgeschmückten Vogelgestalten.

Berührend dann aber auch wieder die religiöse Andacht, verfremdet etwa in Gestalt der vier Evangelisten: Johannes erscheint als Adler, Lukas als Stier, Markus als Löwe und Matthäus als Engel, eingebettet in einen Rahmen kunstvollster Ornamentik und farbenprächtigsten Dekors.

Stellenweise wollen mir die Folien vorkommen wie eine vexierbildhaft versteckte Huldigung an das Hohelied Salomons, seine kalligraphische Ergänzung und Ausschmückung. Aber weit über das Geschlechtliche und Geschlechterhafte der Liebe hinaus wird auch ihre Universalität beschworen, dringt eine Botschaft hervor, über das Göttliche nicht das Menschliche, das Allzumenschliche zu vergessen - seine Verwundbarkeit und Zerbrechlichkeit, seine Ängste, seine Nöte und Hoffnungen.

Daß der Nachwelt dieses Wunderwerk erhalten geblieben ist, grenzt nach allem, was wir wissen, selbst an ein Mirakel.

795, vier Jahre nach Beginn der Arbeit, spüren die Wikinger die Insel auf und hausen dort, wie sie überall, wohin sie damals kamen, gehaust haben: Sie brandschatzen, vergewaltigen, rauben und morden. Man muß die zeitgenössischen Chroniken Europas über den Wikingersturm einmal genauer studieren, um die These späterer Historiker ad absurdum zu führen, es habe sich nicht nur um Zerstörer gehandelt. Das mag dann mit den Staatsgründungen in der Normandie, auf Sizilien und England an Blindwütigkeit eingebüßt haben, aber die kamen spät, waren ebenso mit Blutvergießen verbunden und änderten nicht das mindeste an dem Schreckensstatus, den sich die Nordmänner redlich und bewußt erworben hatten, so weit ihre Drachenboote sie brachten.

Beim ersten Überfall konnte das Buch noch vor ihnen bewahrt werden, aber da es sicher war, daß die Wikinger wiederkehren würden, stand die Arbeit fortan unter dem Druck unheilvoller Erwartungen. Und das völlig zu Recht, denn neun Jahre später, 806, wurde die Insel abermals von den Wikingern heimgesucht, und diesmal starben 86 Menschen, darunter auch Abt Connachtach. Er wurde am Eingang zum Scriptorium so lange geschlagen und getreten, bis er tot war.

Auf den zweiten Überfall jedoch war man auf Jonas vorbereitet gewesen. In einer Bucht ankerte ein ständig segelfertiges Schiff, auf das nun, buchstäblich bei Nacht und Nebel, das kostbare Werk geschafft und über See ins Innere Irlands gebracht wurde. Mit an Bord die überlebenden Kalligraphen samt ihren

Utensilien, den Häuten und Pinseln, den Federn und Farben, den Zirkeln, den Linealen – und dem unerschöpflichen Vorrat ihrer künstlerischen Phantasie.

Die vollendete Anfang des 9. Jahrhunderts das grandiose Werk an einer Stätte, die dem Evangelienbuch den Namen geben sollte – in der Einsamkeit des Klosters Kells.

Noch heute strömt dieser rund sechzig Kilometer nordwestlich von Dublin im County Meath gelegene Platz etwas von jener ungeheuren Ruhe und Abgeschiedenheit aus, die für die Ortswahl der elitären Flüchtlinge zur Fortführung und zum Abschluß ihrer Arbeit ausschlaggebend gewesen sein mochte.

Auf dem alten Klostergelände ein phantastischer Anblick: Hochkreuze mit der Würde der Jahrtausende, darunter einige der ältesten und größten Irlands überhaupt; ein Wald von Grabsteinen, rissig, geborsten, besetzt von Schimmel und gelben Pilzen; der schartige, von Wind und Wetter verwetzte, dachlose Rundturm, von dem damals wohl manch banger Blick der glücklich Entkommenen den Horizont gestreift hat, ob die rothaarigen Verfolger sie nicht auch hier entdecken und die Fertigstellung des großen Werkes zuschanden machen würden.

Aber die Gefahr kam weder von dieser Seite noch zu Lebzeiten der Schöpfer – sie kam von banalen Dieben, Einheimischen aller Wahrscheinlichkeit nach, Anfang des 11. Jahrhunderts. Das »Book of Kells« wurde schlicht geklaut, drei Monate später jedoch zum Glück wieder aufgefunden, wenngleich nun seines vergoldeten Einbandes beraubt und um dreißig Folien erleichtert. Seither besteht es statt der ursprünglichen 370 nur noch aus 340 Folios (das sind 680 Seiten).

Aber ebenso hätten auch sie verschwunden sein können. Diese Gefahr kam noch einmal auf, als Cromwells protestantische Soldateska 1649/50 plündernd und schändend durch das katholische Irland zog. Doch auch dieser Kelch ging an dem Wunderwerk vorbei, das vorsorglich nach Dublin geschafft worden war und sich seither in der Obhut des Trinity College befindet.

Wer hier auch nur fünf Minuten vor der Vitrine mit den Tag für Tag um eine neue Seite aufgeklappten Folios verweilt, der weiß, wie unwiederbringlich ein Verlust gewesen wäre. Richtig, es gibt da noch andere, ähnliche Bücher – das »Book of Mulling«, das »Book of Armagh«, das »Book of Durrow«, dieses älter sogar noch, aus dem Jahr 675. Aber keines von ihnen hat den Zauber des »Book of Kells«, keines hat sein Charisma und seine zeitlose, unversehrte, unantastbare Patina.

Aus dem Erdgeschoß eine Treppe hoch, und ich stehe im Longroom vor einem Anlaß weiteren Staunens, einer geradezu ungeheuerlichen doppelgeschossigen Wand aus lauter Buchrücken: der Old Library, der Alten Bibliothek, des Trinity College.

Eine Phalanx von Säulen, quer durch die sechzig Meter lange hochgewölbte Holzhalle, gleich vorn eine reichornamentierte Wendeltreppe aus dunklem Eisen, deren altmodische Eleganz allein schon ein kulturhistorisches Kapitel für sich sein könnte, und Bücher, Bücher, Bücher, wohin das Auge fällt – 200 000 sollen hier gestapelt sein. Und das ist nur ein Zehntel des Gesamtbestandes, denn die Trinity College Library ist seit 1801 auch »Copyright-Bücherei« . Das heißt, sie ist berechtigt, von jedem in Großbritannien gedruckten Buch ein Exemplar zu beanspruchen. Und davon macht sie nach wie vor Gebrauch, wie sehr sich auch inzwischen das politische und staatliche Verhältnis Irlands und Englands zueinander verändert hat.

Der Bewegungsbereich ist beschränkt, die Treppe nach oben und die einzelnen Boxen hier unten sind durch rote Kordeln versperrt. Niemand kann auf die bewegbaren Leitern steigen und sich das Gewünschte selbst holen, und doch ist alles bestens geregelt.

Die großen, an den einzelnen Boxen sichtbar angebrachten Buchstaben täuschen allerdings, weil sie kein alphabetisches System der Autoren und der Titel bedeuten, sondern Ordnung nach Buchdimensionen – von A, den größten Büchern, bis O, denen mit dem kleinsten Umfang. Aber da alles genauestens katalogisiert ist, kann jedes gewünschte Werk sofort gefunden werden.

Überall Büsten, streng ausgewählt, Koryphäen der Menschheit – Sokrates und Plato, Aristoteles und Cicero, Newton, Locke, und Swift, der Geistliche und große Kritiker, übrigens in dieser Galerie der einzige mit Kopfbedeckung. Die einen schauen nach rechts, die anderen nach links, während ich mich auch diesmal wieder frage, wie sie wohl wirklich ausgesehen haben mochten – Demosthenes zum Beispiel, glanzvollster Rhetoriker des antiken Griechenland.

Ich sehe alte Handschriften, 5000 sollen es insgesamt sein, Inkunabeln, früheste Erzeugnisse der Buchdruckerkunst, unter Glas auf roter Unterlage »the earliest book in Irish types«, ausgewiesen mit dem Datum des 15. März 1575. Inhalt das ABC und der Katechismus auf gälisch, in Dublin gefertigt und für 49000 Pfund angekauft. Davon sind zur Zeit meiner Gegenwart »for the cost of this national treasure« noch 20000 Pfund zu zahlen. Unter Glas, angesichts bereits willig gespendeter Dollarnoten sowie irischer und britischer Münzen, der unverblümte Appell an das Kulturgewissen der Besucher, zur Verringerung der Schulden beizutragen: »Will you help?«

I will.

Wahrscheinlich blamiere ich mich, kann aber die Mitteilung nicht unterdrücken: Was mich hier in der Old Library am meisten beeindruckt, ist nicht das Bücheruniversum aus gebundenem Schweinsleder, sondern das mächtige Stück Holz, das da glänzend, schartig und gebeizt im Raum wuchtet – eine Harfe! Sie hat 29 aus metallgesäumten Löchern des Fundaments tretende Saiten, ist aus Weidenholz und Eiche gefertigt und wird falscher Überlieferung nach mit Brian Boru verbunden, dem irischen Hochkönig, der im 11. Jahrhundert zwar die Wikinger besiegte, aber selbst in der historischen Schlacht umkam. Die unbestechliche Meßfähigkeit unserer Zeit verweist solche Ansicht jedoch in das Reich der Sagen und die wahre Geburt der Harfe in das 17. Jahrhundert – ihrer ungebrochenen Ausstrahlung tut das keinen Abbruch. Immer wieder wandert mein Blick hin zu ihr, die da unter Glas ruht, beleuchtet, klobig, schweres Holz und für alle Zeiten stumm.

Die Aufsicht in der Old Library hat ein stattlicher Sechziger – frisches irisches Gesicht, dunkler Blazer, dunkler Schlips, blaues Hemd, Lackschuhe, vor dem Mund einen Walkman, den er gerade absetzt, um einer Dame zu bestätigen, daß die Temperatur in der Alten Bibliothek nicht klimageregelt sei, im Gegensatz zu dem Raum des »Book of Kells« im Parterre. Dann setzt er, leise vor sich hin summend, seinen Rundgang fort. Vor dem englischen Philosophen John Locke (1632-1704) bleibt er ein paar Sekunden stehen, blickt auf die Büste und geht dann leicht wippend weiter.

Wie lange tut er hier schon Dienst, und was bedeutet ihm die Bibliothek? Wie der Mann auftritt, verbieten sich persönliche Fragen. Wohl aber hat er mir dann, auf meine Bitte, geduldig das System der Ausleihung erklärt, und zwar in dem ausgezeichnetsten Oxford-Englisch, das ich je gehört habe.

Draußen wartet Neill S., zuverlässig, freundlich entspannt, und auch diesmal, sobald wir ins Gespräch kommen, überraschend in seinen Auskünften: Egal wo - Berge sind für ihn männlich, Flüsse weiblich, Länder sowohl als auch. Wir kamen darauf, weil der Strom, der Dublin zweiteilt, auf Deutsch irrtümlich meist der statt richtigerweise die Liffey genannt wird. »Aber können Sie das denn unterscheiden?« frage ich. »Im Englischen heißen doch alle bestimmten Artikel - der, die, das - *the*.«

Darauf Neill, auf seine unnachahmliche Art zu mir gewandt und doch mit allen Sinnen vorn auf der Straße: »*Wir* können es.«

»Also gut - Germany?«

»Männlich.«

»Norwegen?«

»Auch männlich.«

»Schweden?«

»Weiblich, wie Wales. Aber Schottland ist wieder männlich.«

»Und England?«

»Nothing!«

Mein irisches Tagebuch VII

5. Juni.

Dublins Walworth Road könnte durchaus stellvertretend sein für den Anblick typischer Wohnquartiere auf den vormals britischen Inseln, denen Irland in manchen Atlanten immer noch zugeschlagen wird - trister Backstein und baumlose Öde.

Hier befindet sich das Jüdische Museum, the Irish Jewish Museum.

Ich werde empfangen von einer freundlichen Dame, die sich aber gleich zurückzieht in einen Raum voller Schülerinnen und Schüler, irischen Rotschöpfen, von denen sich einige gerade kichernd über Fotos mit Juden in rituellem Habitus belustigen. Doch dann werden sie ernst und beugen sich aufmerksam über den Tisch mit der Menora, dem jüdischen Leuchter, als von sakralen Gebräuchen am Sabbat gesprochen wird. Offenbar hören sie zum erstenmal davon, daß es für Juden dann nicht erlaubt ist, zu kochen oder überhaupt eine Arbeit zu verrichten; daß es getrennte Bestecke gibt für »Milchding« und »Fleischding«; daß koscher nicht nur bedeutet, kein Schweinefleisch zu essen; daß dieses Haus einmal eine Synagoge gewesen ist und die jüdische Gemeinde der ganzen Republik nicht mehr als 1500 Mitglieder zählt.

Ich gehe durch die Räume, die Treppe hoch – altes Gestühl, Thorarollen, Schofarhörner, der Betplatz. Hinter Glas unzählige Fotos: die Dubliner Synagoge in der Lombard Street, »Established 1893« ; die in Limerick (1878) und in Cork (1881), offenbar Schwerpunkte jüdischer Geschichte in Irland. Und gerade deshalb wirkt die 1925 eröffnete neoklassizistische Greenville Hall wie verirrt in Zeit und Stil – was sich da ankündigt, Zukunft, Aufbruch, wird sich nicht erfüllen.

Ich weiß nicht, wie viele Synagogen und jüdische Einrichtungen in aller Welt ich aufgesucht habe, aber in kaum einer anderen war mir so bedrückt zumute wie hier, in diesem zu einem Museum umgestalteten jüdischen Gotteshaus Dublins.

Die erste Kunde, daß Juden nach Irland kamen, stammt aus dem Jahr 1079: »Five jews came over the sea and they were sent back again.« Bei den fünf Zurückgewiesenen kann es sich nur um jüdische Flüchtlinge aus dem benachbarten England gehandelt haben. Dort hatten Pogrome stattgefunden, die ein neues Zeitalter der Judenverfolgung einleiten sollten, waren Wellen eines kollektiven Antijudaismus hochgeschlagen, die rasch auf den Kontinent hinüberschwappten und sich 1098 mit den Massakern an den Juden des Rheintals durch die frommen Pilger des ersten Kreuzzuges fortsetzten.

Juden werden für alles verantwortlich gemacht, für Sonnenfinsternisse und Kriege, für Hunger und für die Große Pest, und natürlich für die Kreuzigung Jesu, obschon sie nach der Lehre ein in diesem Fall erforschlicher Ratschluß Gottes war, mit der Opferung des Sohnes die Menschheit zu erlösen, und es ohne die Kreuzigung kein Neues Testament, kein Evangelium, keine Heilslehre, mit einem Wort: kein Christentum gegeben hätte.

Nach dem Ausweisungsedikt des spanischen Königspaars Ferdinand von Aragon und Isabella von Kastilien, 1492, landen Juden, sogenannte Sephardim, auch an der Südküste Irlands.

Damit beginnt ihre seltsame Geschichte auf der Insel.

Nachrichten über sie und ihre Nachkommen sind spärlich, was nur als gutes Zeichen gewertet werden kann. Mag es Diskriminierungen gegeben haben, Verfolgungen gab es nicht. In Youghal wird 1555 ein Mann Bürgermeister, dessen Name – William Annyas – auf sephardischen Ursprung schließen läßt. Das große Informationsdefizit der folgenden Jahrhunderte deutet eher hin auf Konfliktlosigkeit zwischen den Juden Irlands und ihren Zeitgenossen, setzt man einmal berufliche und gesellschaftliche Einschränkungen als selbstverständlich voraus, sowohl durch die Herrschaft des britischen Protestantismus als auch durch die irisch-katholische Volkskirche. Gleichheit gab es nicht, aber ebensowenig Hatz, Prügel und Mord.

Zwar weist das Register der jüdischen Gemeinde Dublins von 1820 bis 1879 schon steigende Mitgliederziffern aus (»From the four corners of Europe«, aus allen seinen vier Ecken kamen sie), aber erst die Flucht vor den schrecklichen Pogromen im zaristischen Rußland am Ende des vorigen Jahrhunderts führt zu einer jüdischen Immigration größeren Ausmaßes. Juden aus dem Osten des Kontinents siedeln in Limerick, in Waterford, Cork und Dublin, in Belfast und Londonderry. Sie kommen ohne Geld, sind jung und fallen durch ihr gravitätisches Äußeres auf, besonders durch ihre Bärte bereits in jungen Jahren.

Und schon läutet sich auch in Irland das neue, das 20. Jahrhundert mit antisemitischen Ausschreitungen ein, gibt es 1904 ein regelrechtes Pogrom in Limerick. Juden müssen fliehen nach Cork und nach Dublin, aber sie werden auch von Teilen der Bevölkerung unterstützt und beschützt. Der Angriff bleibt zum Glück ein einmaliger Fall, haftet jedoch im Gedächtnis der jüdischen Gemeinschaft Irlands.

Sie zentriert sich vor allem in der Hauptstadt, wo Juden in der Nachbarschaft der South Circular Road wohnen, in Portobello, in Dolphin's Barn, an der Bloomfield Avenue, und sieben Synagogen ihre Tore geöffnet haben. Einer aus dem Viertel Clanbrassil Road und South Richmond Street (auch »little Jerusalem« genannt) ist Isaac Halevi Herzog, der 1919 von Belfast nach Dublin kam und 1922 der erste Oberrabbiner des jungen Freistaats Irland wird (»The communities first Chief Rabbi«, wie ich hier lesen kann). Sohn Chaim wächst auf in »little Jerusalem«, wandert aber 1937 mit den Eltern nach Palästina aus, ahnungslos, daß er Präsident des unabhängigen Judenstaats Israel werden und in diesem Rang am 20. Juni 1985 zusammen mit seiner Frau Ora der Republik Irland einen gefeierten Staatsbesuch abstatten wird. Fotos von dem großen Ereignis sind, unverbergbar, der Stolz des Irish Jewish Museum in der Walworth Road von Dublin - es badet geradezu darin.

Irlands Juden, diese eineinhalbtausendköpfige Minigruppe, werden ihren statistischen Stand möglicherweise noch einige Zeit halten, aber nicht auf Dauer. Das liegt nicht allein daran, daß die Geburtenrate ihren niedrigsten Punkt erreicht hat. Vielmehr hat Irland, besonders in der ersten Hälfte unseres Jahrhunderts, zu dieser Lage beigetragen.

1933, nach Hitlers Triumph am 30. Januar und dem Einmarsch in Österreich März 1938, hat es nur 25 Verfolgten die Einreise gestattet. Während Juden aus vielen Ländern 1846-1850 hungernden Iren zu helfen versucht hatten, verschloß Irland neunzig Jahre später, als eine große Zahl von Juden tödlich bedroht war, seine Pforten fest vor ihnen.

Und der Übervater der irischen Unabhängigkeitsgeschichte, Eamon de Valera (einziger Überlebender der Führungsriege des Osteraufstands von 1916 und Regierungschef der Jahre 1932 bis 1948, 1951 bis 1954 und 1957 bis 1959) - Eamon de Valera und seine Politik waren gewiß nicht dazu angetan, den Juden Irlands ein Gefühl von Sicherheit zu geben. Zu unheimlich muß ihnen das klammheimliche Liebäugeln mit Hitlerdeutschland gewesen sein, zu zwielichtig die irische Neutralität auch im Zweiten Weltkrieg, dieses ganze mühsam unter der Decke gehaltene und dennoch unverkennbare Sympathiegewebe mit der »Achse« nach dem tumben Motto »Die Feinde unserer Feinde sind unsere Freunde«.

Es war schließlich die Abscheulichkeit des Nazisystems selbst, die dafür sorgte, daß die dubiose irische Bundesgenossenschaft mit Deutschland nicht so intensiv war wie im Ersten Weltkrieg.

Aber bestanden hat die dumpfe Liaison, wenn auch letztlich folgenlos, in bestimmten Kreisen doch. Und nicht nur dort, nicht nur unter den Englandhassern der dünnen Oberklasse, sondern auch in den Köpfen und Herzen mancher sogenannter einfacher Leute.

In den dreißiger und vierziger Jahren treten in Irland neben dem traditionellen klerikalen Antijudaismus eindeutige Ausdrucksformen des rassistisch-doktrinären Antisemitismus der Epoche zu Tage, obschon von seinen vorher undenkbaren Verbrechen aus der Mitte des deutschbesetzten Europa auf der Insel vieles bekannt geworden war. So konnte im Juli 1943, als die Krematorien der Vernichtungslager ihren schwarzen Rauch schon seit über einem Jahr in den Himmel Osteuropas schickten, der Abgeordnete Oliver G. Flanagan im Dail, dem Parlament des Freistaats Irland, Hitlers »Judenpolitik« öffentlich verteidigen und die Opfer unwidersprochen verhöhnen: »Where's the honey, there's the bee, and where's the money, there's the Jew.« (»Wo der Honig ist, da ist die Biene, und wo das Geld ist, da ist der Jude.«)

Was schließlich hatten Irlands Juden zu erwarten von einem Regierungschef Eamon de Valera, der im Mai 1945 der deutschen Botschaft in Dublin aus Anlaß von Hitlers Tod einen Kondolenzbesuch abstattete? Und was die Beziehungen zwischen Israel und Irland angeht, so können sie über lange Strecken der Nachkriegszeit, ja bis vor kurzem noch, eher als kühl bezeichnet werden. Das hat sich atmosphärisch erst unter der Präsidentschaft von Mary Robinson geändert, also spät, sehr spät.

Über solche und andere Denkwürdigkeiten können auch jüdische Erfolgsbiographien nicht hinwegtäuschen, etwa die zweier jüdischer Bürgermeister von Dublin oder die eines jüdischen Stadtoberhaupts von Cork. Es stimmt zwar, daß im Parlament jüdische Abgeordnete gesessen haben, und daß sie dort in das »Gebet für das Vaterland«, mit dem Regierung und Plenum Gottes Segen herabflehen, einbezogen wurden. Und es stimmt auch, daß mit Mervin Taylor der erste Jude Kabinettsmitglied wurde und unter dem Ministerpräsidenten John Bruton das wichtige Ressort *Equality and law* innehatte, Gleichstellung und Justiz, in das die umstrittene, im Herbst 1995 parlamentarisch nur knapp akzeptierte Legalisierung der Ehescheidung gehört.

Aber Ausnahmen wie diese können an den Grundtatsachen irisch-jüdischer Beziehungen oder Nichtbeziehungen nichts ändern, sie sind nur scheinbar gegenläufig.

Viel gravierender ist, daß auch Juden von der »irischen Krankheit« befallen sind, also von dem, was die »institutionelle Auswanderung« genannt wird. In den letzten Jahrzehnten hat die Dubliner Gemeinde, die nahezu identisch ist mit der ganz Irlands, fast vierzig Prozent ihrer Mitgliedschaft eingebüßt. Noch schlechter sieht es aus in Cork, der zweitgrößten Stadt, wo die Handvoll Juden selten die zehn Männer zusammenkriegt, die es braucht, um das Quorum für den Gottesdienst zu erfüllen. Das Irland von heute hält seine Juden nicht.

Zwar gibt es im ehemaligen »Klein-Jerusalem« noch »The Bretzel«, ein Laden, in dem zu bestimmten Öffnungszeiten koschere Croissants, Pizzas und Gebäck verkauft werden, aber das meist an nichtjüdische Kunden (die dafür allerdings gern Sonntag morgens bis um zwei Ecken herum Schlange stehen).

Zur Stunde meiner Anwesenheit in Dublins Jüdischem Museum ist die Stelle eines irischen Oberrabbiners vakant. Der Aufenthalt des letzten Amtsinhabers, eines Briten, war nicht mehr als ein fluchtartig beendetes Zwischenspiel, während ein *visiting rabbi*, ein Interims-Rabbi sozusagen, immerhin versprochen hat, bis zu einer Neuwahl auszuharren.

Hier soll nicht verschwiegen werden, daß neben den historischen Vorbelastungen die gegenwärtige Zerstrittenheit der Gemeinde zur allgemeinen Misere beiträgt. Es bestehen zwei Synagogen, eine an der Adelaide Road und eine in der Terenure Avenue, und das nicht zufällig. Denn faktisch geht es in Dublin um zwei jüdische Gemeinden mit zwei Präsidenten und zwei Vorständen. Tendenzen, beide zu einem Jewish Center zu vereinen, sind wohl da, aber nicht vielversprechend.

Ich hocke im ersten Stock vor den alten Thorarollen und denke: Wann immer es während meiner Aufenthalte in Irland, den früheren und diesem, längsten, je zur Sprache kam, daß ich Jude bin, nie gab es auch nur die Spur einer Reaktion, die mich hätte befremden oder verletzen können, kein einziges Mal. Und dennoch muß ich an den Abschnitt in James Joyces »Ulysses« denken, wo es heißt: »Achten Sie auf meine Worte, Herr Dädalus, England ist in den Händen der Juden. In allen höchsten Stellen: in der Finanz, in der Presse. Und das ist immer ein Zeichen für den Verfall einer Nation. Wo die sich zusammenfinden, fressen sie die Lebenskraft eines Volkes.« Antizipierte Hitler-Zitate, gemünzt auf eine Zeit, 1904, in der Irland ein Teil von »England« war, zwar später geschrieben, aber mit der ganzen Erinnerungskraft des Autors an jene Zeit.

Sie heilen mich von dem wunderbaren, aber offensichtlich unerfüllbaren Wunsch, wenigstens Irland, *mein* Irland, möge doch ein Land ohne Antisemitismus sein. Das ist vielleicht die schwerste Belastung aus der Hypothek des selbst Erlebten: sich nicht, sich nie in Sicherheit zu wähnen. Und genau damit, mit diesem eingefressenen Lebensgefühl permanenter jüdischer Verunsicherung, werde ich auch hier konfrontiert.

Was in diesem Kapitel über die jüdische Geschichte Irlands an Informationen steht, die zu meinen vorherigen dazugekommen sind, das habe ich im Gespräch mit dem Vizepräsidenten des Irish Jewish Museum erfahren. Asher S. ist ein liebenswürdiger Herr, den ich auf mein Alter schätze, also über siebzig. Als sich herausstellt, daß ich ein Überlebender des Holocaust bin, will mir seine Haltung auf eine bekannte Weise distanzierter erscheinen. Das habe ich oft erlebt bei Juden, denen solches Schicksal erspart geblieben ist, obwohl es sie dem Alter nach hätte ereilen können, wenn sie in Hitlers Gewalt gewesen wären. Bei aller Grundlosigkeit ist es eine Art schlechtes Gewissen, daß es einem in jener Ära selbst besser ergangen ist als dem Gegenüber, ein Umstand, der dialoghemmend sein kann. Ich habe meine Methode, das zu überwinden, und es gelingt auch diesmal.

Asher S. stellt Fragen, die keinen Zweifel lassen, daß er sich intensiv mit der industriell betriebenen Ausrottung der Juden im deutsch besetzten Europa während des Zweiten Weltkriegs beschäftigt hat. Wie auch ich, befaßt er sich dabei immer intensiver mit dem Zeitraum der Vorhölle, also den Etappen der Entrechtung bis zur Deportation an den Rand der Vernichtungshöllen Auschwitz, Treblinka, Sobibor, Chelmno, Belzec. Dabei kommt Asher S. immer wieder auf einen bestimmten Punkt zurück: »Die Juden wurden in Viehwaggons gesperrt. Sie wurden da hineinverfrachtet, um ihnen klarzumachen, daß sie nicht besser als Vieh waren. Das war für die Verfolger eine wichtige Etappe der Entmenschlichung ihrer Opfer. Sie waren eigentlich schon tot, als sie ankamen.«

Dann merke ich, wie Asher S. die Rede langsam davon abbringt und auf Brüssel kommt, auf die EG, auf die Vereinigung Europas und ihre Probleme. Zunächst erkenne ich keinen Zusammenhang, aber dann, Stück um Stück, wird die Kausalität sichtbar und was Asher S. zu erforschen sucht, wird mir klar, worum es sich handelt. Nämlich um die potentiellen Gefahren, die ausgehen von einer Brüsseler »Bürokratur«, wie er es nennt, einer Diktatur der Paragraphen, die keine Beziehungen zur sozialen und ökonomischen Wirklichkeit Europas und seinen Ländern hätten und von denen die schwachen Staaten am härtesten getroffen werden könnten. »Allen voran das subventionsverwöhnte Irland«, sagt Asher S. und schaut mich eindringlich an.

Erst da begreife ich.

Asher S., der sein ganzes Leben in Irland zugebracht hat, dem alle persönlichen Erfahrungen mit Antisemitismus erspart geblieben sind, für den die Anschläge auf die Synagogen in Paris und Istanbul, die Ermordung von Juden durch muslimische Fanatiker in Israel, dem Vorderen Orient und anderswo Zeitungslektüre sind – Asher S. fürchtet, daß die Auslösung wirtschaftlicher Nöte durch eine schlechte Europapolitik in Irland sofort zur Suche nach Sündenböcken führen würde, und daß das wieder nur Juden sein könnten: Hep hep – »Hierosolyma est perdita«! (»Jerusalem muß zerstört werden«) – steht ihm ins Gesicht geschrieben, sie ist der Klöppel der jüdischen Alarmglocke, die ungeachtet seines unversehrt verstrichenen Lebens in ihm tönt.

Erst draußen, auf der Straße vor dem Haus der Walworth Road 3, spüre ich, daß mich das mehr erschüttert hat als alles, was in diesen Stunden im Irish Jewish Museum zu Dublin auf mich eingestürmt ist.

»Es gibt hier keine Talmud-Hochschule und kein Lehrinstitut für Erwachsene, und es wird sie nicht geben. Unsere Gemeinde wird nicht überleben können«, hatte Asher S. beim Abschied gesagt.

Mir klang es fast wie erleichtert – lieber auf »natürliche Weise« zugrunde gehen als durch Gewalt.

Aber mich wies der Krieg zum Schlaf in Glencree

Abstecher in die Wicklow Mountains, Dublins »Hausberge«.

Auf der N 81 raus aus der Stadt. Hinter Brittas beginnt das hügelige Vorfeld, wird es ländlich – Schafe, Kühe, Weiden. Dann links ab nach Kilbride, auf Sally Gap zu, einen der beiden Pässe, die eine Überquerung der Wicklow-Berge erlauben. Irgendwo dort oben, etwas nördlich der Paßhöhe, entspringt die Liffey, nach deren Quelle ich suche.

Glitzernd fließt sie da unten, wohl 400 Meter tiefer als die Straße, die stramm aufwärts führt, vorn die dunklen Höhenzüge der Mullaghcleevaun Mountains und südlich, weit hinten, alles überragend, eine grandiose Bergwelt – Massiv und Gipfel des Lugnaquilla.

Steinig ist das Strombett, die Liffey darin von hier oben kaum mehr als ein Rinnsal, bis sie, von der Sonne getroffen, aufblitzt wie eine Klinge und die Energie des Gefälles verrät. Aus den von Steinwällen durchzogenen Berghängen kommen rauschend Zuflüsse, schnelles Wasser, das unter urigen Brücken hindurch in das waldgesäumte Tal donnert und sich in gischtigen Windungen irgendwo verliert. Zum Sally Gap hoch verschwimmen die Grate im Dunst, wird es kahl und kahler, breiten sich mächtige Areale ungestochenen Torfs aus.

Mal ist die Liffey fern, dann wieder nahe, mal breiter, dann zum Überspringen schmal, aber immer von riesigen Felsblöcken durchsetzt und wunderbar kühl, wie ich probiert habe.

Ganz plötzlich wird die Sicht gut, die Straße ist weit zu übersehen, ein Asphaltband durch braune Ödnis, daneben gestochene

Torffelder, der Boden narbig, als wäre ihm die Naturhaut abgezogen worden. Wie in Schmerz gedunkelt, kommt der Untergrund zum Vorschein, große Flächen, aber weit größer das unangetastete Hochmoor, das sich den Berg hinaufzieht.

Es heißt, Irlands Torfressourcen, ein Fünftel seiner Gesamtfläche, reichten als Energiequelle noch für achtzig Jahre, länger als drei Generationen. Und dann?

Auf dem Sally Gap, der Paßhöhe, blauer Himmel mit Wolkenfetzen, Sicht über ein riesiges Areal der Wicklows. Nur von der Liffey sehe ich nichts. Bis ich sie wieder entdecke und wieder verliere, ehe sie schließlich ganz verschwindet, wie eine Drohung, ihr nicht bis an den Ursprung zu folgen. Nirgends ein Hinweisschild, und darüber zunächst Ärger, dann Freude – gut so. Lieber vergebliche Suche als eine an der Quelle von Touristenmüll verstopfte Liffey.

Erleichtert gebe ich auf.

Dann fahre ich auf der R 115 nach Süden – auf der Spur der alten Military Road. Das ist eine von den Briten in den neunziger Jahren des 18. Jahrhunderts erbaute strategische Straße, die von Dublin über den Sally-Paß durch das Glenmacness-Tal nach Laragh und weiter bis Aghavannagh führte. Mit Hilfe dieser in die Wildnis der Wicklows geschlagenen Trasse sollte das Gebiet südlich des angloirischen Verwaltungszentrums Dublin gesäubert werden »von Kriminalität und Rebellion« – was im Sprachgebrauch der Verfasser wohl ein und dasselbe war. Aber ob Dieb oder Freiheitskämpfer, die schwer zugänglichen Hochtäler der Wicklows boten in der Tat jedem, der sich vor der Obrigkeit verstecken wollte, geradezu idealen Unterschlupf. Damals gab es mehr Wald als heute, aber wer sich in diesen öden Weiten verbergen wollte, der brauchte sich nur auf die Erde zu legen, um unsichtbar zu werden.

Bis zum Sally Gap hätten die Truppen auf der Militärstraße von ihrem Ausgangsort Rathfarnham (heute eine Vorstadt von Dublin) schon 25 Kilometer zurücklegen müssen, wobei die rotberockten britischen Söldner die Strecke wohl auf Schusters Rappen zu bewältigen hatten, während ihre Offiziere hoch zu Roß nebenher ritten. Das jedenfalls entnehme ich einigen Stichen aus jener Zeit.

Aber egal, ob es galt, irische Strauchdiebe oder irische Revolutionäre zu jagen und einzufangen, es muß ein armseliges und strapazierendes Geschäft gewesen sein, sie bis in diese Einsamkeit zu verfolgen. Denn wer immer sich auf der Straße ins Innere der Wicklow-Berge bewegte, er war von weither wie auf einem Präsentierteller zu erkennen.

Sumpf und Torf neben der Straße, die sich in Schlangenlinien südwärts windet, harter, brauner Bewuchs, zählebige Vegetation. Vor mir die Hochregion der Wicklow Mountains, der Gipfel des Lugnaquilla jetzt in den Wolken, links die Grate und Zacken der Vorgebirge. An einigen Stellen brennt es, Qualmsäulen steigen hoch, Torffeuer. Unten, glühend, lodernd, wabern von den Bergflanken weiße Schwaden auf und verdichten sich zu einem riesigen Rauchpilz, der sich mit einer noch riesigeren Naturwolke vereint, um bald mit ihr als ein Gebilde zur Erde zurückzufallen.

Von den einstigen Blockhäusern für die Truppe, deren es angeblich längs der alten Straße noch einige geben soll, entdecke ich nichts, nur ein verloren wirkendes Schild mit der Aufschrift »Military Road«. Hier lief die Amtsstraße weiter, vorbei an einem imponierenden Wasserfall, über den der Glenmacness rein und tosend hinabfällt, ehe er vor Laragh in ein langgestrecktes Bekken stürzt und sich mäandernd den Blicken entzieht.

Auf der nicht steil, aber stetig ansteigenden R 758 fahre ich hoch zum Wicklow Gap, dem anderen der beiden Pässe in ostwestlicher Richtung.

Mit zwei großen Kurven windet sich die Straße aufwärts, bis hoch hinauf begleitet vom Gelb des unverwüstlichen irischen Stechginsters. Oben dann, auf der Paßhöhe, nichts als die Vorherrschaft der Berge, südlich die Table Mountains, die Mullaghcleevauns nördlich, mit ihren Zacken, Graten, Buckeln wie geronnen in ungeheures Schweigen.

Auf dem Weg zurück dann, vor Laragh, Glendalough, das »Tal der beiden Seen«, so die Übersetzung des irischen Namens Gleann da Locha – eine der ältesten Klosteranlagen der Insel. Hier soll ihr Gründer, der Heilige Kevin, 618 im Alter von 120 Jahren gestorben sein.

Schon weit vom Talgrund grüßt jenes Wahrzeichen herauf, in dessen historischem Schatten die ganze Ruine steht, der alte

Rundturm, ein über dreißig Meter hoher Festungsfinger und steinernes Ungetüm, mit dem hohen Eingangsloch und den spärlichen Fenstern unter dem spitzem Dach noch ganz im Zustand unveränderter Originalität.

Ich betrete die Anlage durch einen Torbogen, erschrecke vor einem unvermittelt aufragenden Hochkreuz und fühle mich eingepfercht von einem Labyrinth aus bemoosten Grabsteinen. Um mich herum tonnenschwere Platten, ihrer Reliefs beraubt, die Gravuren und alle erhabenen Zeichen gleichermaßen wie weggeraspelt von den Ewigkeiten seit ihrer Entstehung, die Ruinen zurückgelassen wie aufgerissene Leiber von Steinsauriern.

Wie ein Denkmal der frühen, vorrömischen Christenheit Irlands, ein Relikt religiöser Autonomie, so empfinde ich sie mit ihrem seltsam anmutenden Steildach aus Glimmerschiefer und der rührenden Einfachheit ihrer Architektur, eine der ältesten Kirchen auf irischem Boden – St. Kevin's Church.

Glendalough war einmal ein Platz frommer Gelehrsamkeit, tausend Schüler und gebildete Mönche haben hier auf engem Raum zusammen gelebt, gelernt und gearbeitet. Wasser war da aus dem Glenealo River, der damals wie heute kräftig durch das an dieser Stelle verengte Tal zwischen den 600, 700 Meter hohen Berghängen strömt, und Holz auch, um zu kochen und Wärme zu erzeugen. Nur seine Feinde konnte sich das Kloster nicht aussuchen. Sie kamen mit Wikingern und Normannen, es gab Brände und den langsamen Verfall des Klosters nach dem letzten Feuer von 1398.

Wie immer, zieht mich auch hier der Rundturm magisch an, ein nationales Baumonument. Der Eingang dreieinhalb Meter über der Erde, kein einziger Stein gemauert, nur Fels, unten die schwersten Blöcke, das Fundament, auf das ein Gewicht von Tausenden von Zentnern drückt. Krähen fliegen in die dachnahen Öffnungen und wieder hinaus, während ein Loch hier unten in der Mauer, eben über dem Boden, gebückt den Blick ins Innere gestattet – und einem das Blut in den Adern gefrieren läßt. Die gewaltigen Quader nun von der Innenseite sichtbar und höher hinaufgemauert als von draußen zu erkennen; der Durchmesser des Turms kaum mehr als fünf Meter, ein Einschluß von unsagbarer Enge und Bedrückung bei Belagerung, nicht umzustürzen und nicht auszuräuchern zwar, eine geniale Fortifikation, Angreifer zu sichten und sich vor ihnen zu bewahren, und doch nichts als ein nacktes Mahnmal der Furcht des Menschen vor dem Menschen.

Hinter Laragh dann weiter auf der alten Military Road über den Avonmore River bis Drumgoff, wo der Blick über die Wicklows so frei wird, daß du denkst: Wo liegt der Äquator?

Ich will hier gern gestehen, daß ich nie das Empfinden hatte, dieses Land sei klein, im Gegenteil. Obwohl an Ausdehnung eben 70 000 Quadratkilometer, also gerade mal von der Fläche Bayerns, will mir Irland riesengroß vorkommen mit seinen unerschöpflich wechselnden Landschaften, dem Formenreichtum seiner Seen, seiner Ebenen, Flüsse, Meeresküsten und Gebirge. Gerade die Berge können den einsam Reisenden, zumal in den düsteren Jahreszeiten, rasch das Fürchten lehren, können im Nu die Angst erzeugen, sich leicht zu verirren. Beklemmungen, die noch bestärkt werden durch Straßen, auf denen alle Distanzen ohnehin die doppelte Zeit verlangen, weil sie nicht angelegt worden sind, um schnell von Punkt A zu Punkt B zu gelangen, sondern von Irlands Geschichte und Topographie gezogen wurden.

Jetzt hinüber in das Vale of Clara, das Tal des Avonmore, der gemächlich vor sich hintreibt, bis Kaskaden seinen Lauf beschleunigen und er eilig dem *meeting of the water* zuströmt. Dorthin, wo die hellen Wasser des Avonbeg, von Westen unter einer efeubehangenen, dreibögigen Brücke hervorschießend, sich mit den dunklen des Avonmore treffen und sich zum Avoca River vereinen, der bei Arklow in die Irische See fließt.

Dann geht es auf der gleichen Strecke nach Dublin zurück. Nur am Sally Gap nehme ich nicht den Weg über Kilbride und Brittas, sondern fahre nach Norden hoch, über Glencree. Leider, denn dort sorgt eine Begegnung dafür, daß der Tag mit einer Mißstimmung endet.

Vor dem Ort, abgelegen, ein Friedhof, ein Kriegsfriedhof: »1914-1918« und »1939-1945« lese ich. Ein schweres eisernes Tor, dahinter ein massives Haus, verschlossen. Oben, an einer Felswand, die die Rückseite abschließt – »Beware of falling rocks« –, ein irisches Hochkreuz, rechts ein rauschender Bach. Eine Friedhofsordnung, angeschlagen in deutscher Sprache, signiert vom

»Volksbund Deutscher Kriegsgräberfürsorge«. Darin erfährt der Besucher, daß die Stätte allen offenstehe und daß »angesichts des gemeinsamen Schicksals der hier ruhenden Kriegstoten« die Grabflächen bewußt einheitlich gestaltet worden seien. Ferner, daß Kränze, Schnittblumen und Blumentöpfe bis zu einem Durchmesser von dreißig Zentimetern niedergelegt werden können und daß, um der Würde des Ortes zu entsprechen, von jeglicher Verkaufstätigkeit und Verteilung von Druckschriften abgesehen werden solle. Gedenkfeiern dagegen dürfen abgehalten werden.

Dasselbe auf englisch – »Cemetary Regulations«.

Die hier Bestatteten sind Gefallene oder Umgekommene aus beiden Weltkriegen, meist Mannschaftsdienstgrade – Gefreite, Obergefreite, Oberfeldwebel. Einer von ihnen, 1914 geboren, starb 1941, andere Steine zeigen die Todesjahre 1915, 1917, 1942 an.

Und jetzt erst sehe ich eine Plakette, auf der in deutsch steht: »Mein Los war der Tod unter irischem Himmel und ein Bett in Irlands guter Erde. Was ich geträumt, geplant, band mich ans Vaterland. Aber mich wies der Krieg zum Schlaf in Glencree. Leid war und Schmerz, was ich verlor und gewann. Wenn du vorübergehst, sprich ein Gebet, daß Verlust sich in Segen verwandle.«

Wanderer, kommst du nach Sparta …

Kein Wort, in wessen Händen sich das Vaterland damals befunden hat, auf wessen Befehl gekämpft worden ist und für welche Interessen und Mächte diese jungen Deutschen in Wahrheit ihr Leben gelassen haben. Statt dessen romantisierender Schwulst und pseudophilosophischer Kitsch.

Der Ungeist dieser deutschen Organisation, die immer wieder die in unserem Jahrhundert von Deutschland ausgegangenen großen Kriege »im Tode«, dem angeblichen Gleichmacher, ebenso neutralisiert, wie sie Kriegsmotive, -praktiken und -ziele der Anstifter unterschlägt, dieser Ungeist hat also auch bis in die Abgeschiedenheit der irischen Wildnis gefunden.

»Ein Bett in Irlands guter Erde«? Gibt es dazu Pendants für Gräber in Polen, in Rußland, Weißrußland, der Ukraine? Korrespondiert hier nicht etwas mit der alten These mancher Iren »Die Feinde meiner Feinde sind meine Freunde«, nur vice versa?

Gibt es denn kein Land in Europa, in dem einem Begegnungen wie diese erspart bleiben?

Bevor ich der Stätte den Rücken kehre, kommt tatsächlich ein Wanderer des Wegs, ein Ire aus Glencree, wie sich herausstellt. Ja, bestätigt der Mann, jedes Jahr im November kämen hier Leute zusammen, Iren und Deutsche. Auch aus der Botschaft in Dublin.

Seit Homer sind wir das alle

Die Iren, dieses kleine Volk, haben eine wahre Springflut von Schriftstellergenies hervorgebracht. Nennt man ihren Urvater, Jonathan Swift, den Autor von »Gullivers Reisen«, und setzt die Liste fort mit George Bernard Shaw, Oscar Wilde und William Butler Yeats, so wird umgehend gefragt werden, warum Sean O'Casey, Samuel Beckett und George Moore unerwähnt blieben. Falls man sie jedoch genannt hätte, nicht aber Brendan Behan, Liam O'Flaherty und Frank O'Connor, so wird einem ebenso in die Parade gefahren. Und dann gibt es da auch noch Seamus Heaney, Sean O'Faolain, Elizabeth Bowen oder – klar – James Joyce.

Da die Arbeit über jeden einzelnen von ihnen schon, wie vielfach geschehen, ganze Bücher füllen könnte, der Rahmen des meinen damit also gesprengt wäre, brauchen hier literaturtheoretische Abhandlungen großen Stils nicht befürchtet zu werden. Aber natürlich wäre ein Buch über Irland, das an seinen Schriftstellern vorbeiginge, ein ignoranter Torso, zumal von einem Autor, der vorgibt, es zu lieben, und der Dublin darin eine eigene Rubrik eingeräumt hat.

Als Motiv kommt mir zugute, daß mein Aufenthalt einen Tag einschließt, der ein besonderes, ja, ein ganz unvergleichliches Ereignis darstellt, über das denn auch auf diesen Seiten sehr bald berichtet wird. Nicht ohne warnend anzufügen, daß es grundverkehrt wäre, die Vielfalt und den Reichtum der irischen Literaturgeschichte auf dieses Kultdatum zu reduzieren oder gar zu zentrieren.

Es ist wahr, gerade die großen Literaten haben kein gutes Haar gelassen an Irland, sowohl an dem protestantisch beherrschten Kolonialgebiet als auch an dem katholischen Freistaat und der Republik, schon gar nicht an ihren Landsleuten und noch weniger an Dublin.

Auch dabei vorneweg Jonathan Swift, der die Iren »ein Volk von Verrätern und Untertanen« schimpfte, während der Romancier George Moore, der ein Leben im Ausland vorzog, 300 Jahre später sarkastisch anmerkte: »Ein Ire muß aus Irland fliehen, wenn er er selbst bleiben will«, bestätigt von Samuel Becketts grimmigem Kommentar: »Frankreich ist im Kriege immer noch besser auszuhalten als Irland im Frieden.«

James Joyce gar nannte es »die Sau, die ihre Jungen frißt – hier ist kein Leben, keine Natürlichkeit oder Aufrichtigkeit«.

Kein anderes Land, auch Deutschland nicht, hat eine so umfangreiche Exilliteratur wie Irland, wozu der bigotte irische Katholizismus bis in die zweite Hälfte unseres Jahrhunderts entscheidend beigetragen hat. Väter der Vertreibung waren vor allem der Hochklerus und sein moralisierender Anhang, die Hüter rigoroser Zensurkriterien, deren stickigem Provinzialismus sich die kritisch-weltläufige Geisteselite des Wortes nur durch Flucht entziehen konnte, wollte sie sich nicht selbst zur Ohnmacht verdammen.

Zensurfälle hefteten die betroffenen Autoren sich an wie Orden und Ehrenzeichen, ja, die Meinung der liberalen irischen Öffentlichkeit ging soweit, daß eine Schrift, ein Buch, die nicht verboten wurden, als minderwertig galten. Bis zur Lockerung im Jahr 1967 (!) standen auf dem Index der katholischen Kirche aber nicht nur die Namen der großen und nahezu vollzählig exilierten Iren, sondern auch Koryphäen der Weltliteratur wie William Faulkner, Thomas Mann, Marcel Proust, Aldous Huxley und viele andere.

Das unabhängige Irland von 1921 war fünfzig Jahre lang keineswegs *die* demokratische Republik, die der Besucher von heute kennt und in die es alljährlich Millionen von Touristen zieht, nicht der den westlichen Vorbildern inzwischen weitgehend angepaßte demokratische Verfassungsstaat. Dieses Irland war ein Land der geistigen Öde und der Angst vor öffentlicher

Behandlung gerade der Themen, die sein neurotischer Zustand produzierte - Sexualpsychosen, Ehetragödien, Gewalt gegen Frauen (von der, spöttischen Stimmen nach, nur eine einzige ausgenommen war - die Jungfrau Maria).

Wer von den Schriftstellern blieb, ohne innerlich klein beizugeben, wer literarische Fluchtmöglichkeiten sah und die Kraft des Wortes verströmen ließ in poetisierendem Patriotismus oder in der literarischen Kultivierung alkoholisierten Unglücks, den rafften im Irland der mangelnden Geistesfreiheit die kreativen Versagungen schon in jungen Jahren dahin. Wie Brendan Behan, dieses Urbild schöpferischen Ungestüms, dessen tragisch versoffene Säuferphysiognomie noch heute über dem Tresen von »Mc Daid's Pub« in Dublins Harry Street zu besichtigen ist. Er starb 1967, gerade mal 41jährig. Fast so lang, nur ein Jahr weniger, hat das Exil des 1964 verstorbenen Dramatikers Sean O'Casey gewährt.

Trotz allem aber darf die umfangreiche Chronik so vieler exilierter irischer Schriftsteller, darf ihre räumliche und oft auch verbal bekundete Entfernung von der Heimat und seinen Menschen nicht zu dem Schluß verleiten, es habe sich hier auch eine innere Trennung vollzogen - nichts wäre verkehrter als solche Folgerung, selbst bei dem rabiatesten von ihnen, James Joyce.

Das Amalgam war jene Art von Haßliebe, die überhaupt erst die Voraussetzung für die Unauflösbarkeit einer Bindung schafft. Mit irischem Vorzeichen hat das etwas an sich von der kritischen Anschmiedung Heinrich Heines an das Land seiner Geburt und Herkunft, Deutschland, die erst im Exil wirklich unaufhebbar wird.

Writer's Museum, 18 Parnell Square, Dublin.

Gleich vorn die Büste eines vergrätzten George Bernard Shaw (1856-1950), gnatzig auch auf einem Gemälde mit weißem Rauschebart, braunem Anzug und Weste, aus deren Tasche eine Brille lugt (mir huscht dabei durchs Hirn: Hätte auch nur einer den Nobelpreisträger für Literatur von 1925 ohne seinen Bart auf der Straße erkannt?).

Der aristokratische Kopf von William Butler Yeats (1865-1939), Nobelpreisträger für Literatur 1923, ein Jugendbildnis - die feine Nase, der witternde Ausdruck.

Auf dem Weg zur großen Treppe ein Profilfoto von Samuel Beckett (1906-1989), Nobelpreisträger für Literatur 1969. Der wichtigste, einflußreichste und publicityscheueste Dramatiker seiner Epoche akzeptierte zwar die hohe Auszeichnung, weigerte sich jedoch, sie persönlich entgegenzunehmen.

Beckett hatte Irland schon 1931, mit 25, verlassen, hatte fortan in Paris und London gelebt und gearbeitet und war nur gelegentlich und erklärterweise widerwillig auf die Insel zurückgekehrt.

Oben, in der Galerie des Museums, taucht er ein zweites Mal auf: eine stählerne Büste, ruhmgeprägt, die Augenbrauenbögen fast karikaturesk überzeichnet, ein von Geist gestanztes, von Lebensfeuer eingebranntes Haupt von geradezu magischer Ausstrahlung.

Und dann, gleichsam das zermürbte Gegenbild zu Beckett – die zerknautschte Trinkervisage des Brendan Behan. Fotos: der Dichter von »Borstal Boy« in einer Art Wolljacke, wild gelockt, wüst auf seine alte, abgenutzte Remington einhämmernd – noch jung und strahlend, wie auf dem Paßbild in seinem Ausweis.

Auf dem Umschlag seines Buches »The Quare Fellow« aber tritt schon der Säufer hervor, während der Presseausweis von 1958 nur noch die entgleisten Gesichtszüge eines hoffnungslos verlorenen Alkoholikers entblößen – auf wenigen Fotos die Chronologie einer Lebenstragödie.

Schließlich das Enfant terrible der irischen Literatur, nach dem ich schon gespannt ausgeschaut habe – Patrick (Paddy) Kavanagh (1904-1967). Der Sohn eines irischen Bauern soll seine Stiefel mit Kuhmist bestrichen haben, bevor er nach Dublin fuhr, auf daß kein Zweifel an seiner Herkunft aufkommen konnte. In seinem ersten Buch »A Soul for Sale« strich ihm der Verleger die Zeilen, die eine sexuelle Selbstbefriedigung schilderten. Damit das Buch erscheinen konnte, ließ der Autor sich brummend darauf ein. Aber nur, um höchstpersönlich in die Buchhandlungen zu gehen und dort die fehlenden Zeilen handschriftlich einzufügen samt seinem Kommentar, daß die Stelle in dieser Auflage bedauerlicherweise gestrichen worden sei. Er wußte es besser – sie war in keiner gedruckt worden.

Patrick Kavanagh war es auch, der einmal in einem der Dubliner Pubs, seiner zweiten Heimat, einem Journalisten auf dessen

Anschuldigung »Sie sind doch sowieso nur ein zweitrangiger Dichter« nach kurzer Überlegung die denkwürdige Entgegnung verpaßte: »Seit Homer sind wir das alle!«

Writer's Museum zeigt seine Totenmaske, ein strenges Gesicht, die Nase hervorspringend, nicht sehr unterschieden von Fotos des lebenden Schriftstellers mit seinem aus der Stirn fliehenden Haarkranz, der dunklen Brille und dem verrutschten Schlips über dem offenen Hemdkragen.

Dennoch ist eine Begegnung mit Patrick Kavanagh möglich, erschreckend, ja gespenstisch für den, der, wie ich, von ihr überrascht wird – auf der Wilton Terrace am Grand Canal.

Der Große Kanal im Süden Dublins ist einer der beiden künstlichen Wasserwege, die von der Liffey bis zum Shannon reichen, mit 44 Schleusen auf 132 Kilometern eine Meisterleistung irischer Ingenieure, die 1779 die Binnenschiffahrt zwischen der Irischen See und dem Atlantischen Ozean möglich gemacht hatte.

Das Pendant zum Grand Canal, sozusagen sein Stiefkind, ist der ebenfalls Mitte des 18. Jahrhunderts begonnene, aber mit großen Verzögerungen erst 1817 eröffnete Royal Canal im Norden Dublins. Seine Geschichte krankte auch weiter dahin, ehe auf beiden Wasserstraßen dann in der ersten Hälfte unseres Jahrhunderts jeglicher Transport von Guinness, Getreide, Torf, Dünger, Kohle und Baumaterialien eingestellt wurde.

Heute versucht die zuständige Behörde, das Office for Public Works, die Wasserstraßen für den touristischen Bootsverkehr wieder schiffbar zu machen, was anläßlich der Dubliner Tausendjahrfeier von 1988 zwar zu einer gründlichen Säuberung des Grand Canals führte, angesichts der notorischen Knappheit der Staatsfinanzen für die Rettung auch des Royal Canal jedoch kaum Aussicht läßt.

Daß der Grand Canal seit seiner Reinigung vor acht Jahren schon wieder stark verschmutzt ist, stellte ich fest, als ich in der Nähe der Baggot Street Bridge auf den Holzsteg einer Schleuse trete und unten Pappbecher, Plastikflaschen und leere Milchtüten entdecke. Die vielleicht zehn, zwölf Meter breite, algendurchsetzte Wasserfläche dagegen ist von Gras und Schilf gesäumt und bietet einen idyllischen Anblick, zumal ein halbes

Dutzend Entlein in der vergeblichen Hoffnung auf Fütterung angeschwommen kommt. Doch selbst, wenn ich etwas parat gehabt hätte, es wäre mir aus der Hand gefallen, denn in dem Moment fiel mein Blick auf – Patrick Kavanagh!

Er sitzt da in voller Größe auf einer Bank, mit übergeschlagenen Beinen, den linken Arm über den rechten gelegt, neben sich den Hut und mit der Brille und dem nach hinten fliehenden Haaransatz geradezu erschreckend lebensecht. Ein bißchen schuppig sieht das alles aus auf dem schwarzen Metall, Jackett und Hose sind bestaubt wie die knorrigen Hände, in deren linker sich zwischen Daumen und Zeigefinger ein Blatt verfangen hat und dort verdorrt ist. Ein unheimlicher Anblick ist das zunächst schon, wenn man auf ihn nicht vorbereitet war, weil sie so lebendig wirkt, die dunkle Gestalt, als hätte sie lange unter dem mächtigen Ahorn gesessen und wäre dort, mittlerweile grün und schimmelig, einfach vergessen worden. Aber rascher als gedacht gewöhnt man sich daran, weicht der kleine Schock schmunzelndem Staunen über soviel unbefangenen Umgang mit einem Dichter.

Hier soll er oft gesessen haben, an diesem trotz Verkehrslärm lauschigen Platz, und deshalb haben Freunde am 17. März 1968, dem Festtag seines Namenspatrons und Nationalheiligen, den Landwirt und Poeten Patrick Kavanagh in Gestalt dieser Figur am Grand Canal, Wilton Terrace, wiederauferstehen lassen – ein origineller, dauerhafter und von niemandem beanstandeter Nachruf. Im Gegenteil, am nächsten Tag sehe ich einige alte Damen in Rollstühlen um den stummen Dichter versammelt, schwatzend und sichtlich aufgeräumt, während ein junges Mädchen sich bedenkenlos auf seinen kalten Schoß gesetzt hat.

Ein gutes Bild ist das, finde ich, auch wenn mit ziemlicher Sicherheit gesagt werden kann, daß niemand aus dem lustigen Kränzchen je auch nur einen Buchstaben aus Kavanaghs Feder gelesen hat.

Irische Erzähler kreisen immer wieder um die gleichen Themen – Freiheit, Armut, Liebe, Tod. Mögen das die Grundfacetten für Schriftsteller überhaupt sein, welcher Zugehörigkeit oder Nation auch immer, hier mischen sich Realitätssinn und Irrationales auf spezifische Weise, oszillierende Schicksale voll träumerischer Visionen, und doch stets mächtig verbunden mit dem Boden, aus dem sie wachsen.

Und das heißt: Was sich in die Lüfte erhoben hat, leicht und federnd, muß sich schließlich doch dem Gesetz der Schwerkraft beugen, muß in die Wirklichkeit zurückfallen, auf die Erde - *down on earth* -, und sich dort vollziehen. Aber nur, um sich in anderer, neuer Gestalt wieder zu erheben, so endgültig das Scheitern zuvor auch gewesen sein mag.

Der Gegensatz zwischen gewünschtem und faktischem Dasein, zwischen Sehnsüchten und ihrem Ausgang, er scheint mir die unerschöpfliche Energiequelle der irischen Literatur geblieben zu sein, über ganze Zeitalter von ihrer Entstehung bis in unsere Tage und ungeachtet aller sozialen und politischen Wandlungen seither - archaische Muster.

Um den Magnetismus der Geschlechter unter der Fuchtel der Jugend geht es, den hysterischen Impetus des Lebensfrühlings.

Welche emotionalen und physischen Kräfte in dem aktiven Stadium frei werden, schildert beispielhaft die Erzählung »Das Haus« von Seumas O'Kelly. Es ist die Geschichte des Farmers Martin Cosgrave, der es sich in den Kopf setzt, Rose Demsey aus Amerika heimzuholen, die die Seine werden will, wie sie schreibt, wenn er keine andere anschaut. Für sie will er ein Haus bauen, schöner als alle anderen Häuser im Ort. Um dieses Daches willen, unter das er die ferne Geliebte zu führen gedenkt, verkauft er Stück um Stück, was seine Existenz ausmacht, Geräte, Vieh, Boden, ruiniert Martin Cosgrave sich, verfällt er. In der Vision vom Haus - in dem sich alle seine Sehnsüchte sammeln, Frau, Kind, Zukunft - überantwortet er sich vollends dem Geldverleiher, mutiert er zum Fanatiker. Aber Rose Demsey, die in Amerika durchaus andere Männer angeguckt hat, wie er dann erfährt, Rose Demsey kommt nicht. Martin Cosgrave hat das Haus umsonst erbaut, hat seinen Besitz, seinen Acker, seine Schafe, einer Chimäre geopfert. Wie lebt es sich weiter nach solcher Tragödie?

Hintersinnig dramatisch geht es übrigens auch da zu, wo ein Happy-End winkt, wie in der Erzählung »Die Kuckucksuhr« von Brinsley MacNamara.

In der Vorstellung einer Frau ist ihr Mann umgebracht worden von jener Sippe, aus der einer ihre Tochter heiraten will. Nach dem Gewalttod des Gatten zieht die Mutter in die Berge, wo eine Kuckucksuhr ihr pathologisches ein und alles wird – bei jedem der halbstündlich wiederkehrenden Rufe denkt sie verzückt an den Verstorbenen. Es ist eine Trauer ohne jede Rücksicht auf Schicksal und Nerven der Tochter, die mit in die bergige Einsamkeit gegangen und gegen die Stimme ihres Herzens dem Ruf des Liebsten um der Mutter willen nicht nachgekommen ist.

Als die Tochter in einem Anfall von Wut und Verzweiflung die Kuckucksuhr zertrümmert, stirbt die Mutter – just in dem Moment, da Michael Looram eintritt und Ellen holen will.

Ein Happy-End? Wenn ja, dann ein trügerisches.

Denn wie rasch welkt das euphorische Eheglück unter der wachsenden Kinderschar und der Dauer lähmender Alltagsnöte. Wo ist sie geblieben, die schöne Unbedenklichkeit mit ihrem Traum vom Glück? Das verdunkelt sich rasch, verwelkt so schnell wie die gespannte Haut, ebnet die Geschlechter ein in das Grau eines Lebens, in dem Jungsein und die Attraktivität der Partner eine bestürzend kurze Etappe waren und in baldiger Verklärung überhaupt die einzig lebenswerte Periode eines sonst deprimierenden Einerleis von Enttäuschungen.

Ich glaube aber, daß es grundfalsch wäre, den melancholischen, ja düsteren Tenor der irischen Literatur mit Morbidität zu verwechseln. Sie legt vielmehr das eigene Maß an die Wirklichkeit, eine übermächtige Größe, viel zu stark und viel zu nahe, um etwas anderes sein zu können als das prägende Segment des irischen Lebensgefühls. Dabei sind Phantasie und Hang zu Märchenhaftigkeit, sind blühende Romantik und tiefe Poesie immer mit im Spiele. Um das in seiner filigranen Verwobenheit zu erleben, lese man die Bücher von James Stephens, Liam O'Flaherty, Elizabeth Bowen oder anderen typischen Vertretern der angloirischen Literatur (kein Fehlschluß – sie ist nicht von Engländern, sie ist von Iren geschrieben worden, auf englisch und nicht auf gälisch – deshalb der Ausdruck »angloirisch«).

Wie die fast 700jährige Maurenherrschaft über Spanien in der Psyche ihrer christlichen Überwinder tiefe, bis in die Gegenwart verfolgbare Spuren hinterlassen hat, so hat die ähnlich lange

Epoche der britischen Herrschaft über Irland die irischen Reflexionen und Auffassungen von Realität weitgehend bestimmt, zumal der Abzug des Union Jack von der Insel im Jahr 1921, gemessen an historischen Dimensionen, gerade erst stattgefunden hat.

Rasch wird deshalb die lange Erfahrung irischer Wirklichkeit aus dem irischen Lebensgefühl nicht verschwinden: sich über Äonen als Objekt fremder Herrschaft und Ausbeutung gefühlt zu haben, erstens, aber gleichzeitig auch, zweitens, als Subjekt der Auflehnung und des Widerstands, um sich dann, drittens und neben beidem, mit sich selbst auseinanderzusetzen.

Diese Dreiteilung hat die irische Literatur und ihre großen Namen wesentlich mitgeprägt, niemanden von ihnen aber, meiner Meinung nach, mehr, als ihren Glücksfall und ihr Schmerzenskind zugleich – James Joyce.

Ich aber bin treu

»FORTY FOOT – Gentlemen only« – so weist in heller Schrift auf dunklem Grund an der Küste südlich des Fährhafens Dun Laoghaire ein Schild den Weg zum Nacktbadestrand von Sandycove. Blanke Felsen, Metallgitter, verwitterte Kabinen, ein schrecklich gelbes Wärterhäuschen und unten, verwegener Anblick, meist hüllenlose Männer – auf dem Sprung ins wogende Wasser oder schon in den Wellen. Einer von ihnen, gerade den Fluten entstiegen, wringt seine Badehose aus, während andere, die schon gebadet haben oder es noch wollen, hier oben auf der Felsplatte in Hemd und Hose sitzen, lesen oder den tapferen Schwimmern da unten drastisch kondolieren: Obwohl dem hiesigen Kalender nach jetzt, Anfang Juni, Sommer ist, hat die Irische See die Temperatur der Nordsee bei Frühlingsbeginn.

Einige Schwimmer, von hier nur noch rote Badekappen und rudernde Arme, haben sich so weit entfernt, als wollten sie Holyhead an der walisischen Gegenküste erreichen.

Ich darf, obwohl voll bekleidet, das heilige Nudistenareal »Nur für Männer« betreten, eine Genehmigung, die allerdings sofort ihren Huldcharakter verliert, als ich zwei Ladies unter der Plakette »Sandycove Bathes Association« erblicke, im Badeanzug, miteinander ins Gespräch vertieft und offenbar gänzlich unbeeindruckt von den nackten Männerhintern um sie herum. Da hat sich Starres, Altes gelockert, doch ist für neue Verbote und Gebote schon gesorgt: Schnorcheln und Tauchen mit Gerät sind strikt untersagt.

Der Wind weht, die See klatscht gegen die Küste, und ich gehe auf der Felsplatte ganz nach vorn. Und erst von hier wird es ganz sichtbar, das Prunkstück der Gegend, Sandycoves martialisches Relikt aus dem frühen 19. Jahrhundert – der Martello Tower!

Ragend erhebt sich der Klotz unter dem grauen Himmel, einer von 26 Wehrtürmen, die der *Defence Act* von 1805 in der Bucht von Dublin gegen die befürchtete Invasion napoleonischer Truppen erstehen ließ. Erbaut worden nach dem Vorbild der Türme von Cap Mortella auf Korsika (dort, um die französische Insel vor britischen Angriffen zu schützen!), wurden die dräuenden Bastionen an Irlands Küsten alle nach dem gleichen Muster gemauert: vierzig Fuß hoch, acht Fuß dick, mit einem einzigen Eingang zehn Fuß über dem Grund und oben mit einem *gun deck* versehen, einer Plattform für Achtzehnpfünder, deren Kugeln eine Reichweite von einer Meile hatten. Nur brauchte keine einzige je aus den Rohren gefeuert zu werden – Irlands Martello Towers waren vollkommen umsonst errichtet worden.

Denn kein Segel der kaiserlich-französischen Kriegsflotte kam jemals auch nur in ihre Nähe, niemals richtete sich von See aus ein Kanonenschlund gegen die »Nußtörtchen«, wie die Martello Towers von einer erleichterten Bevölkerung spöttisch getauft worden sind, noch wurde je auf einem *gun deck* die Lunte gezündet. Vom Verlauf der Geschichte hohnvoll beschämt, eine sinnlose Verschwendung von Arbeit und Geld, dazu völlig untauglich, im »Ernstfall« wirklich etwas bewirken zu können, brüten die nutzlosen Martello Towers seither dumpf vor sich hin, so vergessen wie die antiquierten Motivationen, denen sie ihre Gammelexistenz zu verdanken haben.

Nur dieser eine, der Martello Tower von Sandycove, hat Weltberühmtheit erlangt. Hierher setzt alljährlich eine wahre

Wallfahrt ein, fiebert eine internationale Gemeinde einem sakralen Datum entgegen, verwandelt sich die Stätte an den Felsklippen von Forty Foot mit dem längst überholten »Gentlemen only« in einen brodelnden Hexenkessel. Denn in diesem Turm hauste für ein paar Tage, genauer: vom 9. September bis zur Nacht vom 14. auf den 15. September 1904, James Joyce!

Mit ihm der exzentrische Medizinstudent und werdende Dichter (*budding poet*) Oliver St. John Gogarty, der den Turm vom War Department für acht Pfund auf ein Jahr gemietet hatte, und Samuel Chevenix Trench. Joyce hat den Turm allerdings schon sechs Tage später fluchtartig verlassen, nachdem Trench von einem schwarzen Panther geträumt und blindlings ein Gewehr abgefeuert hatte.

Hier nun beginnt das gewaltigste Epos des Jahrhunderts, hier nimmt das literarische Kolossalgemälde »Ulysses« seinen Anfang.

Und wahrlich, der achtzehnstündige Irrgang des jüdischen Annoncenakquisiteurs Leopold Bloom durch Dublin ist eine Odyssee sondergleichen. Wie Bloom da in zehn und Stephan Dädalus in acht Kapiteln zwischen acht Uhr morgens und zwei Uhr früh unabhängig voneinander, aber auch zusammen, durch die Stadt an der Liffey streunen, das ist der ungeheuerlichste Trip, der je aufgezeichnet worden ist. Daß er ausgerechnet am 16. Juni 1904 startet, hat eine elementare biographische Begründung.

James Joye wird am 2. Februar 1882 im Dubliner Viertel Rathmines geboren als eines von zehn Kindern der Mary Jane Joyce und des Stanislaus Joyce. Der Vater ist ein notorischer Trinker, der seine Frau würgt, die Nachkommen verprügelt und ihnen früh nicht nur körperliche Wunden schlägt.

Mit sechs kommt James auf das vornehme Jesuiteninternat Congloves Wood, muß es aber wegen finanzieller Schwierigkeiten des Vaters 1891 verlassen – nur der Anfang eines irritierenden Wechsels von Schulen, der dem Wanderleben der Familie entspricht. Von Blackrock, einem Vorort Dublins, beginnt eine Umzugsorgie, die die Familie in elf Jahren neunmal von einer Wohnung in die andere verschlägt, oft genug auf der Flucht des Vaters vor seinen Gläubigern. Es war ein Hungerdasein, das

Joyce später als »grotesk« und »absurde Narrenexistenz« bezeichnet hat. Über die Situation der Familie im Juni 1904 gibt ein Brief seines Bruders Stanislaus Aufschluß: Nahrung sei eine gute Sache und Wärme auch. Für Tage habe es unzureichend zu essen gegeben, und das auch nur, weil Kleider und Schuhe versetzt worden seien.

James Joyce hat diese fürchterliche Zeit nie vergessen, sie wohl aber mit einer spirituellen Kraft ohnegleichen überwunden und die ohne Betäubung ausgeätzte Wunde in sein Werk transformiert.

Man darf jedoch zweifeln, ob ihm das gelungen wäre ohne die Frau, der er am 10. Juni 1904 in Dublin, Ecke Nassau Street/Merrion Square, begegnete: Nora Barnacle, ein Mädchen vom Land, County Galway. Sie läßt sich von ihm ansprechen, weist aber seinen Vorschlag, sich mit ihm zu treffen, zurück. Der entflammte Freier wird jedoch dadurch nicht entmutigt, sondern sucht sie am Lincoln Place in dem Hotel auf, wo Nora Barnacle als Zimmermädchen arbeitet – und diesmal stimmt sie zu. Treffpunkt wird der Strand von Irish Town, Ringsend, und das Datum ihres ersten Rendezvous ist der 16. Juni 1904.

Nora Barnacle, diese nach landläufigen Maßstäben ungebildete Frau, war der Glücksfall seines Lebens, der Quell seiner Ausdauer und seiner Inspiration, obschon sie nichts begriff, was er schrieb: »Das Buch ist ein Schwein« war ihr Kommentar zu »Ulysses«. Das Defizit störte Joyce nicht im geringsten, es hatte keine Bedeutung für ihn, weil die Wurzeln seiner Liebe sich woanders eingegraben hatten. »O sag mir, meine süße Geliebte, daß Du jetzt mit mir zufrieden bist. Ein lobendes Wort von Dir erfüllt mich mit Freude, einer sanften, rosengleichen Freude«, schreibt er ihr am 31. August 1909 aus der Abhängigkeit seines großen Schriftstellerherzens. Mag sie tiefer gewesen sein als die ihre von ihm, die Unlösbarkeit ihrer gegenseitigen Bindung lag jenseits von Formalitäten. Geheiratet hat er Nora Barnacle, die ihm 1905 einen Sohn, Giorgio, und 1907 eine Tochter, Lucia, gebar, erst 1931. Damals waren beide seit 27 Jahren Emigranten – sie hatten Irland am 8. November 1904 verlassen.

Außer einigen kurzen Besuchen, der letzte 1912, ist James Joyce nie mehr zurückgekehrt. Es hatte das begonnen, was er selbst

»die jahrelange Plackerei als Vagabund« genannt hat, die große eigene Odyssee in der Fremde, in Frankreich, Italien, der Schweiz – fern von Irland.

Sehr wahr, er hat Dublin heftig geschmäht, hat es eine »widerwärtige Stadt« genannt, eine Stadt des Versagens, der Ranküne und der Unglückseligkeit, mit ekelhaften Einwohnern, die er verachte und hasse. Nicht anders urteilt er über Irland, das er rückständig und inferior nennt, ein Land, das »Gott zu einer immerwährenden Karikatur bestimmt hat«. Aber das ist nur die halbe Geschichte, damit ist keineswegs schon alles gesagt über das komplizierte, in sich tief widersprüchliche Verhältnis von Joyce zur Stadt seiner Geburt und der beiden ersten Lebensjahrzehnte. Es gibt die Indizien einer geheimen Ankettung, die von den Schmähungen nicht erreicht wird. So, wenn er das verfluchte Dublin verschämt »eine europäische Hauptstadt« nennt, oder wir in einem Buch des Schweizer Literaturprofessors Jaques Mercanton, der Joyce während der dreißiger Jahre in Paris besucht hatte, sein Geständnis lesen können: »Meine Frau haßt ihre Herkunft und Heimat. Ich aber bin treu.«

Er, der mit 23 Jahren an den Verleger Grant Richard geschrieben hatte: »Ich glaube, bisher hat noch kein Schriftsteller Dublin der Welt dargestellt«, wird es so akribisch tun, daß, würde die Stadt zerstört werden, sie nach seinen Büchern rekonstruiert werden könnte. Eigentlich war alles, was James Joyce schrieb, Dublin.

Die erste Idee zu »Ulysses« taucht 1906 auf – damals war Joyce Bankangestellter in Rom. Erscheinen wird das Buch jedoch erst sechzehn Jahre später, am 22. Februar 1922, seinem vierzigsten Geburtstag, in einem Pariser Verlag. Seine »Dubliners« waren schon 1914 veröffentlicht worden, »Finnegan's Wake«, 1922 begonnen, kommt 1939 in London und New York heraus. Er ist bekannt mit Eluard, Valéry, mit Pound, Beckett, Larbaud, T. S. Eliot, und von ihnen anerkannt. Aber seinen Ruhm, das Mysterium Joyce, wird er nicht mehr erleben. 1940, im zweiten Jahr des Weltkriegs, siedelt er in die Schweiz über, nach Zürich. Dort stirbt James Joyce am 13. Januar 1941 im »Schwesternhaus vom Roten Kreuz« an den Folgen eines Zwölffingerdarmgeschwürs und wird zwei Tage später auf dem Friedhof Fluntern begraben.

Nora Barnacle-Joyce überlebt ihren Mann um mehr als zehn Jahre, bis zum 10. April 1951. Weitere fünfzehn Jahre wird es dauern, bis die Stadt Zürich 1966 der Familie Joyce ein Ehrengrab stiftet.

Hier war Leopold Bloom

Der in James Joyce Tower umbenannte Wehrturm von Sandycove, über dem die sternenbestückte Europaflagge weht, ist seit dem 16. Juni 1962 eine Art Museum.

Im Zwischenstock der Bastion stoße ich auf eine Bronzekopie der Totenmaske, abgenommen in Zürich noch am Sterbetag und hier unter Glas. Dann geht es eine Wendeltreppe hoch, die so eng ist, daß zwei Personen nicht aneinander vorbeikommen. Hat man es geschafft, ist man im Round Room, auf jener inneren Plattform, die Joyce, Gogarty und Trench als Aufenthalts- und Schlafraum diente. Und gleich hier zeigt sich schon die typische Vermischung von Wirklichkeit und Fiktion.

Denn was hat in diesem Raum mit den historischen Utensilien seiner drei Bewohner die Statue eines schwarzen Panthers zu suchen? Die muß auf jeden Fall später hinzugefügt worden sein, denn Trenchs wüster Traum von dem Raubtier mit dem anschließenden Rundumgeballere war doch nicht durch dessen Verkörperung ausgelöst worden.

Konsternierte Erinnerung an einen Gang durch Dublin nach der Geographie des »Ulysses«: »Hier war am 16. Juni 1904 Leopold Bloom«, las ich auf einer der vierzehn in die Bürgersteige eingelassenen Bronzeplatten, die die Stationen des erdichteten Anzeigenwerbers im Zentrum der Liffeystadt zwischen Middle Abbey Street und Kildare Street genauestens nachzeichnen.

»Hier *war*...« – die fiktive Romanfigur ist wirklicher, als ein lebender, ein historischer Leopold Bloom je hätte sein können.

Aber dann möchte man im Round Room des Martello Tower von Sandycove doch lieber nicht daran zweifeln, daß, wenn schon nicht der schwarze Panther, wenigstens die anderen Utensilien und Requisiten – »Please do not touch the exhibits« – echt sind. Ein alter Herd und eine alte Petroleumlampe, neben dem Bett eine Hängematte, an der Wand ein Bord mit Gläsern, Metallbehälter für Kaffee und Tee, schwere eiserne Töpfe, Bücher, Teller. Guinness-Flaschen, alte Schachteln - Peppermint lumps. Und unterm Bett der Koffer, mit dem die Familie durch Europa gereist ist, ein braunes Ungetüm mit zwei ledernen Griffen an der Seite. Der jedenfalls muß »historisch« sein.

Hier spielt, *Chapter one*, die Anfangsszene von »Ulysses« mit dem Frühstück.

Das Museum zeigt Erstdrucke und verschiedene Ausgaben von »Dubliners«, »Finnegan's Wake« und »Ulysses«, persönliche Dinge wie Rohrstock (Joyce war auch Lehrer), Brille, Pfeife, Weste und seine Gitarre. Die hatte Joyce 1916 einem Italiener geschenkt, der sie fünfzig Jahre später, am 1. März 1966, in »Gedenken an einen treuen Freund« dem Museum in Sandycove übergab.

Von Neill S., meinem motorisierten Dubliner Cicerone, der draußen wartet, weil er hier schon hundertmal gewesen ist, erfahre ich, daß Joyce, wie sein Vater, ein großer Sänger gewesen sei.

Obwohl ein Bewunderer von James Joyce, war Neill S. doch um keinen Preis zu bewegen, mit hineinzukommen. »Verstehen Sie? Ich kenne den Mann in- und auswendig. Da kann nichts mehr dazukommen.«

Aber was hält er von ihm? Davon will ich mehr wissen, später. Jetzt stockt er, als habe er etwas Mißverständliches gesagt, und fügt an: »Aber natürlich fahre ich Sie in der nächsten Woche hierher - an *dem* Tag.«

Mein irisches Tagebuch VIII

16. Juni.

Bloomsday, 8 Uhr 30, Sandymount, Promenade am Südufer der Dublin-Bucht. Es ist kalt, Ebbe und das Wasser so weit weg, daß es aussieht, als wäre das Fährschiff da draußen gestrandet.

Drüben ist das »South Bank Restaurant«, eine der traditionellen Stätten, an denen sich die Joyceianer alljährlich an diesem Tag einfinden sollen, und zwar, hatte man mir gesagt, von sechs Uhr morgens an. Nun sind es schon mehr als zwei Stunden über die Zeit, und niemand ist zu sehen.

Aber dann sind sie plötzlich da, als wären sie vom Himmel gefallen oder aus der Erde hervorgetaucht, die alten Kutschen mit den alten Kleppern, die Männer à la 1904 mit Strohhut, hellem Jackett, weißem Hemd, mit Fliege, Stock und Brille, wie »JJ« sie auf vielen Fotos trug. Damen ebenfalls in der Mode der damaligen Zeit, in langen Gewändern mit geraffter Schleppe, malerischen Hüten von abenteuerlichem Durchmesser und angesichts der fröstelnden Temperatur mit bemerkenswert tiefen Ausschnitten. Von allen Seiten jetzt auch Oldies der Marken Jaguar, Bentley und Rolls-Royce. In einem der vielen Kabrios zwei alte Herren, Strohhut, rote Fliege, die Hände in den Hosentaschen, in anderen dachlosen Karossen die Chauffeure in Leder, auch der Kopf, die Begleiterinnen mit erlesenen Schals um Hals und Haupt, und alle laut und fröhlich schnatternd und juchzend.

So geht es hinein zum Frühstück ins »South Bank Restaurant«, wo viele der Gäste sich den ganzen Tag aufhalten werden, zuhörend, lesend oder zitierend – Joyce und Joyce und nichts als Joyce.

Am Tower von Sandycove drängt sich eine Menge bis an den Rand von Forty Foot, die meisten in Alltagszivil, aber auch hier verkleidete Bloomsfiguren. Einer von ihnen, der mir auf der Wendeltreppe nach oben mit grüner Fliege und grünem Jackett begegnet, lasse ich selbstverständlich den Vortritt.

Und dann stehe ich auf der oberen Plattform, dem alten gun deck, und da bin ich richtig, obschon ich vor Kälte klappere.

1954 hatte Oliver St. John Gogarty geschrieben: »Wenn das Wetter warm war, badeten wir auf der oberen Plattform in der Sonne, immer mit ihr wandernd und windgeschützt.«

Heute ist es hier oben kühl, viel zu kühl für die Jahreszeit.

Ein Ring von jungen Menschen, sitzend oder stehend, Bücher von Joyce vor sich oder unterm Arm, den Nieselregen nicht beachtend, sozusagen die alternative Fanszene zur offiziellen der Betuchten. Neben mir eine Mutter mit Kind, den Strohhut auf der Erde vor ihren Füßen, im Gespräch mit einem jungen, ganz in Schwarz gekleideten Mann, der ein abgegriffenes Exemplar von »Ulysses« in der Hand hält. Ein anderer schlägt eine alte Ausgabe des Werkes auf, von Secker & Warburg, worauf ein Dritter mit einem wahren Buchveteran desselben Titels hinzutritt und alle drei nun nach einer bestimmten Stelle suchen, um miteinander Texte zu vergleichen. Auf der Erde, bereits etwas durchnäßt und scheinbar besitzerlos, liegt ein Druck von »Finnegan's Wake«, weiße Papierstreifen zwischen den Seiten. Ich warte, ob jemand das Buch aufnehmen wird, was lange dauert. Dann greift die junge Mutter danach, pustet die Tropfen vom Deckel und legt es unter den Strohhut.

Bloomsday, 11 Uhr vormittags.

Wer hier oben auf dem James Joyce Tower von Sandycove an diesem Tag weihevolle Stille erwartet hätte, Andacht und inniges Gedenken, der wäre überrascht, wie fröhlich gelacht und gescherzt wird. So kommerzialisiert das Ereignis auch immer sein mag, wie berechnend das »Happy Bloomsday« der Geschäftswelt schon am Tag davor, hier gibt es nicht die Spur von ambitionierter Kulturbeflissenheit, ist niemand, der Joyce sagt und das eigene Ego meint, versucht niemand, die Aufmerksamkeit auf sich zu ziehen. Das Wetter allein schon macht die Anwesenheit zum Engagement.

Weiter Blick von der Plattform nach allen Seiten.

Drüben, an der Straße vor dem »South Bank Restaurant«, von hier gut zu erkennen, zittern die alten Klepper vor sich hin, während die Kutscher sich in Jacken und Mäntel gehüllt haben; weiter nach Norden der Fährhafen Dun Laoghaire (sprich Dan Liri), und rechts hinten, über die Liffey, der Hafen von Dublin mit den alles verschandelnden rotweißen Schornsteinen seiner Kraftstation.

Gegen 13 Uhr Aufbruch von Sandycove nach Glasthule, etwas stadteinwärts, ein Knotenpunkt des Dubliner Bloomsday. Als ich nach kurzer Fahrt dorthin ankomme, sind die Straßen voll von kostümierten Männern und Frauen aller Lebensalter.

An der großen Ladenscheibe der Fleischerei des Noel Kavanagh – »Quality butcher, fine beef« – klebt eine bunte Karikatur, »JJ« mit einem Schlachterbeil in der Hand. Rechts daneben, vor einem Pub, tanzen drei blutjunge Mädchen nach irischer Volksmusik. Mit spitzen Füßchen und akrobatischer Beinarbeit lassen sie die Röcke fliegen, treten ab, kommen wieder hervor und tanzen weiter, unermüdlich. Sie haben zwei Bretter auf den Weg gelegt, auf denen sie jetzt mit harten Schuhsohlen herumknattern, ein wilder Steptanz, dessen Rhythmen ins Blut gehen und die Passanten elektrisieren. Die Musik kommt aus einem Kasten, der von einer Dame mit grüngemusterter Schürze und rotbebändertem Hut bedient wird.

Ladenbesitzer und ihre Angestellten schenken kostenfrei Wein aus oder reichen kaltes Geflügel, durch das offene Fenster eines Rolls-Royce gerade ein ganzes Tablett mit Hühnerbeinen. Die Straße ist voll von Nobelkarossen, darunter eine offene Cadillac-Donnerkutsche mit Speichenrädern, gesteuert von einer Lady, deren wehender Umhang bange Assoziationen wachruft zum Schicksal Isadora Duncans, der amerikanischen Vorkämpferin des freien Tanzes: Bei einer Autofahrt hatte sich ihr Schal in den Speichen verfangen und sie erdrosselt. Das geschah 1927, und ich bin hier offenbar der einzige, dem dergleichen durch den Kopf geht.

Zurufe von Wagen zu Wagen, junge Leute mit Strohhüten in Kabrios, die Straße versperrt für alle, die nichts mit Joyce zu tun haben. Busse, Personenwagen, Caterpillars müssen einen anderen Weg finden. Zwei einsame Polizisten, die eine Weile versucht hatten, den Verkehr im Sinn des Gesetzes zu regeln, haben längst aufgegeben und den Joyceianern die Oberhoheit überlassen.

Eine Dame mit langem Rock, Schleier und Reitpeitsche hält eine weiße Tasse in der Hand, geht unbeirrt über die gefährliche Hauptstraße von Glasthule und verschwindet sanft lächelnd in »Juggy's Well«, während eine andere Irin mit weißen Schuhen, im Arm einen riesenhaften grünen Teddybär, am Straßenrand gelbe Rosen verteilt. Unterdessen tanzen die drei Mädchen vor dem Pub wie aufgezogen weiter, sprühend vor Bewegungslust, biegsam wie Weidengerten und auf dem Rücken einen Namen – Mary Macdonnell. Schließlich geht ihre Musik unter im ohrenbetäubenden Lärm einer Viermannband, die sich mit modernstem Verstärkergerät vor dem »Bistro Vino« aufgestellt hat und loslegt, was Saiten, Tasten und Atem hergeben – die Bloomsdayfeier von Glasthule verwandelt sich in eine Klanghölle. Was aber niemanden zu stören scheint, besonders nicht jenen Mann, der sich ganz in der Nähe ein Handy ans Ohr hält, in das er mit verzücktem Lächeln spricht, wenn er nicht gerade, mit gleichem Ausdruck, auf das lauscht, was aus der Hörmuschel dringt.

In einem Kabrio, das von einem Vater mit grüngestreifter Weste gelenkt wird, drängen sich fünf Jungen im Alter etwa von neun bis fünfzehn, alle gleich kostümiert, mit Strohhut, grauem Zylinder und rotgestreiften Jacken. So tollen sie miteinander herum, vier auf dem Rücksitz, der jüngste vorn. Die Band vor dem »Bistro Vino« spielt gerade »Chattanooga choo choo«, daß es nur so in die Höhe und in die Breite knallt. Allein die drei Damen, die ich unmittelbar daneben durch die Scheiben eines *Hair Saloon* sehen kann, scheinen nichts zu hören – Hauben auf, unter denen ihnen die Locken onduliert werden, machen sie Gesichter, als befänden sie sich in einem schalldichten Raum.

Abends dann bei »Davy Byrne's«, Duke Street. Guinness in Strömen, Strohhüte, Fliegen, weiße Hemden, schwarze Jacketts, der Pub gerammelt voll, der Lärm ungeheuer. Wieso die Leute sich in diesem Stimmengewirr verständigen können, bleibt ein Rätsel.

Aber dann geht es doch, denn mich spricht ein Herr an, der in der einen Hand einen Spazierstock hält und in der anderen den »Ulysses«. Er raucht eine Pfeife, die er nicht aus dem Mund nimmt, als er mich fragt, was mich, einen Ausländer, bewogen habe, die gestrige Veranstaltung im »James Joyce Center« zu besuchen.

Tatsächlich war ich am Vorabend des Bloomsday an der Ecke Northquay/George Street gewesen, in dem georgianischen Haus mit dem schneeweißen Portal hatte eine Feier stattgefunden. Der brasilianische Botschafter hatte der Leitung des Hauses eine alte Ausgabe des »Ulysses« in portugiesischer Sprache überreicht, und ein Sänger mit bemerkenswerter Stimme nach Gedichten von Thomas Moore (1779-1852) vertonte Lieder gesungen.

Das Haus war 1982 erworben worden – eine Ruine, deren Restaurierung aussichtslos schien. Dann tat sich das Wunder einer gelungenen Finanzierung, die benötigten 600 000 Pfund, etwa eineinhalb Millionen Mark, kamen tatsächlich zusammen, und seit 1994 ist das zweistöckige Anwesen mit seinen Fenstern und Balkonen, dem gepflegten Interieur seiner Zimmer und Säle ein Schmuckstück aus alter Zeit im modernen Dublin – eben das James Joyce Center.

Ich war eine halbe Stunde zu früh gekommen und hatte Muße, mich im Haus umzusehen. Im Parterre ein großer Tisch, feierlich für das morgige Frühstück gedeckt – nur für eingeladene Gäste; im ganzen Haus vorzüglich ausgeführte Stuckarbeiten, nostalgisch knarrender Boden, manche Räume noch leer. An den Wänden und unter Glas Gemälde und Fotos, James Augustin Joyce (1827-1865), der Großvater als Jüngling; Urgroßmutter Ann MacCann, geboren um 1800; »JJ«, der berühmte Nachfahre, als Poster über einem Kamin und als Büste.

Was mich später dann wunderte, war die geringe Zahl von Besuchern, die zu der Veranstaltung gekommen waren an dieser neuralgischen Stätte und aus diesem Anlaß.

Als ich nun, hier in »Davy Byrne's Pub«, dem Mann, der sich als Percy M. vorgestellt hat, auf seine Frage wahrheitsgemäß antworte, ich sammelte den Stoff für ein Buch über Irland, fällt ihm vor Begeisterung fast die Pfeife aus dem Mund. Er legt mir die Hand mit dem »Ulysses« auf die Schulter, ruft so laut, daß er alles übertönt: »O that's wonderful!« und sagt, leise an meinem Ohr: »Das hat er auch verdient, unser James Joyce.«

Dann schlägt Percy M. die Seite 276 seines »Ulysses« auf und legt mir etwa eine halbe Stunde lang dar, daß der Text besonders schwer in andere Sprachen zu übersetzen sei. Er sei des Französischen und des Spanischen mächtig und habe anhand der dortigen Ausgaben immer wieder feststellen müssen, daß der Text gerade dieser Seite außerordentlich variiert wiedergegeben werde. Dabei schaut Percy M. mich an, als könne die endgültige Erklärung dafür nur von mir kommen.

Statt dessen frage ich ihn, ob er mir sagen könne, weshalb die gestrige Veranstaltung im James Joyce Center so schlecht besucht war. Und da wird der glühende Joyceianer sichtbar verlegen, sucht nach Worten, sagt dann, wie entschuldigend: »Wir haben so viele berühmte Leute«, und fügt der dürftigen Auskunft tapfer an: »Es ist wahr, Dublin, seine Stadt, erweist James Joyce nicht die gebührende Reverenz.«

Stimmt das – nach allem, was sich an diesem Tag getan hat in der Metropole und wovon ich nur einen winzigen Ausschnitt mitgekriegt habe?

Heute fährt Neill S. mich spät in mein Quartier.

Ich habe mit ihm oft über James Joyce gesprochen und dabei einen profunden Kenner seiner Werke kennengelernt. Und doch wollte ich, ungeachtet der tiefen inneren Anerkennung, einen Vorbehalt entdeckt haben, etwas, das in ihm hakte und sich vollständigem Einvernehmen versagte. Neill S. hat das mir gegenüber dann auch zugegeben, ohne es definieren zu können. Er hat nur gesagt, und der Satz war mir nicht mehr aus dem Sinn gegangen: »Es ist ein Gefühl – so ein bestimmtes Gefühl.«

Welches? Ich möchte es gern wissen.

1902, nach den ersten Veröffentlichungen von James Joyce, hatte der angloirische Lyriker und Essayist George William Russel (1867-1935) geschrieben: »Er ist genial, aber er hat keine Imagination. Er kann sich nichts ausdenken, er muß es erlebt haben. Er ist klug, intelligent, seine Prosa ist schön, wird aber nur vom Intellekt her bestimmt.«

»Ist es das?« frage ich Neill S. auf der Heimfahrt, nachdem ich ihn mit Russels Ansicht bekanntgemacht habe. »Ist Joyce Ihnen nicht poetisch genug?«

Er stockt, ja, mir scheint sogar, daß Neill S. für eine Sekunde den Fuß vom Gaspedal nimmt. Dann sagt er: »Das kann es sein, zuviel Alltag, großartig, bis in die letzten Haarwurzeln verfolgt, aber einfach zuviel Alltag.«

David Morris, einer der verrücktesten Joyceianer unserer Zeit, Umweltschützer, Schwulenrechtler, Englischdozent und Senator, schreibt heute im »Irish Independent« über die Odyssee des James Joyce und der Nora Barnacle-Joyce: »Wenige Monate, nachdem sie sich kennengelernt hatten, gingen sie miteinander durch nach Europa, familienlos, ohne Geld und ohne Segen, ohne formale Verpflichtung und ohne den Tausch von Ringen. Aber James Joyce gab Nora Barnacle vielleicht das wundervollste und romantischste Hochzeitsgeschenk des 20. Jahrhunderts – diesen Tag rundherum als Tribut für ihre Liebe eingeschreint zu haben in die Ereignisse, aus denen heraus sich ›Ulysses‹ entwikkelt.«

Mit der Lektüre darf für mich der Bloomsday zu Ende gehen.

O that Dublin Man!

Seltsam, wie aufhebbar meine Kritik am »Ulysses« ist, aber es gibt sie.

Ich lese auf dieser Reise immer wieder in dem Buch, wie jedesmal zuvor schon hingerissen von seiner Dynamik und seiner Kraft, die in keiner Zeile nachlassen. Hingerissen auch von der Wortgewalt selbst in der deutschen Übersetzung des englischen Originals noch, diesem ganzen verbalen Ozean, aus dem Joyce schöpft – ohne daß ich alles verstehe und begreife, worum es geht und was es bedeuten soll.

Und da nun hakt es bei mir.

Wen meint er mit Joachim Abbas oder mit Crissie, der oder die da gerade gebadet wird von der Mutter – nur welcher? Und was ist mit Houyhnhnm? Herrlich, sich eine basiliskenäugige Monstranz vorzustellen, aber was heißt gleich danach: »Runter mit dir, Kahlkopf!«? Und so gleiten Auge und Verstand denn fortwährend über Sätze, die unverständlich bleiben. Etwa: »Patrice, zu Hause auf Urlaub, lappte warme Milch mit mir in der Bar MacMahon. Sohn der Wildgans, Kevan Egan aus Paris...« Ach ja? So kann das Genie einen verwirren, erlaubt es sich mit seinen Lesern einen Spaß nach dem anderen, grausame, schwergewichtige Späße für den, der's wissen möchte.

Ich kann also, zugegeben, Joyce im einzelnen nicht folgen und werde mir nicht ausreden lassen, daß es anderen genauso geht. Einige werden dieses Schriftstellergenie erkennen, aber verstehen, ihn bis in die letzten Kapillaren seiner Phantasie und ihrer Ausdruckskraft verstehen – das, bin ich überzeugt, wird kaum einer vermögen.

Ich werde mir ebenfalls nicht weismachen lassen, daß auch nur ein Leser, eine Leserin das Vexierbild des »Ulysses« in seinen Tausenden und aber Tausenden von verschlüsselten Molekülen enträtseln und nach dem Umschlagen der letzten Seite rekonstruieren könnte. Was überhaupt nichts daran ändert, daß das Buch der ungeheure Wurf eines der sprachmächtigsten Hirne in der Geschichte der menschlichen Schreibkunst ist. Doch mißtraue ich den Claqueuren, die ihren Applaus motivieren mit der

Tatsache, daß es keine Handlung im konventionellen Sinne gibt, außer, daß ein bestimmter Tag im Leben eines jüdischen Akquisiteurs quer durch Dublin beschrieben wird, der dann auch noch aufgespalten ist in Sekunden und Dezisekunden. Nein, ich glaube und traue ihnen nicht, wenn sie so tun, als sei »Ulysses« in jeder Zeile zu verstehen, man müsse nur den Grips dazu haben. Den, maße ich mir zu behaupten an, habe ich und bin auf fast jeder Seite doch wieder so dämlich wie zuvor. Gleich mir, wird auch jeder andere vor Myriaden von Sätzen stehen wie der berühmte Ochs vorm Berg. Und es macht mir nicht das mindeste aus, das hier einzugestehen, ohne mich selbst im Verdacht zu haben, phantasielos zu sein.

Ich habe den »Ulysses« dennoch mehrere Male von der ersten bis zur letzten Zeile studiert, zuerst auf englisch, dann auf deutsch in der kongenialen Übersetzung von Hans Wollschläger. Aber ich rühme mich nicht, seinen Fäden bis in die letzten Labyrinthe und Hinterhalte, die der Meister vorsätzlich legte, folgen zu können – und konnte und kann trotzdem nicht vom ihm lassen. Es saugt mich förmlich an, wie ein Strudel, aus dem ich heraus will, in dessen Schlund ich aber gleichzeitig auch sanft ertrinken möchte. Pausen müssen allerdings eingelegt werden, keiner hält dieses literarische Achtzehn-Stunden-Marathon des Leopold Bloom ohne Unterbrechung aus. Wobei sich immer wieder die an einen selbst gerichtete und bis zur Stunde dieser Niederschrift, was meinen Fall betrifft, antwortlos gebliebene Frage stellt: Bist du blöd, daß du so vieles nicht verstehst und dennoch bis zur Erschöpfung weiterliest?

Es liegt wohl daran, wie die Ausdauer belohnt wird.

Welch Entzücken, immer wieder auf zuvor nie gehörte, nie gelesene, nie gesprochene Kostbarkeiten zu stoßen, etwa »flohfarbene Handschuhe« oder »glimmleuchtender Talg« oder »ein Tag gescheckter meergetragener Wolken«.

Und dann, im Dschungel der raunenden Ungewißheiten und labyrinthischen Verschlingungen durch Dublins Quartiere, diese Stelle höchster Poesie bei einem Ablauf von unüberbietbarer Trivialität: Wie Gerty dem gierigen, auf den Anblick von Damenunterwäsche versessenen und schuldbewußten Leopold Bloom die Onaniervorlage bietet!

Während eines Feuerwerks über Ballsbridge, des in der Nähe und in guter Sichtposition lauernden Blooms höchst gewärtig, beugt sie sich rücklings weit über die Brüstung, ein Knie mit den Händen umschlingend, um ihm den Blick freizugeben zu ihren »Kniehöschen aus Nainsook, dem hautsympathischen Gewebe, die viel besser waren als die anderen Schlüpfer«. Solche stumme Willigkeit nutzt Bloom, um heftig, wenn auch möglichst unauffällig, an sich zu arbeiten, während Gerty genau weiß, wofür ihre Pose herhält. Dieses wortlose Zwiegespräch zwischen den verwundbaren Komplizen, diese zitternden Erwartungen – bis, ja bis James Joyce in unvergleichlicher Verquickung den Hosenorgasmus des Leopold Bloom mit dem Höhepunkt des Feuerwerks über Ballsbridge fast interpunktionslos so einschmilzt: »Und dann sprang eine Rakete hoch und schoß peng blind und O! dann barst die Leuchtkugelröhre auseinander und es war wie ein seufzendes O! und alles schrie O! in Verzückung und es ergoß sich daraus ein Strom goldregnender Haarfäden und sie schimmerten auseinander und ah! da warens auf einmal lauter grünliche tauige Sterne die niederfielen mit güldenen, O so lebendig! O so sanft, süß, sanft!«

Und als Gerty dann davongeht »mit einem rührenden kleinen Blick des kläglichen Protestes, des scheuen Vorwurfs, unter dem er errötete wie ein Mädchen«, und sich zeigt, daß sie hinkt, da sieht der »vollgesaute« Bloom sich bestätigt in jenen schäbigen Gedanken, mit deren Hilfe er versucht, sein Schuldbewußtsein gegenüber dem Subjekt seiner Begierde zu kompensieren.

Aus der Menge der Bücher, die ich bis in mein achtes Lebensjahrzehnt gelesen habe, gibt es wenig, was mich in wortloser Bewunderung seelisch mehr erschüttert und literarisch tiefer beeindruckt hätte als diese Schilderung grenzenloser menschlicher Selbstisolierung.

Bis hierher und nicht weiter – ich bin kein Joyce-Forscher, ich will ein Buch über Irland schreiben. Ich werde mich hüten, der bereits uferlosen Kommentarliteratur über »JJ« mehr hinzuzufügen als diese Seiten. An ihm vorbeigekommen bin ich jedoch nicht, wenn auch gehemmt durch Bekundungen, denen nichts hinzuzufügen wäre. Allen voran die von Samuel Beckett, der anläßlich der Jahrtausendfeier von Dublins Gründung 1988 schrieb: »Ich begrüße die Gelegenheit, mich einmal mehr tief, tief zu verbeugen vor diesem heroischen Leben eines Wachtraumes.«

Allerdings, und das will ich nicht verschweigen, die Annexion des Percy M. in »Davy Byrne's Pub« – »unser James Joyce« – habe ich nicht bestätigt bekommen. Einen Durchschnittsiren, gar einen Dubliner, fragt man besser nicht nach »JJ«. Das äußerste, was dabei herauskommen kann, ist der halb geseufzte, halb kokette Ausruf:

»O that Dublin man!«

Dubliner Skizzen

Ein Wald von Kreuzen, Statuen und Engeln, ein wahrer Aufmarsch von Trauer- und Weihesymbolen in Reih und Glied bis zum Horizont, am Eingang überragt und beherrscht von einem monumentalen Turm – Glesnevin Cemetery in der Finglas Road auf der Nordseite der Liffey, Dublins berühmtester und geschichtsträchtigster Friedhof.

Der graue Turm ganz vorn ist, wie könnte es anders sein, die Grabstätte von Daniel O'Connell, des »Retters« und »Befreiers«.

Hier liegen sie alle, Irlands prominente Tote – Robert Emmet, der Anführer des erfolglosen Aufstandes von 1803; Charles Stewart Parnell, Streiter für *Home Rule* und Landreform; die Verfechter für ein geteiltes und die Streiter für ein ungeteiltes Irland; Roger Casement, der mit Deutschland sympathisierte und 1916 dafür als »Hochverräter« gehenkt wurde; Michael Collins, umstrittener Unterzeichner des Vertrags, der Irland 1921 zum Freistaat machte; sein erster Präsident und Gründer von Sinn Fein, Arthur Griffith; der problematische »Übervater« der neueren Geschichte Irlands, Eamon de Valera; Sean MacBride, Träger des Friedensnobel- und des Lenin-Preises; »Big Jim« Larkin, der Arbeiterführer; Brendan Behan – der Katalog könnte seitenweise fortgeführt werden.

Aber wer war Edward Molly, der 1896 mit 48 Jahren starb und hier begraben wurde unter den Tausenden und aber Tausenden von Kreuzen, an deren bestürzend tief gestaffelten Reihen entlang ich mich bewege? Wer waren all die O'Donnells, die Bradys, Barns und Quinlans, die Kennedys und die Kellys, die Ryans, Dunnes, Healeys und MacDonalds, die hier liegen? Keine Antwort, auch nicht von der Jesusfigur, die sich da aufreckt, streng nordisch geformt und europäisch, wie der Nazarener bestimmt nie ausgesehen hat. Betende Frauenstatuen, Wachsblumen, wohin ich sehe, teils unter freiem Himmel, teils unter Plastik, ausgebleicht, aber wenigstens das Zeichen besuchter Gräber.

Weiter hinten in dieser Megalopolis der Toten verliert sich der Eindruck von Größe und Pflege, verwandelt sich der Riesenfriedhof von Glasnevin in einen verwilderten Leichenacker, so verwahrlost, als hätte hier seit hundert Jahren kein Begräbnis stattgefunden. Bis ich mitten in dem unübersehbaren Feld abgewitterter, umgefallener, geborstener Steine das Grab einer Frau entdecke, die am 9. Dezember 1993 gestorben ist.

Der Friedhof von Glesnevin spiegelt 150 Jahre irischer Geschichte wider.

Nach den *Penal Laws* des 18. Jahrhunderts, dem Höhepunkt britischer Kolonialpolitik auf der Insel, gewann zu Anfang des 19. die katholische Emanzipation, wenngleich in Etappen, sichtlich an Boden.

Bis dahin war Katholiken nicht nur das Wahlrecht, sondern auch jedes ordentliche Begräbnis vorenthalten worden. Noch 1823 konnte der protestantische Erzbischof von Dublin, Dr. Magee, dem katholischen Erzdiakon Blake während einer Beerdigung die Grabrede verbieten, was eine Woge der Empörung auslöste. Auf ihrem Kamm gewann die katholische Emanzipation so beträchtlich an Boden, daß Daniel O'Connells gewaltlos operierende Organisation, die Catholic Association, 1828 in Kilmainham Land für einen Friedhof – den Golden Bridge Cemetery – kaufen konnte, ein bis dahin beispielloses Ereignis. Unglücklicherweise grenzte das Gebiet aber an die Richmond-Kaserne, deren Befehlshabern es gelang, wenn auch erst nach dreißig Jahren, den Golden-Bridge-Friedhof schließen zu lassen.

Inzwischen aber war, nicht zuletzt durch die Pioniertat von Kilmainham, der Glesnevin Cemetery für Katholiken freigegeben worden (was die damals längst verstorbenen Väter der *Penal Laws* in ihren Gräbern sicher zum Rotieren brachte).

Der Totengrund war nun zwar nicht mehr konfessionalisiert, wohl aber in Klassen geteilt. Wer nicht bezahlen konnte, wurde im *Poor Ground* verscharrt. Während also wohlhabende Katholiken sich mit ihren armen Glaubensbrüdern auch im Tod nicht gleichstellen lassen wollten, mochten viele Protestanten weder sich noch ihre Angehörigen zusammen mit Katholiken auf ein und demselben Friedhof wissen. So entstand in Dublins Süden der Mount Jerome Cemetery – »for protestants only«.

Jetzt entdecke ich mich dabei, daß ich inmitten der Gräber, zwischen Steinen, Erde, Kies, niedergekniet bin und in der Hand etwas Grünes halte, Wildkraut wahrscheinlich, Halme, Pflanzen, deren Namen ich nicht kenne, die mich aber irgendwie beruhigen. Da will mir etwas stärker scheinen als der Tod, der sich hier so allmächtig gibt, da sprießt etwas und lebt weiter und läßt sich nicht besiegen. Daß sich das auch auf unsere Gattung übertragen läßt, kommt mir in der Totenwüste des Glesnevin Cemetery wie ein ungeheurer Trost vor, nicht im Sinn einer Fortdauer des Daseins danach, sondern immer neuen Lebens.

Ich atme auf, als ich wieder am Eingang stehe und davor zwei Arbeiter sehe, die mit einer großen Maschine die Straße säubern – irdisch, lebendig, gegenwärtig. Und Neill.

Er ist nicht mitgegangen auf den Friedhof, sondern hat draußen gewartet. Ich habe mir abgewöhnt, ihn nach den Gründen zu fragen, warum er einmal mitgeht, ein anderes Mal nicht. Diesmal nennt er den Grund, auf der Rückfahrt, außer Sichtweite von Glesnevin.

»Da liegt eines meiner Kinder, ein Junge«, sagt er. »Er ist nur vier Monate alt geworden.«

Ballsbridge, Dublins vornehmer Süden, St. Mary's Road – wunder-, wunderschöner *Georgian Style*!

Nr. 11, Mount Alexander – Backstein, weißgerahmtes Portal, Rundbögen, eine von Dublins berühmten Türen, mit goldenem Knopf und goldener Klingel; Rotdorn im Vorgarten, an der Mauer vorn üppiges Fliederviolett.

Nr. 15 – die Tür unter dem hellen Portal von fast schwarzem

Blau, schwarz glänzend auch Staket und Tor, in der Buche eine Drossel, ihr Abendlied tirilierend.

Auf der anderen Seite ein Haus mit hervorkragendem Dach, efeubewachsen bis hoch hinauf, das Tor weiß, im Garten auf mannshohen Dickstengeln leuchtende Blüten, daneben ein Busch mit wasserfallartig herabhängenden roten Blumen.

Wieder auf dieser Seite der St. Mary's Road ein Haus mit Namen »Easter Snow« - österlicher Schnee. Hingebungsvoll, immer wieder mit dem Lappen darüberhin, putzt eine Frau die Messingbeschläge an den Türen.

Auf den Dächern überall Kaminblöcke, aus denen kurze Schornsteine ragen, aber nirgends da oben Fernsehantennen, keine einzige, auch Satellitenschüsseln nicht. Und doch wird hier empfangen, wie der Blick durch manches Fenster auf flimmernde Bildschirme bestätigt. Auf welche Weise das geschieht, wo die Technik untergebracht ist, bleibt ein Geheimnis, das ich gar nicht lüften will. Hier muß es eine ästhetische Absprache unter Nachbarn gegeben haben.

Dann in die Northumberland Road eingebogen.

Da entfaltet sich die Schönheit Georgianischer Architektur noch prächtiger, kommen Heraldik und Ornamentik hinzu, Portale mit Säulen, Portiken, gelbe Kapitelle, Treppenaufgänge mit weiß und schwarz angestrichenen Gittern, Erker mit großen Fenstern. Eingänge in Pink oder Ochsenblutrot, von der Decke des Vorbaus an starken Ketten schwere, erdgefüllte Schalen, aus denen bunte Blumen hervorsprießen oder sich an langen Astfäden herunterschlängeln.

Zwei Türen von unterschiedlichem, aber gleichermaßen bestechendem Grün – eines erinnert mich an die Laubfrösche meiner Kindheit, das andere, dunklere, an den von meinem Großvater angestrichenen Zaun eines hölzernen Zoogeheges, Geschenk eines vorschulischen Geburtstags.

In diesen Quartieren, wie auch am Merrion und Mountjoy Square, der Lower Fitzwilliam Street, dem Arran und Essex Quay richtete sich im 18. Jahrhundert die dünne Schicht der angloirischen *ascendency* ein, die protestantischen Herren der Insel. Ihrer hochmütigen Kultur entsprangen die betörenden Merkmale der klassischen angloirischen Architektur mit hervortretenden Pfeilern und Mauerbändern, den Gesimsen und stolzen Ziegelsteinfassaden, dem Prunk der Innendekoration – filigraner Stuck, kostbare Holztäfelung, Marmorkamine.

Sie haben das georgianische Dublin nach ihrem Gusto und Geschmack, ihrem Ehrgeiz, ihrem Machtgestus errichten lassen, sie sind die Bauherren des Custom House und der Four Courts.

Für ihre Prahlsucht, für ihr Hochgefühl, ihre Komfortkutschen sind jene breiten Avenuen angelegt und erweitert worden, die heute noch Dublins Stadtbild prägen – 47 Meter die O'Connell Street, 31 Meter die Upper Merrion Street und 30 Meter die Baggot Street.

In dieser einmaligen Ära sind bewundernswerte Bauwerke und großzügige Anlagen geschaffen worden, war die 1757 gegründete Stadtplanungsbehörde von Dublin, die *Wide Street Commission*, den Planern und Architekten europäischer Metropolen weit voraus (denen von Paris um fast hundert Jahre). Immer aber waren das splendid Dublin und seine Bauästhetik auch das Gegenbild zur Wohnmisere der Volksmassen, zu den kümmerlichen, verkommenen, räudigen Vierteln aus getrocknetem Lehm und windanfälligen Bruchbuden ohne Fenster und Kamine, Behausungen, die sich von den *cottages* ländlicher Hungerleider nicht unterschieden. Augenzeuge Jonathan Swift: »Die Bauherren haben all die kommoden und einladenden Plätze für den Bau ihrer Häuser gefunden, während fünfzehnhundert alte, was ein Siebtel der Stadt ist, unbewohnt sind und zu Ruinen werden.«

Aber weder die Tatsache, daß der *Georgian Style* der steingewordene Ausdruck einer streng gegliederten Klassengesellschaft und offener Fremdherrschaft war, noch die zeitgenössischen Slumquartiere jener Ära für das hauptstädtische Volk, können das Verbrechen der modernen Dubliner »Stadtsanierung« rechtfertigen! Wie hier mit dem Erbe einer Architekturepoche höchsten Ranges umgegangen worden ist und weiter umgegangen wird, zählt zu den traurigsten Kapiteln in der Kulturgeschichte Irlands.

Dabei begann die Zerstörung unwiederbringlicher Bausubstanz nicht erst in unserer Zeit. Das rücksichtslose Bombardement der Briten während des Osteraufstands von 1916, die

Schäden während der Unabhängigkeitskämpfe 1921/22 und im anschließenden Bürgerkrieg, der nationalistische Eifer der Teilungsgegner, für die jeder georgianische Bau im Land eine feindliche Festung war, hatten frühe Verheerungen angerichtet. Dennoch muten sie heute nur wie das Vorspiel kommender Abrisse, Einebnungen und Planierungen an. Denn was kommunale Planlosigkeit, politische Korruption, falscher Modernismus und die nackte Geldgier gewissenloser Grundstückspekulanten in der zweiten Hälfte unseres Jahrhunderts angerichtet haben, liest sich wie das Weißbuch einer Stadtvernichtung, deren Hauptwaffe die Abrißbirne ist.

Was dann an die Stelle der plattgemachten Portiken und Giebel, der eingestürzten Säulen und der ausgehebelten Dublintüren trat, dafür kann als eines der abscheulichsten Beispiele das St. Stephen's Green Shopping Center gelten, direkt gegenüber dem Eingang zum St. Stephen's Green Park. Diesem Machwerk architektonischen Schwachsinns, das seiner Fassade wegen im Volksmund zutreffend »Mississippidampfer« genannt wird, fielen die siebzig hauptsächlich georgianischen Häuser um den Dandelion-Trödelmarkt zum Opfer.

Es ist zum Gotterbarmen!

Renommierte Auktionshäuser, originelle Buchhandlungen und Antiquitätenläden am Bachelor's Walk verfallen, weil kein Geld für ihre Restaurierung da ist. Aus dem gleichen Grund und wegen fehlender musealer Sorge zerbröckeln ganze Straßenzüge langsam zu Ruinenlandschaften, so in der Upper Merrion Street und der Lower Fitzwilliam Street. Gebiete, deren Sanierungspläne seit Jahren, manchmal seit Jahrzehnten vorliegen, sind längst in unkrautüberwucherte Trümmerfelder verwandelt. In der Capel Street werden Gebäude mit imponierenden Treppenhäusern und Stuckziselierungen den Kahlschlägen für innerstädtische Verkehrsstraßen weichen müssen, wie auch Stadtpaläste in der Henrietta Street und alte Häuser in der Eccle Street der Seelenlosigkeit einer überall gleich aussehenden Beton-Glas-Stahl-Mixtur.

Widerstandslos wird das heute allerdings nicht mehr hingenommen. Es gibt Bürgerproteste und die rege Dublin Georgian Society. Aber ihnen steht die Dublin Corporation gegenüber, die eigentlich zur Erhaltung des architektonischen Erbes da ist, oft aber wie der verlängerte Arm der irischen Bauindustrie wirkt. Man ahnt etwas von den ungleichen Kräfteverhältnissen, wenn man erfährt, daß der Jahresetat für Restaurierungen unter 100 000 Pfund liegt, während die Mittel für den Ausbau der Dubliner Verkehrswege und ihrer Verbindungen zu den *suburbs*, den Vororten, fast eine Viertelmilliarde Pfund betragen.

Ich gehe die Northumberland Road über die St. Mary's Road hinaus und stoße dabei an der Ecke Lansdown Road auf den Betonbau einer irischen Großbank, achtstöckig, gesichtslose Fensterfront, ein Monstrum häßlichster Moderne. Gegenüber, von der anderen Straßenseite, ist Abstand genug, um beides im Auge zu haben - den einfallslosen, funktionalen, ungeheuer abstoßenden Betonklotz da drüben, und weiter links, in langer Front, die Schönheit des georgianischen Teils der Northumberland Road - ein schockierender Gegensatz.

»Stadtsanierung« - das ist kein Splitter, das ist ein Balken in Dublins Auge.

Ungeachtet dessen hat die Liebe der Dublinerinnen und Dubliner zu ihrer Stadt, der »fairly city«, oft einen geradezu mythischen Charakter. Und im »Gresham Hotel« stoße ich auf ein besonders bewegendes Zeugnis dieser Verbundenheit.

Ich habe mir angewöhnt, nach den anstrengenden Märschen und Besuchen in der Innenstadt das alte fahnenumwehte Hotel an der oberen O'Connell Street aufzusuchen und mich dort im Foyer bei wohliger Müdigkeit, leiser Musikberieselung und dem geschäftigen Hin und Her des zuvorkommenden Personals mit Tee, Sandwiches (*roasted turkey!*) und süßem Gebäck verwöhnen zu lassen. Vertraut ist es mir geworden, das Ambiente der Ladies in karierten Hosen und der tweedgekleideten Gentlemen, die den »Irish Independent« und die »Irish Times« lesen oder unter den Lüstern des hohen Raumes taktvoll gedämpft parlieren, während jetzt gerade ein atemberaubender Mini über schlanken Fesseln die Köpfe sämtlicher Männer in die gleiche Richtung zieht.

Just in dem Moment, da auch ich mich davon löse, fällt mein Blick in einer Frauenzeitschrift auf die schreiende Zeile »Dreary, dirty, daft, dreamy Dublin!« (also »Ödes, dreckiges, blödes, verschlafenes Dublin«).

So lautet die wüste Anrede im ersten einer Serie von fünf Briefen, die eine vor dreißig Jahren emigrierte Dublinerin mit Vornamen Ailish an die Stadt ihrer Herkunft gerichtet hat, und die auf diesen Seiten abgedruckt werden – die Geschichte einer zähen Wandlung, in deren Lektüre ich mich mit wachsendem Entzükken vertiefe.

Unmittelbar nach der Auswanderung geschrieben, ist der Text des ersten Briefes eine Ansammlung von Flüchen: Dublin, das sei ein Ort, an dem Verfaultes für das Frischeste ausgegeben werde, wo es nach Mittelalter rieche und die Läden hoffnungslos *old-fashioned* seien, mit ihrem künstlichen Plunder, billigen Kleidern und kratzigem Wollzeug. Sie, die Schreiberin, habe sich auch innerlich weit, weit entfernt von dieser flohverseuchten, priesterhörigen, heldenversessenen Stadt.

Der Schlußsatz lautet: »Good bye at last, good bye«, was wohl wahrheitsgetreu übersetzt werden kann mit »Fahr zur Hölle, Dublin, fahr zur Hölle!«

Die Anrede im zweiten, etliche Jahre später verfaßten Brief klingt zwar nicht mehr ganz so angriffslustig, nur »Dear dirty Dublin« (was wohl sinngemäß als »Liebes Drecksnest« durchgehen könnte), aber sonst wütet es weiter im Stil biblischer Rache und flammend enttäuschter Jugenderinnerung: »Ja, ich floh, ich floh von Dublin Bay, weg von den eleganten georgianischen Plätzen, von Merrion und Fitzwilliam, wo der Lebensfunke, eben aufgeflackert, auch gleich schon gelöscht wird von der schneidenden Kälte seiner Bürger.« Und dann fährt die verbale Vernichtungsorgie fort: »Am Boden liegt Dublin, rückwärts gewandt ist es, versponnen, ein Mischmasch aus Wikingern, Normannen, Engländern, verblendeten Iren – und grau vor Geiz. Ich hasse es, eine Eingeborene von da zu sein.« Unterschrift: »Good riddance!« Was übersetzt werden kann mit »Gott sei Dank, daß ich Dich los bin.«

Auch der dritte Brief, in der Halbzeit des freiwilligen Exils geschrieben, strotzt noch von phantasievollen Verwünschungen. Ailish beschimpft darin Irland als europäischen Aussatz, als einen verwilderten, von Rom leider nie eroberten Außenposten, der weder durch die Renaissance noch durch die Reformierung schwarzer Bibeln je zivilisiert worden sei. Sollen sie doch sehen, wo sie bleiben, die Dubliner, diese »kranken, verrückten, mondsüchtigen Leute in ihren verlausten Wohnungen«. Aber gerade die Dauerhaftigkeit des schrillen Tons kündet von etwas Unverbergbarem – Heimweh.

Das Signum des dritten Briefs ist denn auch, schnörkellos: »Ailish«.

Der vierte Brief, verfaßt nach über zwanzig Jahren in der Ferne, beginnt mit dem Geständnis: »Gerade habe ich meine zweite Scheidung hinter mich gebracht. Dublin, wie lange bin ich schon fort von Dir. Sag, warum vermisse ich Dich so? Ist es, weil ich nun oft an die träumerischen Nachmittage im St. Stephen's Green Park denke, wo ich mit anderen Kindern die Enten beobachtet und ihnen Brotkrumen zugeworfen habe? Und wie war's bei Bewly's in der Grafton Street!« Jetzt kommen der Exilierten Gedanken an den Phönix Park – »den größten Stadtpark Europas, größer auch als der Central Park von New York«; jetzt beschwört sie das Dublin von James Joyce, von Sean O'Casey, von Brendan Behan; jetzt kommt ihr zurück, wie sie Lorry Doyle gelesen hat, und wie sie als Schulmädchen in himmelblauen Kleidchen mit Nonnen am Royal Canal entlanggegangen ist. »Ich möchte wissen«, fragt sie, »warum mein zerklüftetes Leben mir gerade jetzt die steinigen, schmutzigen Straßen von damals so nahebringt, warum ich mit einem Schmetterlingsnetz unterwegs sein möchte, und warum ich in meinen Träumen immer wieder diese Stadt betrete. Vielleicht, weil sie sich so verändert hat und auf verrückte Weise kosmopolitisch geworden ist, mit Cafés und Restaurants, die so gut sind wie überall in der Welt? Weil Dublin überschwemmt wird von Theatern, von Filmen, von bildenden Künstlern? Nicht, daß ich zurückkehren will. Aber wenn jemand riefe, und wenn es zu hören wäre zwischen den Four Courts und den Hügeln von Howth, dann würde ich kommen. Farewell. Ailish«

Aha!

»My dear darling Dublin«, so beginnt der fünfte Brief, und Ailish fährt fort: »In den dreißig Jahren, die vergangen sind, seit ich den letzten Blick auf Dich geworfen habe, versprach ich mir ungezählte Male selbst, zu Dir zurückzukehren.« Ach, einkaufen möchte Ailish nun in der Nassau und der Dawson Street, möchte die Baggin Street hinunterwandeln und sich einen Connemara-Hut oder eine wollene Mütze kaufen, sich treiben lassen »among my own people« und kosten von seiner Fähigkeit, sich harmlos zu vergnügen.

»Mein allerliebstes Dublin«, schließt die einseitige Korrespondenz dreier Jahrzehnte, »bald werde ich Dich sehen und Dich fühlen. Meine verwelkten Hände zittern ein wenig bei dem Gedanken, und ich keuche wie ein alter Troupier. Dabei weiß ich, Du wirst mich enttäuschen, aber wie könnte ich meiner heimatlichen Quelle, dem Brunnen meiner Träume fernbleiben? Ja, meine Augen werden naß werden, aber bitte, Dublin, lache nicht über Deine sentimentale Tochter, sondern behandle sie wie eine Reisende, die heimkehrt.

Love. Ailish«

Hat es je eine verquertere, innigere Liebeserklärung an eine Heimatstadt gegeben als diese?

»Aber wenn jemand riefe, und wenn es zu hören wäre zwischen den Four Courts und den Hügeln von Howth...«

Auf der Küstenstraße der nördlichen Dublin Bay, rechts die Sandbank und Vogelinsel North Bull Island, vor mir, im Westen, eine gebirgige Halbinsel, Dublins Naherholungskleinod und elitäres Refugium zugleich - Howth.

Von der Carrickbrack Road auf der Peninsula dann hinein in die Villenviertel. Verschwiegene Anwesen hinter hohen Hecken, die ganze Reserve teurer Zurückgezogenheit mit langen Distanzen zwischen Pforte und Wohnsitz. Exotische Vegetation, blaue Pflanzen, subtropisch, hochschießend wie Riesenrittersporn - das volle Pathos des Reichtums mit feenhafter Sicht über die Bucht. Von Dublin City, obwohl so nahe, keine Spur, sogar auf dem Ben of Howth, mit 171 Metern die höchste Erhebung, ist nicht mehr zu erblicken als die Kupferkuppel der Four Courts, des höchsten Gerichtshofs.

Drüben, am anderen Ufer der blanken See, der Hafen Dun Laoghaire, die beiden Molen, wie zwei Zangen kurz vor dem Zuklappen. Davor der Heckstrudel eines Fährschiffs, dahinter, unter einem Wolkenwattepaket, die Ausläufer der Wicklow-Berge mit den Zuckerhutkegeln ihrer Three Rocks. Sonne hinter dünnen Himmelsschleiern, der Wind von Nordwesten in den Ginsterbüschen, felsiger Abhang steil zur See hinab und ganz unten, hingehockt auf das Kliff des äußersten Landvorsprungs - Baily Lighthouse, der Leuchtturm. In der Luft, weit weg, Möwen, kleine helle Punkte, nahe riesige Vögel mit langem Schwanz, schwarzweiß, aber keine Elstern.

Howth Harbour auf der Nordseite der Halbinsel, der Hafen - geschützt durch eine mächtige Mole, deren schräge Abflachung zur Seeseite hin die zerstörerische Kraft der Wellen unterläuft. In seiner Mitte, doppelt geschützt, das Geviert des Yachthafens, ein Wald von Masten, aus dem es herüberklingelt, wenn der Wind die Schoten gegen Holz und Aluminium schlägt. Auch bei rauhestem Wetter können die Besitzer sicher sein, daß ihr kostbares Eigentum nicht beschädigt wird.

Ich sehe zwei Martello Towers, einen auf dem Festland in Hafennähe, den anderen in Sichtweite auf der vorgelagerten kleinen Insel drüben, Ireland's Eye.

Eine schmale Treppe hoch zur Mole, an ihrem Ende ein *lighthouse*, ein automatisches Blinkfeuer. Es fächelt und streichelt von See her, Sommerwind, der schafft ein leichtes Gemüt und hält die Temperatur genau oberhalb der Grenze, unter der es kühl wäre. Nach vorn nichts als der Horizont - die Unendlichkeit nah, Dublin fern.

Weiter nach Norden entlang der Küste - Malahide: freundlicher Badeort mit riesiger Kirche, Church of St. Sylvestre, und einem berühmten Castle außerhalb - dahin später. Denn zunächst hält mich hier ein alter Bahnhof mit viktorianischen Dächern und Säulen, die Gebäude in gelbem Klinker, über den Geleisen eine ehrwürdige Brücke, *footbridge*, auf der von Bahnsteig zu Bahnsteig geeilt werden kann. Endstation von Dublin her.

Außer mir ist niemand zu sehen, keine Reisenden, kein Personal. Mir macht der Bahnhof den Eindruck, als würde im nächsten Augenblick zischend und fauchend ein Dampfzug einlaufen. Das liegt immer noch in der Luft, das ist immer noch nicht weg, obwohl ich das Schlußlicht eines elektrischen Triebwagens gerade verschwinden sah, zweckmäßig und phantasielos, ohne

Pleuel, Kolben und Schieber und jenseits all der Romantik, von der die Geleise für einen Dampfnostalgiker wie mich immer noch behaucht sind.

Dann Malahide Castle - Ecktürme, Rundtürme, trutzige Anlage mit hohem Mittelbau, davor eine prärieweite Fläche grünen Rasens, der erfreulicherweise betreten werden kann.

Jedenfalls entnehme ich das dem einsamen Bild, das sich mir bietet mit dem Anblick einer jungen Mutter, ganz in Weiß, ein Kind auf dem Arm, einen Säugling mehr noch, den sie leise schaukelt, auf die Nase stupst, ihm in die Wange gickst, völlig verloren an das winzige Wesen, ein Anblick, dem wohl selbst der hartgesottenste Junggeselle seine Rührung nicht versagen könnte.

Doch da kommen sie schon aus dem Castle, vier Männer mit teurem Gerät, schweren Kameras, Lampen, Lichtdämpfern, Tonmaschinen, bauen auf, geben Anweisungen, richten Mutter und Kind -.

TV-Werbung, *advertising*, für Babynahrung, wie mir auf Anfrage unwirsch zugeworfen wird, in Eile, weil der Spot noch heute abend über den Bildschirm flimmern soll.

Hopfen, Hopfen, Hopfen - Wasser, Wasser, Wasser!

Um sie dreht sich hier alles seit 1759 mit unverwechselbar süßlichem Malzgeruch: Ich bin in den »Liberties«, auf dem Gelände der weltberühmten Guinness-Brauerei (St. James's Gate Brewery), eine stadtteilgroße Anlage, die sich bis zur Liffey hinunterzieht.

Ich gehe im Hop Store die Treppe hoch - riesige Hallen, alter Holzboden, große Fässer und Kessel, Maschinen mit gewaltigen Schwungrädern, Fotos von Arbeitern an glühenden Öfen.

Hier hat Arthur Guinness angefangen, Bier zu brauen, auf einem Areal, das er für 45 Pfund pro annum gemietet hatte, und zwar für 9 000 Jahre! Womit der Ahnherr der bekanntesten Brauersippe der Welt nur jene glückliche Hand bewies, die der Firma bis zum heutigen Tag treu geblieben ist.

Dabei ist Bier ein Getränk, das im Irland des 18. Jahrhunderts so gut wie unbekannt war - das favorisierte Gesöff war hausgebrannter Schnaps. Ein Jahr nach Arthurs Gründung, 1760, wurde jede häusliche Herstellung von Alkohol durch die Regierung verboten, eine Koinzidenz, die Guinness gewiß zugute kam, wenngleich die halbe Nation noch lange ihren Ehrgeiz daran setzte, ungeachtet der gepfefferten Strafen den Fusel auch weiterhin innerhalb der baufälligen Wände ihrer *cottages* zu destillieren.

Hier also hatte es mit Mühlen, Malzhäusern, Kupferkesseln, mit Pferden und einem Heuvorrat von 200 Tonnen zu ihrer Fütterung begonnen, wurde Bier und nichts als Bier gebraut, zunächst nur helles. Das dunkle, das *porter*, so genannt, weil es bei Gepäckträgern und anderen kernigen Gesellen hochbeliebt war, kam später dazu. Aus ihm wurde dann das kräftigere Stout, das im Lauf der Zeit seinen Siegeszug um die ganze Welt antrat und heute in 120 Ländern hergestellt wird. Allein das Dubliner Stammhaus, in dessen altem Zentrum ich mich befinde, produziert täglich eineinhalb Millionen Liter, davon vierzig Prozent für den Export.

Ein besonderer Clou jedes irischen Wirts besteht darin, das Nationalgetränk so einzuschenken, daß im vollen Glas oben die Blume sahnig aufblüht. Unterdessen sind die Moderne und der Tribut an ihre Trinkgewohnheiten jedoch so weit gediehen, daß gezapftes Guinness nicht nur in Dosen erhältlich ist, sondern mittels eines Kompressionsmechanismus im Blech beim Öffnen auch seine schaumige Krone hervorquillt.

Das meiste Stout rinnt aber immer noch an der Theke durch die Kehlen der Iren, eines Volks, das bereit ist, zwölfeinhalb Prozent seines Einkommens für alkoholische Getränke hinzublättern, das meiste davon für Guinness.

Nicht zuletzt dieser kollektiven Vorliebe wegen sind alle Pläne, eine Pipeline von der Brauerei zu den Transportschiffen im Hafen von Dublin legen zu lassen, schon im Status nascendi, in der Phase bloßer theoretischer Erwägung, steckengeblieben: Der Gedanke, daß die Stout-Röhre unterwegs angezapft werden könnte, lag zu nahe, als daß ihre Materialisierung ernsthaft ins Auge gefaßt werden konnte. Und so wird denn die flüssig veredelte Maische nach wie vor von Lastwagen zum Hafen befördert.

Ansonsten befindet sich der Herstellungsprozeß absolut auf der technologischen Höhe unseres Zeitalters und hat mit seinen arbeitskräftesparenden Maschinen, seinen Alufässern und Förderbändern keine Ähnlichkeit mehr mit den vorsintflutlich anmutenden Anfängen vor über 200 Jahren.

Große Mäzene in Kunst und Kultur sind sie inzwischen geworden, die längst geadelten Guinness-Leute, was sie nicht davor bewahrte, daß der allgegenwärtige »JJ« sich ihrer auf seine Art annahm. Läßt er doch im »Ulysses« Leopold Bloom respektlos absondern: »Fässer voll Porter, wunderbar. Da sind auch Ratten drin. Saufen sich voll, bis sie wie Wasserleichen aussehen. Und so was trinkt man nun. Das muß man sich vorstellen. Rotz, Kotz. Na ja, wenn wir alles wüßten.«

Die Firma jedoch hat immer darauf bestanden, nichts als reines Wasser (von der oberen Liffey), Gerste, Hopfen und Hefe zu verwenden, und zwar so vorbildlich, daß es dem strengen deutschen Reinheitsgebot von 1516 entspricht und ihr Getränk seit dreißig Jahren ohne Beanstandung auch nach Germany exportiert wird, und zwar nicht zu knapp.

Die von James Joyce demutlos in Leopold Blooms Mund gelegte Verunglimpfung des noblen Biers hat die Werbeabteilung der »most famous brewery of the world« nicht davon abgehalten, mit dem Slogan »James Choice« öffentlich Stimmung für den Guinness-Konsum zu machen.

Hier oben, in den Ausstellungsräumen von Guinness Hop Store, Crane Street, Dublin 8, wird ausführlich illustriert, wie in Trommeln mit gewaltigen Zahnrädern aus Hopfen, Malz und Wasser über Gärung (*fermentation*) und Reifung (*maturing*) ein Naß zusammengedichtet wird, das angeblich nicht seinesgleichen auf Erden hat. Und tatsächlich, der süßliche Duft scheint unter den Besuchern so etwas wie Vordurst zu erzeugen, denn anders kann ich mir nicht erklären, warum so viele von ihnen, und keineswegs nur Männer, sich hier ständig mit der Zunge die Lippen anfeuchten. Daß ich auch, oder erst recht, an diesem Ort mühelos jenseits jeder Versuchung bin, behalte ich lieber für mich.

Übrigens ist Guinness längst zu einem Multikonzern geworden, der seine Produktpalette inzwischen erheblich erweitert hat (oder »schamlos banalisiert«, wie manche behaupten), und das nicht nur mit hellem Bier und schottischem Whisky (was viele noch für verzeihlich hielten), sondern auch mit dem Handel und der Herstellung von Motorfahrzeugen und Blumen, von Fleischwaren und Apothekerbedarf, von Büchern, Ferienbooten und Elektronik.

Ohne auch nur von weitem in den Verdacht geraten zu wollen, etwa die ganze Nation für ein Tollhaus unverbesserlicher Trinker zu halten, darf doch wohl angemerkt werden, daß es immer noch Iren geben soll, die diese neuen Sortimente von Guinness nicht kennen, ja nie davon gehört haben. In erklärt persönlicher Verantwortung und beseelt von dem ausdrücklichen Wunsch, dafür nicht bemitleidet zu werden, halten sie sich jedoch an jenen bekennerischen Ausspruch, den James Joyces früher Gefährte im Martello Tower von Sandycove, Oliver St. John Gogarty, zeitlich nicht mehr genau bestimmbar, aber immer noch gültig, so formuliert hat: »Trink, bis du die Enten in deinem Seidel schwimmen siehst. Trink deine Leber ins Martyrium.«

Dennoch ist die Gattung, wie jeder Gang durch Irland mit offenen Augen lehren kann, immer noch am Leben.

Zum Abschied – St. Patrick's Cathedral, Hauptkirche der protestantischen Church of Ireland in der südirischen Republik. Die Hauptpforte ist streng verschlossen, der Eintritt nur von der Seite möglich, dann bin ich, für ein Pfund zwanzig, überwölbt von der höchsten Kirchenkuppel auf der Insel.

Mein erster Gedanke beim Anblick des Gestühls: nur für kleine Hintern. Der zweite: wo bin ich hier – auf einem Friedhof oder in einer Kaserne? Ich fühle mich umzingelt von Soldatengräbern und -denkmälern, ob rechts und links der Taufkapelle, ob an der Nordwand des Chors oder an der Südwand der Marienkapelle, es wimmelt von Bronzeplatten, Plaketten, Figuren.

Als St. Patrick's Cathedral errichtet wurde, zwischen 1220 und 1254, außerhalb der Stadtmauern und auf sumpfigem Gelände, da lagen die Reformation, Luther, Zwingli und Calvin noch in weiter Zukunft. Aber jetzt, und seit langem schon, sieht sie so aus, wie ich es jedenfalls in katholischen Kirchen noch nie gesehen habe – bellizistisch, um ein Modewort zu gebrauchen, wirklich kriegerisch aufprotzend.

Ringsum Banner, Schwerter, Helme der Whitesides und der Fitzgibbons, nichts als gefallene Kämpfer und Sieger, etwa in den Schlachten von Burma 1852/53. Eine güldene Gedenktafel für Captain Arthur J. Millner von den Royal Irish 18th, den es 31jährig am 17. September 1879 im Punjab getroffen hat. Daneben ruht General Edwards (1812-1882) - China, Indien, Burma, Krim! Offenbar hat es den Knight of the Legion of Honour immer dorthin gezogen, wo gerade Krieg war - und ist dann doch in seinem Bett gestorben.

Da wirkt das Grab des Jonathan Swift und seiner Geliebten Ester Johnson (Stella) mit ihren Bronzetafeln neben dem Eingang recht verloren, woran auch seine Büste im Hauptschiff nichts ändern kann. 32 Jahre, von 1713 bis 1745, war Swift Dekan von St. Patrick's Cathedral, Zeit genug, um sich in dem protestantisch beherrschten Irland mit Grimm, Abscheu, Zorn und Haß über die damaligen Zustände so vollzustopfen, daß der von ihm selbst verfaßte Grabspruch lautete: »Er ruht, wo ihm wilde Empörung nicht länger das Herz zerreißen kann.«

Von seinem Abtritt bis zu seinem Tod 1748 lebte Swift immerhin noch drei Jahre, nach zeitgenössischen Augen- und Ohrenzeugen des großen Autors eine Spanne, die ihn in Kenntnis der Slumhölle um die Kathedrale herum vor Verzweiflung über Ungerechtigkeit und Massenelend schier an den Rand des Wahnsinns gebracht haben soll.

Nein, hier in St. Patrick's Cathedral regiert nicht der Geist des großen Humanisten Swift. Hier marschieren noch in unserer Gegenwart pausenlos, wenn auch unhörbar, rotröckige, spitzhaubige Regimentspfeifer des 19. Jahrhunderts durch das Langhaus und die Querschiffe, wirbeln britische Schlegel auf überdimensionalen Trommelhäuten zur Einschüchterung der »Eingeborenen«, dröhnt es nur so vom Militärstiefel des viktorianischen Imperialismus und seines Unbesiegbarkeitsglaubens. Aber wenn der durch die Geschichte dann kaum hundert Jahre später auch auf das nachdrücklichste korrigiert werden mußte - hier in St. Patrick's Cathedral ist die Demonstrationsgier der angloirischen Elite in ihrer Teilhabe an der Hochphase britischer Kolonialherrschaft ungebrochen. Und das in schönster Eintracht mit Gottesfurcht, Bibel und den zehn Geboten, unberührt von all dem Blut, das diese »Größe« genährt hat, eine einzige Illustration jener militärischen Ehrsucht, die als lächerlich und infantil abgetan werden könnte, wenn sie nicht so viele Tote und Verwundete gefordert hätte (und weiter fordert, wenn ihr nicht in den mörderischen Arm gefallen wird).

Wie erinnerlicherweise im Trinity College für den Katechismus auf gälisch aus dem Jahr 1575, so wird auch in St. Patrick's Cathedral um Publikumsspenden gebeten – die alte Orgel zu restaurieren kostet 200 000 Pfund. »Will you help?«

No, I will not, diesmal nicht, hier nicht, mit keiner Münze, und sei sie noch so klein.

Neill S. bekräftigt meinen Entschluß. Er ist auf eigenen Wunsch draußen geblieben, und zwar mit der lapidaren Begründung: Er und seine Frau seien ein einziges Mal in St. Patrick's Cathedral gewesen, vor langer Zeit, und das hätte genügt. Nachdem sie das Langhaus, den Chor, den Altar und die Marienkapelle abgegangen wären, hätten sie fluchtartig den Ausgang gesucht. Denn – so Neills Kommentar, als er mich vorhin allein eintreten ließ –: »Sie kommen in keine Kirche, Sie kommen in ein Militärmuseum.«

Wie wahr!

Daß es gewiß nicht Geiz war, was die Church of Ireland um meine Spende gebracht hat, bestätigte diese Stimme:

»An Swifts Grab hatte ich mir das Herz erkältet, so sauber war St. Patrick's Cathedral, so menschenleer und so voller patriotischer Marmorfiguren, so tief unter dem kalten Stein schien der desperate Dean zu liegen, neben ihm Stella: zwei quadratische Messingplatten, blank geputzt, wie von deutscher Hausfrauenhand. (...) Regimentsfahnen hingen nebeneinander, halb gesenkt: rochen sie wirklich nach Pulver? Sie sahen so aus, als röchen sie danach, aber es roch nur nach Moder, wie in allen Kirchen, in denen seit Jahrhunderten kein Weihrauch mehr verbrannt wird; es war mir, als würde mit Eisnadeln auf mich geschossen, ich floh, entdeckte erst am Eingang, daß doch ein Mensch in der Kirche war: die Putzfrau, die mit Lauge den Eingang aufwusch, sie machte sauber, was sauber genug war.«

Heinrich Böll, »Irisches Tagebuch«.

Das »andere Irland«

No surrender – keine Übergabe

Paul O'Connor, dreißig, ist untersetzt, drahtig, hat ein unverwechselbar irisches Gesicht und spricht nahezu akzentfrei deutsch – nur daß er »nit« statt »nicht« sagt, das Erbe eines fünfjährigen Aufenthalts in Mannheim als Krankenpfleger.

»Gastarbeiter!« sagt er grinsend, als ich ihn im Bookworm kennenlerne, einer Buchhandlung in der Bishop Street 18 im Zentrum von Londonderry. Dort ist auch die Geschäftsstelle der katholisch-republikanischen Menschenrechtsbewegung.

Es gibt Personen, zu denen man sofort Kontakt hat, ohne jede Vorverständigung – so ergeht es mir mit Paul O'Connor. Er schaut einem freundlich in die Augen, ist trotz seines Ernstes immer zu einem lustigen Lächeln bereit, wägt seine Worte und läßt eine scharfe Intelligenz erkennen.

Wir gehen die Straße hinunter zum Bishop's Gate, einem der vier Tore in der Mauer um den historischen Stadtkern, und betreten den Wall auf der Höhe von St. Columb's Cathedral, lokales Wahrzeichen der Church of Ireland. »Es ist die erste protestantische Kathedrale, die nach dem Bruch Heinrichs VIII. mit Rom im englischen Machtbereich neu erbaut wurde«, sagt Paul, »1628 bis 1633.« Drinnen dunkles Gestühl, Kühle, Flaggen – ich bin froh, rasch nach draußen in die Wärme des Sommermorgens zu entkommen.

Oberhalb der Artillery Street sind Kanonen auf der Mauer postiert, schwarzglänzende Ungetüme mit längst verstummten Schlünden, darunter die »Roaring Meg«, ein besonders schweres Stück, das bei der Belagerung der Stadt durch den katholischen König James II. 1688/89 in den Händen der protestantischen Verteidiger eine besondere Rolle gespielt haben soll.

Es gibt unheimliche Anzeichen dafür, daß diese Auseinandersetzung noch nicht ihr Ende gefunden hat. Wie über dem Bishop's Gate kann die Mauer auch über den drei anderen Toren – Ferryquay Gate, Shipquay Gate und Butcher's Gate – durch mächtige Stahlgitter geschlossen werden. »Um zu verhindern, daß von hier oben Bomben geworfen werden können«, erklärt Paul mit einem sarkastischen Unterton. Und als vom Rathaus die Glocke im Stil des Londoner Big Ben von Westminster jetzt elfmal anschlägt, sagt er: »Die Ratsmehrheit von Derry ist heute katholisch, aber sie hat an dieser Zeremonie nichts geändert.«

Mir fällt auf, daß Paul stets Derry, nicht Londonderry sagt. Warum? »Weil diese Stadt immer Derry hieß, bis der englische König James I. sie 1613 dem Einfluß großer Geschäftsleute und mächtiger Politiker von London mit einer Charta übergab, in der es plötzlich Londonderry hieß. Wir haben sie nie so genannt und werden sie auch nie so nennen. Ich lebe in Derry.«

Was ist Pauls Haltung zum Nordirlandkonflikt, welche Lösungen schweben ihm vor? Welche Einstellungen hat er zum Bombenterror der IRA und überhaupt zur bewaffneten Auseinandersetzung der paramilitärischen Untergrundverbände beider Seiten? An Antworten auf Fragen wie diese werde ich mich vorsichtig herantasten müssen.

Sowohl vom Shipquay Gate, dem Tor, das zum River Foyle führt, als auch von Butcher's Gate, wo einst der Schlachthof war, kann man »The Diamond« erkennen, das Zentrum der ummauerten Stadt mit der beflügelten schwert- und kranzbewehrten Siegesgöttin hoch auf einer Säule über einem uniformierten »Tommy«, einem britischen Soldaten, der sein Bajonett nach unten sticht. Klein ist das historische Viertel, in noch nicht zehn Minuten von einem zum anderen Ende zu durchschreiten, und auch auf der Mauer braucht es nicht mehr als eine halbe Stunde, um sie von der Church Bastion bis zum Watch Tower zu umrunden.

Und doch spüre ich die geschichtliche Gravitation des Orts, die ungeheure Kompression eines Konflikts aus der Tiefe der Jahrhunderte – wir sind bei der Royal Bastion angekommen, deren leere Plattform nichts Gutes verkündet. 1828 von John Smythe für 4220 Pfund an dieser Stelle errichtet, hatte die Statue des Reverend George Walker, Bürgermeister des belagerten Londonderry und Schlüsselfigur seiner protestantischen Verteidiger, auf einer Hochsäule 145 Jahre lang unversehrt die Zeiten überdauert – bis am 27. August 1973 eine ungeheure Explosion die Luft erschütterte und von dem Denkmal nichts als pulverige Reste blieben. An der Täterschaft der IRA hat es nie einen Zweifel gegeben.

Der Anschlag geschah vier Jahre und acht Monate nach Ausbruch der *troubles*, also jenes Bürgerkriegs, der am 12. August 1969 von einer Stelle seinen Ausgang nahm, der ich jetzt gegenüberstehe – der Apprentice Boys Memorial Hall, einer »Lehrlingserinnerungsstätte«, burschikos übersetzt. Was protestantische Ohren nicht hinnehmen würden – geht es doch um die sakralste Geschichtsreliquie des nordirischen Protestantismus: den siegreichen Kampf der Stadt gegen den katholischen König James II., Teil der großen Auseinandersetzung, ob das anglikanische England Heinrichs VIII. und Königin Elisabeths I., seiner Tochter, durch die Stuarts rekatholisiert werden würde oder nicht. Ein Kampf, der dann schließlich durch jene berühmte Schlacht am Boyne River vom 12. Juli 1690 durch Wilhelm von Oranien zugunsten der Reformation entschieden wurde. Es bleibt fraglich, ob es dazu gekommen wäre, wenn die Stadt am Unterlauf des Foyle River gefallen wäre.

Daß sie nicht schon beim ersten Ansturm der Truppen James II. gestürmt wurde, hing zusammen mit der Wachsamkeit von dreizehn Lehrlingen, der *apprentice boys.*

Unterstützt von Kapitänen, Generälen und Waffen seiner Allerkatholischsten Majestät Ludwigs XIV., König von Frankreich, war James II. am 8. April 1689 mit 12 000 Mann bei Dublin gelandet. Nach der Zerstörung von Omagh am 14. April tauchte die für damalige Zeiten große Armee nach einem Gewaltmarsch vier Tage später unvermutet vor Londonderry auf, dessen Tore unverschlossen waren.

Die Katastrophe eines ungehinderten Einmarsches wurde nur dadurch verhindert, daß eine Gruppe von Lehrlingen unter Führung von Henry Campsy geistesgegenwärtig reagierte: Zufällig an der gefährdetsten Stelle, dem Ferryquay Gate, kurbelten die jungen Männer, ohne zu zögern, die Zugbrücke hoch, bemächtigten sich der Schlüssel und schlossen erst dieses Tor, dann die drei anderen. Der Überraschungscoup war den Angreifern mißlungen, aber den Bewohnern stand die Apokalypse noch bevor.

In der eingeschlossenen Stadt drängten sich 35 000 Menschen, auf die mehr als 600 Kanonenkugeln abgeschossen wurden (die größte davon, eine Riesenbombe, sah ich eingemauert auf dem Friedhof der Kathedrale). Es herrschte Wassermangel, und der Hunger war so groß, daß Ratten, Katzen und Mäuse verkauft und gegessen wurden, ehe der Durchbruch von See her gelang und die Stadt am 12. August, nach 105 Tagen Belagerung, entsetzt wurde durch die Truppen Wilhelms von Oranien (bald darauf König William III. von England).

»No surrender« - »keine Übergabe«, lautete die Parole.

Sie ist es geblieben.

Ich finde sie jetzt, hier auf der Mauer vor der Apprentice Boys Memorial Hall, wieder in einer Broschüre, die 1989, zum 300. Jahrestag der Belagerung, mit dem Titel »Still under Siege« (»Noch immer unter Belagerung«) herausgekommen ist. Darin lese ich: »Die damalige Situation ist der der Ulster-Protestanten von heute sehr ähnlich - no surrender!«

Die protestantische Mehrheit Nordirlands die Belagerten? Damals wie heute? Die Gleichsetzung erschreckt mich, und Paul O'Connor merkt es. »Wir waren die Belagerten, wir Katholiken«, sagt er, »und sind es immer noch, obwohl sich viel geändert hat.«

Düster anzusehen ist die »Lehrlingserinnerungshalle«, vor der wir stehen, als wenn seit ihrer Errichtung im Jahr 1873 außen keine Hand mehr an sie gelegt worden ist. Nur an einer Stelle scheint ein Sandstrahlgebläse gearbeitet zu haben, was die übrige Front nur noch finsterer macht. »Von dieser Stelle sind sie jedes Jahr am 12. August abmarschiert, haben von oben auf uns herabgeschimpft und auf die Bogside, eines unserer Stadtviertel, gespuckt - bis zum 12. August 1969. Seit jenem Jahr hat es den ›Marsch der Apprentice Boys‹ nicht mehr gegeben, die Provokation wäre zu sichtbar gewesen. Aber«, Paul O'Connor stockt, setzt erneut an, »aber es heißt, in diesem Jahr wollen sie wieder marschieren, ausgerechnet, trotz des Waffenstillstands. Und davor ist noch der 12. Juli, an dem zur Erinnerung an die Schlacht am Boyne 1690 der Orange-Orden marschiert. Ich hoffe, in diesem Jahr nicht. Denn wenn da etwas passierte, an diesen beiden Tagen, das wäre schlimm, für alle. Ich sage dir, es wäre sehr, sehr schlimm, wenn das geschieht.«

Ich schaue von der Royal Bastion tief hinab auf ein Meer von roten Dächern – hier vorn die Bogside, dann Brandywell, Creggan, Rosemount, katholische Wohngebiete der nach Westen ausufernden Stadt. Mit bloßem Auge erkenne ich an einer Hauswand da unten in riesiger Schrift: »Free Derry Corner«, als wäre der katholische Teil eine autonome Zone.

Weiter links dehnt sich, wie eine kahle Stelle, ein endloses Feld von weißen Steinen – ein Friedhof, der City Cemetery. Geradeaus, als stünde er am Stadtrand, ein großer Turm, oben von einem Drahtkäfig umgeben, wie der Gesichtsschutz eines Fechters. Das reckt sich stählern hoch, wie etwas drückend Antiziviles mitten in Wohnvierteln, ein mehr als unbehaglicher Anblick. »Der britische Wachtturm von Rosemount«, sagt Paul, meinen Blicken folgend, »ganz nahe bei meinem Haus. Komm heute abend. Ich habe dir eine Menge zu erzählen.«

Am Nachmittag dann allein auf dem Friedhof – Tausende und aber Tausende von Gräbern, ich habe so etwas noch nicht gesehen, als wäre der City Cemetery von Londonderry ein einziger Sarg für ganz Nordirland.

Was ich suche, sind Reihen, die von Flaggen und Masten mit den Farben der Republik Irland gekennzeichnet sind. Ich lese: »In loving memory of our darling William James Best, killed 21. of May 1972« – im Alter von achtzehn Jahren und zehn Monaten getötet. Um das blumengeschmückte Grab ein kleines Gitter.

Danny Doherty, »died for Ireland 6. December 1984«, nach der Grabinschrift mit 59 Kugeln im Leib.

Daneben »In loving memory of our son Manus Deery, murdered by British troops, 19. May 1972 – aged 15.«

Schülerinnen und Schüler, so um die dreizehn, vierzehn Jahre, kürzen sich den Weg nach Hause über den Friedhof ab, lachen, scherzen, verschwinden, ohne einen Blick auf die Gräber geworfen zu haben, durch ein kleines Tor des Metallzauns, der stacheldrahtgekrönt Friedhof und Wohnviertel trennt.

Ich bleibe noch, wenn auch mit starkem Appell an meinen Fluchtinstinkt.

Als Kathleen Thomson am 6. November 1971 durch britische Truppen getötet wurde, war sie 47 – »a dear wife and mother«.

Der Freiwillige James Moyne war in Gefangenschaft geraten, hatte Asthma, bekam aber nicht die nötigen Medikamente (so entnehme ich der Inschrift) und starb am 13. Januar 1975.

Daran – oder an etwas anderem? Da hakt etwas in mir, das sich in Zweifelsfällen nicht auf eine Seite festlegen, sondern auch die andere anhören will. Daß aber die IRA-Leute in englischen Gefängnissen nicht schonend behandelt werden, dafür zeugte vor wenigen Tagen eine Meldung in der »Irish Times«. Danach wurde ein Gefangener, der einer schweren Krebsoperation unterzogen werden sollte, von einem Gefängniswärter an einer Kette in den OP-Saal gebracht. Während der Operation waren anwesend: der Gefängnisleiter, drei Polizeioffiziere und vier bewaffnete Polizisten. Anschließend wurde der Gefangene in Ketten wieder in seine Zelle geführt.

Über dem City Cemetery liegt strahlender Sonnenschein.

Ich lese, drei Schritte vor mir: »Michael Gerald Kelly, 17, murdered by British paratroopers, 30. January 1972«.

Am gleichen Tag starb auch »our dear son William (Siff) Nash, murdered by British paratroopers, 19.«

Das Datum wiederholt sich auf vielen Gräbern hier: der 30. Januar 1972, als *bloody sunday* eingegangen in die Annalen des nordirischen Bürgerkriegs. An jenem Sonntag eröffneten britische Fallschirmjäger das Feuer auf eine friedliche Bürgerrechtsdemonstration in der Bogside – vierzehn Tote. Sie wurden hier begraben.

Im Rücken die Hauswand mit dem Riesengraffito »Free Derry Corner«, stehe ich wenig später vor dem Bloody Sunday Memorial, dort, wo das Massaker stattgefunden hat. Der Gedenkstein ist ein schlichter sechseckiger Block, grau, kunstlos, der am 26. Januar 1974 eingeweiht wurde und die Namen und Alter der vierzehn Toten aufführt – der älteste von ihnen war 59, die jüngsten 17, ihrer gab es fünf. Darunter steht: »Who were murdered by British paratroopers on bloody sunday, 30. January 1972.«

An den Wänden um mich herum lese ich die Namen von Gefallenen der »Derry Brigade« – Joe Coyle, Tommy MacCool, Tommy Carlin. Vor jedem Namen steht »oglah«, das gälische Wort für »Freiwilliger«. Ich bin hier in der Hochburg des irischen

Republikanismus und Nationalismus, eine Kapsel im staatlichen Rahmen des protestantischen Unionismus, der im Vereinigten Königreich der Briten verbleiben will – riesige Kräfte und Gegenkräfte in einem winzigen Land.

Unheil liegt in der Luft.

Mir kehrt die Erinnerung an den erschossenen Danny O'Hagan zurück, damals in Belfast, Herbst 1969 – die zarte Leiche des Neunzehnjährigen, das kleine Loch oberhalb der Nasenwurzel, der tränenlos weinende Vater am Bettrand, die versteinerte Mutter, die erloschenen Gesichter der Geschwister.

Drei Jahre später wurde in Enniskillen durch eine Bombe der IRA ein Vater mit seiner Tochter unter dem herabstürzenden Gemäuer begraben. Sie konnten sich noch die Hand geben, sich aber nicht bewegen. Auch sehen konnten sie sich nicht, nur hören. Dann und wann sprachen sie miteinander, wobei sie versuchten, sich gegenseitig Mut zu machen. Dabei fragte der Vater die Tochter jedesmal, ob es ihr gutgehe, und sie antwortete: »Ja.« Bis keine Antwort mehr kam. Nur der Vater überlebte.

Als ich vor ein paar Tagen, bei Vorbereitungen für diesen letzten Abschnitt meiner Reise, in den Unterlagen aus den siebziger Jahren blätterte, widerfuhr mir etwas Seltsames.

Da waren sie noch einmal, die Horrorziffern von damals: 1972 hatte es in Nordirland 1382 Bombenanschläge gegeben, und 1973, dem Jahr des schlimmsten Terrors, waren 322 Zivilisten, 103 britische Soldaten und 41 Polizisten umgekommen.

Als ich das las, hatte ich in mir plötzlich den starken Wunsch, »Mein irisches Tagebuch« ohne die fünfte Rubrik, ohne das »andere Irland« zu schreiben. Wollte ich darauf verzichten und es bei den Schilderungen, Bildern, Momentaufnahmen aus der Republik belassen, weil der damals hier miterlebte Schrecken einen doch nur wieder einholen und doppelt wiegen würde, zumal das eigene Leben ja so ohne Schrecken auch nicht davongekommen war. Aber es ging dann doch nicht. Es ging vor allem deshalb nicht, weil es meiner Hoffnung widersprochen hätte, daß der *cease-fire*, der von der IRA angebotene und bisher von beiden Seiten eingehaltene Waffenstillstand vom 30. August 1994 andauern würde und damit die keimhafte Erwartung auf eine dauerhafte Wende vielleicht doch berechtigt wäre.

Ich bin dann also doch gefahren, aber ich hatte vorher nicht gewußt, wie schwer es mir fallen würde.

Der bewaffnete Kampf hat jetzt keinen Sinn mehr

Abends führt Paul O'Connor mich durch die nackten, baumlosen Straßen von Rosemount zum Wachtturm.

Aus der Nähe ist das Monstrum noch unheimlicher, wirkt der schwere Drahtkorb um die Spitze noch gewaltiger als aus der Ferne – das Ganze ein stählerner, von einem rotbraunen Metallzaun umgebener und wie in Feindesland eingepflanzter Fremdkörper, der das katholische Viertel ringsum souverän überragt und bewacht.

An einer Hauswand gegenüber, Verkehrsverbotsschildern täuschend nachgeahmt: ein roter Kreis mit weißem Feld und Querbalken über den drei schwarzen Buchstaben RUC (für Royal Ulster Constabulary, Nordirlands zu 92 Prozent protestantische Polizei). An einer anderen Wand, von der Turmspitze aus ebenfalls zu sehen, ein gleiches Schild mit durchgestrichenem Wachtturm.

»Seit dem Waffenstillstand lassen die Soldaten da oben sich kaum mehr sehen, aber da sind sie nach wie vor«, sagt Paul. »Die ganze Anlage ist wie für eine lange Belagerung gerüstet, mit unterirdischen Schlafsälen.«

Die Einwohner von Rosemount führen ein Verfahren vor dem Europäischen Gerichtshof: Der Turm sei ein Eingriff in ihre Privatsphäre, eine unzumutbare Verletzung von Persönlichkeitsrechten, und das wollen sie einklagen. »Merkst du«, fragt Paul »wie sich unser Selbstbewußtsein gewandelt hat?«

Das können *funny things* bestätigen, die vor dem Turm passieren, zum Beispiel, wenn Kinder auf die Dächer der umliegenden Häuser klettern und große Spiegel so halten, daß die Wachen sich darin sehen können. Oder jemand mit lauter Stimme einen Auktionator mimt, der den Turm zu versteigern hat: »Wer bietet mehr?«

Ich klopfe an den Metallzaun, der hohl klingt und unten brüchig ist, über dem Boden rostig ausgefranst von Feuchtigkeit und jahrzehntelanger Existenz.

Paul O'Connors Haus liegt fünf Minuten Fußweg entfernt, in der Grafton Street, und ist schmal wie die Grundstücke an den Grachten Amsterdams. Es ist einfach eingerichtet, hat ein Stockwerk und einen handtuchengen Garten, in den wir uns setzen.

Hier wird mir binnen kurzem eine Grundlektion vom Standpunkt der katholischen Menschenrechtsbewegung erteilt. »Gebrauche die allgemeingültigen Begriffe für das, was sich hier gegenübersteht: Unionisten und Loyalisten auf der protestantischen Seite, Nationalisten und Republikaner auf der katholischen. Alles andere führt zur Verwirrung.«

Drei ungelöste Probleme stehen im Vordergrund und behindern den eingeleiteten Friedensprozeß: erstens, die britische Forderung nach Entwaffnung der IRA (*Decommissioning of Weapons*) als Voraussetzung für, zweitens, Allparteiengespräche, in die Sinn Fein, der politische Arm der IRA, einbezogen werden muß, und, drittens, die Freilassung der politischen Gefangenen aus britischer Haft (*Releasing of Prisoners*), immer wieder zugesagt, aber nicht gehalten.

»Wenn Entwaffnung, dann für alle – für die IRA, die paramilitärischen Loyalisten und die britische Armee auf nordirischem Boden. Jeder weiß, daß das unmöglich ist. Mit anderen Worten: Wer diese Forderung stellt, will keine Lösung.«

Mein Tonband läuft. »Weiter.«

Zahlen: Seit Ausbruch des bewaffneten Konflikts im Jahr 1969 hat es an die 3500 Tote gegeben, davon 900 durch die Loyalisten, dazu 32 000 Verletzte. In diesem Zeitraum haben die Bombenanschläge einen Schaden von 800 Millionen Pfund angerichtet. In britischen Gefängnissen sitzen 400 Leute aus dem unionistischen Lager gegenüber 700 Nationalisten.

»Du hast doch für dein Buch die Geschichte Irlands studiert? Dann weißt du, daß in dem 1921/22 abgetrennten Teil, den sechs Grafschaften von Ulster, die protestantische Mehrheit so weiter regiert hat wie vorher. Katholiken, mehr als ein Drittel der Bevölkerung, waren von jeglicher Einflußnahme ausgeschlossen. Bei Kommunalwahlen war nur stimmberechtigt, wer Steuern zahlte und über Hausbesitz verfügte, das heißt, beim Urnengang waren

Katholiken einfach nicht anwesend, so gut wie ausgeschlossen. Militante Gruppen drangen in katholische Viertel ein, verwüsteten die Häuser, schlugen die Einwohner, und ab 1969 kam die Gewalt der britischen Truppen dazu. Die haben wir zuerst als unsere Bundesgenossen betrachtet, aber die Flitterwochen des Friedens, wie es genannt wurde, gingen schnell vorbei. Zähl mal nach: Uns standen drei bewaffnete Gegner gegenüber – die paramilitärischen Ulsterverbände, die Soldaten und die Polizei, die RUC.

Wir waren die *underdogs*, auf die man nach Belieben einprügeln durfte, und in allem benachteiligt, bei der Verteilung von Arbeit, von Wohnungen und bei der Anwendung von Sozialgesetzen. Auf nicht einer Ebene sind wir gleichberechtigt behandelt worden. Im übrigen: Tatsächlich, historisch begann die gewalttätige Auseinandersetzung nicht am 12. August 1969, sondern am 5. Oktober 1968, während einer Demonstration der Bürgerrechtsbewegung in der Bogside mit der Forderung *one man one vote*, also jeder Bürgerin, jedem Bürger eine Stimme. Der Marsch war vom damals noch rein unionistischen Gemeinderat von Derry im letzten Moment verboten worden. Darauf umkreiste die Polizei den Zug und griff die Demonstranten mit Gummiknüppeln an. Diese Attacke löste tagelange Straßenschlachten aus, und sie waren der eigentliche Anfang der *troubles*. Damals war Derry zum erstenmal weltweit im Fernsehen. Hier fand die Initialzündung der gegenwärtigen Auseinandersetzung zwischen britischen Unionismus und republikanischem Nationalismus statt.«

»Stopp!« Ich muß das Band wechseln.

Was an diesem Abend hier in der Grafton Street an Monologen und Dialogen aufgenommen worden ist, wird wörtlich wiedergegeben, mit der Ausnahme, daß Paul O'Connors »nit« in das hochdeutsche »nicht« umgewandelt wird.

»Kann ich weiter sprechen? Also – aus all diesen Gründen sind wir erbittert, wenn von den Unionisten am 12. Juli die Schlacht am Boyne gefeiert wird und damit eine jahrhundertelange Vorherrschaft der Briten, die in diesem Teil Irlands bis in unsere Tage andauert. Alles das, was die Protestanten Nordirlands im Fall einer Vereinigung mit der Republik fürchten, daß sie ausgeschlossen, an Einfluß beschränkt, wirtschaftlich und politisch entmachtet würden – all das haben sie uns Katholiken wieder und wieder zugefügt. Und die Schlacht am Boyne ist das historische Fanal dafür.«

»Aber inzwischen hat sich, wie du selbst sagtest, doch viel geändert? Was?«

»Zum Beispiel das allgemeine Wahlrecht – *one man one vote* –, also daß wir wählen können und daß sich die Wohnungssituation gebessert hat, nicht viel, doch immerhin. Im Rathaus von Derry stellen wir die Mehrheit, die Stadt zählt heute etwa 100 000 Einwohner. Im Zuge dieser Entwicklung hat sich aber eine Polarisierung vollzogen, denn eigentlich gibt es heute zwei Städte mit dem Namen Derry, eine auf dieser, der linken Seite des Foyle River, und eine an seinem rechten Ufer, Waterside. Dahin sind in den letzten zehn Jahren 18 000 von 20 000 Protestanten gezogen, also nur 2 000 auf der rechten, größeren Seite des Flusses geblieben in einem Extraviertel – The Fountain. Derry ist eine geteilte Stadt, ein Mikrokosmos des geteilten Ulster. Nur daß jetzt die Protestanten hier die Minderheit sind.«

»Und doch ist die Situation besser geworden?«

»Ja, akut in erster Linie durch den Waffenstillstand, dann aber auch durch bestimmte Wandlungen innerhalb des katholischen Volksteils. Du erinnerst dich, was ich dir von dem Wachtturm berichtet habe mit den Spiegeln und der fiktiven Auktion? Wir haben inzwischen ein ganz anderes Selbstbewußtsein aufgebaut, fühlen uns nicht mehr ängstlich, belagert, sondern eher als eine innerlich befreite Widerstandsgemeinschaft, die der äußeren Befreiung entgegenstrebt...«

»... also genau das, was die Protestanten fürchten?«

»Das brauchen sie nicht.«

»Und wieso nicht?«

»Schau doch in die Republik – dort hat die protestantische Minderheit von wenigen Prozent seit siebzig Jahren einen ungeheuren Einfluß.«

»Genau den fürchten die Unionisten im Fall der Vereinigung von Nord- und Südirland als Minderheit zu verlieren.«

»Aber sie wären doch eine große Minderheit! Ganz Irland hat fünf Millionen Einwohner, davon wären eine Million Protestanten.«

»Was tut ihr, um ihnen solche Ängste zu nehmen?«

»Nicht genug. Aber es geht heute nicht darum, Irland zu vereinen – erst einmal muß Ulster vereint werden.«

»Und wie?«

»Es müssen neue Strukturen ran, in denen beide, Protestanten und Katholiken, mitmachen, niemand darf den anderen dominieren. Wir müßten, zum Beispiel, die irische Flagge weglassen und die irische Nationalhymne, wir müßten die protestantisch-britische Identität anerkennen, wie sie die unsere. Nationalität dürfte nicht im Weg stehen. Falls eine Mehrheit von Ulster bei England bleiben will, und so sieht es ja aus, dann wird sie bleiben. Die Gründe, sich blutige Köpfe zu schlagen, entfallen bei gegenseitiger Anerkennung der Identität. Leute, die nicht übereinstimmen, müssen sich zusammensetzen und sich fragen: Was haben wir gemeinsam, was nicht? Was befürchtet ihr von uns, was wir von euch? Sind die Befürchtungen begründet oder nicht? Den anderen nicht beherrschen wollen, das meine ich mit neuen Strukturen. Ich glaube, diese Denkweise hat einen breiten Konsensus bei Katholiken und Protestanten.«

»Und warum funktionierte es bisher trotzdem nicht?«

»Weil Nordirland nach wie vor von London regiert wird. Das ist es, was ich nicht akzeptiere, diesen Status quo.«

»Was bedeutet das faktisch? Die Loslösung von England?«

»Darauf wird es auf die Dauer hinauslaufen.«

»Und auf die Vereinigung auch?«

»Ja – aber nur freiwillig, demokratisch, sonst nicht. Mit der Garantie, daß den Protestanten 25 bis 30 Prozent der Sitze garantiert werden.«

»Das liegt fern, sehr fern. Jetzt fürchten die Protestanten, daß Dublin, also die Regierung der Republik, als Gesprächspartner der britischen Regierung zuviel Mitspracherecht in den nordirischen Angelegenheiten hat. Sie fürchten, daß das *frame work*, das Rahmenabkommen zwischen beiden Regierungen von 1985 und seine gesamtirischen Körperschaften (*all Ireland bodies*) die Embryos einer gesamtirischen Regierung (*all Ireland government*) sind. Noch einmal: Kannst du diese Ängste der Protestanten verstehen?«

»Ja, aber sie sind unbegründet.«

»Noch einmal: Tut ihr genug, sie davon zu überzeugen?«

»Nein, es ist auch nicht leicht. Wir suchen das Gespräch mehr als sie, aber wir suchen es und haben dabei auch Erfolge.«

»Zum Schluß die Frage: Was ist mit der Gewalt, der bewaffneten Auseinandersetzung des Konflikts, den Bombenanschlägen, dem Todesterror?«

»Sprichst du von der Gewalt beider Seiten?«

»Selbstverständlich.«

Es ist dunkel geworden, ich kann Paul O'Connors Gesicht nur noch als hellen Fleck erkennen. Er spricht etwas lauter, weil am Himmel ein Helikopter kreist.

Dann sagt er: »Der bewaffnete Kampf hat jetzt keinen Sinn mehr. Die IRA und die republikanische Bewegung haben seit zwei, drei Jahren erkannt, daß es einen Waffenstillstand geben muß. Aber das ist wie ein Schachspiel, da müssen gewisse Spieler auf einem bestimmten Platz sein, damit sich die irische Geschichte nicht wiederholt. Ich denke, die IRA hat den Waffenstillstand nicht aus Schwäche erklärt. Gerade das bestätigt die neue Situation.«

»Und du meinst, der Waffenstillstand hält?«

»Ja, das glaube ich. Aber was mich trotzdem beunruhigt, ist die Unbeweglichkeit der britischen Regierung in allen drei Hauptproblemen – Entwaffnung, Allparteiengespräche, Freilassung der politischen Gefangenen. Und die Anzeichen dafür, daß die Unionisten im Hinblick auf den 12. Juli so tun, als hätte sich nichts geändert, als könnte einfach so weitergemacht werden wie bisher. Das beunruhigt mich sehr, denn in wenigen Tagen ist es soweit.«

Und dann fügt Paul O'Connor an, wobei er sich so weit zu mir herüberneigt, daß ich sein Gesicht wieder erkennen kann: »Es ist schrecklich, und es ist furchtbar, aber ohne Bomben hätte sich auf der anderen Seite gar nichts bewegt, nicht das geringste. Das ist von allen Problemen vielleicht das allerschlimmste. Verstehst du?«

Und noch einmal und noch näher: »Verstehst du?«

Mit Widerwillen kündigt unsere Kommandoebene an

Mein Nachtquartier, von Paul arrangiert, ist ganz in der Nähe, bei Geraldine B., Tochter einer irischen Mutter und eines englischen Vaters aus Leeds, die ich auf 35 Jahre schätze. Vor vier Jahren hat sie ihre Arbeit und alle Sicherheiten in England aufgegeben, hat sich hier in Londonderry einen von den schmalbrüstigen Altbauten gekauft und ist der republikanischen Sache völlig ergeben, wie schon unser erstes Gespräch am späten Nachmittag erkennen ließ.

Dabei geschah etwas, das mich sehr bewegte, ja erschütterte. Als es klingelte, zuckte Geraldine B. zusammen, mit dem unverkennbaren Zeichen von Bestürzung, ja, von Angst im Gesicht, ehe sie, nach einem kurzen Gespräch an der Tür, sichtlich erleichtert allein zurückkehrte.

Da mich ihre Reaktion an meine Mutter erinnerte, die nach einem ersten Besuch der Geheimen Staatspolizei im April 1933 bis an ihr Lebensende im Jahr 1979 zusammenzuckte, wann immer es an der Wohnungstür klingelte, konnte ich nicht umhin, Geraldine B. nach dem Grund ihres Verhaltens zu fragen. Worauf sie mir stockend berichtete, daß sie vor zwei Jahren vierzehn Tage lang in britischem Arrest gewesen sei, ohne daß sie jemals erfuhr, was der Grund für die Verhaftung war. Obwohl sie weder gefoltert, noch ihr sonst Gewalt angetan worden sei, bleibe das Erlebnis unverwunden. »Die Macht hatte ihr Gesicht gezeigt«, sagte sie, »sonst nichts. Aber das hat genügt.«

Ihre Gastfreundschaft und Höflichkeit sind so wohltuend wie ihre Offenheit und Wärme. Ganz selbstverständlich hatte sie mir einen Schlüssel mitgegeben. Aber als ich komme, gegen 23 Uhr, ist Geraldine B. schon zu Bett gegangen. Müde nach diesem Tag, kann ich in meinem Zimmer dann doch nicht einschlafen. Und das nicht nur, weil von draußen das Licht der Straßenlaterne durch die dünnen Gardinen fällt und trotz der späten Stunde noch die Stimmen spielender Kinder heraufdringen. Was mich nicht schlafen läßt, ist die Suche nach einer Antwort auf Paul O'Connors Erklärung: »Ohne Bomben hätte sich auf der anderen Seite gar nichts bewegt. Verstehst du?« Wenn das stimmte, wäre das nicht die furchtbarste aller Wahrheiten?

Ich kann in mir genau orten, nach welcher Seite in dem großen Konflikt Nordirlands zwischen Unionisten/Loyalisten und Republikanern/Nationalisten sich meine Sympathien neigen: auf die der katholischen Minderheit. Aber das kann keine Akzeptanz bedeuten für alles, was von dort kommt.

Ich hatte Gelegenheit, in einer Werbeschrift der republikanisch-nationalistischen Bewegung zu blättern, »The Captive Voice« (»Die Stimme der Gefangenen«), ganz offensichtlich ein Organ der IRA. Darin wird in einem Artikel über Menschenrechte und soziale Veränderungen so etwas wie eine Chronologie des Bürgerkrieges aufgeschrieben. Das liest sich über die mehr als 25 Jahre wie eine einzige Kriminalgeschichte der protestantischen Seite gegenüber der katholischen, ohne jede Differenzierung. Einfach schwarzweiß, Gut gegen Böse, jenseits jeder Andeutung, ob es unter den Unionisten auch menschliche Regungen oder gar verständliche Gründe für ihre Haltung gibt. Was ist daran richtig außer den Namen der getöteten Republikaner? Und wieso wird kein Wort über die Opfer der IRA-Anschläge verloren? Das ist mir alles nicht unbekannt, diese Schuldzuweisungen an bloß eine Seite, während die eigene Gewaltpraxis gerechtfertigt wird. Das ist mir hundertfach begegnet in Gestalt jener Internationale der Einäugigen, deren eine Fraktion auf dem linken, die andere auf dem rechten Auge blind ist, beide aber in einem Teil der Welt bekämpfen, was sie im anderen praktizieren oder dulden, sie sich also in Wahrheit miteinander im gleichen Ungeist raufen.

Ein Beispiel aus »The Captive Voice«: Da geht in der Shankill Road, einer großen Straße im protestantischen Belfast, vorzeitig eine Bombe der IRA hoch, die zehn Menschen tötet, auch den Attentäter. Es sollte ein Anschlag auf die Kommandozentrale der paramilitärischen Ulster Defense Army (UDA) werden, nicht auf die protestantische Zivilbevölkerung. In ihrem Bekenntnis zu dem Attentat wird den Loyalisten von der IRA vorgeworfen, was sie selbst tut, nämlich unschuldige Menschen zu treffen. Dabei wehrt sie sich dagegen, den Kampf als Sekte zu führen, wirft aber eben das den Ulster-Ultras vor. Und weiter:

»Wann hat der britische Premierminister jemals im Fernsehen eine Stimme der Sympathie für die katholischen Opfer des nordirischen Protestantismus gefunden, die die Politik des britischen Staats verursacht hat? Sind wir Katholiken die Kinder eines geringeren Gottes? Ist das vergossene Blut der unschuldigen Katholiken, sind die Tränen der katholischen Mütter weniger wert? Niemals haben britische Politiker ihnen gegenüber die gleiche Trauer gezeigt wie nun gegenüber den protestantischen Opfern der Shankill Road.«

Einmal abgesehen von der falschen Gottespoetik und davon, daß es stimmt, was da über britische Politiker behauptet wird – merken die Verfasser gar nicht, daß sie das Spiegelbild des eigenen Ego entwerfen? Was ist mit dem vergossenen Blut unschuldiger Protestanten, den Tränen protestantischer Mütter?

Ja, die historische, politische und soziale Ausgangsposition der katholischen Minderheit war und ist in diesem Konflikt nicht die gleiche wie die der protestantischen Mehrheit, und deshalb stelle ich mich innerlich und in diesem Buch auf ihre Seite. Aber welche berechtigten Gründe, welche verständlichen Motive Katholiken in Ulster auch immer haben, sich aufzulehnen – die Selbstrechtfertigungs- und -verteidigungsargumente der IRA überzeugen mich sowenig wie die der protestantischen Gewalttäter.

Dennoch versuche ich, Paul O'Connors geradezu flehendes »Ohne Bomben hätte sich auf der anderen Seite gar nichts bewegt. Verstehst du?« zu begreifen, mime ich nicht den Richter, Begutachter oder Zensurverteiler, todtraurig und wie gelähmt über die furchtbarste aller Wahrheiten, nämlich daß die Weltgeschichte zahllose Beispiele für den Grund seiner Verzweiflung bereit hält. Und daß die Verantwortung dafür immer auf mehreren Schultern lastet.

Wenn ich könnte, würde ich beten, daß sich das im Fall des Waffenstillstandes nicht abermals bestätigen wird.

Gegen 24 Uhr höre ich unten auf der Straße immer noch Kinderstimmen, gemischt mit Hundegebell. Ich fühle mich in eine Stadt des europäischen Südens, ja, des Orients versetzt.

Gegen drei Uhr früh wache ich auf, so langsam und gleitend,

als hätte die ungeheure Stille mich geweckt. Nichts rührt sich drinnen und draußen, kein Geräusch ist zu hören. Ich horche hin, vernehme aber nichts als die eigene Stimme, die diese Überraschung in das Mikrophon spricht.

An dieser Stelle der Niederschrift meines Buches trifft die unglaubliche Meldung ein, daß am Freitag, dem 9. Februar 1996, in den Docklands des Londoner Westens eine 250-Kilo-Bombe hochgegangen ist, die zwei Tote und viele Verletzte gefordert und schweren Schaden an Bürogebäuden angerichtet hat.

Nachdem zunächst Sicherheitskreise nicht ausschlossen, daß der Anschlag von einer Splittergruppe der IRA gegen den Waffenstillstandsbeschluß der Zentrale vom 31. August 1994 verübt worden sei, hat sich diese Annahme als Irrtum herausgestellt.

Heute, einen Tag später schon, hat sich die Irisch-Republikanische Armee zu dem Attentat bekannt.

Die Erklärung beginnt mit den Worten: »Mit Widerwillen kündigt unsere Kommandoebene an, daß unser Waffenstillstand am 9. Februar um 18 Uhr beendet sein wird.« Und weiter: Die Verantwortung dafür trage die britische Regierung, ihre Unaufrichtigkeit habe die Möglichkeit, den Konflikt beizulegen, verspielt, Premier Major sich der Herausforderung nicht gewachsen gezeigt.

An der Echtheit des Bekenntnisses kann es keine Zweifel geben. Der Text klingt authentisch wie die vereinbarten Codewörter zwischen der IRA und den Sicherheitsorganen bei Vorankündigungen von Anschlägen. Auch das konspirative Signum stimmte: »P. O'Neill.«

Gerry Adams, der Vorsitzende von Sinn Fein, dem parteipolitischen Arm der irisch-republikanischen Bewegung, zeigte sich bestürzt und von dem Anschlag überrascht, ohne ihn, wie gefordert, zu verdammen. »Es würde den Anteil der britischen Regierung am Scheitern der bisherigen Friedensverhandlungen und der Aufhebung des Waffenstillstands unterschlagen«, soll Gerry Adams als Grund seiner Verweigerung genannt haben.

Meine Gefühle, meine Enttäuschung, meine Befürchtungen kann ich nicht beschreiben. Bleibt nur eine Hoffnung: daß keine zweite Bombe folgt.

Die Vorwarnung in der Sandy Row

Wiedersehen mit Belfast, mit dem Kuppelbau der City Hall, ihren großen und kleinen Säulen, der kalkigen Statue Queen Victorias davor; dem Treiben auf der Royal Avenue, den unvermeidlichen Fassaden von Marks & Spencer, der Bank of Ireland und dem Blick auf die nahen Hügel durch die Häuserschluchten der Grosvenor Road und der Divis Street.

Und doch, nach so langer Zeit, fast fünfzehn Jahren, ergeht es mir in Belfast wie in Dublin - ich komme in eine andere Stadt. Fluidum und Atmosphäre scheinen mir verwandelt zu sein, jünger als in Erinnerung, die Textilien farbiger und die Bewegungen freier. Aber leider bezieht sich die Steigerung auch auf die Abgasschwaden der unzähligen Busse in der beengten Belfaster City - sie sind förmlich auf der Zunge zu schmecken.

Tröstlicherweise jedoch ist die Disziplin an den Haltestellen die gleiche geblieben. Lange Schlangen, die sich verkleinern oder gesittet auflösen, wenn die Wagen der Linien 63, 39 und 55 heranrollen. Niemand drängelt oder versucht, andere zu übervorteilen.

Es ist heiß. Auf dem Rasen vor der City Hall lagern meist junge Menschen, Studentinnen und Studenten der Universitätsstadt, einige im Badeanzug. Ein junges Paar knutscht sich halb hinein in einen öffentlichen Koitus - mit dem Puritanismus scheint es auch nicht mehr weit her zu sein. Überall Tauben, halsruckend und vertrauensvoll, bis auf die Exemplare, die von einem kleinen Mädchen aufgescheucht und verfolgt werden, wo immer sie niedergehen. Vielleicht drei Jahre alt, läuft das Kind atemlos zur Mutter zurück, berichtet ihr von der Jagd, ehe es erneut kreischend auf das nächste Opfer zuprescht. Ballspielen, der Konsum von Alkohol und *skateboarding* sind laut Tafeln streng verboten. Plastikbeutel, Blechbüchsen und Papier einfach liegenzulassen offenbar jedoch nicht.

Am Donegall Place stellen junge Leute Schmuck aus, bieten Poster an, und in der Royal Avenue werde ich, zum Glück darauf vorbereitet, zum erstenmal mit dem Castle Court Center konfrontiert: eine ungeheure Glasfront in Form eines metallenen

Gitters, mit gläsernen Fahrstühlen und gläsernen Rolltreppen, Weihestätte des Konsums, ein Verkaufstempel, womöglich noch scheußlicher als St. Stephen's Green Shopping Center in Dublin. Aber drinnen, im Parterre, gibt es an einem unscheinbaren Stand das köstlichste Eis, das je nördlich des Brenner produziert worden ist.

Ich gehe zurück. An der Kreuzung Castle Street/Donegall Place wird die City Hall wieder sichtbar, auf der Kuppel, jetzt schlapp, der Union Jack. Die Innenstadt von Belfast, der Kern der Nordirlandmetropole, ist in einer halben Stunde zu durchqueren.

Aber hier, zwischen North Street und Oxford Street, Donegall Pass und College Square, zeigt die Stadt ihre Schokoladenseite. Hier scheint niemand zu fragen, ob Katholik, ob Protestant, ist der Zaun um das Stadtzentrum weg, sind die Sperren entfernt und die Nachtbarrikaden überflüssig geworden, präsentiert sich ein hochmodernes Gemeinwesen auf dem Weg in eine bessere Zukunft.

Doch dieses Bild verändert seinen Ausdruck schon hinter dem Hotel »Europe« in der Great Victoria Street. Von dort bis zur Sandy Row, einer Straßenarterie im protestantischen Viertel von Belfast, sind es nur ein paar Schritte. Und was sich da türmt, auf einem freien Platz, ist beunruhigend genug: alte Matratzen, alte Sessel, riesige Reifen von Lastwagen und Holz, Holz aller Art - schwere Balken, ganze Türen, Schränke, halbiert wie die Hälften von Schlachtvieh, rechteckige und quadratische Sperrholzplatten, abgesägte Stuhlbeine. Das alles noch unfertig aufgetürmt, erst auf der Hälfte der geplanten Höhe, aber schon sichtbar geformt als das, was daraus werden soll - ein Scheiterhaufen.

Der wird, vollendet, um Mitternacht vom 11. auf den 12. Juli entzündet, das sogenannte *bonfire*, Auftakt für den großen Marsch des Orange-Ordens am folgenden Morgen zur Erinnerung an die siegreiche Schlacht am Boyne.

Auf den menschenleeren Platz kommen zwei Jugendliche zu, beobachten mißtrauisch, wie ich mein Bandgerät in der Hand halte, und kehren sich dann ab. Ich rede sie trotzdem an, beantworte ihre Frage, was ich tue, worüber sie verwundert den Kopf schütteln, und frage meinerseits. 16 ist der eine, 22 der andere, eine feste Arbeit haben beide nicht, noch nie gehabt. Als ich wissen möchte, ob sie katholische Freunde hätten, fällt ihnen buchstäblich der Unterkiefer herunter, und sie schauen mich an, als wäre ich nicht recht bei Verstand. »Wir wohnen doch in getrennten Vierteln und kommen gar nicht mit ihnen zusammen«, sagt der Jüngere, erstaunt über soviel Unkenntnis. »Wenn wir Arbeit gehabt hätten, dann vielleicht, aber so.« Darauf der Ältere: »Auch dann wollte ich es nicht.« Es fällt schwer, seine Miene zu vergessen, die er bei diesen Worten aufsetzt, trotzig, aggressiv, von unsicherem Hohn.

Ich starre auf den unfertigen Scheiterhaufen, diese unheimliche Vorwarnung, und gehe weiter die Sandy Row hinunter.

Die Läden hier haben keinerlei Ähnlichkeit mit dem Schaufensterluxus der Citygeschäfte, die Auslagen kommen mir vor wie in Deutschland kurz nach der Währungsreform von 1948, unbeholfen dekoriert. Nur sind sie über und über bepflastert mit den Emblemen, den Farben und den Fahnen der Unionisten. In jedem zweiten Fenster die Abbildung der Queen, neben dem Abzeichen der Ulster Defender eine Wollzipfelmütze mit den Farben des Orange-Ordens. An den Hauswänden überall gemalte Poster, teils naiv, teils künstlerisch, aber alle übergroß und einheitlich gewaltverherrlichend: vermummte Gestalten mit dunklen Brillen und Maschinenpistolen – Ulster Freedom Fighters, Ulster Defence Forces, dahinter die Ziffern 1912, das Gründungsjahr der Organisation. Drüben ein Müllmann in einem grünlichen Leuchtanzug vor einer riesigen roten Hand, die eine Bombe mit funkensprühender Lunte hält. Es wimmelt von Namen paramiliärischer Organisationen des protestantischen Untergrunds, die sich hier unbeschadet ihrer Illegalität öffentlich bekennen können, darunter Orange Action Force und New Ulster Defenders.

Am Bordstein parkt ein Wagen, hinter dessen geöffnetem Fenster auf dem Beifahrerplatz ein junger Mann sitzt, den ich, um ins Gespräch zu kommen, nach den einzelnen Organisationen und ihrem Sinn frage. Er macht mit der Linken eine horizontale Bewegung, als wollte er sagen: Sie sind alle gleich, streckt den Zeigefinger der rechten Hand aus, klickt den Daumen darüber wie einen schlagbereiten Abschußhahn und ruft: »Bumm,

bumm!« Dann lacht er. Er ist 32 Jahre alt, hat drei Kinder, ist Protestant, fügt aber an, daß der abwesende Fahrer des Wagens Katholik sei, in der gleichen Firma arbeite und es zwischen ihnen nie Streit gegeben habe. »Trotzdem ...«

»Trotzdem?«

»Schauen Sie, wenn man aufs Land fährt, in die Ferien, in den Urlaub, da fragt kein Mensch, ob Sie Protestant sind oder Katholik«, er hält eine Weile inne und fährt dann fort: »Aber wenn man dann nach Belfast zurückkommt, ist das Problem wieder da.«

Überall die Wimpel der Unionisten, auf dem Lanark Way, der Caledon Street und der Shankill Road, Herz des loyalistischen Belfast, an der Grenze zur Falls Road, Hauptstraße des katholischen Westens der Stadt.

Hier, auf der baumlosen Straße zur bewimpelten Springfield Road hin, sind die hohen Metallzäune geblieben, stacheldrahtgekrönte Wellblechmauern mit gemeingefährlichen Spitzen – wer darüber zu klettern versucht, läuft Gefahr, sich aufzuspießen. Es sind Barrikaden wie im Krieg, mit Pforten, die verriegelt werden können. Auf dem Lanark Way, unter flatternden Wimpeln und einem Wald von Orange-Fahnen, stehen drei Frauen, schwatzen, lachen, stupsen sich – die Abgeschlossenheit, der kurze Blick auf den nächsten Zaun, die Durchlässe, die erst geöffnet werden müssen, all das ist nach so langer Zeit Normalität geworden, Gewohnheit, und aufzubrechen, wenn überhaupt, nur durch eine lange Friedenszeit. Wird sie kommen?

War es nicht so, daß mir jedenfalls in der City die Menschen freier, unbeschwerter, weniger angespannt vorkamen? Daß die vielen Monate seit dem Waffenstillstand ihre Wirkung getan haben, Hoffnungen groß werden ließen, Erwartungen auf ein angstfreieres Dasein geweckt haben?

In der Falls Road fällt es schwer, daran zu glauben.

Auch hier mitten im katholischen Viertel, wie in Londonderry-Rosemount, nur höher, viel höher, eine Wachtzentrale. Kein Turm, sondern eine auf ein neunzehnstöckiges Hochhaus gesetzte umgitterte Zelle, in einem Dschungel von Masten und Antennen, und auf Feuerleitern bis oben zu erklettern. Nichts, was da unten passiert, kann den elektronischen Augen in der Höhe verborgen bleiben. Ist der martialische Guckinsland noch besetzt, oder hat es von dort oben einen Rückzug gegeben wie bei den Sperranlagen und Beobachtungsposten an den Grenzen zur Republik?

Auch hier auf vielen freien Hausflächen des Viertels die Massengraffiti, nur ganz anders als in der Sandy Row, überraschend defensiv, ja romantisch: Kinder bei traditionellen irischen Spielen – »Gaelic games, part of our heritage« –, eine Frau, am Wasser sitzend, die Hände gespreizt, das Haar gesträhnt, vor einem Megalithgrab, »Queen of Eire«, und in der Luft eine Friedenstaube. An einer anderen Wand ein kleines Mädchen, schwarzhaarig, in rotem Rock und ländlicher Umgebung – »Gaeltacht«, altes, versunkenes, vorbritisches, gutes Irland. Das Ganze in Bonbonfarben, Agitprop, dem dramatischen Konflikt und seiner Wirklichkeit entzogen.

Aber gleich daneben ist sie wieder da – ein großes Hochkreuz, Tafeln voller Namen, Getötete des Stadtviertels Falls: eine Gedenkstätte, enthüllt Osterdienstag 1976 durch Nora Conolly-O'Brian, Tochter von James Conolly, der die Unabhängigkeitsurkunde des Freistaats Irland 1922 unterzeichnet hat. Auf der Tafel wieder »In loving memory, died because of...«, die letzten Worte sind verdeckt durch Wachsblumen mit Schleifen in den Farben der Nationalisten und Republikaner.

Neben dem Hochkreuz hält ein junger Vater ein Kleinkind auf dem Arm, wiegt es, läßt es an der Flasche saugen. Dahinter wieder ein Zaun.

Gegensätze, die einen erschauern lassen.

Auf der Falls Road prangt ein großes Plakat mit dem Bildnis eines jungen Mannes. Darunter steht, in der Übersetzung: »Jedes republikanische Mitglied, er oder sie, hat eine eigene Rolle zu spielen. Dabei ist nichts zu groß oder zu gering, niemand ist zu alt oder zu jung, um etwas dafür zu tun. Bobby Sands.«

Der starb am 1. Mai 1981 in einem britischen Gefängnis nach über sechzig Tagen Hungerstreik, als erster von neun mitstreikenden IRA-Häftlingen. Der Tod des letzten von ihnen wurde am 20. August 1981 registriert.

Ihre Porträts sind im Sinn Fein Center an die Wand gepinnt – ich sehe in ausnahmslos junge Gesichter. Der Sitz des politischen Arms der IRA an der Falls Road ist ein schmuckloses Büro, in das ich ohne weiteres eintreten kann.

Drei Männer und eine Frau, die sich darin zu schaffen machen, verhalten sich unaufdringlich, niemand versucht, mich zu agitieren. An den Wänden Bücherregale mit einschlägigen Werken des republikanischen Kampfes und Spruchbänder: »Entmilitarisierung und Entwaffnung der RUC jetzt!« – »Sinn Fein fordert Gleichbehandlung« – »Laßt die Tür zum Frieden unverschlossen«.

Vor dem Büro, am Bordstein, sind drei Steine aufgestellt. Aus Sicherheitsgründen? Als ich frage, bestätigt das einer der drei Männer, jung, mit Brille, in einem Hemd mit dem Aufdruck: »20 years time to go.«

Was bedeutet, daß die britische Armee zwei Jahrzehnte zu lange in Nordirland stationiert sei. Ja, bestätigt er dann, die Steine seien aus Sicherheitsgründen dahingestellt worden. Und dann erfahre ich, daß in diesem Büro 1992 drei Leute erschossen worden sind: Michael O'Dwyer, Paddy Lawgran und Pat McBride. »Der Mörder war ein Polizeioffizier. Er kam hier herein und begann sofort zu schießen. Sein Motiv: Er wollte Katholiken erschießen. Eine Stunde später tötete er sich selbst.«

Das wird mir von dem dürren Mann mit Brille scheinbar ohne Erregung berichtet, wie ein alltägliches Ereignis, das nicht zu besonderer Bewegung herausfordert. Aber ich sehe, daß sich die Finger seiner Hände verschränkt haben und aneinander reißen.

Dann zeigt er mir ein tiefes Loch in der Wand – hier hatte 1994 eine Rakete eingeschlagen. Und ein paar Tage nach dem *cease-fire* vom 31. August jenes Jahres hatte in der Nähe ein Auto geparkt und war hochgegangen mit einer Bombe, die schwere Sachschäden anrichtete. »Daraufhin haben wir da draußen die Steine hingesetzt.«

In einer Ecke des Raumes entdecke ich das Foto eines lächelnden jungen Mannes. »Der sitzt seit 1975 in einem südenglischen Gefängnis.« Daneben ist eine von Punkten übersäte Karte. »Das sind alle Polizei- und Militärstationen in Nordirland.«

Auf der Rückfahrt halte ich am Florence Place vor einem Gebäude, das wie eine Festung aussieht. Hinter massiven Gittern durchgerosteter, herunterhängender Stacheldraht, die Tore fest geschlossen, über dem achtsäuligen Portal eine weibliche Statue mit der Waage der Gerechtigkeit - der höchste Gerichtshof Nordirlands. Die Schalen da oben schaukeln leicht im Wind, wie der lose Stacheldraht hier unten.

Gegenüber, noch schauerlicher anzusehen, ein dunkler Steinklecks mitten in der Hauptstadt: langgezogen, die Staketen von trügerisch optimistischem Blau, dahinter eine Mauer aus Beton, unübersteigbar und mit ungeheuren Stacheldrahtverhauen bewehrt - das Belfaster Zentralgefängnis.

Das staffelt sich nach hinten und innen immer höher, wie die verschiedenen Verteidigungsebenen einer Wehrburg, und wird zu allem noch überragt von einem wolkenkratzerhohen Schornstein. Ob man will oder nicht, hier wollen einem, abgewandelt, die Höllenbeschreibungen aus Dantes »Göttlicher Komödie« in den Kopf kommen: Ob Protestanten oder Katholiken, die ihr hier eintretet - laßt alle Hoffnung fahren...

Links vom Gerichtshof eine Barriere, die jede Parkmöglichkeit verbietet. Aber da will ohnehin keiner bleiben - ungerührt strömt der Alltagsverkehr der Belfaster *rush-hour* an dieser Variante von Skylla und Charybdis vorüber.

Niemand ist sich ähnlicher als Extremisten

Der Sekretär der protestantischen Ulster Unionist Party ist ein schwarzhaariger junger Mann, der sofort in das Gespräch einwilligt, als ich ihn in der Parteizentrale darum bitte. Wir verabreden uns im nahen Hotel »Europe«.

Wer in Stephen C. einen eifernden Funktionär seiner Orange-Partei erwartet hätte, der sähe sich angenehm enttäuscht. Es werden zwei informative Stunden.

Er betritt das Foyer pünktlich durch die Drehtür, und wir setzen uns an die großen Fenster im ersten Stock neben der Bar. Stephen C. ist 25 Jahre alt, intelligent und sofort bei der Sache. Verblüffenderweise lautet sein erster Satz: »Terroristen gibt es auf beiden Seiten - haben Sie schon mal von den 'Shankill butchers' gehört? Aber die gibt es wie die barbarische IRA, die gefoltert hat und Menschen verschwinden ließ, ohne daß sie je wieder auftauchten. Eine militärische Rechtfertigung gibt es dafür nicht.«

Er bestellt sich einen Orangensaft. Draußen, auf der Great Victoria Street, wütet der normale Verkehr. Sein Motorengebrumm dringt fast ungefiltert durch die hohen Doppelscheiben.

Dann fährt Stephen C. fort: »Nicht nur, daß die Embleme beider Seiten sich ähneln, auch örtlich sind die Kontrahenten nahe beieinander – Falls Road, Shankill Road. Das gilt in vielem aber auch innerlich. Niemand ist sich gleicher als diejenigen, die sich in diesem Konflikt am heftigsten bekämpfen – niemand ist sich ähnlicher als seine Extremisten. Beide, die IRA und die Ulster-Ultras, sind in das Drogengeschäft verwickelt. Sie tun zwar offiziell so, als ob sie die Dealer bekämpfen, ja, bringen sogar einige von ihnen um. Alibi! Glauben Sie weder den einen noch den anderen.«

»Und das sogenannte *punishment beating*, also Prügel mit Baseballschlägern, Knochenbrüche, mit denen Leute aus den eigenen Reihen bestraft werden, die sich nach Ansicht der beater etwas zuschulden kommen ließen? Gibt es das auch auf beiden Seiten?«

»Ja. *Punishment beating* findet auf beiden Seiten statt, wenn auch viel häufiger bei den Nationalisten als bei den Loyalisten. Was da zum Ausdruck kommt, ist furchtbar: Der Waffenstillstand ist erklärt, aber die Gewalt geht weiter. Sie hat sich in der Gesellschaft Nordirlands einfach instituiert. Und das, obwohl die Mehrheit der Bevölkerung der Gewalt mehr als müde ist und hofft, daß jedenfalls ihre Mordetappe vorbei ist. Aber sicher scheint mir das nicht zu sein.«

»Welche Rolle könnte die geforderte Entlassung der politischen Gefangenen bei der Sicherung der Waffenruhe spielen?«

»Eine große, doch da bewegt sich nichts seitens der britischen Regierung, das muß zugegeben werden. Die Vorbehalte sind offenbar unüberwindbar. Aber natürlich müßten auch die protestantischen Gefangenen freigelassen werden.«

Er schnippt nach dem Ober und bestellt sich einen zweiten Orangensaft. »Ich bin ein *soft drinker*, sorry«, kommentiert er wie entschuldigend, obgleich ich mich seiner Bestellung anschließe. Dann sagt er: »Keine Mißverständnisse – ich bin Partei. Die

Mehrheit der nordirischen Bevölkerung will bei England bleiben, so bitter es sie schon enttäuscht hat und sosehr sie sich von London im Stich gelassen fühlen. Da sind beträchtliche Minderwertigkeitsgefühle im Spiel, die machen die protestantischen Nordiren zu britischeren Briten als alle anderen. Sie fühlen sich nicht als gleichberechtigt, sondern als Bastarde unter den Gliedern Großbritanniens und des Vereinigten Königreichs. Je mehr das britische Element bedroht wird, desto inniger hängen sie sich dran. Das alles ist viel eher politisch und sozial motiviert als religiös. Es könnte keinen größeren Irrtum geben, als zu meinen, die Menschen hier seien besonders gläubig. Stimmt nicht, ihre Mehrheit ist, wie überall, indifferent.

Was die Unionisten so religiös scheinen läßt, ist der Druck, dem sie sich ausgesetzt fühlen – seit eh und je die Mehrheit im britisch zugehörigen Ulster, wären sie in einem keltisch-katholisch dominierten Gesamtirland nur eine Minorität, wenngleich eine starke. Die meisten spielen nicht einmal mit dem Gedanken einer Vereinigung, sie fürchten ihn nur. Muß man nicht versuchen, auch das zu verstehen?«

Mir fällt auf, daß Stephen C. begonnen hat, leiser zu sprechen. Wir sitzen in der Nähe der Bar, und er will offenbar nicht, daß andere mithören.

»Hinter allem, was die Unionisten hier aufführen, hinter ihrem Fahnengeschwenke, ihren Märschen, ihrem ganzen Getöse, steckt Angst, lebt die Furcht, daß sie durch stärkere Mächte, durch ein Zusammenspiel von Dublin, der mächtigen irisch-amerikanischen Lobby und London schließlich doch die historischen Verlierer sein werden – ›cornered rats‹.«

»In die Enge getriebene Ratten – das darf nur ein protestantischer Ulster-Mann sagen.«

»Richtig, und darum tue ich es auch. Sie fürchten, daß sie weggeschwemmt werden, daß die Nabelschnur nach England durchgeschnitten werden könnte. Dabei – solange es demokratisch zugeht, brauchen sie nichts zu fürchten. Ich sage Ihnen: Nicht nur 56 Prozent der Nordiren, also der protestantische Bevölkerungsanteil, sondern 80 Prozent, also auch viele Katholiken, sind gegen jede Vereinigung mit der Republik, wie immer die aussehen würde. Weil auch sie fürchten, daß der Lebensstandard dann sinken würde. Ich gehe noch weiter und sage, selbst im Fall einer katholischen Mehrheit hätte eine Vereinigung der beiden Staaten keine Chance, aus eben diesem Grund. Sie ist aus ökonomischen Gründen nicht denkbar.«

Schweigen. Keine Frage, daß die Leute an der Bar zugehört haben, aber sie mischen sich nicht ein, obschon ihnen das Interesse an den Gesichtern abzulesen ist.

»Und was wird mit diesem Land?«

»Ich dürfte es eigentlich nicht sein, aber ich bin da eher pessimistisch. Die Zerstörungen, auch die inneren, sind weit fortgeschritten. Die Besten verlassen das Land, so mittelmäßig, so ohne Visionen, wie es ist, aufgespalten nicht nur in die beiden konfessionellen Großgruppen, sondern auch noch in Vereine, Komitees, Organisationen - sektiererhaft. Wir sind eine unglaublich konservative Gesellschaft. Die Sicht ist eng, das Selbstwertgefühl gering. Ich überlege mir ebenfalls, ob ich bleibe. Wir sollten eigentlich nicht weg, aber das Land vertreibt uns.«

Er schaut zur Uhr, wir gehen die Treppe hinab ins Foyer.

»Ich habe den Eindruck, die Menschen haben sich schon an die Entspannung gewöhnt. Könnten Sie sich noch vorstellen, daß die Waffenruhe gebrochen wird?«

»Nein, eigentlich nicht, bei allem Pessimismus - das nicht. Denn wen sie auch fragen: Alle wollen friedlich zusammenleben, diese normalen Menschen, und das ist ganz ehrlich gemeint, nach den fürchterlichen 25 Jahren der *troubles*. Es stimmt, noch nie war die Hoffnung, daß die Gewalt für immer ausbleiben könnte, so groß, so stark wie heute. Dennoch bin ich skeptisch, und ich sage Ihnen auch, weshalb. Sollte die eine Seite der anderen wieder Gewalt antun oder umgekehrt, dann spalten sich diese *ordinary people* sofort wieder in Parteien auf. Von der Gewaltentwöhnung ist Irland noch weit entfernt. Und darin besteht die Gefahr bei einem erneuten Gewaltausbruch.«

Wir treten vor die Tür des Hotel »Europe«. An der Ampel auf der Great Victoria Street stehen junge Männer, Oberklassenschüler, balgen sich, warten ungeduldig, trippeln hin und her, sausen dann über den Fahrweg.

»Haben Sie noch fünf Minuten Zeit?« frage ich Stephen C. Als er nickt, führe ich ihn durch die Nebenstraße hinter dem Hotel so weit, bis der Scheiterhaufen für das *bonfire* auf dem großen Platz in der Sandy Row sichtbar wird, jetzt hochaufgeschichtet, sich nach oben verjüngend und auf der Spitze die Flagge der katholischen Republik Irland.

»Wäre es nicht besser, wenn in diesem Jahr auf das große Feuer vom 11. auf den 12. Juli, auf die Märsche des Orange-Ordens, auf das ganze protestantische Triumphgehabe anläßlich der Schlacht am Boyne verzichtet werden würde?«

Stephen C., Sekretär der Ulster Unionist Party, wartet einen Augenblick mit der Antwort. Dann sagt er, überlegt: »Wenn es nach mir persönlich ginge, würde darauf verzichtet werden. 1690 – wie weit das zurückliegt! Ja, es wäre besser, angesichts der Entspannung, die eingetreten ist, viel besser. Was da vorbereitet wird, diese Feuer über ganz Nordirland, diese Märsche des Orange-Ordens, das kann jetzt nur provozieren. Nur versuchen Sie mal, das aufzuhalten. Daran würde heute noch jeder scheitern. Hier wird ganz einfach eine häßliche Seite unserer Kultur sichtbar, mit der ich nicht einverstanden bin. Aber sagen Sie selbst: Sind nur wir so? Wann und wo auf der Welt hätte sich jemals die Vernunft dauerhaft durchgesetzt? Im übrigen: Es ist Ihnen doch klar, daß Sie von einem anderen Unionisten ein ganz anderes Interview bekommen hätten?«

Der Fall des Lee Clegg

In der folgenden Nacht ist an Schlaf nicht zu denken.

Von zwei Uhr früh an heulten Polizeisirenen durch die Stadt, wird Unruhe spürbar, Lärm, Bewegung. Am Morgen dann im Fernsehen die Bilder: schwere Ausschreitungen in Nordbelfast, Hunderte von Autos in Flammen aufgegangen, die Polizisten mit Benzinbomben angegriffen, die Löscharbeiten der Feuerwehr behindert – auf dem Schirm lodernde, raucherfüllte Szenen wie aus verflossenen Zeiten.

Ein Offizier der Royal Ulster Constabulary beschuldigt Sinn Fein, die Gewalt organisiert zu haben, woraufhin Gerry Adams erscheint und erklärt: Nicht seine Partei sei an den Unruhen schuld, sondern die vorzeitige Entlassung des Mädchenmörders Lee Clegg aus der Gefängnishaft.

Damit ist ein Name gefallen, der schon seit einigen Tagen öffentlich vor sich hinschwelt.

Private Lee Clegg (ein *private* ist einfacher Soldat) hatte am 30. September 1990 in Belfast als Angehöriger einer Patrouille von sechzehn Mann 36 Schüsse abgegeben auf einen Wagen, der mit hoher Geschwindigkeit auf ihren Kontrollpunkt zugerast kam. Dabei wurde Karen Reilly, katholisch, 18, getötet. Als Todesschütze wurde Lee Clegg ermittelt und daraufhin 1991 in Untersuchungshaft genommen.

Der Prozeß ergab, daß die Erschossene Beifahrerin einer Gruppe von sogenannten *joy riders* war. Das sind Jugendliche, die in meist gestohlenen Wagen gegen alle Verkehrsregeln in rasendem Tempo durch die Straßen fegen und damit ein Lebensgefühl ausdrücken wollen, das sich gegen die Normen eines ereignislosen und sozial depressiven Alltags auflehnt. Dabei hatte es während der letzten Jahre in Belfast und anderen Städten und Ortschaften Nordirlands viele Unfalltote und -verletzte gegeben.

Nach achtwöchiger Verhandlung war Lee Clegg zu lebenslanger Haftstrafe verurteilt worden. Was im Fall eines Angehörigen der britischen Armee, wie sich nun herausstellt, nicht mehr als vier Jahre zu bedeuten braucht – in diesem Falle zwei Jahre Untersuchungshaft, zwei Jahre Strafhaft. Gewöhnlich erfolgt im britischen Strafrecht bei lebenslänglich frühestens nach zehn Jahren ein Gnadenerlaß.

Schon im Vorfeld der Entlassung Lee Cleggs und in ihrer sicheren Erwartung hatte die republikanische Presse auf die gegenteilige Behandlungsweise von IRA-Gefangenen in britischen Gefängnissen hingewiesen. Nicht einer der aus ihren Reihen zu lebenslanger Haftstrafe Verurteilten ist je entlassen worden, geschweige denn vorzeitig. Derzeit sind zehn republikanische Gefangene mit einem Urteil von mehr als zwanzig Jahren ohne Entlassungsdatum. Gleichzeitig dringen undementiert Meldungen an die Öffentlichkeit, daß sich die Bestimmungen für die Behandlung von IRA-Gefangenen in britischen Vollzugsanstalten drastisch verschärfen, vor allem hinsichtlich der Besuchserlaubnis.

Karen Reilly war das älteste von vier Kindern.

Der Vater, der dem Prozeß jeden Tag beigewohnt hatte, schildert die Tochter als eine »sprudelnde Person«, die, wo immer sie auftauchte, überall Aufsehen erregte. »Sie besaß keinen Führerschein, stimmt, aber hatte sie dafür die Todesstrafe verdient, zumal sie gar nicht am Steuer saß?«

Als er die Tote identifizieren sollte, hatte er sie zunächst nicht erkannt. »Meine Tochter war blond, aber diese Tote hatte rote Haare.« Bis er merkte, daß die Farbe von ihrem Blut stammte.

300 junge Leute waren dem Sarg bis zum Grab gefolgt. Seither hatte der Vater es jeden Tag besucht. Jetzt entnehme ich der Zeitung, daß er heute nicht dort hingehen wird: »Ich kann meiner Tochter nicht sagen, daß ihr Mörder frei ist, und daß ihr Leben also nichts bedeutet. Wenn du katholisch und aus Westbelfast bist, und wenn du dann auch noch zur Arbeiterklasse gehörst, wirst du behandelt wie Dreck. Wenn meine Tochter Lee Clegg getötet hätte, dann wäre sie in das Frauengefängnis Maghaberry eingesperrt und der Schlüssel ihrer Zelle weggeworfen worden. Denn es gibt ein Gesetz für sie und ein anderes für den Rest von uns.«

Dennoch gibt er seiner Hoffnung Ausdruck, daß der Friedensprozeß nicht beschädigt und die Waffenruhe andauern wird.

Paratrooper Lee Clegg verkündet auf einem Zeitungsfoto strahlend, daß er zur Armee zurückgehen werde.

In Belfast hält der Aufruhr den ganzen Tag an. Falls Road und Springfield Road sind blockiert, die Polizisten der RUC bieten in ihrem vollen Kampfdress (*riot gear* und *flak jacket*) einen bedrohlichen Anblick.

Was mich erschreckt, sind die grundlegend verschiedenen Wahrnehmungsmuster, mit denen ein und dasselbe Geschehen von beiden Seiten beurteilt wird, die gänzlich unterschiedliche Einschätzung und Bewertung der Realität vom jeweiligen Standpunkt aus. Das bestätigt sich wieder bei der Interpretation der akuten Unruhen und Zusammenstöße. Die unionistische Presse erklärt sie als organisierte Kampfansage von IRA und Sinn Fein, spricht davon, daß da nach wie vor die gleiche »schießwütige, brandstifterische, polizeifeindliche und wirtschaftszerstörende Mentalität« waltet, während die katholische Seite und ihre

Presse die *riots* in ursächlichen Zusammenhang bringt mit der spontanen Empörung über die vorzeitige Entlassung des zu lebenslanger Haft verurteilten *private* Lee Clegg.

Gleiche Ereignisse werden also polar entgegengesetzt beurteilt. Gleichzeitig verdichten sich die Gerüchte, daß die Spannungen zunehmen, weil der Orange-Orden entschlossen ist, am 12. Juli in voller Länge an der Belfaster Lower Ormeau Road, der Grenze zum katholischen Belfast, vorbeizumarschieren. Ähnliches wird von Portadown bekannt, einem Ort westlich von Belfast, wo die Orange-Männer durch die katholische Garvaghy Road marschieren wollen, was auf seiten der Einwohner des Viertels zu bösem Blut und Gegendrohungen geführt hat.

Die Wogen gehen hoch, schlagen heftig gegeneinander und lassen nichts Gutes erahnen.

Deshalb erst einmal hinaus in die Natur.

Wir haben immer nur zurückgeschlagen

Auf dem Wege zum Glenariff Forest Park.

An diesem Sommermorgen die Antrimküste entlangfahren, bei diesem Licht, das ist wie den ersten Schöpfungstag erleben, als wenn die Erde gerade wachgeküßt worden wäre – das samtige Meer, die klare Luft, das blühende Land.

Am Eingang der Ortschaft Glenariff, noch vor dem Park, liegt ein Friedhof mit lauter Rundkreuzen. Protestantisch oder katholisch? Ich will es wissen und klingle an der Tür eines Hauses gegenüber der Friedhofspforte. Es erscheint ein junges Mädchen, das mich auf meine Entschuldigung anlächelt, hereinbittet und meine Frage beantwortet: »Es ist ein katholischer Friedhof.«

Auf der Kommode steht ein Foto des Papstes.

Dies ist, erfahre ich, eine vorwiegend katholische Gegend, etwa zwei Drittel der Bevölkerung. Hat es zwischen ihr und den Protestanten Zusammenstöße gegeben? Das Mädchen schaut mich erstaunt an, schüttelt den Kopf, sagt: »Nein, nie, hier bei uns nicht. Das ist anders als in den Städten. Hier im Ort kennt jeder jeden.«

»Auch am 12. Juli nicht?«

»Nein«, sagt sie, »auch dann nicht. Ein paar Protestanten marschieren, jedes Jahr wieder, unbehelligt, und der Zug löst sich danach auf.«

Liegen Belfast und Londonderry auf einem anderen Planeten?

Das Mädchen hat drei Schwestern und einen Bruder, will - *school leaving* - nächstes Jahr auf die Universität und möchte danach Tierärztin werden. »Gibt es einen schöneren Beruf?«

Nein, bestätige ich, den gibt es nicht.

Der Versuch, mich der Großmutter vorzustellen, scheitert.

Sie ist 89, bettlägerig und schläft noch, wie sich bei mehreren Anläufen herausstellt. So verabschiede ich mich, ohne *grandma* gesehen zu haben.

Welch ein Morgenerlebnis - das Mädchen hatte mich, den Fremden, den Ausländer, sofort eintreten lassen - »Kommen Sie doch herein« -, vertrauensvoll und ohne Furcht.

Wunderbar.

Nun weiter, von der A 2 ab und zwischen zwei von der Sonne gleißend beschienenen Höhenzügen hinein in den Glenariff Forest Park.

Grüne Hecken mit roten Blüten, blumengesprenkelte Wiesen, Felsgrate, scharf abgezeichnet gegen den klaren Himmel - schön wie das Shenandoah Tal in den Appalachen Virginias.

Vom Berg kommt eine Rüfe herunter - schmal, sprühend, fällt sie Hunderte von Metern herab. Das Wasser hat sich ein abschüssiges Bett geschaffen, über das es schnell hinwegfließt, sich in einer Höhlung unter der Straße verliert und auf der anderen Seite rauschend der Sohle zustrebt.

Dann auf der Hochfläche des Parks und der Gegenblick.

Die Felsenränder zu beiden Seiten des Tals aufgewölbt, dazwischen ein grünes Bett, bis hin an die Küste, wo das Meer sichtbar wird, und drüben, über die Irische See hinweg, The Mull of Kintyre, Schottland. Wie um dem Augenblick die Krone aufzusetzen, gleitet von links ein wunderschönes Segelschiff ins Bild, langsam und mit geblähtem Tuch nach Osten driftend.

Ich setze mich auf eine Holzbank - und will es nicht glauben, vor wenigen Stunden noch in einem aufgewühlten Belfast gewesen zu sein.

Um mich herum Sitkafichten, Douglasien, japanische Lärchen und norwegische Tannen. Rasen, der betreten werden darf, Wiesen voll weißer Blumen. Es ist so windstill, daß man lange hinschauen muß, um die Bewegung der Gräser zu erkennen.

Dann plötzlich wieder ein Luftzug, der sanft das Ohr umschmeichelt, aber übertönt wird vom Gebrumm einer Hummel, die sich pelzig und schwergewichtig auf Blüten setzt, auffliegt, wieder setzt, und das in einem fort, bis sie mir zwar aus den Augen verschwindet, aber noch lange zu hören ist.

Die wenigen Besucher, die hier sind, verlieren sich in der Weite des Parks, der für seinen Wasserfall berühmt ist. Den erreiche ich jetzt auf gewundenen Pfaden, und es hat sich gelohnt. Er ist zwar nicht so hoch, nicht so prächtig wie andere von mir erlebte Fälle am Sambesi oder Parana (wenngleich der irische Regen auch hier die Flut mächtig anschwellen lassen kann). Aber nirgendwo sonst habe ich in auch nur einem der Abflußbetten Steine gesehen, die so golden schimmerten wie hier, faustgroße, sonnenbeschienene *nuggets*, pures, wassergekühltes Edelmetall inmitten eines Stücks unversehrter Natur, über der ein himmlischer Frieden liegt.

Aber dann sucht mich der nordirische Konflikt hier doch noch heim.

Auf dem Rückweg zum Parkplatz begegne ich drei Damen gesetzten Alters, die mich an mein Corker Kränzchen erinnern, so wohlonduliert, weißgesichtig und *very british*, wie sie sind. Da kann es keinen Irrtum geben, wie sich bestätigt, als wir ins Gespräch kommen - Woher? Wohin? Aus welchem Land ich sei? - und sich die drei als einheimische Protestantinnen entpuppen.

Sie leben in der Nähe von Ballymeha, County Antrim, in einem Ort, wo Protestanten eine Minderheit sind. Aber es gibt Verbindungen zu Katholiken. »Auch Bekanntschaften, gar Freundschaften?« frage ich. Ja, die gebe es auch, selbstverständlich, nach so langjährigem nachbarlichen Nebeneinander. Ich kann es nicht lassen und frage nach den Ursachen des Konflikts und der Verteilung der Verantwortung.

Ach, hätte ich es doch nicht getan. Denn darauf verfinstern sich die Mienen, und die Wortführerin sagt, plötzlich schärfer:

»Die Verantwortung liegt ganz bei der IRA und nur da.« Worauf ein Katalog der Attentate und Anschläge mit genauen Zahlen der Toten und der Verletzten folgt.

Da mache ich einen zweiten Fehler, indem ich einzuwerfen wage: »Und wieviel Opfer haben die Anschläge paramilitärischer Ulster-Ultras gefordert?«

Erstaunen, Verblüffung, Abwehr gegenüber solcher Frage. »Die Unseren«, sagt die Wortführerin, betont, »haben nie etwas anderes getan, als zurückzuschlagen. Die Ulster-Ultras«, sie dehnt das von mir gebrauchte Wort ironisch, »haben immer nur auf die Bomben und Schüsse der IRA reagiert.« Dann wiederholt sie: »Wir haben immer nur zurückgeschlagen.«

Es ist unheimlich, wie im Lauf des Gesprächs, ohne daß es laut wird oder die äußere Gesittung verliert, Züge von Härte und Unduldsamkeit auftauchen. Die katholische Minderheit unterprivilegiert? Niemals, im Gegenteil. »Heute werden denen die besten Wohnungen zugeschanzt, profitieren Katholiken am meisten von der sozialen Fürsorge, sind sie die wahren Privilegierten.«

»Wenn es so ist – es war doch nicht immer so?«

»Doch – immer.«

Wo bin ich? Alle drei Frauen sind in der Nähe meines Jahrgangs, also an oder über die siebzig, mit Geburtsdaten in der ersten Hälfte der zwanziger Jahre. Sie müßten es also besser kennen, aber sie wissen es nicht oder tun nur so. Wieder werden während dieser kurzen halben Stunde Disputs die grundverschiedenen Wahrnehmungsmuster erkennbar, die ungeheure Kluft der Interpretationen von Wirklichkeiten, die Verweigerung eigener Verantwortung an dem Konflikt.

Doch die Pointe kommt zum Schluß, und sie verschreckt mich am meisten.

»Aber gute Katholiken gibt es auch«, sagt die Wortführerin, offensichtlich bemüht, das Gespräch versöhnlicher enden zu lassen, »alle, die ich kenne, sind gute Katholiken, ausnahmslos.«

Was eine der anderen bestätigt mit den Worten: »Da ist auch kein einziger unter ihnen, dem ich böse wäre, kein einziger«, ein Satz, den die Dritte kopfnickend erhärtet. Feinde sind also alle, die man nicht kennt.

Natürlich bin ich weder der Lehrer dieser drei Nordirinnen noch ihr Richter. Und doch wird mir ganz seltsam zumute bei den Assoziationen, die sich sofort und unweigerlich bei mir einstellen: gute Juden, schlechte Juden; schlechte Deutsche, gute Deutsche, eingeteilt danach, ob sie einem bekannt sind oder nicht. Genau das will mir den Atem nehmen an diesem herrlichen Sommertag im Glenariff Forest Park, obwohl ich weiß, daß die Vergleiche zwischen Drittem Reich und der Geschichte Ulsters hinken, weil die jeweiligen Voraussetzungen, Gründe und Verläufe gänzlich verschiedene waren und sind.

Aber eines ist daran eben doch gleich: die Anonymität der Feindschaft und ihr Sortierungsmechanismus. Wie viele Jahre nach 1933 hatte ich geglaubt, daß alle Deutschen, die ich nicht kannte, also ihre überwältigende Mehrheit, schlechte Deutsche waren, während die einzigen guten Deutschen sich ausschließlich unter denen befanden, die ich kannte?

Es fällt mir schwer, den Motor anzuwerfen und nach Belfast zurückzufahren, sehr schwer.

An dieser Stelle der Niederschrift des Buches erreicht mich die unfaßbare Nachricht, daß gestern, am 19. Februar 1996, in einem Londoner Doppeldeckerbus wieder eine Bombe hochgegangen ist, die dritte, nachdem eine zweite vier Tage zuvor in einer Telefonzelle der Shaftesbury Avenue noch rechtzeitig entschärft werden konnte.

Die Bilanz der dritten Bombe: ein Toter, neun zum Teil Schwerverletzte, Passanten und Fahrgäste. Der Tatort, eine Straße im Stadtteil Aldwych am Rand des Theater- und Vergnügungsviertels, war voller Blutlachen.

Der Tote scheint der Attentäter selbst zu sein, woraus die Polizei den Schluß zieht, daß die Bombe auf dem Transport zu ihrer eigentlichen Plazierung vorzeitig explodiert ist. Und abermals das alte Schauspiel: Die Täter, die IRA, bekennen sich zu ihrer »Verantwortung«...

So wie seit Jahren, steigt auch diesmal wieder in mir jene ungeheure Wut auf, die mich immer noch gepackt hat, wenn in Zusammenhang mit solchen mörderischen Anschlägen der Begriff Verantwortung bemüht wird, während in Wahrheit doch nichts als die Verantwortungslosigkeit derer im Spiele ist, die vor allem den eigenen kostbaren Leib aus der Gefährdungszone zu bringen trachten. Diesmal ist einer, dem das Leben anderer nichts galt, selbst umgekommen.

Noch einmal: Bei aller Sympathie für die Sache der katholischen Minderheit Nordirlands, ich lasse mich nicht ein auf die Scheinargumente, mit denen sich auch die IRA, gleich den Bombenlegern aller politischen couleurs und Breitengraden, selbst rechtfertigen, exkulpieren und absolutieren möchte. Nein und abermals nein!

Welche Folgen wird der Anschlag für die Friedensverhandlungen haben? Wieviel bricht jetzt weg von den Hoffnungen und der Zuversicht, die so viele Menschen haben? Werden die protestantischen Ultras nachziehen? Und die britische Regierung, die den Anschlag heute verdammt hat und so tut, als wenn sie an der Immobilität des Friedensprozesses keinerlei Anteil hätte, wird sie sich nun endlich bewegen? Und warum hat sie es nicht längst getan? War das Unheil nicht schon weit vorher sichtbar geworden, seine Kompression nicht für jedermann zu spüren, nachdem immer wieder die einseitige Entwaffnung der IRA gefordert, die Allparteiengespräche verweigert und die Freilassung der politischen Gefangenen oder die Reduzierung ihrer Strafen wie eine zu vernachlässigende Größe behandelt wurden? Habe ich das, was auf die Katastrophe zulief, etwa nicht selbst erlebt, sondern nur geträumt?

Mein irisches Tagebuch IX

10. Juli.

Portadown, zwanzig Kilometer südöstlich von Belfast, scheint zum Zentrum der Unruhen zu werden.

Dort wollen tausend Orange-Leute die »alte Route«, das heißt entlang der Garvaghy Road, marschieren, und die liegt im katholischen Stadtteil Ballyora Park. Um das zu verhindern, ist es zu einer überraschenden Konfrontation gekommen – zwischen dem Orange-Orden und der RUC: tausend Polizisten haben den Zugang zur Garvaghy Road gesperrt. Die Bilder im Fernsehen und in den Zeitungen sind eine Sensation: Unmittelbar vor dem 12. Juli stehen sich Protestanten und Protestanten gegenüber, aber nicht in Übereinstimmung, sondern kontrovers. Es muß eine Anordnung von ganz oben sein, vom britischen Staatssekretär für Nordirland, denn was da geschieht, ist zu schwerwiegend, als daß es von einer niedrigeren Stelle kommen könnte. Wird durch sie doch eine Strecke verboten, die der lokale Orange-Orden aus Anlaß des Gedenkens an die Schlacht am Boyne River 1690 seit 180 Jahren marschiert ist.

Die Empörung ist ungeheuer. Steine sind geflogen, es hat Verletzte gegeben, und die Drumcree Church, wie jedes Jahr in Portadown Ausgangspunkt des Orange-Marsches, besetzt und zum Widerstandsnest gegen die eigenen Sicherheitsorgane umfunktioniert, gleicht auf Fernsehbildern und Pressefotos einem Heerlager. Die Loyalisten wollen dort so lange ausharren, wenn nötig auch über den 12. Juli hinaus, bis sie die gewohnte Route marschieren dürfen.

Als ich in Portadown-Ballyoran eintreffe, bietet sich mir ein dramatischer Anblick.

Die Drumcree Church liegt etwas außerhalb der Stadt, und davor sieht es wirklich kriegerisch aus. Die Straße, die von der Kirche an den Rand von Portadown und von dort zur Garvaghy Road führt, also der Anfang der Marschroute, ist in 300 Metern Entfernung durch vier Polizeiwagen abgesperrt. Hinter ihnen zieht sich eine endlose Kette gepanzerter Fahrzeuge bis an den Rand von Ballyoran, um zu verhindern, daß die Marschwilligen über ein freies Feld in den Rücken der abgesperrten Linie gelangen können.

Am Himmel Hubschrauber, von fern, wie im Anmarsch, Trommeln und Pfeifen, aus Lautsprechern erregte Stimmen und hinter der Polizeibarriere ein wuselndes Menschenknäuel, nahe an den uniformierten Wächtern, gestikulierend und schreiend – die ganze Szene hat etwas von Bürgerkrieg an sich.

Es ist zehn Uhr.

Ich versuche durch die Absperrung zu dringen, werde anstandslos durchgelassen und bin jetzt jenseits der Barrikade. Die Polizisten, mit Schild und Kopfschutz vor und zwischen den Sperrfahrzeugen, stehen mit versteinerten Mienen da. Die erste Reihe der Orange-Leute ist eng an sie herangerückt, fast Gesicht an Gesicht, eine unangenehme, aber beabsichtigte Nähe.

»Guckt genau hin und merkt euch die Visagen«, brüllt eine Stimme, »die RUC steht nicht mehr auf unserer Seite, und wenn wir durchbrechen würden, dann würden sie auf uns schießen.«

Aufbrandende Zustimmung, Protestschreie, drohend erhobene Fäuste. Die Polizisten, ganz junge Kerle, versuchen, ins Leere zu starren, kommen aber damit an ihren wutbebenden Landsleuten nicht vorbei. All ihre Versuche, ausdruckslos dreinzuschauen, scheitern. Es ist so klar wie der Himmel da oben – überall wären sie lieber als hier, lieber selbst dort, wo der Pfeffer wächst.

Vorbei an einem höher gelegenen Friedhof zur Rechten, gehe ich auf die Drumcree Church zu, eine große graue Kirche, an deren Turm der Union Jack befestigt ist. Überall wetterfeste Gestalten, knorrige Typen, demonstrative Entschlossenheit in der Miene.

Die geräumige Parish Hall, die Gemeindehalle, wimmelt von Menschen. Sie sitzen an langen Tischen, essen, reden, schweigen, einige liegen auf den Bänken und schlafen. Ein großer Nebenraum ist in eine Art Behelfsküche verwandelt worden. Vier Frauen kochen, bereiten Sandwiches zu, schenken Getränke ein. Ich werde gefragt, ob ich eine Suppe haben möchte, und komme so mit einer der Frauen ins Gespräch, ohne daß sie sich von ihrer Samaritertätigkeit abhalten ließe. »Wir werden hierbleiben, bis die Straße für den Marsch durch die Garvaghy Road frei sein wird«, sagt sie, eher leidenschaftslos, ganz sachlich. »Warum hindern sie uns daran? In fünfzehn Minuten wäre alles vorbei.«

An den Wänden Fotos – von der Drumcree Girls Brigade, der Drumcree Sunday School, The Boys Brigade. Eine verschworene Gemeinschaft, scheint's.

In der Halle vor mir drei ältere Herren in voller Montur, mit Schärpen, den sogenannten *Orange collarets*, Orden und Insignien in den Farben des Orange-Ordens, mit Bowlerhut und Regenschirm – britischer geht's nimmer.

Sie löffeln ihre Suppe aus Plastikbechern, es dampft daraus hervor.

Draußen wird gedreht: »We are prepared to stand«, sagt ein vierter Alter in die Kamera, auf einem Stuhl sitzend und um die Brust eine Schärpe mit der Aufschrift »City of Belfast«. Ja, der Mann sieht ganz so aus, als wäre er vorbereitet und fähig, auszuharren. Das will er, das wollen all die anderen hier, Tausende inzwischen wohl, die den Rasen, die Plätze, die Kirche füllen und deren geparkte Autos eine Schlange bilden, die sich hinter Büschen und Hecken in der Gegend verliert. »Wir gehen nicht eher nach Hause, bis...«, das ist die eiserne Parole. Ich prüfe mich und entdecke, daß ich Verständnis aufzubringen versuche für die Haltung dieser Loyalisten, für ihre Urteile und Vorurteile, ihre Wahrnehmungsmuster und ihre Ängste.

Hier soll Stärke demonstriert werden, aber überzeugend ist das nicht. Das Marschverbot, die Konfrontation mit der Polizei, die Furcht, daß die Waffenruhe eher gegen als für sie arbeitet, ja, ihre Position langsam aushöhlt, alles das muß diese nordirischen Protestanten tief verunsichert haben. Das wird bestätigt durch die Antwort, die mir einer der Orange-Männer hier auf meine diesbezügliche Frage gibt: »Wir haben immer unsere Hand freundlich ausgestreckt nach England, wir waren immer der Krone treu. Und jetzt? Jetzt werden wir wie Verräter behandelt.« Dann, wie eine unsichere Drohung: »Wir könnten aber auch ohne die britische Regierung auskommen, vielleicht sogar besser als mit ihr.«

Das klingt trotzig, verwundet, verstört. Mir kommt Stephen C.s Wort von den »cornered rats« in den Sinn, das so leicht mißverstanden werden kann und dennoch ganz offenbar ein kollektives Empfinden unter den Ulster-Protestanten charakterisiert: in die Enge getrieben zu sein, ohne Ausweg und von allen verlassen.

Ich sehe von dem etwas erhöhten Plateau vor der Kirche die lange Kette von gepanzerten Polizeifahrzeugen, eines hinter dem anderen aufgereiht, ein beklemmendes Bild: die eigenen Leute, sozusagen, als Traditionsverhinderer. Fürchterlich, was da geschieht.

Letzte Nacht sollen 6000 Menschen hier gewesen sein, heute wird ein Vielfaches dieser Zahl erwartet.

Inzwischen ist es 14 Uhr 30 geworden und hoher Besuch eingetroffen: David Trimble, Member of Parliament, also ein Abgeordneter der Unionisten Nordirlands in Westminster.

Er steht nahe der Polizeibarriere vor einer dichtgedrängten Menge, die ihm atemlos zuhört – ein mittelgroßer, distinguiert wirkender Mann von etwa vierzig Jahren mit einer wappenbedeckten Schärpe um den Hals und einer gefalteten Zeitung unter dem linken Arm.

Die Spaltung, die hier sichtbar wird, sagt David Trimble, schmerze – Unionisten und RUC stünden sich feindlich gegenüber. Das sei der IRA und Sinn Fein mit den schweren Ausschreitungen der letzten Tage gelungen, sie wollten Druck auf die britische Regierung ausüben, um mehr Konzessionen zu erreichen, und hätten damit Erfolg. Die Entlassung von Lee Clegg sei nur ein Vorwand. Die Ablieferung der Waffen sei der Test, ob auf der anderen Seite ein echter Wechsel stattgefunden habe oder ob die IRA weiterhin eine Privatarmee mit großem Waffenarsenal sein wolle. Allerdings müßten beide Seiten die Waffen abliefern, auch die paramilitärischen Loyalisten. Mit ihren Vertretern habe es darüber positive Diskussionen gegeben, aber nichts dergleichen mit der IRA und Sinn Fein.

Ab und zu wird die Rede unterbrochen durch wilden Applaus, heisere Zustimmung, nachdrückliche Bestätigung. Als David Trimble jedoch von *Decommissioning of Weapons*, der Entwaffnung auch der protestantischen Untergrundorganisationen spricht, regt sich keine Hand.

Der zentrale Konflikt in Nordirland, fährt Trimble fort, sei der zwischen Menschen, die im Vereinigten Königreich bleiben wollten, und anderen, die sich als irische Nationalisten fühlten, als einen Teil der Republik Irland. Kein Zweifel, daß es die Nationalisten hart ankomme, daß sich ihre Wünsche nicht erfüllten, aber das sei überall der Fall, wo zwei Gruppen verschiedener Nationalität und Religion konkurrierend nebeneinander existierten und die eine zahlreicher sei als die andere.

Auf demokratischem Weg werde Nordirland niemals aus dem britischen Verbund austreten, und deshalb sei es für Menschen, die in Ruhe und Frieden leben wollten, das wichtigste, die Realitäten anzuerkennen. Für die Minderheit der Nationalisten bedeute das, die Einheit mit Großbritannien zu akzeptieren. Innerhalb dieser Einheit müßte dann über Demokratie und Menschenrechte gesprochen werden. Sie gälten selbstverständlich für beide Gruppen.

So weit Mr. David Trimble, Member of Parliament.

Zustimmung, aber kein Jubel, wie am Anfang noch. Wird hier eine härtere Gangart gewünscht? Ich habe während der Rede immer daran denken müssen, was ein Mann wie Paul O'Connor dazu gesagt hätte. Aber zu den Scharfmachern zählt David Trimble offenbar nicht. Sind die hier gefragt?

Gegen 17 Uhr macht sich bei dem Drumcree-Church-sit-in so etwas wie Volksfeststimmung breit. Viele Menschen lagern auf den Wiesen oder hocken auf dem Friedhof vor den Gräbern, manche von ihnen sind schon 24 Stunden und länger hier. Die Stimmung ist entspannter als vorhin, ja fast ausgelassen, vor allem vorn an der Sperre.

Dort hat sich ein drastischer Wandel vollzogen.

Auf den Dächern der gepanzerten Wagen sitzen junge Leute und schwenken den Union Jack, unbehindert von den Polizisten, die immer noch den Glasfiberschild vor sich halten, aber lockerer als vorher dastehen. Dauernd angesprochen, und das nun eher witzelnd, mit Verbrüderungstenor, versuchen sie, teilnahmslos auszusehen und unbeeindruckt zu bleiben, was ihnen aber nicht gelingt. Dann und wann zuckt es in ihren Gesichtern, bis sich einer von ihnen nicht mehr halten kann und laut auflacht. Jubel, Schulterklopfen, verlegenes Grinsen des RUC-Mannes.

Kein Zweifel, er und seine Kollegen wären gern woanders, aber wenn schon vor solche Aufgabe gestellt, dann doch lieber mit katholischen Demonstranten als Gegnern.

In der Gemeindehalle neben der Kirche herrscht großes Stimmengewirr. Brote werden verzehrt und Tee ausgeschenkt. Ein weißhaariger Herr nippt an einer Tasse und ißt ein Sandwich, gutgekleidet, teure Schuhe, teurer Stoff, im Schmuck seiner Orange-Schärpe – so sitzt er auf der harten Bank. Überall aber auch junge Leute, Kinder, sogar Säuglinge auf den Armen von Müttern. Striktes Rauchverbot!

Draußen wird der »Belfast Telegraph« verteilt. Eine Schlagzeile lautet »Drumcree at dawn«, unter einem Foto, das in Wolldecken eingehüllte Männer und Frauen zeigt, die die letzte Nacht auf dem hiesigen Friedhof zugebracht haben und gerade erwacht sind. Eine andere Balkenschrift posaunt »Flashpoint Portadown« heraus, über einer Aufnahme, die eine vieltausendköpfige Menge vor der Kulisse der Drumcree-Kirche zeigt und bestätigt, daß die Stadt tatsächlich am Vorabend des 12. Juli zu einem »Brennpunkt« der Unruhen geworden ist.

Die Uhr zeigt 18 Uhr 30 an.

Plötzlich wird die Stille von einem ungeheuren Dröhnen zerrissen – Trommelschläge, aggressiv, hämmernd; dazwischen Pfeifentöne, schrill und stoßhaft. Eine Gruppe junger Männer und Mädchen zieht heran, im Gleichschritt, von Jubel und Geschrei begleitet, so rücken sie nach vorn auf die Polizeibarriere zu. Gleichzeitig kommt eine Parole in Umlauf, ungewiß, von wem sie stammt, aber überall und allgegenwärtig wie ein Lauffeuer von einem dem anderen zugeraunt: »Paisley is expected!« – »Paisley wird erwartet!«

Und nun rückt, wie zu seiner Ankündigung, eine Kapelle nach der anderen heran. Zunächst ein Harmonikazug, alle in Hemd und Schulterriemen, gelenkt von einem Vormann, der mit knappen Bewegungen Tempo und Richtung angibt, bis an die Sperre heranführt, dann scharf wendet und mit klingendem Spiel zurückmarschiert, schon gefolgt vom nächsten Zug. Dann, so scheint es, kommen nur noch Trommeln, Trommeln und wieder Trommeln. Der Lärm steigert sich zum Inferno, mit der Präzision einer Maschine sausen, prasseln, knattern die Schlegel auf die Haut. Die sind aus Rohr, mit einer Verdickung am oberen Ende und so elastisch, daß sie bei jedem Schlag mehrfach zurückspringen und den Effekt noch verstärken. Die Polizisten da vorn, an die möglichst nahe heranmarschiert wird, müssen längst taub sein. Denn das sind keine Musikinstrumente mehr, geht es mir durch den Kopf, sind auch keine Trommeln im üblichen Sinne: Diese riesigen *lambeg drums* sind – Waffen! Waffen zur Einschüchterung des Gegners und zur Selbstermutigung, Töne ausspeiende Maschinengewehre, Kriegsgeräte.

Von dieser Akustik eingedickt, kommen jetzt irrsinnige Bilder auf. Über die Felder und Wiesen eilen stolpernd Massen von Menschen heran, ein Wald von Schärpen, zivile Heerscharen, die Ulsterfahne, rotes Kreuz auf weißem Grund, wie eine Beschwörung über den Köpfen, entschlossen und angriffslustig.

Ich stehe auf dem erhöhten Gelände des Friedhofs mit guter Übersicht und nahe der Straßensperre. Der ganze Weg bis zur Kirche ist voll von Menschen. Aber auch auf dem Feld vor dem Kordon der Polizeifahrzeuge drängt sich eine Menge – Beschimpfungen, Schreie, drohend gereckte Fäuste. Ein tumultuarischer Aufzug, die Situation wird brenzlig.

Eine Frau neben mir, die herausgekriegt hat, daß ich Ausländer bin, sagt: »Wir wollen nichts, als in Frieden leben, nichts als das.«

Ich weiß nicht, ob ich lachen oder weinen soll. »Wer will das nicht?« gebe ich zurück. »Aber weshalb ist dann trotzdem Streit, Unfrieden, Krieg und Tod?«

Sie schaut mich erstaunt an, dann sagt sie: »Wegen der IRA natürlich, nur wegen der IRA.«

Ich gehe über das Feld und setze mich hinter der Barriere an der Straßenseite ins Gras. Vor mir die gepanzerten Fahrzeuge in langer Reihe bis an den Ortsrand. Neben mir mit laufendem Motor der Wagen einer Fernsehmannschaft, die hier mit riesigen Satellitenschüsseln ihr Quartier aufgeschlagen hat. Viele Journalisten, Auslandskorrespondenten, eine Gruppe Italiener, deren Kameramann ununterbrochen dreht, obwohl sich derzeit nichts tut. Inzwischen ist es 20 Uhr geworden, aber die Sonne steht noch hoch über dem Horizont.

Ich beobachte die Männer der Royal Ulster Constabulary, wie sie dastehen mit ihrem Knie- und Beinschutz, den Schußwesten, den behelmten Köpfen – gegen die gepanzerten Fahrzeuge gelehnt, einzeln oder in Gruppen, schweigend, miteinander redend, auf und ab schreitend. Was geht in ihnen vor? Müssen sie nicht hoffen, daß heute abend alles gutgeht, daß sie nicht anzutreten haben gegen die eigenen Leute auf höheren Befehl, im Fall eines Falles? Da kommt ein RUC-Mann an mir vorbei, lächelt mich an und sagt ohne eine Spur von Ironie: »Lovely evening, isn't it?«

O ja, könnte nicht schöner sein, der Abend. Bleibt er so?

Aus dem Radio nebenan dringen Nachrichten von Gewalt an vielen Orten Nordirlands – Benzinbomben gegen die Wohnung einer katholischen Familie in Portadown, mit schwerem Sachschaden, aber ohne Verletzte. Im County Antrim ging eine Halle des Orange-Ordens in Flammen auf. In Dungannon, Armagh und Crosmaglen sind Autos angezündet worden. Und dazwischen immer wieder der Name *private* Lee Clegg.

Ich stehe auf und wechsele wieder auf die andere Seite über.

An der Sperre vorn haben immer neue Redner über Lautsprecher gesprochen, monoton und von rhythmischem Applaus unterbrochen. Bis ein Raunen durch die Menge weht, aufschrillt, in Jubel übergeht, der sich steigert und steigert, bis er übertönt wird von einer Stimme, die jeder in Ulster kennt, Freund und Feind: Ian Paisley ist eingetroffen und gleich ans Mikrofon getreten.

Es ist kurz vor 21 Uhr.

Der hochgewachsene Mann, für viele die Verkörperung des kompromißlosen protestantischen Widerstands gegen jede Veränderung des nordirischen Status quo, ist zweifellos eine eindrucksvolle Figur, wie er da vorn an der Barriere zwischen Polizei und Demonstranten steht, mit seinem weißen Haar und der großen Schärpe um die Schultern, ganz anders als der farblose Möchtegern-Franco, der vor mehr als 25 Jahren in Belfast vor meine Kamera trat – die Hartnäckigkeit, die grauenhafte Zähigkeit des Konflikts, sie sind es, die ihm Kontur gegeben haben.

Ich kann Paisley gut erkennen von meinem Standort aus, aber auch, wie er angeschaut wird, nein, wie sie aufschauen zu ihm, dem Pächter der irdischen und der göttlichen Wahrheit – wie zu einer Erscheinung.

Er spricht nicht lange, aber was er sagt vor einer wohl 10 000-köpfigen Menschenmenge, und wie er es sagt, das muß hier ganz einfach einschlagen wie der Blitz:

»Es ist unser Recht, durch die Garvaghy Road zu marschieren. Wenn wir diese Schlacht nicht gewinnen, ist alles verloren. Hier geht es um Leben und Tod, um Ulster oder die Republik Irland, um Licht oder Finsternis, um Freiheit oder Sklaverei. Wir werden lieber sterben als kapitulieren.«

Die Szene birst in einem einzigen Aufschrei. Ist das der Funke im Pulverfaß?

Von Jubel umbrandet, verschwindet Ian Paisley so rasch, wie er gekommen ist, nicht ohne zuvor das Versprechen abgegeben zu haben, mit der Genehmigung für den Marsch durch die Garvaghy Road zurückzukommen.

Unmittelbar darauf schlägt im Abendsonnenschein die Atmosphäre in eine schwere Konfrontation zwischen Demonstranten und Polizisten um, wird der erste Stein geworfen, fällt der erste Schuß. Ich höre, wie ein Offizier der RUC ruft: »Okay, die haben es gewollt, die haben den Anfang gemacht, jetzt sollen sie auch das Ende haben.«

Was sich dann tut, nicht vorn an der schmalen Sperre auf dem Weg zur Drumcree Church, sondern an der langen Front der gepanzerten Fahrzeuge gegen das freie Feld, das muß man gesehen haben, um es zu glauben.

2000 Leute in Schärpen und mit hocherhobenen Fahnen in den Händen versuchen, an der Polizei vorbei den Ortsrand zu erreichen und auf die verbotene Straße zu gelangen. Sie stürzen sich auf die Polizisten, die sich ihnen mit heruntergezogenen Visieren in den Weg stellen. Schlag und Gegenschlag, Pulverrauch aus den Pistolen für Plastikgeschosse, erhobene Stöcke, an Leinen kläffende Hunde, auf beiden Seiten Verletzte, die taumelnd zu Boden sinken.

Fürchterliche Szenen.

Einige erreichen das Catholic Estate, das katholische Viertel, am Ende der Polizeiwagen, dessen Bewohner in ihre Häuser geflüchtet sind und hinter den Gardinen stehen, die sich bewegen.

Weit kommen die Orange-Leute hier nicht, noch vor dem Eintritt der Drumcree Road in die Garvaghy Road werden sie zurückgeprügelt oder festgenommen, darunter Männer, die ihre Auszeichnungen aus dem Zweiten Weltkrieg am Revers tragen und sich heftig gegen die Brust schlagen, als sie abgeführt werden.

Von irgendwoher schallt das Dröhnen der *lambeg drums* und die Melodie des »Sash« herüber, des Schärpenmarsches, aufputschende Hymne der Ulsterprotestanten. Fernsehleute, die zu filmen versuchen, werden von den Demonstranten angegriffen und zu Boden geworfen – Gesichter sollen später nicht identifiziert werden können. Ein Kameramann wird beschimpft als »Fenian loving bastard«, also als einer, der die republikanischen Iren unterstützt. Das ist keine vereinzelte Haltung unter den Orange-Leuten, vielmehr scheint eine allgemeine Feindschaft gegenüber den Medien vorzuherrschen. Ich sehe und höre, wie die Kollegen von Channel Four getreten, geschlagen und beschimpft werden als »Gerry Adams' Press Officers«, Fotografen vor Verfolgern übers Feld rennen, andere sich wehren gegen

Demonstranten, die ihnen Schreib- und Bandgeräte aus den Händen zu reißen versuchen. Steine fliegen, Gerüchte schwirren: Die Armee werde eingreifen. Dann wird der Polizeikordon durchstoßen, und diesmal durchbricht eine große Menge die Linie der Panzerfahrzeuge, voran eine Gruppe mit einem Banner, auf dem »Disband RUC« steht (»Löst die RUC auf« – bisher eine Losung der Republikaner).

Mir hängt die Zunge zum Hals heraus, als ich in der Garvaghy Road ankomme, bevor sie von den Demonstranten erreicht wird. Ich sehe die verängstigten Mienen der Bewohner, höre, wie sie rufen, schreien: »Wer schützt uns? Sind wir denen denn preisgegeben? Wo ist die Polizei?«

Aber auch diesmal kommen sie davon, Hunderte anderer Polizisten sind eingetroffen und verhindern den Durchbruch der Demonstranten zur Garvaghy Road. Doch vor der Front der Polizeiwagen, auf dem freien Feld, gehen die Zusammenstöße weiter, knallt und splittert es, sausen Plastikgeschosse durch die Luft.

Bei dem Versuch, mich vor ihnen zu ducken, rutsche ich auf dem Abhang an der Straßenseite aus und befinde mich plötzlich unter den Füßen der kämpfenden Parteien gemeinsam mit einem Kollegen der Nachrichtenagentur Reuter. Hin- und zurückwogend wird auf mir herumgetrampelt, als wäre ich eine Fußmatte. Während der Reuter-Mann entrinnen kann, komme ich nicht hoch. Deshalb rolle ich mich zusammen, um möglichst wenig Angriffsfläche zu bieten, bleibe aber weiter die lebende Unterlage für Schaftstiefel und Halbschuhe, nicht imstande, mich zu erheben. Bis irgend jemand, ein Zivilist, sich über mich beugt, mir die Hand reicht, mich hochzieht und eine Entschuldigung stammelt. Vor meinem Dank läuft er weg, seine Schärpe vorn fest in den Händen, während ich spüre, daß mit meinen Rippen auf der linken Seite nicht alles so ist, wie es sein sollte. Gebrochen oder angeknackst?

Ich habe keine Ahnung mehr, wie ich mit meinem alten Ford nach Portadown ins Hotel gekommen bin. In der Nacht kein Schlaf, Schmerzen, dazu die Furcht, daß der Waffenstillstand dahin ist und Nordirland wieder in Flammen steht wie zuvor mehr als ein Vierteljahrhundert lang.

Morgens dann in einem Belfaster Krankenhaus, nach eingehenden (und übrigens kostenfreien) Röntgenaufnahmen, die tröstliche Mitteilung, daß keine Rippe gebrochen ist, wohl aber die zwei unteren angestaucht (rammed) sind. Das verbunden mit der fürsorglichen Aufforderung, mindestens vier Wochen lang stramm das Bett zu hüten und mich darin möglichst wenig zu bewegen. Mit schlechtem Gewissen und ohne zu erröten, verspreche ich das den liebenswürdigsten Schwestern, die mir je begegnet sind, von vornherein fest entschlossen, weiterzumachen wie bisher, einfach so zu tun, als wäre gar nichts geschehen – Sklave meiner unsittlichen Arbeitswut, meines Berufes und meines selbst erteilten Auftrags.

Aber weh, verdammt weh tut es unter der Bandage doch.

Das *bonfire* in der Sandy Row

Am nächsten Tag mache ich mich eine Stunde vor Mitternacht auf zum *bonfire* in der Sandy Row.

Als ich eintreffe, hebt sich der turmhohe Scheiterhaufen in der Mitte des großen Platzes schwarz gegen einen leicht rötlichen Hintergrund ab. In einer Seitenstraße ist schon ein kleines *bonfire* entzündet worden, wie ein glühendes Entree, eine feurige Ouvertüre. Das prasselt, sprüht Funken und strahlt eine schreckliche Hitze aus – mit hundert heißen Zungen leckt das Vorfeuer an Pappe, Holz, Holzwolle und alten Tapeten. Die Schattenrisse zweier Kinder, Winzlinge, zeichnen sich vor der Glut ab.

Sofort stellen sich bei diesem Anblick Assoziationen ein, die ich nicht will, gegen die ich mich aber vergebens wehre – Hexenverbrennungen im Mittelalter bis in die Neuzeit, Autodafés von Juden im zurückeroberten christlichen Spanien, all das Furchtbare, das Menschen Menschen angetan haben im Zeichen irgendeines Gottes, einer Gottheit, eines Glaubens. Und natürlich denke ich an die Hochöfen der Todesfabriken unterm Hakenkreuz.

Welche Gedanken werden die Menschen hier beim Anblick des Feuers haben, alle die Protestanten, jung und alt, groß und klein, die sich singend und tanzend heute nacht auf der Sandy Row eingefunden haben wie Loyalisten und Unionisten in anderen Teilen Belfasts und überall in Nordirland auch?

Die Diskothek drüben hat ihre Boxen nach draußen gestellt, direkt gegenüber dem haushohen Turm aus Holz und Pappe, und die brüllen nun, von einer Band lautstark begleitet, mit »Yellow River« die erste Nummer des Programms in die erwartungsvolle Dunkelheit. In der Sandy Row wird gegessen, getrunken und geschwoft, je mehr es auf Mitternacht zugeht, desto lärmender. Aus der Umgebung flackert Feuerschein herüber, aus dieser Ecke und aus jener, als ob der ganze Distrikt brennt.

Aber der Hauptbrand soll hier sein.

Kurz vor 24 Uhr wird versucht, die Riesenfackel zu entzünden. Doch das ist leichter gesagt als getan. Gegen 19 Uhr hatte es geregnet, nein, geschüttet - Belfast in the rain, ein trauriger Anblick. Und wenn der Guß auch nicht lange angehalten hat, naß scheint das Zeug hier doch geworden zu sein. Die Fackeln fliegen, erlöschen jedoch bald. Hier und da kokeln Männer und Frauen, dilettantisch und unorganisiert; ein Jüngling gar klettert in die fragile Pyramide, kennt sich in ihr offenbar gut aus, ratscht in der Mitte Streichhölzer an, gibt aber bald resigniert auf - Feuerwerker auf irisch.

Jetzt singen Jugendliche am Rand des Stoßes loyalistische Kampflieder, schwingen die britische Fahne wie den Fetisch einer Geisterbeschwörung, trinken aus ihren Bierdosen und brechen in frenetische Schreie aus, als der Haufen endlich lodernd Feuer fängt. Um 0 Uhr 15 am 12. Juli, exakt auf den Tag 305 Jahre nach der siegreichen Schlacht am Boyne River 1690, kommen die Flammen des *bonfire* in der Sandy Row, Belfast-Mitte, in Fahrt, schlägt die Lohe hoch hinauf, fast bis zur Spitze, wo die Fahne der Republik Irland steckt, naß und schlaff zwar, aber noch unversehrt.

Während sich die Musik von drüben ohrenbetäubend in das Knistern der Flammen mischt, weichen die Menschen rund um das Glutinferno vor der wachsenden Hitze, langsam, wie widerwillig, die Hände vors Gesicht gehalten.

Ich bin gut sechzig Meter von dem brennenden Turm entfernt, muß aber noch weiter zurückgehen.

Jetzt hat das Feuer die Spitze erreicht, auf der immer noch die Fahne des republikanischen Irlands heil steckt, wenn auch im Aufwärtsstrom der Hitze heftig flatternd, bis das Tuch plötzlich weggebrannt ist, im Bruchteil einer Sekunde und von einem hundertfachen Aufschrei der Zuschauer ringsum hysterisch begleitet.

Durch die Luft fliegen glühende Teile, die Menschen weichen weiter und weiter zurück, auch ich. Gut hundert Meter von der brennenden Pyramide entfernt, erreicht mich ihr feuriger Atem immer noch. Es kracht und kreischt in ihr, langsam neigt sie sich, legt sich schief, und schließlich stürzt ihr oberer Teil ein. Erst viel später wankt der untere Rest, wird in dem ausgeglühten Gerüst das innere Rückgrat des Hochofens erkennbar, seine ausgetüftelte Logistik entblößt, die den Stoß eine volle Stunde und mehr brennen ließ. Hier waren Fachleute am Werk.

Die ganze Zeit hat dazu die Musik gescheppert, haben die Sirenen der Polizei aus der Tiefe Belfasts geheult, eine schaurige Akustik zu einer schaurigen Szenerie.

Das Straßenpflaster der Sandy Row dampft von der nahen Kraterhitze, Feuchtigkeit steigt schwadig auf, ihre Nebel ziehen über den Boden. Hinter mir ein Paar, das sich selbstvergessen küßt, wobei er nicht versäumt, eine geöffnete Bierdose kräftig mit der Linken zu umklammern, ehe beide nach der Melodie von »Pussycat«, unvermittelt und ohne von Mund zu Mund zu lassen, in geradezu akrobatische Tanzschritte verfallen. Teenager und Jüngere, Mädchen und Jungen von neun, zehn Jahren, verrenken rhythmisch die Glieder vor dem zusammengefallenen, aber immer noch heißen Haufen, stochern mit Stöcken und Stangen in der Asche, suchen, ob nicht doch irgend etwas Brauchbares erhalten geblieben ist. Wenn die Musikbox oder die Kapelle Pause macht, wechseln die Leute von der Sandy Row mühelos über in ihre protestantischen Kampflieder.

Nein, auch das war kein gutes Schauspiel, wiederhole ich vor mir selbst, nicht in dieser Situation und nicht bei den akuten Spannungen, die in den letzten Tagen aufgekommen sind. Das sieht nicht nach Verständigungswillen aus, nicht nach Kompromißbereitschaft und nicht nach dem Willen, toleranteren Lösungen den Vorzug zu geben. Ich denke daran, was die katholischen

Freunde, die ich inzwischen gewonnen habe, gesagt, was sie empfunden hätten beim Anblick eines pyromanischen Spektakels, dessen Rückgrat nicht einstürzen wollte, gleichsam als Exempel für die Dauerhaftigkeit des großen Konflikts zwischen Nordirlands Loyalisten und Unionisten einerseits und seinen Nationalisten und Republikanern andererseits.

Als ich endlich in mein Quartier zurückgehe, widerspiegelt sich der Glutschein des *bonfire* in einer Ladenscheibe der Great Victoria Street, furchterregend echt wie ein zweites Feuer.

The Sash

Dann der Morgen des 12. Juli, Auftakt zum großen Marsch des Orange-Ordens in Belfast.

Da ziehen sie mit Bannern, weißen Handschuhen, Pfeifen und Trommeln die Great Victoria Street am Hotel »Europe« vorbei, die Magdalene Church Defenders - wirbelnde Schlegel, wippende Schottenröcke, rote Kokarden auf tief in die Stirn gedrückten Mützen, patinierte Union Jacks, wie Trophäen in die Höhe gehalten, daneben das aggressive Rot des Ulsterkreuzes. Dunkelgekleidete Herren mit Bowler und Regenschirm werfen bei jedem Schritt den rechten Arm an die Brust; Kinder in grüner Uniform bedienen Miniaturtrommeln; ein kleines Mädchen, von Windpocken gezeichnet, hält Wacht über ihr noch kleineres, aber entschlossen mitmarschierendes Brüderchen, während eine Zehnjährige, lange Haare bis zum Steiß und in augenschmerzendes Lila gekleidet, ab und zu mit einem Stab gegen eine Triangel schlägt.

Das dröhnt und schrillt und klirrt.

Die Sonne scheint, alle Nebenstraßen der Great Victoria Street sind gesperrt, und hoch über allem, wie an den Himmel genagelt, das monotone Gebrumm eines Hubschraubers.

Vorneweg ein Tambourmajor mit Tropenhelm, dahinter eine gewaltige Trommel mit der Aufschrift »William King Memorial«, biegt jetzt da unten der Zug in die Howard Street ein und marschiert, vorbei an der City Hall, zum zentralen Sammelpunkt am

Carlisle Circus. Von dort wird er mit allen anderen lokalen und regionalen Ordensgruppen zum großen Defilee zurückkehren und durch die City stolzieren – der eigentliche Höhepunkt eines historisch-politischen Gedenktags, hinter dem fast die Hälfte der nordirischen Bevölkerung nicht steht.

Ich setze mich kurz vor der Castle Street auf eine Bank am Donegall Place (kein Platz, sondern die Hauptstraße in der Belfaster Innenstadt). Links die City Hall, rechts ein junger Mann, der an paniertem Geflügel knabbert. Alle warten auf den Augenblick, wenn von der Royal Avenue her die Spitze des Orange-Aufmarsches zu sehen sein wird.

Lange vorher schon, immer näher kommend, zu hören, wird sie gegen zehn Uhr auch sichtbar – ein Bentley, die Ulsterfahne über die vornehme Motorhaube gespannt, in majestätischem Schrittempo, dahinter Knaben mit Unschuldsgesichtern, kleine Kadetten, weiße Gürtel, blaue Hosen, und hell gewandete junge Mädchen mit Harmonikas – die Vorhut.

Dann erst geht es richtig los.

Trommeln, Pfeifen, Schellen. Tambourmajore werfen ihre Stäbe hoch in die Luft, gehen weiter und fangen sie mit einer Hand wieder auf – ohne aufgeschaut zu haben. Einer von ihnen, vor sich zwei kleine Jungen, wirft den Stab buchstäblich haushoch, bis zu den oberen Stockwerken des Donegall Place, fängt das schwere Gerät spielend auf und schleudert es sofort wieder zurück. Das ist von einer unglaublichen Virtuosität und Könnerschaft, die mir aber um so heftiger zusetzen, je intensiver ich ihrer Zeuge werde: falsch landend, könnte der schwere Stab einen menschlichen Schädel so leicht zertrümmern wie ein Ei. Doch kein einziges Mal verfehlt eine Hand den Zugriff, fällt der Stab auch nur auf die Erde – eine phantastische Sicherheit, die auf ausdauerndes Training übers Jahr hin schließen läßt.

Mit Karneval und Schützenfest hat dieser Umzug nichts zu tun, nur zu bald kehren sich die grimmigen historischen Akzente des Gedenkmarsches heraus.

In immer neuen Variationen Wilhelm von Oranien, Held vom Boyne River, Sieger am 12. Juli 1690, auf Standarten, Fahnen, Wimpeln. Auf einem Banner gestickt der Kopf von Louis Mountbatton of Burma, »killed 1979« – ein weltbekannter Mordanschlag der IRA, dem der Earl aus dem Hause Windsor, ehemals Vizekönig von Indien, Erster Seelord und Stabschef der britischen Flotte, am 27. August jenes Jahres in der Bucht von Sligo zum Opfer fiel.

Ein anderes Banner: »MacMullan Memorial - Murdered by enemies of the Empire«, darunter abgebildet ein Mann mittleren Alters mit Brustschärpe, ohne Datum, ohne Erklärung, wer das war, der da von Großbritanniens Feinden gemeuchelt worden ist - Codewörter für Insider, Eingeweihte, für Leute, die sich in wortloser Verschwörung verstehen.

Besonders häufig vertreten ist die Ordensgruppe von Ballymacarett, immer wieder tauchen ihre Standarten auf, darunter eine, die an die Sommeschlacht des Ersten Weltkriegs erinnert, auch das eine Demonstration unlösbarer Verbundenheit mit der Geschichte Großbritanniens.

Schwer sind sie, diese Banner, die eines nach dem anderen vorbeigetragen werden, an großen Querstangen befestigt und gebläht von der heißen Zugluft der Straßenschlucht - die körperliche Anstrengung der Männer, die sie halten, ist groß. Dazu immer wieder die aufgereckten Säbel in der rechten Faust der Marschierer; ihre Regenschirme, die wie Ersatzdegen gehandhabt werden; die unbeweglichen Gesichter, die steife Haltung, diese ganz ununterdrückbare, äußere und innere, sich auf Schritt und Tritt offenbarende Verkrampfung.

Fast beklemmender noch die vielen Kinder, die Kleinen und Kleinsten, die hier mitmarschieren, besonders unheimlich gerade da, wo sie die Großen geradezu perfekt nachahmen.

Vor mir ein Knirps, der einen Stock über Rücken und Schultern wirbelt, nach oben und unten und dann noch durch die Beine hindurch und zurück, als habe er von Geburt an nur das gelernt. Andere, nicht älter und nicht größer, vorschulische Tambourmajore, schmeißen ihre gestutzten Stäbe so routiniert in die Luft wie ihre Väter, lassen sie in artistischen Verrenkungen um ihre Körper kreisen und verlieren dabei nicht eine Sekunde den Kontakt mit dem Zug.

Spaß macht es ihnen, obschon ihre Beinchen das Vierfache zu leisten haben wie die der Erwachsenen, Freude haben sie, und das jenseits aller Doktrination, in die hier alles zum Greifen eingedickt ist, deren sich aber diese Kinder selbstverständlich noch nicht bewußt sind.

Nur manchmal, wenn der Zug hält, was ebenso häufig wie aus unerfindlichen Gründen passiert, setzen sie sich auf ihre Trommeln oder einfach auf den Boden, lassen die Köpfchen baumeln, springen aber rasch wieder auf und imitieren auch damit ihre elterlichen Vorbilder. Denn die stehen bei den langen Stopps in tadelloser Haltung kerzengerade da und verharren stumm, ohne jedes Anzeichen äußerer Erschöpfung auf ihrem Platz.

Unter den erwachsenen Zuschauern am Straßenrand dagegen haben sich im Lauf der Stunden doch leise, mühsam unterdrückte Ermüdungserscheinungen eingestellt, während jüngere Jahrgänge sich weniger verschämt gebärden. Um elf hatte der Junge neben mir gegähnt und seinen Kopf an die Schulter des Vaters gelehnt. Gegen zwölf schien er von der Parade endgültig genug zu haben, denn da lag er an der Schulter der Mutter, die ihn in den Schlaf zu wiegen versuchte. Jetzt, gegen zwei Uhr, schläft der Junge seit einer Stunde, nun wieder vom Vater gestützt und taub gegen alle Geräusche der Umwelt.

Das ist um so verwunderlicher, als in all der Zeit Trommeln und Pfeifen ununterbrochen einen Lärmteppich gelegt haben, dessen Höllendezibel nicht mehr zu messen sind. Hier sind ganze Batterien von Trommeln vorgeführt worden, eine *lambeg drum* immer größer, immer schwerer, immer dumpfer als die vorangegangene. Waffen sind das, noch einmal, keine Trommeln, und sie werden hier auf der Zentralparade des Orange-Ordens, an seinem großen Tag, noch ungehemmter vorgeführt als an der Drumcree Church von Portadown, Horrorgeräte, die nach allen Seiten Kriegsgeschrei, Furcht und Schrecken verbreiten sollen.

Und doch wird diese Kakophonie noch übertroffen, dringt etwas noch tiefer ins Gehör und von da ins Hirn, nistet sich in jede Pore ein – der Schärpenmarsch des Orange-Ordens, die Hymne der nordirischen Loyalisten, die Kampfposaune der Ulster-Unionisten – *The Sash*!

Das saugt sich fest, macht sich innerlich selbständig, eine akustische Zwangsneurose, die sich auch in den Spielpausen fortzeugt – *The Sash*!

Der zivil-militante Heerwurm der Ordensleute, der sich vom Carlisle Circus aus in Bewegung gesetzt hat, hält genau seinen Takt, der ganze Zug ist in Übereinstimmung mit seinem Rhythmus, jeder falsche Schritt, jede verkehrte Gebärde werden sofort korrigiert von seiner akustischen Allgegenwart – *The Sash*!

Es wird lange dauern, bis man diesen schrecklichen Ohrwurm aus sich heraus vertrieben hat.

An diesem Tag scheint sich die City von Belfast vollständig in den Händen des protestantischen Bevölkerungsteils zu befinden. Bis in den Abend hinein sind hier die Orange-Leute zu sehen, woher sie auch immer nach dem Ende des Marsches kommen und wohin sie gehen werden. Längst ist seine Ordnung aufgelöst, aber wo sie sich auch blicken lassen, schreiten sie so exakt, sitzen ihre Bowler und Säbel so untadelig, werfen sie den rechten Arm so unermüdlich gegen die Brust wie am Vormittag. Wo sie vorbeiziehen, dröhnen die Trommeln, gellen die Pfeifen nicht weniger kraftvoll als vor neun Stunden und mehr.

Plötzlich Grüße, Jubel, Hochrufe. Sie gelten einem Mann ohne Beine im Rollstuhl, den ich schon heute morgen im Zug gesehen habe – jede fremde Hilfe verschmähend, bewegte er sich mit den Händen an den Rädern selbst fort. Jetzt, am Abend, biegt er mit den gleichen energischen Bewegungen vor der City Hall ab und verschwindet in den Donegall Place. Das letzte, was ich sehe, ist der Union Jack hinten an der Rückenlehne seines Rollstuhls.

Ich muß hier raus, raus aus Belfast

Heute morgen dann die Nachricht: Die Orange-Leute von der Drumcree Church durften nun doch durch die Garvaghy Road nach Portadown hineinmarschieren – Paisley und Trimble hatten die Genehmigung erwirkt. Das kam eben übers Radio und den Bildschirm und hat einen Sturm der Entrüstung im katholischen Teil der Bevölkerung ausgelöst.

Das Fernsehen zeigte zunächst gefährliche Szenen der letzten Tage – Hunderte von Bewohnern der Garvaghy Road im Sitzstreik, auf Töpfe und Behälter einschlagend; andere mit riesigen, von einer Straßenseite zur anderen gespannten Transparenten »RE-ROUTE SECTARIAN MARCHES« – also der Forderung, die Marschrouten umzulenken, weg von den katholischen Wohngebieten.

Es hat aber auch Widerspruch aus den eigenen Reihen gegen Ian Paisley gegeben: Seine flammende Rhetorik habe den legitimen Protest unterlaufen und zu den anschließenden Gewalttaten aufgestachelt. Paisley wehrt sich gegen den Vorwurf, »kriegerische Töne« angeschlagen zu haben. Die Leute, die Steine geworfen und die Polizei angegriffen hätten, die hätten einen halben Kilometer von ihm entfernt gestanden und ihn gar nicht hören können.

Der Mann lügt! – sage ich als Augenzeuge. Seine Worte über den Lautsprecher am Sperriegel von Drumcree Church, wie auch der Begeisterungssturm, den sie hervorgerufen haben, sie waren noch kilometerweit zu hören.

Und da kommen auch schon die Bilder von gestern über den Schirm, da marschieren sie durch die Garvaghy Road, 500 Orange-Männer, Ian Paisley und David Trimble voran, in vollem Ornat, aber ohne Musik – die wenigstens war ihnen versagt worden.

Mit steinernen Mienen starren sie geradeaus, vorbei an den Transparenten, auf denen vergebens die Umlenkung der Marschroute gefordert worden war, und vorbei an den Bewohnern, die zu beiden Seiten vor ihren Häusern stehen, die meisten schweigend, andere mit erhobenen Fäusten, alle geschockt, verletzt, von ohnmächtiger Wut geschüttelt.

Das ist ein schlimmes Bild, keine Förderung der Friedensgespräche, kein Ausdruck von gutem Willen. Was da von protestantischer Seite kommt in diesem Jahr und unter der dünnen Haut einer gebrechlichen Waffenruhe, das ist absichtsvoll destruktiv, verbissen provokant und entmutigend unkooperativ. Ich bin vollgestopft mit den loyalistischen Argumenten für den 12. Juli, aber sie alle überzeugen mich in dieser Situation nicht, kein einziges.

Die Nacht war ohne Schlaf, und das nicht nur wegen der angestauchten Rippen – es sind die Eindrücke des Tages, die ihn verhindern.

Kraft und Trotz, Glaube und Verzweiflung unter den Orange-Leuten hat der 12. Juli sichtbar gemacht.

Welchen Prozentsatz der protestantischen Bevölkerung Nordirlands repräsentiert der Orange-Orden? Unionisten und Loyalisten bilden keine monolithische Einheit. Viele stehen dem Orange-Orden skeptisch gegenüber, distanzieren sich von dem gestelzten Auftreten und sektiererischen Gebaren. Es ist von protestantischer Seite ernste Kritik an dem Orden als Führungskraft laut geworden: nicht durchs Megaphon, durch die Ratio müßten die Argumente gehen, las ich dieser Tage mit Stoßrichtung gegen Paisley und seine Anhänger. Der Friedensprozeß, so hieß es, sei zu weit vorangeschritten, als daß er gestoppt werden könnte, und er beruhe nicht nur auf dem Waffenstillstand, sondern auch auf der Überzeugung der Mehrheit, daß ein Wandel nötig sei.

Ich liege da und denke: Ist der Friedensprozeß wirklich so weit vorangeschritten? Ich hatte das auch geglaubt, wie meiner Meinung nach die meisten Menschen, denen ich hier begegnet bin. Aber heute morgen sind Radio und Fernsehen wieder voll von Schreckensnachrichten und -bildern: Schändungen katholischer Friedhöfe, Anschläge auf protestantische Kirchen, auch auf die Drumcree Church, brennende Autos und Orange Halls. Dazu zahlreiche Fälle von *punishment beating*, häufiger durch die IRA als durch die protestantischen Paramilitärs. Auch die furchtbaren Bilder, denen ich noch nachgehen werde – gebrochene Glieder, tiefe Messerschnitte, zertrümmerte Knochen, die Opfer nicht zu Tode gebracht, aber für das ganze weitere Leben gezeichnet und verstümmelt.

Dann entdecke ich mich dabei, wie ich denke: grausig, entsetzlich, aber wenigstens nicht wieder Bomben, nicht wieder zerrissene Menschen, zerrissene Autos, zerrissene Häuser. Aber gleich dahinter dann auch: Was, um Himmels willen, macht die unmittelbare Nachbarschaft des Konflikts mit einem? Zu welchen Relativierungen verführt ihre Nähe? Welche Meßmodelle werden hier aneinandergehalten?

Was geschieht hier mit dir?

Eine Stunde später sitze ich am Rand des Springbrunnens im Parterre des Castle Court Centre an der Royal Avenue. Der gigantische Verkaufstempel ist angenehm klimatisiert. Nach dem ungewöhnlich kalten Winter soll dieser Sommer der heißeste seit hundert Jahren sein – alle schlecken hier an dem vorzüglichen Eis. In der großen Halle setzt ein Vater seine beiden Kinder, fünf-, sechsjährige Jungen, auf die Holzpferde eines Karussells, steckt zwanzig Pence in einen Schlitz und begleitet die Rundfahrt mit griffbereiten Armen. Dann hebt er die Kleinen vom Pferd, nimmt beide, in den Knien etwas eingeknickt, an die Hand, und strebt eilig dem Ausgang zu.

Was denkt dieser Mann? Welche Gedanken gehen den Menschen hier durch den Kopf, nachdem die vielmonatige Waffenruhe eine so sichtliche Entspannung mit sich gebracht hatte? Alle wissen doch von den Zusammenstößen der letzten Tage und auch wieder der vergangenen Nacht.

Äußerlich scheint es keinen Unterschied zu der Zeit vor den neuen Unruhen seit Anfang des Monats zu geben, aber stimmt dieser Eindruck, entspricht er der inneren Wirklichkeit? Ich wünschte, ich könnte ihnen ins Herz schauen, den Frauen, Mädchen, Männern, hier drinnen im Erdgeschoß des Castle Court Center, die da herumschwirren und -wirren, schauen und kaufen, und denen da draußen auf der Rosemerry Street, dem Wellington Place, der Grosvenor Road. Wie sieht es aus in all den Müttern, die mir auf dem Weg zur City Hall entgegenkommen, ihre Kleinen neben sich oder in den typischen hochräderigen Kinderwagen? In den jugendlichen Verkäuferinnen, deren glatte Gesichter ich durch die Schaufenster sehe und die lächeln, wenn die Blicke sich begegnen? Oder in jenen Teenagern, die am Donegall Place bunte Bänder verkaufen, die sie dann kunstvoll in die Haare ihrer Kundinnen einflechten?

Ich setze mich auf den Sockel der Queen-Victoria-Statue vor der City Hall.

Ein kleines Mädchen in einem knöchellangen blauen Rock drückt an der Ampel auf einen Knopf, um auf die andere Seite des Donegall Square North zu kommen. Und dann eilt alles bei Grün hinüber, geschäftig, zielstrebig, keine Zeit.

Das sieht nach normalem, nach gewöhnlichem Leben aus. Aber ist es tatsächlich das gleiche wie sonst? Ist das Zutrauen in die Waffenruhe erschüttert? Hier in Belfast, wo es unzählige

Anschläge gegeben hat, wissen jedenfalls alle, was auf dem Spiel steht.

Während ich das noch denke, segeln zwei wunderschöne Exemplare der Taubenkolonie Belfast-City quer durch die Luft und setzen sich tappend und völlig bewußtlos für die Probleme dieser seltsamen Zweibeiner da unten auf die weißbekleckten Dachsimse von Robinson & Cleaver Ltd.

Ich muß hier raus, raus aus Belfast, wenigstens für einen Tag, sonst werde ich von diesem Konflikt und seinen Ungewißheiten noch aufgefressen.

Zwischen Omphalos und Checkpoint

Über Nordirland glüht eine afrikanische Sonne, das Land liegt unter einer Hitzeglocke sondergleichen – schon ist Wassermangel angesagt. Das Grün der Landschaft, so lange versengt, ist dunkler als üblich zu dieser Jahreszeit, fast gebräunt. Hätte mein alter Ford doch nur eine Klimaanlage.

Ich bin auf dem Weg nach Mooshof, einem Ort westlich von Belfast, schon im County Londonderry, real und imaginär:

»Ich weiß nicht, wie alt ich war, als ich mich auf einem Feld hinter dem Haus im Erbsenbeet verirrte, doch für mich ist es ein halber Traum; so oft habe ich davon gehört, daß ich mir das Ganze womöglich nur einbilde. Inzwischen aber habe ich es mir schon so oft und so lange eingebildet, daß ich weiß, wie es war: ein grünes Gespinst, eine Haube geäderten Lichts, ein Gewirr von Stangen und Stengeln, Schoten und Ranken, voller beschwichtigtem Erd- und Laubgeruch, ein sonnenbeschienenes Lager. Ich sitze da, als sei ich soeben aus meinem Winterschlaf erwacht; erst allmählich dringen Stimmen an mein Ohr, sie kommen näher und näher und rufen meinen Namen, und ohne jeden Grund fange ich an zu weinen.«

Der diesen frühen Ausschnitt seines Daseins in so wundervoller Prosa beschrieb, ist der legitime Nachfolger von William Butler Yeats, der Erneuerer des irischen Naturgedichts, *poeta laureatus* der Universität Oxford, Nobelpreisträger für Literatur

1995 und Katholik bäuerlicher Herkunft - Seamus Heaney, Irlands größter Lyriker.

Ich bin auf dem Weg zu seinem Omphalos, dem Nabel der jungen Jahre, in der Nähe des Lough Begh bei Castledawson:

»Mooshof, der erste Ort meiner Kindheit, weitete sich. Da gab es einen sandigen Pfad zwischen alten Hecken, den wir Sandy Loaning nannten. Er führte von der Straße ab, zunächst an den Feldern entlang und dann durch ein kleines Torfmoor zu einem abgelegenen Gehöft. Eine seidig duftende Welt. Die ersten paar hundert Meter fühlte man sich noch einigermaßen sicher. Der Weg war von Erdböschungen begrenzt, die mit Ginster und Farnen bewachsen und mit Moos und Schlüsselblumen gepolstert waren. Hinter dem Ginster, im fetten Gras, wiederkäute besänftigend das Vieh. Zuweilen brach ein Kaninchen aus seiner Dekkung hervor und hoppelte, trockenen Sand aufwirbelnd, vor einem her. Es gab Zaunkönige und Goldfinken.«

Vor Cookstown in Richtung Coleraine sehe ich eine Erhebung, einen Erdbuckel, der eigentlich ein großer Hügel ist, nicht mehr, aber von Heaneys Omphalos aus war er der Orientierungspunkt gegen Westen:

»Slieve Gallon ist ein kleiner Berg, der den Blick auf Wiesen- und Ackerland, auf die fernen Wälder des Moyola Park, auf Grove Hill und Back Park und Castledawson freigibt. Dieser Teil der Landschaft war bevölkert, war die Scholle einer Gemeinschaft, das Land des Heuschobers und des Garbenhaufens, von Zaun und Gatter, Milchkannen am Ende des Feldweges und Auktionsanschlägen an Torpfosten. Auf einem Hof nach dem anderen schlugen Hunde an. Am Straßenrand standen Tennen gähnend weit offen, prall gefüllt mit Futter.«

Im Osten, vom Mooshof aus gesehen, träumt ein kleiner See vor sich hin, der »der Einbildungskraft des Knaben nach der anderen Seite Grenzen setzte« - Lough Begh.

Den versuche ich jetzt zu erreichen, denn in seiner Mitte liegt Church Island, aus deren Eiben eine Kirchturmspitze ragt, »das Mekka der Umgebung«, wo im Hof Mädesüß und Wiesenkerbel schulterhoch gestanden haben und - so berichtet Heaney - der Heilige Patrick vor 1500 Jahren lange gebetet und gefastet haben soll.

Den See unsichtbar immer rechts, geht es durch Wald und heckengesäumte Weiden, vorbei an Rinderherden und versteckten Häusern, eine Landschaft, die sich nicht geändert zu haben scheint, seit der am 13. April 1939 geborene Seamus Heaney dort sein Paradies gefunden hatte:

»Das Licht, das auf den Untiefen des Moyolaflusses tanzt, auf dem grünblauen Strudel flimmert. Das Licht über der fernen Turmspitze von Magherafelt. Das Licht, das die Hasenglöckchen auf Grove Hill verströmen. Und die zitternde Luft hallt wider von kraftvoller Musik. Aus einem Betsaal trägt ein Sommerabend Klänge inbrünstig schwermütigen Choralgesangs über die Felder herüber, der Hagedorn blüht, und die weichen, weißen Hostienfelder des Holunders hängen schmerzlich in den Hecken.«

Ich versuche, an den See heranzukommen, doch will mir das nicht gelingen. Auf dem Weg nach Bellaghy nichts als Zäune, die Gatter dazwischen sämtlich geschlossen. Aber nicht aufgeben.

Seamus Heaney hatte mich von der ersten Zeile seiner Lektüre an verzaubert – in Deutsch die »Ausgewählten Gedichte 1965 bis 1975«, »Die Hagebuttenlaterne«, der Essayband »Die Herrschaft der Sprache«. Auf englisch »Wintering out«, »Preoccupations« und »North«.

Lebenslauf und Persönlichkeit haben mich seit der ersten literarischen Begegnung fasziniert und nicht mehr losgelassen: Ein »Kind vom Lande«, phantasievoll, emotional; mäßiger Schüler, aber glänzender Student an der Belfaster Queen's University für englische Literatur; dann Lehrer an Oberschulen und Universitäten. Mit Gastdozenturen an amerikanischen Universitäten, so im kalifornischen Berkeley, und Vortragsreisen wird der regionale und nationale Rahmen gesprengt, Weltläufigkeit gesucht und gefunden. Das Leben – Dichtung, von allem Anfang an.

Seine Kraft bezieht Heaneys Werk aus den Wurzeln der eigenen Biographie, ihrer poetischen Verarbeitung, den Leuchtfarben seiner Sicht und der tiefen Verbundenheit mit Irlands wechselvoller Geschichte – in einem unverwechselbaren Ton. So stellt sich Seamus Heaney im Stil eines langsamen, aber stetigen Durchbruchs neben Yeats, Joyce, Beckett, so wird der Ire vom Mooshof zu einer »Stimme für die Welt«.

Viele Katholiken haben es ihm verübelt, daß er 1972, also drei Jahre nach Ausbruch des Bürgerkriegs, Ulster verlassen hat und in die Republik übergesiedelt ist, erst nach Glanmore, dann, 1976, nach Dublin, wo Heaney noch heute wohnt. Dabei trifft ihn der Vorwurf, sich damit als in Nordirland geborener katholischer Schriftsteller seiner Verantwortung entzogen zu haben, zu Unrecht – was »Wintering out«, »Preoccupations« und »North« dokumentieren. Seamus Heaney hat nie im Elfenbeinturm »reiner Dichtkunst« gesessen, er hat darin auch nicht eine Sekunde verbracht. Ohne sich dichterisch ausschließlich auf den Konflikt beschränken zu lassen, hat dieser Werk und Leben des Seamus Heaney wesentlich mitbestimmt. Wer Motive und Habitus seiner Kritiker einmal genauer analysiert, wird bald feststellen können, daß sich unter ihnen nationalistische Eiferer wie auch religiöse Fanatiker tummeln, Positionen, die niemandem fremder sein könnten als diesem irischen Humanisten. Mit der sprachlosen Feindschaft von Katholiken und Protestanten im Land seiner Geburt hat Heaney nie etwas anfangen können, für irgendeinen Extremismus, gleich welcher Art, hat er nie zur Verfügung gestanden. So kann man sich auch Feinde machen.

Der uralte Streit, der immer ein religiös verbrämter Kampf zwischen sozial divergierenden Bevölkerungsgruppen war, hatte schon zu Zeiten des Mooshofes in Heaneys Leben hineingewirkt:

»Der Trommelschlag des *Orange Order* von Aughrim Hill läßt das Herz wachsam werden, wie ein Hase verhofft es. Denn war dies auch das Land der Gemeinschaft, so war es doch zugleich das Reich der Zwistigkeiten. Wie die Kaninchenpfoten, die im Zickzack über das Weideland hüpften und den weichen Zuwachs unter dem reifenden Korn untertunnelten, so folgten die Grenzlinien konfessionellen Widerstreits und Zugehörigkeitsgefühls den Grenzmarkierungen des Grund und Bodens«, so schreibt er über die Ära früher Kindheit.

Auf einmal tut sich rechts Blau auf, liegt er plötzlich da, der Lough Begh, in ziemlicher Entfernung von der Straße und getrennt von dieser durch unübersteigbare Zäune und Flächen, die mit Hunderten von äsenden und blökenden Wollpunkten gesprenkelt sind. Aber ein großer Teil der Wasserfläche ist doch zu überblicken. Und da sehe ich endlich auch den Turm, den Kirchturm von Church Island: Die Spitze ragt aus Bäumen hervor, einem Wald von Bäumen, jedoch zu weit weg, um zu erkennen, ob es noch die alten Eiben sind. Auch werde ich nicht prüfen können, ob im Hof der Kirche von Church Island Mädesüß und Wiesenkerbel wieder schulterhoch stehen, der Jahreszeit nach sollten sie es. Doch hier gibt es kein Durchkommen, und so muß ich mich mit der Sicht von fern begnügen, froh schon, in der Region des Omphalos überhaupt etwas von Heaneyscher Poesie Beschriebenes entdeckt zu haben.

Hier scheint der Frieden der ganzen Welt versammelt zu sein.

Mir ist sterbensmatt und -elend zumute bei dem Gedanken, zurückkehren zu müssen, zur Aufgabe, die noch nicht beendet ist und bei deren Bewältigung noch einige schwierige Gänge bevorstehen.

So fahre ich denn, wie um die Ankunft in Belfast aufzuschieben, nicht die kürzere und schnellere Strecke über den schmalen Isthmus zwischen Lough Begh und dem Lough Neagh, sondern südlich um dieses größte Binnengewässer der Insel herum über Dungannon und Lurgan.

Dabei stoße ich hinter Castledawson, den Slieve Gallon zur Rechten, auf eines dieser Wahrzeichen des nordirischen Bürgerkriegs, einen sogenannten Checkpoint, und hoffe und wünsche inständig, daß er unbemannt ist, leer, geräumt wie vor einiger Zeit, als ich hier vorbeigekommen bin.

Und tatsächlich, großes Aufatmen, die Anlage ist verlassen, niemand hockt in dem Gebäude, die Stätte gammelt mit Rampe und ausgehebeltem Schlagbaum verlassen vor sich hin, Unkraut wächst, alles scheint hier zu verfallen.

Hoffentlich – und für immer!

Es ist wie eine Droge

Washington House, High Street 18, dritter Stock.

Die Tür mit dem Schild »Organisation Against Terror and Intimidation« (»Organisation gegen Terror und Einschüchterung«)

ist schmal und unscheinbar, aber dahinter tut sich, der Name mag es schon ankündigen, die ganze Tragödie des nordirischen Konflikts auf.

Hierher kommen seine Opfer, katholische und protestantische, Väter, Mütter, Brüder, Schwestern der Opfer, junge und alte, zerstört und gebrochen oder kampffreudig und widerstandswillig, jeden Tag sprechen hier die einen und die anderen vor. Empfangen werden sie von Nancy Gracey, Inspiratorin, Gründerin und Leiterin der Organisation, eine dieser Frauen, deren Zähigkeit und Pflichtgefühl stets aufs neue über ihre angeborene Empfindsamkeit siegen müssen, um das begonnene Werk fortzuführen, die tagtägliche Begegnung mit den Zeugnissen körperlicher und seelischer Versehrungen, den mannigfachen Ausgeburten des unersättlichen Kraken Gewalt.

Nancy Gracey stellt einen Frauentypus dar, wie er mir auch in anderen Ländern, mit ähnlichen Problemen und ähnlichen Organisationen, begegnet ist, nicht zuletzt bei amnesty international – von imponierender Ausdauer in einem Geschäft, das mehr mit Verzweiflung und Furcht zu tun hat als mit jedem anderen Zustand menschlichen Seins.

Sie führt mich zu Jack P.

Er ist 55, Protestant und Vater eines 31jährigen Sohnes, der seit drei Jahren versteckt leben muß. Hier Stationen in eine Illegalität, von der der Vater fürchtet, sie werde ein Leben lang andauern.

Noel P. hatte eine Freundin, deren Familie ebenfalls protestantisch war, aber gegen die Verbindung Einwände hatte, weil Noel keine Heiratsabsichten äußerte. Darüber gab es Streit und Schlägereien mit dem Vater des Mädchens. Als die Beziehung andauerte, kamen Drohungen hinzu, die Jack P. mehr beunruhigten als den Sohn. »Es war bekannt, daß die Familie des Mädchens enge Beziehungen hatte zu protestantischen Untergrundorganisationen, darunter die Ulster Volunteers Forces, die besonders rücksichtslos gegen eigene Leute vorgehen. Ich hatte Angst um meinen Sohn, große Angst.«

Wie berechtigt sie war, zeigte sich wenig später.

Eines Abends, als Noel in der Shankill Road, wo die Familie P. wohnte, Bier holen wollte, sah er sich plötzlich umstellt von maskierten Männern mit Schußwaffen und Messern in den Händen. »Der *gun man* setzte eine Pistole an Noels Kopf und drückte ab. Aber die Patrone explodierte nicht – es war reiner Zufall.«

Noel P. nutzte die Verwirrung, warf die Bierdosen weg und floh. Es gelang ihm, einen Wagen anzuhalten, mit dem er sofort zur Polizei fuhr. Die rief den Vater an, und der kam sofort, um seinen Sohn abzuholen. »Noel zitterte wie ein Kind«, Jack P. macht das nach und schüttelt sich dabei am ganzen Leib.

Er sitzt da vor mir in Arme-Leute-Kluft, gelber Jacke, roter Hose, an den Füßen Sandalen. Sein Gesicht ist zerfurcht wie bei einem Menschen, der seit langem schlecht schläft, weil er innerlich nicht zur Ruhe kommt.

Von dem Tag der Attacke an, also seit drei Jahren, lebt Noel P. im Untergrund, versteckt vor den Häschern der UVF, zunächst bei Freunden in Belfast. Als ein Inspektor den Vater warnte, daß die paramilitärischen Loyalisten nach ihren Bekundungen den Sohn töten wollten, sobald sie seiner habhaft würden, wurde Noel P. in das englische Manchester gebracht.

»Was hat mein Sohn denn getan?« fragt Jack P. jetzt, so eindringlich, als könnte ich ihm antworten. »Es waren doch häusliche, familiäre Probleme, um die es ging, doch nicht um etwas ernsthaft Politisches – wenn es das noch gewesen wäre. Überhaupt wäre das ganze Problem nicht da, wenn die Familie des Mädchens keine Verbindung zu der Untergrundorganisation gehabt hätte. So aber hat Noel seine Wohnung verloren, ist in psychiatrischer Behandlung und für uns nur noch eine Stimme am Telefon.«

Gesehen haben Noels Eltern und die vier Geschwister, drei Brüder, eine Schwester, ihn nur noch einmal – bei einem dramatischen Fernsehauftritt zu Weihnachten 1994 vor der Belfaster City Hall.

Noel P. war unter konspirativen Umständen nach Ulster gebracht worden, niemand außer den Organisatoren wußte, wo er war, auch die Eltern und Geschwister nicht.

Nachdem er dann im Herzen der Stadt unter einem großen Tannenbaum vor laufender Kamera seinen Fall in bewegten Worten geschildert und die Aufhebung des Todesurteils gegen ihn gefordert hatte, gab es zwischen ihm und den Eltern eine kurze Zusammenkunft an einem geheimen Ort.

An diesem Punkt seines Berichts angelangt, wendet Jack P. sich ab. Ich sehe, wie sich seine Zehen unter den Strümpfen in den offenen Sandalen krümmen.

Nach dem Fernsehauftritt hat er um eine Zusammenkunft mit dem politischen Flügel der Ulster Volunteers Forces ersucht und sie auch bekommen. Dort wurde ihm zunächst erklärt, daß sein Sohn nicht zurückkehren könne, ohne Gefahr zu laufen, umgebracht zu werden. Einige Tage später aber holten ihn dieselben Leute zu sich und versicherten, daß alles getan werde, um das »Problem« gütlich beizulegen.

»Das ist jetzt auch wieder sieben Monate her«, sagt Jack P., und macht eine Gebärde der Hoffnungslosigkeit – er breitet die Arme aus und läßt sich nach hinten auf die Couch fallen.

Im Nebenzimmer treffe ich einen Angestellten der Organisation gegen Terror und Einschüchterung, Seamus McK., 45, auch er Protestant.

Hier geht es um die Mutter seiner Frau, Jean McC. – von der IRA verschleppt, ist sie seit Dezember 1972 verschwunden. »Meine Frau Helen und ich wissen natürlich, daß sie nicht mehr lebt. Aber wir werden uns damit nicht zufriedengeben und hoffen, daß der Waffenstillstand helfen wird, den Fall aufzuklären.«

Seamus McK. gibt seinen Bericht mit leiser Stimme und einem unbeirrbaren Ausdruck im Gesicht.

Jean McC., Protestantin, hatte einen Katholiken geheiratet, einen britischen Soldaten, der nach achtzehn Jahren Ehe im Herbst 1972 an Lungenkrebs starb. Unter dem Druck der Umstände, sie allein mit zehn Kindern, war die Frau zusammengebrochen und kam in ein Krankenhaus. »Kurz nach ihrer Entlassung«, fährt Seamus McK. fort, »gab es einen Zusammenstoß zwischen katholischen Provos und einer Armee-Einheit, bei dem ein britischer Soldat erschossen wurde. Jean, die zufällig Zeugin der Szene geworden war, kniete nieder und betete für die Seele des Getöteten. Am nächsten Tag war die Wohnungstür der Familie übersät mit Graffiti, die alle das gleiche schrien: ›British bastards‹.«

Und dann kamen sie, acht Männer und vier Frauen der IRA, maskiert und in Waffen. Jean McC. war gerade im Badezimmer und hatte nur einen Hausmantel um. Aber es wurde ihr nicht erlaubt, sich anzuziehen. »So, wie sie war, wurde sie ins Auto gesteckt und nie mehr wiedergesehen.«

Nachdem die Mutter verschleppt worden war, versteckte Helen, mit fünfzehn das älteste der Kinder, sich und ihre Geschwister nachts unterm Bett, so lange sie noch gemeinsam in der Wohnung waren.

Aber bald wurde die aufgelöst und die Waisen in ein Heim gesteckt, bis auf Helen, heute die Frau von Seamus McK.

»Sie besuchte ihre Geschwister in dem Waisenhaus, in dem ich damals arbeitete. So haben wir uns kennengelernt und geheiratet. Wir haben fünf Kinder.«

Noch heute hat seine Frau einen Schreckenstraum, der immer wiederkehrt und aus dem sie jedesmal schweißgebadet und erschöpft erwacht: Die IRA bricht die Haustür auf, poltert ins Zimmer und zerrt ihre Geschwister und sie unter den Betten hervor. Sechs Wochen nach der Tat waren ihr der Ehering und das Portemonnaie der Verschleppten von einem Mann zurückgebracht worden. Als sie ihn fragte, wo die Mutter sei, war seine Antwort: Er wisse von nichts, sondern habe nur die Aufgabe, Ring und Geld zurückzubringen.

»Ich versuche zusammen mit meiner Frau seit über zwanzig Jahren herauszubekommen, wo Jean McC., meine Schwiegermutter, die ich nie kennengelernt habe, geblieben ist – vergebens. Die haben nur geschrien: ›Hau ab, sonst…‹ und dabei unmißverständliche Bewegungen gemacht. Später hat uns ein IRA-Mann, der selbst nicht dabeigewesen sein wollte, gesagt: Sie sei in einem Plastikbeutel erstickt worden. Und das, weil sie es nicht bereut hätte, an der Seite des erschossenen britischen Soldaten niedergekniet zu sein und für ihn gebetet zu haben. Sie sei halsstarrig gewesen. Darum mußte sie sterben.«

An den Wänden des Hauptraums der Organisation Against Terror and Intimidation hängen Fotos, die so furchtbar sind, daß es größter Überwindung bedarf, sie sich anzuschauen: Bilder von *punishment beatings*, eine an Zynismus nicht mehr zu überbietende und von den Tätern erfundene Worthülse, die verschleiert, was die selbsternannten Richter unter »nichtmilitärischer Gewalt« verstehen. Menschen werden mit dem Rücken auf ein Gitter oder einen Zaun gelegt, wo ihnen die Beine mit Schlagkeulen (*baseball bats*) oder Eisenstangen (*iron bars*) zertrümmert werden.

Damit ist die Phantasie der Menschheitsbeglücker im Namen des irischen Katholizismus oder des nordirischen Protestantismus aber noch keineswegs erschöpft. Ich sehe Fotos, auf denen Opfer ihre durchschossenen Unterschenkel zeigen, Einschüsse in Großaufnahme, in Knien und in Knöcheln – Menschen, die nie wieder gehen können, Krüppel fürs ganze Leben.

Und auch danach noch gebietet die Gewalt über ihr Opfer.

Ein Foto des »Belfast Telegraph« zeigt einen jungen Mann, der so übel zugerichtet ist, daß sein Körper wie ein einziger Verband aussieht: »Shooting victim Simon Murray recovers from a gun attack.«

Irrtum, der Mann wird sich niemals wieder von dieser IRA-Attacke erholen, er wird niemals wieder seinen rechten und seinen linken Arm gebrauchen können, wofür sie von der Natur geschaffen worden sind. Aber gefragt, ob es die IRA war, die seinen Kopf in die Karikatur eines normalen Menschenhaupts verwandelt hat, verweigert der 21jährige jede Antwort.

Das Gesicht, das Nancy Gracey vor der Wand macht, kenne ich auch – es demonstriert, daß es an solche Bilder keine Gewöhnung geben kann. »Seit dem Waffenstillstand vom 31. August 1994 hat es 103 *punishment beatings* durch die IRA und 63 durch die protestantischen Paramilitärs gegeben. Sie geben einander kaum was nach, so, wie auch die Gründe beider Seiten verlogen sind, vor allem da, wo sie gegen Drogendealer vorzugehen vorgeben. Ganz abgesehen davon, daß die IRA und die Ulsterprovos selbst in die Drogenszene verstrickt sind – meist setzen sie nur die Kleinen, Abhängigen, die untersten Glieder in der Drogenkette matt, mit *hurley sticks* und *baseball bats*.«

Und dann sagt Nancy Gracey, Gründerin und Leiterin der Organisation Against Terror and Intimidation, einen Satz, der mir nicht aus dem Sinn geht, längst, nachdem ich das Washington House, Belfast, High Street 18, verlassen hatte.

»Die Wahrheit ist, daß die Menschen hier so lange mit der Gewalt gelebt haben, daß viele von ihnen ohne sie nicht auskommen. Wenn schon nicht mehr Massenmord mit Bomben, keine tödlichen *gun attacks*, dann eben gebrochene Knochen, zerschossene Gelenke, eingeschlagene Köpfe.

Es ist wie eine Droge.«

An dieser Stelle der Niederschrift des Buches, wenige Tage nach den schweren Bombenanschlägen der IRA in London, erreicht mich die Nachricht, daß zwischen der britischen und der irischen Regierung Gespräche eröffnet worden sind, deren Ziel es ist, in Ulster zu politischen Verhandlungen mit allen demokratischen Parteien zu kommen. Was eine mehr oder weniger latente Umschreibung der All Party Talks ist, die seit langem von republikanischer Seite gefordert wird. Aber die Sache zeigt noch verschiedene Pferdefüße. Die Führer der größten protestantischen Partei Nordirlands sind vorerst nicht gekommen, weil sich der Dubliner Außenminister am Ort des Gesprächs aufhält, und Sinn Fein war gar nicht erst eingeladen worden, weil der Bruch des Waffenstillstands durch die IRA nicht widerrufen worden sei. Als Sinn-Fein-Präsident Gerry Adams dennoch erschien, wurde er abgewiesen. Aber die Gesten sind moderater geworden, die Stimmen gedämpfter, der Wille, ein neues Kapitel in der Geschichte des nordirischen Konflikts aufzuschlagen, offenbar doch angestachelt.

Was immer bei diesen Gesprächen herauskommen mag oder nicht – wäre es ohne die Bomben von London auch nur zu diesem Vorgespräch gekommen? Hätte die britische Regierung sich ohne die Detonationen an den London Docks und in Aldwych überhaupt bewegt? Oder einfach, was sehr viel wahrscheinlicher ist, ihr Schildkrötentempo fortgesetzt in einer Angelegenheit, die nach gütlicher Lösung förmlich schreit?

Und auch das noch einmal: Nichts entschuldigt heimlich gezündete, gegen das Leben ahnungsloser Menschen gerichtete Bomben, gar nichts. Doch die Verantwortung für absichtsvoll verpaßte Chancen durch schleppende Verhandlungen angesichts eines so grausamen Kriegs wie hier in Nordirland mit 3500 Toten und noch mehr Verletzten – die Verantwortung dafür ruht nicht auf einer, sie ruht auf mehreren Schultern.

Der neue Terror ist ein betäubender Schlag. Aber erst, wenn sich herausstellte, daß Gewalt tatsächlich die Ultima ratio aller Bewegung ist, auch der dem Licht zu, erst dann ließe ich die Hoffnung fahren auf Vernunft, auf Liebe und auf Frieden – erst dann.

Nicht jetzt!

Aber die RUC müßte verschwinden

In der Bogside von Londonderry (das auch sie nie anders als Derry bezeichnen würde) besuche ich Judith D.

Sie ist das, was man eine unscheinbare Person zu nennen pflegt, aber von jener Sorte, die sich in einen anderen Menschen zu verwandeln scheint, wenn sie spricht. Ihr Gesicht widerspiegelt beredt jede Nuance ihrer Gefühle, ihre Gestik untermalt sie noch, energisch und doch gezügelt, und ihre Augen sind eindringlich auf ihren Gesprächspartner geheftet.

So erfahre ich von der vierzigjährigen Katholikin, Mutter von drei Kindern, wie ihr Mann, Danny D., IRA-Freiwilliger, erschossen wurde – am 6. Dezember 1984, laut offiziellem britischen Bericht bei einem verhinderten Anschlag auf einen prominenten Loyalisten.

Judith D. bestreitet nichts. »Er hat es getan und ist dabei gefallen, mit 22 Jahren«, sagt sie, unpathetisch, und zeigt mir zwei Fotos. Auf dem einen sehe ich einen schwarzhaarigen, gutaussehenden Mann mit Schnurrbart und einem Band um die Stirn, auf dem anderen ein umgestürztes Motorrad, daneben der Körper des Erschossenen. Danny D. hatte gerade eine Gefängnisstrafe von viereinhalb Jahren abgesessen.

Im Verlauf des Gesprächs erfahre ich von Judith D., daß der Bruder ihres Mannes fünf Jahre später, im Februar 1989, ebenfalls von britischen Soldaten erschossen worden ist. »Er hatte vierzehn Kugeln im Leib und hinterließ Frau und drei Kinder, die alle seinen Tod mitangesehen haben.«

Dann redet sie weiter in dieser seltsamen Verwandlung, die den ganzen Körper mitsprechen läßt.

Judith D. erzieht ihre Kinder nicht in Haß gegen Briten, Protestanten und Polizei, aber in Gegnerschaft. Das ist ein Unterschied, sagt sie. Die sind da, so wirklich wie Regen und Hagel, mit ihnen muß man sich auseinandersetzen. Haß ist verständlich, nützt aber nichts. Es gibt Probleme, Verhältnisse, Bedingungen, die so nicht bleiben konnten, und als friedliche Mittel zu ihrer Veränderung nichts brachten, ist zur Gewalt und zum bewaffneten Kampf übergegangen worden. In diesem Kampf gibt es zweierlei Recht, für Protestanten das eine, für Katholiken das andere. Die Freilassung Lee Cleggs, von dem man hört, daß er wieder in die Armee aufgenommen worden sei, hat sie empört und erschreckt. Sie ist für die Vereinigung Nordirlands mit der Republik und hält die Furcht, in einem geeinten Irland würden die Protestanten so behandelt werden, wie sie die Katholiken behandelt haben, für gänzlich abwegig. »Das könnten wir gar nicht, wir haben doch gelernt aus dem, was sie uns angetan haben. Außerdem wäre es eine völlig andere nationale Situation.«

Auch sie vertritt die Meinung, daß eine Vereinigung nur durch einen Majoritätsbeschluß der Bevölkerung von Nordirland herbeizuführen ist. »Alles andere liefe auf die Verewigung des Konflikts hinaus, nur daß er dann nicht, wie jetzt, in einem Teilgebiet, sondern in ganz Irland ausgetragen würde.«

Sie gibt zu, daß die IRA auch unschuldige Menschen getötet hat und sie unter diesem Wissen leidet – ohne, wie üblich, anzufügen, daß es unvermeidlich gewesen sei.

Dann setzt Judith D. mich vor den Bildschirm, legt ein Videoband ein und drückt auf den Knopf. Es knallt: Männer mit Maschinenpistolen schießen über einem Sarg Ehrensalut – ich sehe einen Film vom Begräbnis des Danny D. auf dem großen Friedhof von Londonderry. Ein Trauerzug mit Hunderten von schwarzgekleideten Männern und Frauen, begleitet von einem Troß langsam fahrender Militärfahrzeuge. Auf dem hellen Sarg die Fahne der irischen Republik, an den Flanken des Zugs, dicht an dicht, die Uniformen der RUC, und in der Luft schnurrende Helikopter. Obwohl es nicht regnet, haben viele Trauergäste Schirme aufgespannt, damit die Gesichter von oben nicht zu erkennen sind. Andere haben sich maskiert, so die Gruppe, die dem Sarg voranschreitet. Man sieht Judith D. mit ihrem ersten, damals gerade neun Monate alten Kind auf dem Arm, dann schwenkt die Kamera weg und richtet sich auf den Priester, der die Grabrede hält, auf irisch.

Judith D., in meinem Rücken, übersetzt ins Englische: »Er sagt: ›Wie Bobby Sands, der durch Hungerstreik starb, so ist auch Danny gefallen – für Irland. Die einzige Sprache, die die Briten verstehen, ist die der Gewalt. Danny war ein lebensfroher

Mann, aber er hatte nur ein kurzes Leben‹ – das sagt der Priester.« Es ist das einzige Mal, daß die Stimme von Judith D. versagt, hier am Schluß. Ich möchte mich umdrehen, tue es aber nicht.

Die ganze Zeit über hat ein Mann im Zimmer stumm dagesessen, einen dreijährigen Knirps auf dem Arm, der ebenfalls keinen Laut von sich gegeben hat, sondern mit großen Augen, den linken Daumen im Mund, in die Runde schaut: Martin L. Er ist Judith D.s Lebensgefährte, mit dem sie dieses Kind und noch ein anderes hat, das aber in der Schule ist. Er ist 35 Jahre alt, von Beruf Elektriker, jedoch schon lange ohne Arbeit. Alle vierzehn Tage erhält er vom Staat 90 Pfund, also umgerechnet etwa 220 Mark.

Jetzt sagt er: »Ich möchte das noch einmal bestätigen – das Schicksal der Protestanten in einem vereinten Irland wäre kein anderes als das einer privilegierten Minderheit. Nichts von dem, was sie uns angetan haben, würden wir ihnen antun oder könnten wir ihnen antun.« Dann, nachdrücklich: »Nur eines wäre sicher, die Polizei, so, wie sie jetzt ist, die müßte aufgelöst werden, daran führt kein Weg vorbei – die RUC müßte verschwinden.«

Jetzt turnt der Kleine auf dem Vater herum, kräht, hat genug vom Stillsein. Ein großes Tier bricht herein, eine Mischung aus Labrador und Schäferhund, in dessen dicke Halskrause sich die Händchen des Kleinen sofort verkrallen. Dann tollen die beiden juchzend und kläffend auf dem teppichlosen Fußboden. Es ist ein armer Haushalt, Geld fehlt, man merkt es an allem. Mir ist Tee angeboten worden, aber ohne Zucker – das erste Mal. Nirgendwo sonst hatte ich so sehr das Gefühl, Eindringling zu sein, wie hier, obwohl ich auf das freundlichste behandelt werde – trotzdem.

Zeit zu gehen. Zum Schluß die lange aufgeschobene Frage: »Und wie stehen Sie zum Waffenstillstand?«

Darauf Judith D., prompt, mit lebhafter Gestik: »Ich will es nicht so haben wie davor. Wer wollte das schon? Aber eine Entwaffnung der IRA vor gesicherten Verhandlungsergebnissen, damit wäre ich nicht einverstanden.«

»Die Briten wissen, daß diese Forderung nicht erfüllt wird, nicht erfüllt werden kann«, ergänzt Martin L., »sie ist aufgestellt worden, um Verhandlungen zu verzögern oder überhaupt unmöglich zu machen.«

Judith D. begleitet mich zur Tür. Beim Abschied sage ich: »Sie sind eine starke Frau. Gibt es irgend etwas, das Sie umwerfen, Sie aufgeben lassen könnte?« Sie läßt die Türklinke los, denkt eine Weile nach und antwortet dann, verhalten: »Wenn eines meiner Familienmitglieder durch die IRA umkommen würde – das würde auch mich töten, innerlich. Aber an meinen Idealen würde sich nichts ändern.«

Eigentlich geschieht hier etwas Unglaubliches

Die Hecken, die grünen Matten, die stoppelbestandenen Felder, das leuchtende Weiß der Häuserfronten, die weidenden Rinder und Schafe – wunderschön ist die Landschaft zwischen Strabane und Omagh, und kein Unterschied zu entdecken zu den Fluren der *midlands* in der Republik.

Ich habe mir angewöhnt, mich in meinen alten Ford zu setzen und aufs Geratewohl in die Landschaft zu fahren.

Von der A 5 auf die B 122, Nebenstraße einer Nebenstraße, nach Fintona – Hügel, Bergzüge unter flirrender Sonne, unzählige Krähen auf den gemähten Feldern, saubere Häuser, die asphaltierte Straße kurvig, dies vorgegeben von der Trasse alter Feldwege, alter Landstraßen und ihnen gehorsam folgend.

Dann über Fivemiletown und Maguiresbridge, schon im County Fermanagh, nach Lisnaskea, eine der Ortschaften, die gern Provinznester genannt werden und zu denen ich mich um so mehr hingezogen fühle, je älter ich werde.

Aber dort stoße ich auf einen Anblick, auf den so niemand, der nicht schon einmal hier gewesen ist, vorbereitet sein kann: auf eine gewaltige, braungestrichene, gut zwölf Meter hohe Metallumzäunung von den Ausmaßen eines Häuserblocks, eine Anlage, die sogar noch die Festung an der Falls Road vor dem Belfaster Middletownfriedhof in den Schatten stellt – so reckt sich nun die Lisnaskea RUC Station vor mir hoch, das Ulster Constabulary Subdivisional Headquarter, Counties Fermanagh and Tyrone, Polizeihauptquartier zweier Grafschaften.

Links vom großen Tor findet sich hinter Glas Gedrucktes, Werbung für die RUC, die verheißt »Stolz ohne Vorurteile«, »Nimm die Herausforderung an«, »Vertraue deiner Polizei«. Dann Statistisches: die Zahl der Verkehrsunglücke im letzten Halbjahr, der Toten und Verletzten, sowie Maßnahmen zur Verhinderung von Unfällen; die Zahl der Festnahmen wegen Drogen und andere Kriminalfälle – weiter komme ich nicht. Denn aus dem Tor tritt ein Polizist, begrüßt mich freundlich, wenn auch mit einem Unterton von Mißtrauen, und fragt, ob er mir helfen könne. »Das können Sie«, nehme ich mir ein Herz zu sagen, »ich schreibe ein Buch über Irland und möchte etwas über diese Anlage wissen« – ziemlich sicher, daß dieser spontane Wunsch nicht erfüllt wird. Um so überraschter bin ich, als der Mann vorausgeht, mich durch die schwerbewachte Anlage in ein Zimmer führt und mir dort den Besuch des *press officer* ankündigt.

Keine fünf Minuten später tritt Inspektor John A. K. M. ein, Mitte dreißig, schätze ich, ohne Uniformjacke, mit einem gewinnenden Lächeln und der Aufforderung, Fragen zu stellen.

»Die erste – wieviel Einwohner hat Lisnaskea?«

»Neuneinhalbtausend.«

»Zweite Frage: Wie viele davon sind Katholiken, wie viele Protestanten?«

»Achtzig Prozent Katholiken, zwanzig Protestanten.«

»Und drittens: Wie finden Sie es denn, daß einer Einwohnerschaft von vier Fünftel Katholiken durch die RUC, die zu neunzig Prozent oder mehr aus Protestanten besteht, ein solches Polizeifort vor die Nase gesetzt worden ist? Gibt es dafür irgendein anderes Argument als Einschüchterung?«

Inspektor John A. K. M. stutzt, als hätte ihn eine solche Überlegung noch nie heimgesucht, lacht und sagt dann: »Ob die das so sehen? Das Verhältnis zwischen den beiden Bevölkerungsgruppen ist gut, zwischen ihnen hat es wenig Zusammenstöße gegeben, auch jetzt im Juli nicht.«

»Gar keine?«

»Es ist einmal eine Rakete abgefeuert worden, aus hundert Yards Entfernung, direkt auf unsere Station, hat sie aber verfehlt. Niemand ist verletzt worden.«

»Von wem wurde sie abgeschossen?«

»Von der IRA natürlich.«

»Hat man die Schützen gefaßt?«

»Nein, aber aus Lisnaskea waren sie nicht.«

»Sie sind Protestant?«

»Seit meiner Geburt.«

»Würden Sie gegen paramilitärische Protestanten anders vorgehen als gegen IRA-Leute?«

Inspektor John A. K. M. runzelt die Stirn, reibt den rechten Zeigefinger unter der Nase und sagt dann, betont sachlich: »Egal, wer das Recht bricht, welche Seite auch immer, wir werden gegen sie vorgehen.«

»Finden Sie, daß damit die Rolle der RUC in dem nordirischen Konflikt erschöpfend charakterisiert ist?«

»Für meine Person ja«, sagt John A.K.M., »ich glaube an Recht und Ordnung, und in meinem Berufsleben hat es bisher nichts gegeben, was das in Zweifel gestellt hat. Ich war vorher Bankangestellter, nicht gleich bei der RUC. Aber es gefällt mir hier.«

»Sie sind britischer Staatsbürger?«

»Ja, und will es auch bleiben. Ich habe drei Kinder, zwei Jungen und ein Mädchen, neun, sieben und vier Jahre alt, und liebe meine Frau. Ich möchte, daß sie ein ungefährdetes, friedliches Leben führen wie ihre katholischen Altersgenossen auch.«

»Sagen Sie mir was zum *cease-fire*?«

»Jeder begrüßt es, wenn keine Bomben hochgehen. Wie könnte es denn anders sein? Da hat sich doch vieles schon entspannt. Das muß so bleiben.«

»Und *Decommissioning of Weapons*? Sollte nur die IRA die Waffen abgeben?«

»Nein, das muß für beide Seiten gelten. Aber oft genug war die Gewalt auf unserer Seite eine Reaktion auf IRA-Anschläge.«

»Und worauf hat die IRA reagiert?«

Er nickt mit dem Kopf, schweigt, sagt dann: »Es war und ist nicht alles in Ordnung. Aber so geht es nicht.«

»Hätte sich denn sonst überhaupt etwas bewegt?«

»Lassen Sie mich mal sagen, und zwar nach beiden Richtungen: Heute muß sich etwas bewegen, und zwar ohne Gewalt.«

Ich denke: Eigentlich geschieht hier etwas Unglaubliches. Ich sitze als Ausländer und Wildfremder in einem überregionalen Hauptquartier der Ulsterpolizei, animiere einen Offizier, mir auf zentrale Fragen des großen Konflikts zu antworten, und John A. K. M tut es auch. Gleichzeitig bin ich mir bewußt, was ein katholischer Insider ihm während eines solchen Dialogs alles hätte entgegensetzen können und um wieviel gespannter die Atmosphäre dann gewesen wäre. Dennoch kann ich nicht umhin, die Situation in diesem kahlen Raum als etwas Tröstliches, vielleicht sogar Konstruktives zu empfinden, jedenfalls wenn ich mir andere Konflikte in anderen Ländern mit anderen Gegnern zum Vergleich vorstelle – Bosnien, Tschetschenien, Afghanistan, Ruanda. Irrwitzig jede Erwartung, dort solche Fragen vor ihren Verursachern genauso angstfrei stellen zu können. Aber natürlich, es kommt eben darauf an, welche Meßmodelle man aneinanderhält. Auch das Leidlichere kann für die Betroffenen immer noch unleidlich genug sein.

Der Inspektor bringt mich bis zur Tür, zeigt mir den Platz, von wo die Rakete abgeschossen worden ist, und auf die Stelle, wo sie eingeschlagen hat an der Mauer eines gegenüberliegenden Hauses. »Hoffentlich die letzte«, sagt er.

Wir geben uns die Hand.

Die Hitze ist brütend.

Später lese ich in einer Werbeschrift der RUC, die ich mit auf den Weg bekommen habe. Und sogleich geht es mir wie immer bei der Lektüre von Selbstpreisungen, die in hohen und höchsten Werten schwelgen – ich werde skeptisch: »Der Dienst in der RUC ist unabhängig von Alter, Geschlecht, politischem und religiösem Glauben, dem ethnischen oder sozialen Hintergrund ...« Ach ja? Und wie kommt es dann, daß die RUC zu über 90 Prozent aus Protestanten besteht bei einem katholischen Bevölkerungsanteil von 44 Prozent?

»Die Mehrheit gehorcht dem Gesetz«, lese ich weiter, »aber wo es gebrochen wird, da garantiert die RUC, professionell, fair und friedenserhaltend zu handeln mit Ehrlichkeit, Höflichkeit, Anteilnahme und Unparteilichkeit.« Uff!

Meine Unruhe vertieft sich noch, als ich in der Broschüre auf ausführliche Ratschläge stoße, wie Einbrüche verhindert werden könnten und was gegen Kindervandalismus zu tun sei, wohingegen dem Thema der Friedenserhaltung – *maintaining the peace* – ganze fünf Zeilen gewidmet werden, vor allem aber die

Frage: »Warum eine so gewaltige Überwachungszitadelle inmitten einer Ortschaft von weniger als 10 000 Bewohnern?« gar nicht gestellt wird.

Wieder die verschiedenen Wahrnehmungsmuster, die unterschiedlichen Interpretationen von Wirklichkeit. Was sagen kritische Protestanten zu dieser Schrift, geschweige denn geschichtsbewanderte Katholiken?

Und wie hatte Martin L. noch gesagt? »Die RUC muß verschwinden.«

Dennoch gelingt es mir auch in den nächsten Tagen nicht, Inspektor John A. K. M, 38, *press officer* im Ulster Constabulary Subdivisional Headquarter, Counties Fermanagh and Tyrone, Vater dreier Kinder, britischer Staatsbürger und willens, es zu bleiben, im Sommer vor ausländischen Interviewer ohne Uniformjacke tretend und überdies eines sympathischen Lächelns fähig – es gelingt mir nicht, diesen Mann zu dämonisieren.

Soll doch büßen, wer büßen will

Auf dem Weg zum Croagh Patrick, Irlands Heiligem Berg, wo heute, wie jeden letzten Julisonntag, der große Pilgerzug dem 763 Meter hohen Gipfel zustreben wird – in diesem Jahr am 26. des Monats.

Das Datum des Aufstiegs hatte ich mir, erinnerlicherweise, früh in meinem Kalender vermerkt, um ihn an Ort und Stelle zu erleben, von wo aus auch immer ich anzufahren hätte.

Zu diesem Zweck muß ich also aus dem »anderen Irland« zurückkehren in die Republik, nicht ungern nach allem, was einen da oben drückt, wie ich gestehe, ein willkommener, wenn auch nur kurzer Ausflug, da die Arbeit in Nordirland noch nicht beendet ist.

Von Sligo über Castlebar kommend, sehe ich den gewaltigen Spitzkegel schon lange vor Westport, von näher dann die kleine weiße Kapelle droben, wie der verlorene Spritzer eines Sahnehäubchens, die tiefen Regenschründe des Nordhangs und das märchenhafte Blau der Clew Bay zu seinen Füßen.

Dann endlich liegt er vollends vor mir, der Croagh Patrick, nackt, bräunlich und in seiner ganzen gigantischen Beulenhaftigkeit.

Da oben, gleich unterm Himmel, soll der Heilige Patrick im Jahr 441 wie Mose vierzig volle Tage in Buße fastend zugebracht, soll er in Wind und Wetter gefleht und sich gewunden haben, daß ihm Erleuchtung komme und der Herr dem reuigen Bergsteiger alle Sünden erlasse für die ungemeine Anstrengung des Aufstiegs und die Tortur eines so langen Gipfelaufenthalts. Ein Beispiel, das offenbar auch mehr als eineinhalb Jahrtausende später nichts von seiner magnetischen Eindruckskraft verloren hat, denn der Anblick, der sich mir hier bietet, ist erstaunlich.

Scharen gläubiger Menschen, alt und jung, groß und klein, Hunderte und aber Hunderte, beschuhte und unbeschuhte, lachende und ernste, solche mit und solche ohne Stock, sie machen sich von der Kirche bei Lecanvey oder von den Ruinen des kleinen Klosters bei Murisk auf, um über Geröll und Schutt und weite Umwege die ferne Bergspitze zu erklimmen. Es ist die allerhärteste Pilgertour der an strapaziösen Wallfahrtsorten nun wahrlich nicht armen Insel – zumal danach noch der kaum weniger schwierige Abstieg erfolgen muß.

Mein Aufstieg endet allerdings schon hier vorn, an der Statue des Heiligen Patrick im Bischofsornat und mit Bischofsstab in der Hand, einer kalkigen Figur auf einem mit christlichen Symbolen verzierten Betonsockel, aus dem das Halbrund eines Weihwasserbeckens ragt. Eine Prüfung ergibt, daß es darin so trocken ist wie in der Mundhöhle der Pilger, wenn sie das Ziel ihres beschwerlichen Marsches endlich erreicht haben.

Ich jedenfalls bin entschlossen, die Strapaze nicht weiter als bis zu Füßen des irischen Nationalheiligen zu treiben – soll doch büßen, wer da büßen will. Meine Bereitschaft dazu hat ihre Grenzen. Deshalb begnüge ich mich diesmal, was die Aufstiegsetappen betrifft, ausnahmsweise mit Fotos, die immer weitere, immer erhabenere Blicke zulassen, nach Norden über die Clew Bay hinweg und von der Spitze nach Süden bis zu den Twelve Pins von Connemara.

Also lasse ich mich gern überholen, so von zwei weit nach vorn gebeugten Jugendlichen mit Rucksäcken, unter deren

Bürde sie schon jetzt heimlich ächzen, oder von jenem grauhaarigen Fünfziger, der in derber Hose, mit Bergschuhen, Gamaschen, einem Beutel um die Schulter und in jeder Hand einen Metallstock, stramm aufwärts stapft.

Wer aber meinte, damit sollte es getan sein, der irrte. Denn auf Tafeln wird genau vorgeschrieben, auf welche Weise Buße geübt werden muß, und zwar nicht erst auf dem Gipfel, sondern von Beginn an, gleich hier unten. Bei der ersten Station: siebenmal rund um den Stein herumgehen und dabei sieben Vaterunser aufsagen; bei der zweiten, etwas höher gelegenen: weitere sieben Vaterunser, aber diesmal auf den Knien. Bis hierher nehme ich die Schauplätze der Büßerordnung noch persönlich in Augenschein, weitere Stationen ersehe ich aus einer kostenlos verteilten Schrift.

Sie verheißt, daß die Betübungen und Rundgänge gnadenlos immer beschwerlicher, die körperlichen und geistigen Mühen immer intensiver werden, bis nahe der Kapelle fünfzehnmal im Kreis herumzugehen und das Vaterunser zu beten ist, »damit sich die Absichten und Wünsche des Papstes erfüllen«.

Ich breche die erbauliche Lektüre ab und beobachte lieber von meinem schmählicherweise anstrengungslos erreichten Standort nahe der grell gekalkten Statue in Bischofskluft, ob sich die Büßerinnen und Büßer jeden Alters und Geschlechts an die strengen Vorgaben halten oder nicht. Die Realität lehrt - eher nicht. Auch würdigen die entschlossenen Marschierer seltsamerweise den Heiligen Patrick hier vorn kaum eines Blicks, obschon er aufmerksamkeitsheischend die rechte Hand ausgestreckt hält (zwischen deren Finger heute zur Feier des Tages übrigens ein akrobatisch begabter Zeitgenosse das *shamrock* gesteckt hat, Irlands berühmtes Kleeblattsymbol, wenngleich aus Plastik und zehnfach größer, als die Natur es zu schaffen imstande ist). Noch weniger, ja gar nicht, halten die Pilgerinnen und Pilger an einer Tafel, auf der zu lesen steht: »Jesus mit mir, vor mir, hinter mir, unter mir, über mir, rechts und links, überall, wo ich liege und wo ich sitze.«

Wahrscheinlich ein bißchen zuviel ständige Nähe?

Dafür sehe ich nun weit entfernt auf den Graten, die in einer ausladenden Linkskurve zur Spitze des Croagh Patrick führen,

Menschen ziehen, ameisenhaft, wie ferne Marionetten, die alle von den gleichen Fäden bewegt werden. Sie kommen so langsam voran, daß Bewegung nur über längere Zeiträume zu erkennen ist. Es heißt, die Kräftigsten bräuchten zwei bis drei Stunden, um oben anzukommen, andere aber habe es auch schon bis zu fünf Stunden und mehr gekostet, und etliche, sagt die lokale Chronik, habe auf der Hälfte des Wegs der Mut verlassen und sie zur Umkehr gezwungen. Auch habe es Fälle von Bergnot gegeben, nicht im alpinen Sinn, wohl aber als Folge von Selbstüberschätzung und ihren Folgen – heulendes Elend auf der Strecke und Zusammenbrüche unterwegs. Außerdem sollen Dunkelheit und Nacht ihr Werk getan haben bei Leuten, deren Zeitsinn schwach ausgeprägt war und die klappernd, zitternd und ganz ohne vorherige Bußabsicht bis zur Morgendämmerung auf dem Gipfel auszuharren hatten. Sozusagen unfreiwillige Nachahmer des Heiligen Patrick, aber nun mit einer ungefähren Vorstellung davon, was ein vierzigtägiger Aufenthalt bedeutet haben muß.

All das kann ein junges Ehepaar mit einem Mädchen und einem Jungen, Kindern im Alter von sechs und acht Jahren, nicht davon abhalten, sich auf die lange Tour zu machen, versehen mit Straßenschuhen, Picknickkörben und einer Fröhlichkeit, die sich auch von meiner völlig unangebrachten Intervention aus purer Sorge um die Kinder nicht eindämmen läßt. Im Gegenteil, mir wird strahlend mitgeteilt, der Aufstieg sei schon der zweite – der erste habe im vorigen Jahr stattgefunden, und das bei noch weit schlechterem Wetter. Das einzige Kopfzerbrechen, das Vater und Mutter sich zu machen scheinen, so ergibt unser Gespräch, ist die Frage, wie der Heilige Patrick sich während der fast sechswöchigen Buße da oben gegen die Kälte geschützt, vor allem aber, wie er sich verpflegt habe. »Für den Fall, daß wir in die gleiche Lage kommen sollten, haben wir dies mitgebracht«, sagt die Frau, worauf sie und ihr Mann die prallen Picknickkörbe in die Höhe halten. Dann stapfen sie, die Kinder des schlechten Pfades wegen an den Händen, lachend los. Beide, Mann und Frau, haben rote Jacken über, an denen sie leicht zu identifizieren sind. Fast drei Stunden später sehe ich sie durch das Glas auf dem fernen Grat, hinter sich etwa zwei Drittel der Strecke bis zur Kapelle. Erst nach einer Weile

Suchens entdecke ich die Kinder, den sechsjährigen Jungen und das achtjährige Mädchen – gut fünfzig Meter hinter die Eltern zurückgefallen.

Ich aber bin um die Erfahrung reicher, daß der Glaube nicht nur Berge versetzt, sondern sie auch erklimmen läßt, jedenfalls hier auf dieser Insel.

Still under siege

Gibt es einen traurigeren, einen verlasseneren Ort als The Fountain, die protestantische Restenklave im Westen von Londonderry? Hier leben noch 2000 von einst 20000 Unionisten. Die anderen haben sich auf das rechte, das Ostufer des Foyle River verzogen, nach Waterside.

Wann immer ich hier war, egal zu welcher Tageszeit, Menschen ließen sich nur selten blicken, gerade als befände sich das Viertel der letzten Unionisten in einem Zustand ständiger Verteidigung, beherrscht von einer Wagenburgmentalität, für die nach wie vor die Parole gilt: *still under siege* – noch immer im Belagerungszustand!

Die Protestanten, die auf dem linken Ufer des Flusses geblieben sind, sozusagen die konfessionelle Diaspora von Londonderry-Waterside, harren hier freiwillig aus, unter 80000 Katholiken ein Brückenkopf, durch den noch nicht alles verloren ist. Demonstrativ trutzig geben sie sich mit ihrer hartnäckigen Anwesenheit, wie die loyalistischen Embleme, die Wandgemälde, der Union Jack, die Flaggen und die Wimpel zeigen – manches davon noch die Dekoration vom 12. Juli, der nun fast auf den Tag einen Monat zurückliegt.

Riesengraffiti fangen den Blick: »The Fountain Londonderry« – »Vita Veritas Victoria« – Leben, Wahrheit und Sieg an den Fahnen der Fountain-Leute. An einer anderen Wand droht eine rote Hand, darüber »The brave Thirteen«, die Namen der dreizehn Tapferen, die im Kampf mit der IRA getötet worden sind – Cunningham, Morrison, Hunt, Spike und neun andere. Ich schaue mich um, suche, aber wieder ist kein Mensch zu sehen.

Sonst sieht es hier nicht anders aus als in katholischen Vierteln auch, in der Bogside, Creggan, Brandywell – kahle Mietshäuser, trostlose Fassaden, auf den Straßen kein Baum, kein Strauch, von den Wänden bröckelt Putz. Hier wie dort wohnen keine reichen Leute, sondern *ordinary people*, wie sie sich selbst zu nennen pflegen.

Nur daß in The Fountain die Bordsteine des Viertels angestrichen sind, blau, weiß und rot, also in den Farben der Unionisten. Und dieser Unterschied zählt immer noch mehr als die Zugehörigkeit zur gleichen sozialen Schicht.

Jetzt kommt aus einem der Häuser eine Frau mit einem Besen, fegt damit unkonzentriert, schaut mißtrauisch zu mir herüber und verschwindet rasch in der Tür.

Im Vorgarten nebenan ist ein Schild in den Boden gerammt – »No surrender«. Es muß hier schon lange stehen, denn Buchstaben und Farben, blau, weiß und rot, sind stark verwaschen. Es wirkt, als hätte sich lange niemand darum gekümmert.

Aber es wegzutun, daran denkt auch niemand.

Das Pendant zu diesem Schild – »No surrender« – entdecke ich neben dem Kriegerdenkmal des Diamond, Zentrum des historischen Londonderry, in der Hand eines jungen Mannes, der es unbewegt in Richtung Butcher's Gate hält. Dort am Schlachtertor sehe ich weithin lesbare Transparente entrollt – »No sectarian parades« (»Keine sektiererischen Paraden«) und »Re-rout sectarian parades« (»Lenkt die Paraden der Sektierer um«).

Wieder fühle ich mich an Portadown erinnert – was geht hier vor?

Auf der Mauer über dem Tor drängt sich eine Menschenmenge in gespannter Haltung, während unten, sowohl an der Innenseite des Walls als auch draußen, auf der Straße in die Bogside, die RUC aufgefahren ist – Mannschaftswagen, Motorräder, Polizisten mit Schutzhauben und Sturmriemen – höchst beunruhigende Bilder.

Der 12. August wirft seine düsteren Schatten voraus.

Das ist der Tag, an dem zur Erinnerung an die Rettung der Stadt vor den Truppen James II. durch die dreizehn Lehrlinge 1689, The Apprentice Boys of Derry, sozusagen die lokale

Variante des Orange-Ordens, in vollem unionistischen Wichs, mit *lambeg drums*, Pfeifen, Tambourmajoren und Standarten unter den aufreizenden Klängen des Schärpenmarsches – *The Sash* – durch Londonderry marschiert, und das seit 188 Jahren.

Ausgangsort der Parade war stets die Apprentice Boys Memorial Hall, hoch oben auf der Mauer – bis zum 12. August 1969. An diesem Tag stießen die Orange-Männer, die gern schon mal abschätzig kleine Münzen über die Brüstung auf die tiefer gelegene Bogside geworfen hatten, auf den erbitterten Widerstand der katholischen Bevölkerung – Zusammenstöße, die sich tagelang fortsetzten und die schon im Oktober 1968 ausgebrochenen *troubles* dann in den Bürgerkrieg verwandelten, von dem seither ganz Nordirland geschüttelt wird.

Ich habe schon davon berichtet. Auch davon, daß es seit jenem Augusttag den Apprentice Boys of Derry verwehrt worden war, auf den Wällen oberhalb der Bogside zu marschieren, obwohl sie jedesmal wieder den Antrag stellten. Aber die vergangenen 27 Jahre blieb ihnen nichts, als zähneknirschend auf die traditionelle Strecke von der Apprentice Boys Memorial Hall über den Waterloo Place und Strand Rose bis Culmore zu verzichten.

In diesem Jahr jedoch gehen Gerüchte um, daß sie mit ihrem Antrag auf die alte Route möglicherweise Erfolg haben könnten – ich traute meinen Ohren und Sinnen nicht, als ich davon hörte. Im zweiten Jahr eines zerbrechlichen Waffenstillstands und nach mehr als zweieinhalb Jahrzehnten der Aussetzung soll der Marsch von der Apprentice Boys Memorial Hall auf den Mauern der Altstadt über die volle Distanz gehen?

Es kann nicht wahr sein!

Was sich hier zwischen dem Diamond und Butcher's Gate tut, das sind nur die Vorzeichen einer Unruhe, die überall zu spüren ist und die explodieren kann, falls die Genehmigung erteilt wird.

»Das steht noch nicht fest«, sagt Paul O'Connor, »es heißt, daß die Entscheidung erst im letzten Augenblick erfolgen soll. Wir werden da sein.«

Ich auch.

Mein irisches Tagebuch X

12. August.

8 Uhr 10. Der Himmel ist bedeckt.

Die abgesperrte City starrt nur so von Polizisten, überall die Uniformen der RUC, die Straßen, sonst wimmelnd von Passanten, zumal an einem Sonnabend wie heute, sind menschenleer. Londonderry/Derry scheint sich auf das Schlimmste vorzubereiten. Nachdem mir eine Polizistin freundlich erklärt hat, daß Autos keinen Zutritt zum Diamond haben, fahre ich außen herum, bis zur Free Derry Corner, und lasse da den Wagen stehen. Dann gehe ich die Straße hoch zu Butcher's Gate.

Das Tor ist von Polizeifahrzeugen blockiert. Darüber, auf der Mauer, sind viele Menschen, katholische Männer und Frauen, die den Weg versperren wollen, falls marschiert werden darf.

An die Mauer rechts von Butcher's Gate sind Leitern gestellt, auf denen junge Männer hinaufklettern wie bei der Erstürmung einer belagerten Stadt, ein bestürzendes Bild. Da die Leitern zu kurz sind, um bis zur Mauerkrone zu reichen, müssen die Kletterer sich das letzte Stück hochhangeln, was gefährlich aussieht. Aber niemand will sich helfen lassen. Oben angekommen, ist noch ein Hindernis zu überwinden, um auf das Innenplateau der Mauer zu gelangen – starke stählerne Stakete, schwarzgestrichen, mit dolchartiger Spitze, aber unüberwindlich sind sie nicht. Einige Stäbe sind aus ihrer Halterung gerissen und über die Brüstung hinuntergeworfen worden, andere so weit auseinandergebogen, daß ein Mensch hindurchschlüpfen kann. Niemand weiß, wer das getan hat, sicher ist nur, er muß über ungeheure Kräfte verfügt haben.

Noch hat die Szene einen scheinbar humoresken Charakter. Von der Mauer herab wird gelacht, gescherzt, den Leuten zugewinkt und zugerufen, die gegenüber dem Tor vor ihre Häuser getreten sind oder aus den Fenstern lehnen. Aber die ganze Straße in die Bogside hinunter ist voller Polizeiwagen, einer hinter dem anderen, wie Metalldrachen anzusehen.

Es nieselt. Ich stelle mich unter eines der kleinen Schutzdächer, die über jeder Haustür angebracht sind, und warte. Von rechts, aus der Richtung der Apprentice Boys Memorial Hall, dringen Geräusche. Werden die Unionisten die Genehmigung bekommen, auf der Mauer zu marschieren?

Immer noch steigen Leute die Leitern hoch, es zieht mir beim Zuschauen in den Gedärmen, wenn sie von der obersten Stufe aus versuchen, das letzte Stück zu erklimmen und sich dabei von niemandem helfen lassen, als walte hier ein geheimer Ehrenkodex. Auch die Zahl der Polizisten vermehrt sich wie die der armierten Fahrzeuge, die nun eine Reihe bilden bis zur Wand mit der Aufschrift »You are entering Free Derry«.

Paul O'Connor stellt eine Leiter auf, nahe der Royal Bastion, der Eckbastion mit dem weggesprengten Walker Memorial, und klettert die Sprossen hoch. Als ich ihm folge, sticht plötzlich dicht neben mir der Schlund einer schwarzglänzenden Kanone aus der Mauer hervor. Oben angekommen, finde ich mich der Apprentice Boys Memorial Hall ziemlich nahe. Ich sehe Polizisten, viele junge Leute, Standarten, Fahnen, höre Musik, Trommeln und Pfeifen, gewahre die hysterische Atmosphäre, die wie eine Wolke von dort herüberweht.

Plötzlich geht ein Schrei durch die Menge an Butcher's Gate – was nichts anderes bedeuten kann als die Nachricht, daß die Apprentice Boys die Genehmigung erhalten haben, auf der alten Route zu marschieren. Ich fliege die Leiter hinunter, laufe zum Tor, und da kommen auch schon die Polizisten von beiden Seiten und schließen die Demonstranten auf der Mauer ein.

Es ist 9 Uhr 30.

Ich postiere mich auf der Treppe eines gegenüberliegenden Fabrikgebäudes, so hoch, daß ich alles übersehen kann. Die Polizisten haben die Sturmriemen unters Kinn gezogen, stoßen aber auf keinen gewalttätigen Widerstand. Die Demonstranten, darunter viele Frauen und Jugendliche, haben sich auf die Erde gesetzt und warten, was da kommt. Unter ihnen Paul O'Connor. Ich sehe seine gedrungene Gestalt, das blasse Gesicht, die ungeheure innere Anspannung. Dann greifen die Polizisten zu, schleppen die Leute ab, einen nach dem anderen, ohne daß sich einer wehrt.

Das ist einem Mann zu verdanken, der mitten in der Menge steht, mit weit ausgebreiteten, beschwichtigenden Armen – Martin McGuinnes, Stellvertreter des Sinn-Fein-Vorsitzenden Gerry

Adams. Ihm wird gehorcht, obgleich manchem der Abgeschleppten wohl nach Widerstand zumute ist. »Keep calm!« ruft Martin McGuinnes, »keep calm!« Ja, es ist gut, daß die Ruhe bewahrt wird, ich mag mir nicht ausmalen, was sonst passieren würde. Niemand braust auf, sie lassen sich wegtragen, als wäre es ein verabredetes Spiel. Dennoch bleibt es ein unheimliches Bild, wie die Menschen da drüben von den Uniformierten einzeln die Treppe zur Innenseite der Mauer herabgeführt werden, wo sie sich dann unten in der Magazine Street von beiden Seiten durch starke RUC-Verbände eingekesselt sehen.

Sollen sie etwa gezwungen werden, von hier dem Marsch der Boys zuzusehen? Das wäre der Gipfel politischer Niedertracht. Aber das scheint tatsächlich beabsichtigt. Denn jetzt dröhnen von der Memorial Hall her Trommelschläge, klirren Pfeifen – die Apprentice Boys of Derry setzen sich in Marsch.

Es ist Punkt 10 Uhr.

Und da kommen sie, vorneweg die Senioren mit Bowler und Regenschirm, dahinter Standarten, Fahnen und ein langer, langer Zug junger Männer in Dreierreihen. So passieren sie unter den Klängen von *The Sash* Butcher's Gate mit starr geradeaus gerichteter Miene – an diesem Tag und auf dieser Route hoch über der Bogside eine eindeutige, offene und bewußt organisierte Provokation. Sie haben gesiegt, die protestantischen Ulsterunionisten, haben es geschafft, und man merkt es ihnen an, ihrer gewölbten Brust, ihren lodernden Mienen, der Inbrunst, mit der sie auf die *lambeg drums* einschlagen.

Nur eines gelingt ihnen nicht – und das bleibt für mich das eindrucksvollste aller Bilder vom Vormittag dieses 12. August: daß die eingekesselte Menge da unten ihrem Triumph zuschaut. Mit dem Gesicht zur Häuserwand, den Rücken zur Mauer, beide Hände mit abgespreizten Fingern zum Victoria-Zeichen in die Höhe gehalten – so haben Hunderte sich da unten in der Magazine Street wie *ein* Mann abgekehrt. Ein Wald von Armen ist das und eine Szene von hoher Disziplin, kaum daß aus den abgekehrten Reihen Rufe wie »You bastards!« hochschallen oder Fäuste geschüttelt werden.

So bleiben sie stehen, lange nachdem der Zug verschwunden ist und von der anderen Seite der Stadtmauer über den

Diamond hinweg nur noch die Töne des Schärpenmarsches gebrochen herüberwehen. Erst dann öffnen sich die Polizeipfropfen auf beiden Seiten der Eingekesselten, kann sich die Menge auflösen, tut es, langsam und geordnet, während die RUC-Leute in ihren dunklen Uniformen und den Mützen mit dem starken Schirm auf der Mauer bleiben, die Sturmriemen immer noch unterm Kinn.

Dann folgen Szenen, die das soeben Erlebte bei weitem übertreffen. Gegen Mittag finden die Apprentice Boys of Derry Unterstützung aus Portadown und Armagh durch unionistische Kontingente, die schon angetrunken ankommen, sich aber fortwährend weiter alkoholisch aufheizen, indem sie grölend eine Bierdose nach der anderen leeren. Diese Jugendlichen beginnen am Diamond und in den Nebenstraßen Passanten, die sie für Katholiken halten, anzupöbeln, Frauen und Mädchen sexistisch zu beschimpfen, mit Flaschen zu werfen und auf alle loszugehen, die auch nur mit einer Geste Empörung und Widerstand andeuten.

Zwei Stunden lang brüllen junge Unionisten von der Mauer Schmähungen auf die Bogside hinunter, beleidigen die Anwohner der Fahane Street, die von Butcher's Gate parallel zum Wall zur »Free Derry Corner« herabführt, und überschwemmen Kinder da unten mit Flüchen und obszönen Bewegungen in der Genitalgegend, ohne daß ihnen Einhalt geboten wird. Viele haben sich der Uniform entledigt und geben ein gestikulierendes Schauspiel im Hemd ab. Während der ganzen Zeit greift die Polizei nicht ein einziges Mal gegen die außer Rand und Band geratenen Krakeeler ein – was nicht bedeutet, daß sich die RUC an diesem 12. August in Londonderry gar nicht geregt hätte.

Am frühen Nachmittag schreitet sie ein – greift sich Passanten heraus, die sich die Provokationen nicht gefallen lassen, prügelt ein auf Gegendemonstranten, die sich formiert haben, läßt die Knüppel sausen und protzt Plastikgeschosse ab. Ich sehe, wie sich drei Polizisten auf einen Mann stürzen, dem von zweien die Arme nach hinten gedrückt werden, während der dritte ihm den Mund zuhält. Anderen, die zu Boden geworfen worden sind, wird der Stiefel in den Nacken gepflanzt, wieder anderen beim

Abführen der Kopf so weit in den Rücken gebogen, als sollte er vom Rumpf getrennt werden.

Eine ältere Frau wird abgeschleppt, an den Armen über den Boden geschleift, die Unterwäsche bis zu den Hüften entblößt. Dann bleibt sie liegen, an der Stelle, wo sie losgelassen worden ist.

Unter häufigem Gebrauch des Wortes »fuck« fordern Polizisten in der Shipquay Street die Passanten auf, die Straße zu räumen, und als ihnen das nicht schnell genug gelingt, stürmen die RUC-Leute auf die Menge los und schlagen auf sie ein. Schreie, Gerenne, Panik.

Ich frage mich: Wo bin ich eigentlich, in Europa? Und denke: Wer das nicht gesehen hat, der kann nicht glauben, wie hier mit Menschen umgegangen wird.

Währenddessen dröhnen am Diamond die *lambeg drums*, liegt über dem Zentrum von Londonderry wie eine akustische Glocke *The Sash*, werden Fahnen der Republik Irland angezündet, halten schärpendekorierte Jungmannen taumelnd die Embleme des protestantischen Ulster hoch empor – das rote Kreuz auf weißem Grund, Wimpel in den Farben des *Orange-Ordens*, schwere Standarten.

Und dazwischen immer wieder die heulenden Sirenen der armierten Landrover und das Platzgeräusch abgefeuerter *plastic bullets* – Geschosse, die auch töten können.

Gegen Mitternacht erklettere ich auf dem Fabrikgelände gegenüber dem Butcher's Gate wieder den Treppenpodest. Die Unruhen haben sich nicht gelegt. In der Dunkelheit hastende Menschen, Rufe, aus der Stadt Kampflärm und Feuerschein.

Hat es je so etwas gegeben wie einen Waffenstillstand?

Ich stehe da oben und denke: In diesem Konflikt, klar, will ich auch das protestantische Nordirland hören. Aber mein Herz schlägt dabei auf der Seite der katholischen Minderheit von Ulster, und heute mehr noch als sonst.

Womit ich nicht allein stehe.

»Enough is enough!« Genug ist genug – so hatte gestern Conor Cruise O'Brian im »Irish Independent« geschrieben, ein Fazit. Und weiter: »Es ist an der Zeit, das traurige Ritual der Erniedrigung zu beenden. Über die letzten fünfzig Jahre sind

Protestanten die *top dogs* in Nordirland gewesen und haben ihren Status mißbraucht. Heute fühlen sich nicht mehr die Katholiken in der Kälte, sondern die Protestanten, und ihre Märsche sind heute nicht mehr ein Zeichen ihres Triumphes, sondern ihres Trotzes.«
Ja!

Damit muß nun Schluß, muß endlich Schluß sein

»Am 12. August sind in Derry hundert Plastikgeschosse abgefeuert worden – schau mal«, Paul O'Connor zeigt mir ein Schreiben mit dieser Angabe, ein amtliches Papier, ausgestellt von der Royal Ulster Constabulary, Brooklyn Knockroad, Belfast, am 22. August. Unterschrieben hat Superintendent for Chief Constable, R. A. Campbell, mit formvollendeter Anrede »Dear Mr. O'Connor« und dem Schluß »Yours sincerely...«, beides handgeschrieben.

»Ich hatte dort angefragt, und sie haben geantwortet, mit reiner Weste, unbedeckt. Die RUC-Leute haben nichts zu verheimlichen, fühlen sich im Recht, absolut und ohne Abstriche. Das ist die Polizei von Ulster – bekennt sich blauäugig zu hundert auf Zivilisten abgefeuerte Plastikgeschosse.«

Er steckt das Schreiben wieder ein, vorsichtig, wie etwas Wichtiges, Bewahrenswertes. Dann sagt er: »Tote hat es am 12. August nicht gegeben, aber Verletzte – Prellungen, Brüche, Behandlungen in Krankenhäusern. Mich hat's auch erwischt, ziemlich übel sogar, aber nicht so schlimm wie andere.«

Paul O'Connor sitzt mir gegenüber, wieder in dem handtuchschmalen Gärtchen seines Hauses in der Grafton Street von Rosemount, wie bei unserem ersten Gespräch, drahtig und ungebeugt, aber, scheint mir, um eine Spur gedämpfter. Ich habe den Eindruck, als habe er Schmerzen, wolle jedoch nicht darüber sprechen. Ehrenkodex oder persönliche Zurückhaltung? Ich frage lieber nicht nach. Wieder steht das Tongerät auf dem Tisch, und wieder werde ich auch diesmal bei der Niederschrift sein drolliges Mannheimer »nit« nicht ins Hochdeutsche verwandeln.

»Ich fahre bald nach Deutschland zurück. Sag mir noch, was du für wichtig hältst.«

»Das Wichtigste hast du gerade selbst miterlebt – wir brauchen eine andere Polizei. Du hast ja gesehen, wie die RUC mit uns umgeht. Sie hat zu viele Menschenrechtsverletzungen begangen, ohne daraus irgendwelche Konsequenzen gezogen zu haben. Statt zu erkennen, daß sie ein Teil des Problems ist, hält sie sich für einen Teil seiner Lösung. Das macht den Umgang mit ihr so schwierig. Für uns Nationalisten und Republikaner ist die RUC gar keine Polizei, sondern eine militärische Organisation auf seiten des Gegners. Sie hat in den letzten fünfundzwanzig Jahren eine paraterroristische Vergangenheit und müßte, wie es bei euch im Hinblick auf das Naziregime heißt, ihre Vergangenheit bewältigen – natürlich mit anderen, eigenen Vorzeichen. Darum wird sie nicht herumkommen.«

»Und weiter – was muß geschehen?«

»Noch einmal: Wir müssen neue Strukturen schaffen, müssen miteinander reden, um diese Strukturen zu schaffen.«

»Was heißt das?«

»Das heißt, zum Beispiel, eine Gesellschaft aufbauen, in denen beide Kirchen, die protestantische und die katholische, im Hintergrund stehen, in Nordirland wie in der Republik; heißt, eine Gesellschaft aufbauen, die es dem Klerus unmöglich macht, die Gesetze zu bestimmen; heißt, eine Verfassungswirklichkeit schaffen, in der die Menschenrechte gesichert sind, und das, was am 12. August geschehen ist, unmöglich, undenkbar wird.«

»In einem einheitlichen Irland?«

»Wenn es nach mir ginge – ja. Aber mit neuen Strukturen. Ich mag das Wort Wiedervereinigung nicht, weil es etwas herstellen will, was es nie gegeben hat. Es hat nie ein Selbstbestimmungsrecht für Iren gegeben, seit dem 12. Jahrhundert. Was also soll da wiedervereinigt werden? Das sind alte Vokabeln. Wir müssen zu einem neuen, einem jungen Verhältnis zueinander kommen, Republikaner und Unionisten, Loyalisten und Nationalisten. Das geht, trotz allem.«

»Was tut ihr dazu? Sprecht ihr mit ihnen darüber?«

»Da geschieht mehr, als man denkt und nach außen bekannt ist. Die meisten haben die Schnauze voll von Gewalt, auf beiden

Seiten. In den Stadtteilen gibt es Verbindungen, wir reden miteinander, reden sogar mit ihren Anführern, auch wenn wir vollkommen anderer Meinung sind. Weil wir müssen. Es gibt nur diesen Weg. Und weil er lang ist, muß er jetzt begangen werden, nicht morgen, nicht nächstes Jahr.«

»Aber es bleibt dabei: Die Mehrheit in Ulster entscheidet über ihren Status und ihre staatliche Zugehörigkeit?«

»Wie denn anders? Nur – die Zustände brauchen nicht so zu bleiben, wie sie sind. Ich werde nie einen Staat akzeptieren, der mich nicht akzeptiert, der meine Rechte, meine Kultur nicht wahrnimmt.«

»So wie der irische Staat, die irische Gesellschaft, die du ersehnst, jedermanns Rechte und die Kultur anerkennen würde?«

»Alles andere wäre auf Sand gebaut, alles andere trüge nur den Keim weiterer Gewalt in sich.«

Wieder ist es dunkel geworden, wieder sehe ich Paul O'Connors unverwechselbar irisches Gesicht nur noch wie einen hellen Klecks, als er leise sagt: »Glaube mir, wir könnten hier ganz friedlich, ganz unangefochten leben – wir brauchten nur unseren Kampf um Gleichberechtigung, um Arbeit, um Wohnungen aufzugeben. Wenn schwarze Amerikaner in Alabama nicht 1962 in ein für sie verbotenes Café gegangen wären, dann hätte der Ku-Klux-Klan sie auch nicht angegriffen. Wenn wir nicht auf die Straße gegangen wären, dann hätte die RUC uns schön in Ruhe gelassen. Aber das geht so nicht, denn es wäre ihr Frieden, nicht der Frieden aller Beteiligten. Der jedoch ist der einzige, der dauerhaft hält.«

»Du hast bei unserem ersten Gespräch gesagt: der bewaffnete Kampf sei überholt, also auch der der IRA. Bleibst du dabei, auch jetzt?« »Ja, ohne weiteres, der ist tatsächlich überholt. Die IRA, sozusagen die zweite Polizei, ist keine Dauerlösung, ebenso wenig wie das punishment beating. Aber ob der bewaffnete Kampf eingestellt wird oder nicht – das hängt vor allem von der britischen Regierung ab, von ihrer Bereitschaft, die Nordirlandfrage wirklich lösen zu helfen. Davon kann bisher keine Rede sein.«

»Noch einmal – was sind die Hauptprobleme der nächsten Etappe?«

»Freilassung der politischen Gefangenen – Allparteiengespräche unter Einschluß von Sinn Fein – Schluß mit der britischen

Forderung einer Entwaffnung als Vorbedingung für die Gespräche. Wer darauf besteht, will keine Lösung. Die Immobilität der britischen Regierung ist das größte Hindernis auf dem Wege zu einem Frieden in Ulster.«

Pause. Dann: »Aber es muß endlich Schluß gemacht werden mit der schlimmsten aller Wahrheiten ...«

Klack! macht mein Tongerät, natürlich. Das Band ist abgelaufen, wie so häufig, wenn es drauf ankommt oder besonders spannend wird. Ich lege jedoch kein neues ein, will keine längere Unterbrechung, sondern sage rasch: »Sprich weiter, ich werde versuchen, es mir zu merken. Also: ›... endlich Schluß gemacht werden mit der schlimmsten aller Wahrheiten‹« –

»– daß sich ohne Bomben nichts bewegt hätte, daß ohne Gewalt alles noch genau so schlimm oder gar schlimmer wäre als vorher.

Mit dieser furchtbarsten aller bisherigen Wahrheiten muß nun Schluß, muß endlich Schluß sein!«

Ich repetiere das verbale Finale im Kopf, mehrfach und in der leidvollen Kenntnis, daß mein Erinnerungsvermögen an Gesprochenes nie besonders ausgeprägt war, ich Paul O'Connors tonbandlose Worte aber unbedingt behalten will. Und ich habe sie behalten, so daß die beiden Schlüsselsätze und ihr Codewort sich hier getreulich aufgezeichnet finden, angefügt sein auch diesmal wieder dringlich verdoppeltes »Verstehst du?« – und noch einmal: »Verstehst du?«

Wie denn, Freund, könnte ich nicht, wie denn?

Gebt uns den Frieden zurück – jetzt

Letzter Tag in Belfast.

Noch einmal im Castle Court Center, dem gläsernen Konsumtempel in der Royal Avenue. Was mich dahintreibt, ist ein Alltagsfluidum, das ich wie zum Greifen empfinde, das unbefangen Gewöhnliche, das sich hier tummelt, gleichsam ein Barometer allgemeiner Befindlichkeit.

Ich sitze im oberen Stockwerk, sozusagen auf der Galerie, und schaue hinunter. Alles voller Lärm, eilender Erwachsener, aufgeregter, jubelnder, greinender Kinder; Männer und Frauen am Abend eines heißen Tags hitzeerschöpft, aber fröhlich. Darunter, auffallend, ein junger Mann in weißem Hemd mit grüner Krawatte, seinen vier- bis fünfjährigen Sprößling an der Hand. Dann und wann beugt der Vater sich herunter und läßt das Kind an seinem Eis schlecken. Auch ich habe mir gerade drei Mordskugeln für fünfundsiebzig Pence gekauft, das köstlichste gelato nördlich des Brenners.

Die Unruhen und Gewalttätigkeiten der letzten Wochen sind noch nahe, aber von inneren Spannungen ist hier nichts zu spüren. Am Nebentisch läßt sich ein junges Paar mit einem kleinen Mädchen nieder, das an der Schulter der Mutter hängt, das Händchen nach dem Vater ausstreckt und in die Sonne blinzelt, die von oben hereinfällt. Dann fängt es ganz unvermittelt an zu quengeln, zu weinen, zu brüllen, Geräusche, die sich mischen mit anderem Kindergejuchze und -gekrähe.

Ich gestehe, daß ich allergisch bin gegen solche Akustik, es immer war und wohl auch unaufhebbar bleibe. Aber hier, in Belfasts Mitte, ist es Musik in meinen Ohren, bade ich förmlich darin, kann ich davon nicht genug kriegen, eingedenk, aus welch ganz anderen Gründen hier über 25 Jahre auch Kinder geschrien haben.

Das Mädchen am Nebentisch hat sich beruhigt, quietscht vergnügt auf dem Arm des Vaters, patscht der Mutter ins Gesicht.

Ich denke: Diesem Mädchen und seinen Eltern auch nur die Haut zu ritzen könnte durch nichts gerechtfertigt werden – durch keine Ideologie, keine Staatsräson, keinen Konfessionsstreit, durch absolut gar nichts.

Und denke weiter: Abwesenheit von Furcht – welch ein großes, welch ein kostbares Gut. Langsam hat es hier Eingang gefunden, zögernd und zagend, ganz vorsichtig gerinnend in die Hoffnung auf Beständigkeit. Die Störungen um den 12. Juli und den 12. August haben daran nichts wirklich beschädigen können. Das Bild hier oben und dort unten im Castle Court Center bestätigt es mir nur noch einmal. Der Waffenstillstand hat seine Wirkung gezeigt.

Wer ihn bricht, gleich von welcher Seite, begeht ein schweres, begeht ein ungeheuerliches Verbrechen.

An dieser Stelle der Niederschrift meines Buches angelangt, verbreiten die Medien die Nachricht, daß heute, am 9. März 1996, in Westlondon die vierte Bombe hochgegangen ist, genau einen Monat nach der ersten. Diesmal war der Explosivkörper nahe dem Ausstellungsgelände von Earl's Court und der U-Bahnstation West Brompton in einem Altglascontainer gezündet worden. An der Täterschaft der IRA kann es keinen Zweifel geben, obwohl es diesmal keine Vorwarnung gab.

Menschen wurden nicht verletzt, der äußere Schaden beschränkt sich auf einige beschädigte Fahrzeuge und zerborstene Fensterscheiben. Aber was ist mit dem inneren? Soll das nun immer so weitergehen? Schon hat die protestantische Untergrundorganisation »Vereintes Loyalistisches Militärkommando« angekündigt, für jeden Angriff der IRA Vergeltung zu üben.

In diese Düsternis fällt das Licht von Ereignissen, ohne die die so plötzlich verhangene Gegenwart nicht zu ertragen wäre. Was ich davon hier in der Presse lese, auf dem Bildschirm sehe oder von meinen irischen Freunden und Bekannten beider Konfessionen in endlosen Telefongesprächen erfahre, sauge ich förmlich in mich hinein.

Im Zentrum von Belfast haben sich Tausende von Männern, Frauen und Kindern vor der City Hall mit Transparenten wie »Waffenstillstand jetzt« und »Gebt uns den Frieden zurück« versammelt. Eine tiefgestaffelte Front heller Gesichter, Passanten, Angestellte aus den Büros, Menschen, die zufällig dort waren oder dem Aufruf der Organisation »Women together« (»Frauen gemeinsam«) gefolgt sind. Niemand fragte, ob der Mann rechts, die Frau links protestantisch oder katholisch sei, alle waren vereint unter der gemeinsamen Forderung »Beendet die Gewalt« – für immer.

Gleichzeitig gab es ähnliche Demonstrationen in der Republik, die stärkste in Dublin, eine andere in Cork, der zweitgrößten Stadt Südirlands, während Präsidentin Mary Robinson auf einer Kundgebung in ihrer Heimatstadt Tralee sprach. Im ganzen Land läuteten die Glocken.

Von der Belfaster Demonstration habe ich mir ein Zeitungsfoto ausgeschnitten, das ich immer wieder betrachte.

Dabei lasse ich mir nicht ausreden, daß es sich um ein exemplarisches Dokument handelt, einen stellvertretenden Beweis für die tiefsten Wünsche und Sehnsüchte einer Mehrheit ganz Irlands, die sich von der Demonstration dort am Donegall Square North und am Donegall Place repräsentiert sah.

Was auch immer geschehen mag, nachdem meine Arbeit an diesem

Buch beendet und es erschienen ist, was immer sich inzwischen getan hat und tun wird, ob der Waffenstillstand hält oder ob er wieder gebrochen wird, ob die britische Regierung sich endlich regt oder nicht, eines lasse ich mir nicht ausreden: daß die Menschen auf diesem Bild das einzig Richtige taten, als sie sich öffneten und einen Blick in ihr Herz gestatteten, bis in seine letzte Kammer. Und daß darin nichts zu finden war als diese eine fünfzigstel Sekunde lang belichtete Wahrheit: »Es muß Schluß, es muß endlich Schluß sein mit der Gewalt!«

Erst recht aber beharre ich darauf, daß so das letzte Wort in der dramatischen Geschichte des irischen Konflikts lauten wird, egal, ob ich es selbst noch erleben werde oder nicht.

Etwas jedoch möchte ich noch sagen, etwas, das sich nicht an Nordirland, sondern an die Republik Irland richtet, an ihr Volk und ihre Regierung. Es ist die Bitte, die Artikel 2 und 3 der südirischen Verfassung so schnell wie möglich zu streichen – jene Paragraphen, die die Vereinigung Süd- und Nordirlands seit 75 Jahren zu einem staatsrechtlichen Muß festschreiben.

Ich weiß, auch die Liebe zu Irland und seinen Menschen, und sei sie so ausführlich illustriert wie in diesem Buch, kann einen Ausländer wie mich nicht legitimieren, irischen Autoritäten Ratschläge zu erteilen, die sie selbst vielleicht schon bedacht haben. Daß das aber in diesem Fall, bisher jedenfalls, keine Folgen gehabt hat, kann für die Lösung des großen Konflikts nur schädlich sein. Entwerten die zwei Artikel doch alle Zusagen der Republik auf dem Weg dazu wie durch einen immer noch besetzten Hinterhalt.

Denn wenn in dem 1985 zwischen Dublin und London abgeschlossenen frame work, dem Rahmenvertrag der beiden Regierungen für Verhandlungen über den nordirischen Konflikt und seine friedliche Beilegung, ausdrücklich und mit dem Signum des südirischen Regierungschefs bestimmt worden ist, die Frage: Vereinigung oder nicht? nur von Nordirlands Bevölkerung per Abstimmung beantworten zu lassen – warum dann in der Verfassung der Republik Artikel stehenlassen, die in klarem Widerspruch zu dieser Zusage stehen?

Mag sein, daß protestantische Hardliner eine südirische Verfassung auch ohne die Artikel 2 und 3 ablehnen, daß ihre Berufung darauf also nur Vorwand ist, eine kompromißlose Gegnerschaft beizubehalten. Aber die Geschichte Irlands ist immer auch die Geschichte von Angst gewesen. Es wird Zeit, daß sie ihr genommen wird.

Die ersatzlose Streichung der Artikel 2 und 3 aus der Verfassung der Republik könnte dazu zweifellos einen wichtigen Beitrag von gesamtirischer Bedeutung leisten.

Die Entscheidung, ob ich meine Ansicht darüber ehrlich äußere oder sie ungedruckt ließe, blieb bis zum letzten Augenblick offen. Nun steht sie hier, in der Hoffnung, daß ihre Motive verstanden und auch bei gegensätzlichen Meinungen irische Freundschaften dadurch nicht beschädigt werden.

Nordirische Skizzen

Von Portstewart über Portrush und Bushmills zum nördlichsten Punkt der Antrim-Küste. Am Himmel lachende Sonne.

Bei Causeway Head entsteige ich meinem alten Ford und mache mich auf den Weg zu meinem Ziel, das in 800 Metern Entfernung liegen soll. Die Angabe entpuppt sich zwar als vorsätzliche Irreführung gehmüder Besucher, aber der überwältigende Anblick, der sich einem dann nach mehr als der doppelten Distanz bietet, würde selbst für eine Marathonstrecke entschädigen: Direkt an der See in einer Länge von eineinhalb Kilometern hingestreckt, vor sechzig Millionen Jahren aus dem zischenden Erdinnern rotglühend hervorgequollen, bis zur Flutgrenze dunkelgebeizt, sonst gelb, rot und ockerfarben, ballt sich da unten die längst erkaltete Lava von fast 40 000 Basaltsäulen – Giant's Causeway!

Man muß diesen Damm des Riesen, auch Teufelsdamm genannt, gesehen haben, um glauben zu können, was sich dem Auge darbietet: auf einen Blick ein wahrer Ozean von prismatischen Steinköpfen, hier eben und leicht gewellt, da bis zu zwölf Meter hoch getürmt. Und doppelt so hoch gar, zyklopischen Orgelpfeifen gleich, von ungeheuerlicher, feuergeborener Monumentalität, die ehern aufsteilende Nordwand.

Dazwischen Buschwerk, Blumen und Blümchen, weiße und gelbe, Gräser, Samen, die sich festgekrallt haben – überall das Vergänglich-Ewige zwischen den schartigen Basalttrumms.

Ich kraxele von der Seeseite her aufwärts bis nahe an den Abgrund, und schaue von dort über das gigantische Säulenfeld auf die rollende Dünung des Atlantik und seinen endlosen Horizont. Links, im Westen, jenseits der Foyle-Mündung, Inishowen Head, County Donegal, schon die Republik; rechts der Leuchtturm von Bull Point auf der Rathlin-Insel.

Das muß gegurgelt und gefaucht, gegrollt und gedröhnt haben, als die tausend Grad heiße Lava vor undenklichen Zeiten aus Rissen und Schründen hochgedrückt wurde, ehe sie ebenfalls über Äonen hin ihre Hitze verlor, erstarrte und in Formen gerann, die das Staunen der Besucher hervorrufen.

Die Oberflächen der Stäbe sehen aus wie gezackte Sterne, die meisten von ihnen hexagonal, also sechseckig, doch soll es auch vier-, sieben-, acht- oder gar zehnzackige geben. Auf sie zu stoßen ist zwar nicht ganz so schwer, wie ein vierblättriges Kleeblatt zu finden, aber leicht ist es, wie ich feststellen muß, auch wieder nicht.

Dabei hat keine einzige Säule die Form einer anderen. Die einen sind von Wind und Wasser nach innen ausgehöhlt, so daß sich Tau und Regen auf ihrer Fläche sammeln, andere ganz flach geblieben, wie maschinell geschliffen, wieder andere sogar nach oben gewölbt. Aber wie phantasiereich auch immer gestaltet, hier liegen Millionen von Tonnen erkalteten Erdinnerns in majestätischem Gedränge fugeneng beieinander.

Ihr Anblick war es, der den englischen Schriftsteller William Thackeray (1811-1863) zu den Worten hinriß: »Bei der Schaffung der Welt aus ihrer Formlosigkeit hat man dieses Stück offenbar vergessen – ein Überbleibsel des Chaos.«

Gepriesen sei solche Vergeßlichkeit.

Ganz geheuer ist mir hier oben allerdings nicht, direkt neben dem ungeschützten Absturz der Nordmauer. Wenn ich das sorglose Gebaren so mancher Besucher beobachte, vor allem von Eltern, dann frage ich mich, ob es nicht auch schon Unfälle gegeben hat. Vor allem Kinder turnen unbeaufsichtigt herum, schubsen sich und spielen gefährlich nahe an einem Abgrund, der unbegreiflicherweise kein Geländer hat.

Ich steige herab und gehe auf den seegeschwärzten Teil des Giant's Causeway zu, wo die Tide hinlangt, wie jetzt, mit ihrem noch fast unmerklich auflaufenden Wasser. Gischt besprüht die Säulen, besprengt sie, und wenn der Basalt naß wird, glänzt und funkelt das Gestein in der Sonne. Bei Sturm muß es hier branden und schäumen, daß einem Hören und Sehen vergeht. Sogar an einem windarmen Tag wie heute atmet der Nordatlantik an der Antrim-Küste sichtbar ein und aus, klimmt Welle um Welle mit jedem Anlauf höher und höher, schleudert die See ihre Kraft ohrenbetäubend gegen die tangüberwachsenen Säulen, abfließend und wieder anrennend, daß es nur so klatscht, meterhoch über dem Spiegel von eben.

Ich ziehe mich zurück, auf einen Platz, an dem ich trocken bleibe, und lehne mich mitten im Basaltfeld mit dem Arm auf eine Säule, die die Wärme der Sonne gespeichert hat und sie nun willig an mich abgibt.

Giant's Causeway – das ist ein Schauspiel ohnegleichen, ein in seiner gediegenen Mächtigkeit kaum zu überbietendes Naturwunder. Der Sage nach wurde es geschaffen von dem Riesen Finn McCool, einem großen Krieger von Ulster und Anführer der Armee des Königs von Tara. Denn Finn hatte sich, der Legende nach, in eine Riesin auf der Hebrideninsel Staffa verliebt und um dort hinzugelangen, eben diesen Damm erbaut.

Dies nur eine von den tausend Sagen Irlands, an die ich mich gar nicht erst herangewagt habe, weil sie allein schon ein ganzes Buch füllen könnten.

So lasse ich mir denn den Seewind ins Gesicht blasen, an einem Tag, wie er herrlicher nicht sein kann.

Hoch über dem Kliff das wunderbare Spiel der Möwen, mal überm Land, mal überm Wasser, dann wieder, wie gegen alle Gesetze der Schwerkraft, auf der Stelle schwebend. Eine von ihnen, größer als die anderen *seagulls*, ein dunkler, schwerer Punkt, segelt hoch droben über den Atlantik hin, die Flügel wie Tragflächen ausgebreitet, starr, ohne auch nur einen einzigen Schlag zu tun. So, im Auftrieb ewiger Westwinde, von meinen Augen ständig seewärts verfolgt, segelt die Möwe kilometerweit dahin unter hellen Wattewolken, die Flügel immer noch unbewegt und erst weit hinten, über Inishowen, ganz plötzlich vom Himmel verschluckt.

Und vor mir, zu meinen Füßen, tief da unten, in den Farben Königsblau und Indigo changierend, ein flüssiger Saphir – das Meer.

Die Küste von Antrim kann einen zum Verstummen bringen. Ich bin auf dem Weg nach Carrick-a-rede, genauer, zu jener berühmten Brücke, der Rope Bridge, die dort die kleine Insel mit dem Festland verbindet. Sie soll sich hoch über eine Klippenschlucht spannen, auf deren Grund zu dieser Jahreszeit Fischer Zugang zu reichen Lachsfängen haben.

Hinter Ballintoy geht es durch ein Gatter auf einen Wiesenpfad, an dessen Anfang das Ziel mit »1 km« angegeben und gleichzeitig starkes Schuhwerk empfohlen wird. Der Weg führt einmal hoch hinauf, dann wieder tief hinab, auch über mehrere Treppen, die letzte mit 83 Stufen. Dann liegen sie vor einem, die Insel Carrick-a-rede und die Rope Bridge, eine Hängebrücke von achtzehn Metern Länge über einem Abgrund von fünfundzwanzig Metern Tiefe.

Bei ihrem Anblick werde ich sofort an jene luftigen Übergänge gemahnt, wie sie mir noch allzugut in Erinnerung geblieben sind aus Südamerika über rauschenden Andenflüssen: zu beiden Seiten als »Geländer« dünne Seile, die lose mit dem eigentlichen Trageseil verbunden sind, und dazu äußerst schmale Bretter als Tretfläche. Auch habe ich nichts vergessen von meinem damaligen Drang, lieber noch die Schluchten diesseits hinab- und gegenüber wieder hinaufzuklettern, als mich solch beunruhigend beweglichen »Brücken« anzuvertrauen, die nicht nur hängen, sondern auch noch schwanken.

Genau wie hier, im ganz und gar urwaldfreien Nordirland. Der kleine Unterschied besteht nur darin, daß es damals keine Wahl gab, die Quellflüsse des Amazonas anders als auf diese Weise zu überqueren, wenn das ganze Unternehmen nicht scheitern sollte, während hier keinerlei Notwendigkeiten vorliegen, sondern nichts als die blanke Freiwilligkeit waltet.

Die Brücke, auch ohne Belastung schon in permanenter Bewegung, rastet sich, sobald sie beschritten wird, in eine Schwingung ein, die auszubalancieren selbst einem Weltmeister der Seiltänzer zur Ehre gereichen würde.

So ergeht es, zum Beispiel, in dieser Minute dem Vater mit Kind auf den Schultern, der da – nein, nicht über die Brücke geht, sondern läuft! Wobei er sich nicht an den Seilen festhalten kann, weil er die Beinchen des Kleinen mit beiden Händen gepackt hat. Aber von hüben und drüben mit allerlei Anfeuerungsrufen und langanhaltendem Applaus bedacht, erreicht er auf der Inselseite festen Boden. Übrigens, je ängstlicher man sich beim Übergang verhält, desto lauter ist die tönende Belohnung für alle, die es trotzdem wagen.

Davon profitiere schließlich auch ich - denn obwohl ich mir die redlichste Mühe gebe, auf der Rope Bridge den gelangweilten Helden zu mimen, werde ich offensichtlich bis auf den Grund durchschaut: Niemand, so jedenfalls habe ich den Eindruck, provozierte lautstärkere Zurufe wie »Bravo! Prima! Nur weiter!« als ich.

Tatsächlich denke ich kleinmütig über dem gähnenden Abgrund: Sollte es dich erwischen und du fielest jetzt die 25 Meter von der Brücke herunter, dann, »Mein irisches Tagebuch«, ade, ade ... Denn das Wasser da unten, auf dessen Spiegel du prallen würdest, ist nur wenige Meter tief und könnte die Wucht des Sturzes nicht abfangen.

Doch nichts da, ich komme unversehrt an, den unverdienten Beifall mit falscher Bescheidenheit abwehrend, innerlich jedoch bereits belastet von der Erkenntnis, daß das wahrhaft Unausweichliche erst noch bevorsteht - nämlich der alternativlose Rückweg.

Denn die Fischer, die laut Prospekt hier zwischen Mai und September, also zu dieser Jahreszeit, ihrer Arbeit nachgehen sollen und die mich in ihren Booten vielleicht hätten mitnehmen und an Land setzen können, haben heute entweder ihren freien Tag oder den ganzen Trubel satt, denn sie glänzen durch Abwesenheit. Carrick-a-rede, rekapituliere ich mit einem schlechten Gefühl in der Magengrube, Carrick-a-rede ist gälisch und bedeutet, durchaus symbolisch für meine Situation, »Fels auf der Straße«. Nur - eine »Hängebrücke« kann ein noch weit wirksameres Hindernis sein als so ein störender Gebirgsklotz.

Also rasch wieder hinüber, um es hinter mich zu bringen, je schneller, desto besser, und das in der Hoffnung, nicht abermals zum Mittelpunkt der allgemeinen Aufmerksamkeit zu werden. Was dann auch gegen alle Erwartung, wenngleich für einen hohen Preis, in Erfüllung geht. Denn gleich hinter mir setzt jemand nach, der sich mitten auf der Brücke den Spaß erlaubt, sie durch rhythmische Körperbewegungen so weit über ihre natürlichen Schwingungen hinaus ausschlagen zu lassen, daß sich der fragile Übergang innerhalb weniger Sekunden in eine Schaukel verwandelt, und das, bevor ich noch das andere Ende erreicht habe. Erst dann kann ich – gerettet! – in Ruhe das glasklare Meer bis zur Riesenbarriere der bumerangartig geformten Rathlin-Insel bewundern, und daran vorbei den Mull of Kyntire erkennen, die Silhouette der schottischen Küste mit ihren Klippen und dem düsteren Profil des gebirgigen Hinterlands.

Von da drüben, hinweg über den schmalen Wassergraben, sind sie im 17. und 18. Jahrhundert gekommen, die *settlers*, Ulsters protestantische Siedler, als Herren über ein so gut wie rein katholisches Land, mit sich eine soziale, konfessionelle und ethnische Bürde schleppend, deren Last sich die Geschichte Irlands bis hinein in unsere Gegenwart immer noch nicht entledigen konnte.

Baumgestalten wie diese habe ich nirgendwo sonst gesehen.

Aus dem mächtigen Hauptstamm treten andere dicke Stämme aus, und das nach allen Seiten, geschaffen von einer Natur, die ihrer üppigen Phantasie freien Lauf gelassen hat. Hunderte von Jahren alt, arbeiten ihre Wurzeln tief in der Erde, saugen aus ihr die Kraft, die über unzählige verborgene Kanäle Säfte bis in die vierzig Meter hohe Krone schickt und dem Nadelkleid das immergrüne Aussehen verleiht – Zedern.

Ich bin in der Cedar Avenue des Tollymore Forest Park, Ulster – es heißt, dies sei die einzige Zedernallee auf der Welt!

Ringsherum Stille, weidende Schafe, südlich, von leichten Wolken geküßt, die Höhenzüge der Mourne Mountains – und der Lack der Morgensonne auf den unvergleichlichen Baumwundern aus der Gattung der Kieferngewächse.

Weiter hinein in den Park.

Eine Holzbrücke, unter der ein Bach gluckst. Immer seinem Lauf entlang, immer tiefer in den Dschungel von Grün. Gruftig ist es hier, die Sonnenstrahlen haben es schwer, durch das dichte Blattwerk zu dringen. Am anderen Ufer Rhododendron, dunkel leuchtend, darüber durchsichtige Blätter, flirrend in einem Wind, den ich nicht spüre.

Ein kleiner Fall, ein felsgesäumtes Bett, in dem das Wasser zu stehen scheint, eine Minilagune, auf deren Oberfläche Blätter schwimmen, unbewegt. Gleich dahinter aber eine Schnelle, über die der Bach sichtbar und rasch strömt. Und doch bewegt sich auch nahe davor nichts, während auf dem klaren Grund Jungforellen hin- und herflitzen. Des Rätsels Lösung: Während das warme Oberwasser steht, ja, das Laub auf ihm gar in die Gegenrichtung treibt, fließt das kalte Wasser unten ab und eilt über den urigen Katarakt der Irischen See zu.

Dann The Old Bridge, das Geländer aus Naturstein – zinnenbewehrt, grün behangen wölbt sich ihr Bogen hoch über dem Bach.

Ein wenig weiter eine andere Kaskade. Ich setze mich auf einen der bemoosten Steine und fühle mich wie der einzige Mensch auf dem organischen Schorf unseres Planeten.

Sonnenflecken zwischen den Bäumen, die dicht stehen und ringsum einen undurchsichtigen, einen schweigenden Wald bilden.

Frühe Phantasien werden in mir wach, wie immer in solcher Umgebung, aber hier mehr, hier intensiver noch als sonst, Waldgedanken vom Knabenalter an: Shawnees am Westfuß der Appalachen, auf Schleichpfaden in Kentucky, den »dunklen und blutigen Gründen« – wo taucht die nächste Siedlung der Weißen auf? Wo ist Fort Boonesborough? Und wo liegt das Chillicothe des Häuptlings Cornstalks?

Neben mir rauscht der Bach, und das fördert solche Bilder: von Tecumseh, dem indianischen Genie, seinem großen und hoffnungslosen Kampf gegen die weiße Übermacht; von diesem heroisch-aussichtslosen Kampf der Ureinwohner über vier Jahrhunderte gegen eine rastlos vorrückende Grenze, die auch zum Schicksal so vieler Irinnen und Iren wurde. Überall dort haben sie gelebt, gearbeitet, sind sie gestorben, die Kennedys und McCloys, die McCarthys und die Fitzgeralds, vertrieben aus ihrer Heimat durch Not und Unterdrückung schon in der ersten Hälfte des 18. Jahrhunderts. Tief durchwirkt hat die irische Geschichte die amerikanische, ist mit ihr gezogen, von der Cheasepeak Bay am Atlantik über den Mississippi, die Prärien und die Rockies bis an die kalifornischen Gestade des Pazifik – immer *westward ho*!

Solche also gar nicht so abwegigen Gedanken kommen mir hier, in den Wäldern des Tollymore Forest Park Nordirlands, an diesem Bach.

Bis ich plötzlich aufgestört werde aus der Illusion, der einzige Erdenbewohner zu sein oder doch wenigstens heute alleiniger Besucher dieser Oase irdischer Naturschönheit - durch eine tobende Schar von Kindern zwischen elf und zwölf Jahren, Mädchen und Jungen, eine Schulklasse.

An einer Gabelung schreien die einen »This way!«, während andere »No, this way!« brüllen, um dann gemeinsam in die Richtung zu stürmen, die die Lehrerin angegeben hat: »That way!«

Unter den Wipfeln hoher Bäume dann verstummt das Geschrei, breitet sich andächtige Ruhe aus, verschwindet die Schar lautlos im Schoß des Forsts.

Und so plötzlich, wie sie gekommen waren, sind sie auch wieder verschwunden, auf einen Schlag wie verflogen, meine Flüche gegen Massentourismus, mein Grimm gegen die Anmaßung, daß auch andere die Herrlichkeit des Tollymore Forest Park in den Mourne Mountains genießen wollen - diese geschützte Schönheit sollte jeder erleben.

Dann hinaus auf die Straße nach Newcastle und an der Küste entlang nach Süden. Rechts kahl und mächtig die Berge, steinige Hänge, Felsen wie Stirnhörner, und mitten darin, Gipfel des Gebirgsstocks, der Slieve Donard - nur 836 Meter hoch und doch, so nahe dem Meeresspiegel, ragend wie ein Miniaturhimalaya.

Am Ausgang des Silence Valley, vor Kilkeel, steige ich aus und gehe an den Strand.

Vor mir die Irische See, schimmernd wie ein blank polierter Spiegel und schiffsfrei bis an den Horizont.

Maureen - ein Epilog

Ich komme von Norden und empfinde die Hinweisschilder »Cahirciveen 62 km«, »Killorglin 22 km«, vertraut - sie erinnern mich an den Anfang meiner Reise, die vor fünf Monaten hier im

Süden so winterlich und stürmisch begann. Jetzt legt die Hitze des späten Augustnachmittags einen diesigen Schleier über die Berge von Dingle und, entfernter, über Iveraghs felsiges Rückgrat, die Macgillicuddy's Reeks und ihr granitenes Haupt, den Carrantuohill, mit seinen 1038 Metern Irlands höchster Berg.

Über Killorglins alte Brücke und den River Laune auf den Ring of Kerry, auf Lough Caragh und Glenbeigh zu, rechts die Dingle Bay und links herüber zwei Gebirgsketten, scharf abgezeichnet, bläulich wie die mystischen Farben eines fernöstlichen Aquarells. Dann endlich die Ruinen des Geburtshauses von Daniel O'Connell vor Cahirciveen, hinein in die Stadt und ihre quirlige, inzwischen von allen verkehrsbehindernden Arbeiten freie Hauptstraße; der stramme Milizionär mit seinem steinernen Gewehr auf dem Podest immer noch wie ein schmächtiger Mussolini; die große Kirche, Grudle's Imbißstube und Curran's Tante-Emma Laden, Johnny Cliffords anarchische Autoreparaturwerkstatt – all das noch völlig unvergessen. Wie der Weg aus der Stadt hinaus, das Schild »Valentia Island«, rechts übers Wasser der helle Fleck von Knight's Town, und weiter bis zur alten Brücke. Dahinter nach links durch die flache Torflandschaft und auf Serpentinen über sperrige Gebirgskämme hinweg auf St. Finan's Bay zu; dort vorbei an der Kirche und über den mit Schlaglöchern durchsetzten Pfad bis zu der Stelle, wo gewarnt wird: »Nicht abzweigen nach Portmagee«...

Keine Gefahr – ich könnte den Weg im Schlaf finden.

Also hinein mit meinem alten Ford in den Hohlweg und vorbei an dem Wasserfall, der nicht mehr rauscht und strömt wie damals, sondern nur noch schwächlich tröpfelt. Und auch das ist anders als im März, April – Wiesen, Hecken, Sträucher strotzen nur so in Überfülle, auf beiden Seiten Präriemalven, Ginster, Fuchsien – das letzte Stück fahre ich durch eine wahre Explosion von Rot, Gelb und Blau.

Dann endlich, über die letzte Kimme hinweg, sehe ich sie, klopfenden Herzens, wie ich gestehe, und so verzaubert wie beim ersten Anblick: die Höcker von Puffin Island, den Kleinen und den Großen Skellig, wie zwei Felsdolche, Little und Michael, maritime Sagengebilde, und – das gelbe Haus von Maureen Griffin!

Ich mache meinen inneren Entschluß beim Abschied im März wahr, ich kehre noch einmal hierher zurück, ich kann Irland nicht verlassen, ohne Maureen noch einmal einen Besuch abgestattet, sie noch einmal gesehen und mit ihr gesprochen zu haben – es ging nicht. Darum bin ich hier heruntergefahren, quer durch die ganze Insel, von einem Ende zum anderen und ohne Halt: Belfast – Dublin – Limerick und »Moyrsik Glen, Emlaghmore, Killarney, County Kerry«, wie Maureens Postadresse lautet.

Nur – sie ist nicht da! Ich klopfe, vergebens, Maureen antwortet nicht. Sie ist einfach nicht da.

Mit dieser Möglichkeit hatte ich nicht gerechnet. Hätte ich mich anmelden sollen? Aber wie? Sie hat, obwohl schon lange beantragt, kein Telefon. Außerdem will ich sie überraschen. Doch was, wenn sie vielleicht für länger weggefahren ist, vielleicht endlich mal Urlaub macht? Was allerdings der erste ihres Lebens wäre, nach allem, was ich von ihr weiß. Soll ich aufgeben, soll ich warten? Es ist eine Jahreszeit, in der jede Umbuchung eines Fährtickets ein höchst ungewisses Terminrisiko bedeutet. Weit kann Maureen eigentlich nicht sein. Wäsche ist aufgespannt, Hunde bellen hinter Verschlägen, auf der Weide grasen Schafe.

Doch das Haus ist leer, auch Michael, der Sohn, meldet sich nicht, die Tür ist abgeschlossen, und drinnen brennt kein Licht.

Aber dann, nachdem es dunkel geworden ist, geht die Lampe draußen an, wie ich vom Haus am Kliff aus zu meiner Genugtuung entdecke – nach längerer Abwesenheit sieht das alles nicht aus.

Die Nacht wird trotzdem schlecht, ich schlafe unruhig, wache später auf als üblich, eile hinüber und klopfe an die Tür. Zu meiner großen Erleichterung erscheint Michael hinter einem Fenster und berichtet, daß seine Mutter nachts um vier von einer Hochzeit in Cahirciveen zurückgekehrt, aber schon wieder weg sei, in der Kirche, wie jeden Sonntag. Ich bitte Michael, Maureen nach ihrer Rückkehr nichts von meiner Anwesenheit zu sagen.

Um halb zwölf sehe ich, wie sie sich in ihrem Ausgehstaat vor dem Haus zu schaffen macht, setze mich in Gang und stehe zehn Schritt vor ihr, als sie sich mit einem Eimer in der Hand umdreht.

Den läßt sie jetzt fallen, macht eine Bewegung, als wollte sie eine Halluzination verscheuchen, ruft: »Ich kann es nicht glauben!« – und dann liegen wir uns in den Armen.

Ein sanfter Sommerwind fächelt hoch, streichelt Gesicht und Haut. Von der See her leichtes Rauschen, Puffin Islands festlandsnaher Höcker wie bemoost, und die Skelligs, der Große und der Kleine, so klar wie weit hinten *the bull, the cow* und *the calf*.

Dann kommt sie mit mir zum Haus am Kliff, tief nach vorn gebeugt auf den Stock gestützt, läßt ihn vor der Tür stehen, setzt sich drinnen, hält genau unsere Rituale ein: Ich soll erzählen.

Das tue ich bis zur Erschöpfung vor ihrer unstillbaren Neugierde, worüber es später Nachmittag wird. Sie erfährt von Mallard Point, von Achill Island, von Dublin und vom »anderen Irland«. Sie hört zu, stellt Fragen, steht manchmal auf, wie in besonderer Erregung, stemmt dabei die linke Hand in die Hüfte, und setzt sich wieder schwer auf ihren Stuhl.

Abends bin ich bei ihr.

Drinnen alles wie immer. Rauchige Wärme, an den Wänden die Heilige Familie, Joseph, Maria, das Jesuskind; der Gesalbte auch allein, mit dem Strahlenkranz ums Haupt; die Fotos von den Enkelinnen und Enkeln; auf dem Schrank die Trophäen des Hundezüchters Michael, der sich heute sowenig sehen läßt wie damals, und im Herd das Torffeuer.

Dann und wann kommt Maureen ächzend aus ihrem Sessel hoch, verbittet sich mit warnendem »Hopeless!« auch nur die Andeutung von Hilfe, wirft eine Sode nach und gießt Tee ein. Manchmal verzieht sie das Gesicht, wie bei starken Schmerzen, fängt sich aber sofort wieder und lächelt dann, als wollte sie sich entschuldigen. Der Krückstock lehnt an der Wand. Ich kenne die Regeln hier und bin darauf bedacht, sie streng einzuhalten.

Als ich mich verabschiede, spät, hält Maureen meine Hand länger in der ihren und kündigt mit einem Unterton, der jeden Widerspruch ausschließt, an: »Morgen besuchen wir beide *Perry*! Er wohnt auf Valentia Island. Ich habe ihm von dir erzählt. Er ist einverstanden, daß du kommst.«

Ich habe keine Ahnung, von wem die Rede ist, und das muß man mir angesehen haben. Maureen reagiert auf meine

Unkenntnis mit dem Satz: »Wir kennen uns seit meinem elften Lebensjahr.«

Die Fahrt am nächsten Vormittag, einem der letzten Augusttage, geht durch dichten Nebel, Vorboten des Herbstes, der nach dem irischen Kalender schon Anfang des Monats sein Regiment angetreten hat, ohne daß davon bis gestern etwas zu spüren gewesen wäre.

Jetzt aber geht es durch eine dicke Suppe über die Brücke von Portmagee auf die Insel, und vorbei an Chapeltown und Knight's Town fast ohne Sicht bis vor ein einstöckiges Haus, das einsam in der Gegend steht. Das erste, was ich sehe, ist eine Pfanne mit Brot vor der Tür – Katzenfutter. Dann kommt Perry heraus, Pfeife im Mund, umarmt Maureen mit der Gestik einer uralten Freundschaft und reicht dann mir die Hand.

Erst als wir hineingehen, entdecke ich, daß er das rechte Bein nachzieht. Perry sieht meinen Blick und sagt, ohne die Pfeife aus dem Mund zu nehmen: »Verkehrsunfall, 1955. Damals war ich zwanzig.« Seine Heiterkeit scheint durch den Dauerschaden nicht gelitten zu haben.

Er steckt in Schuhen, deren Bänder lose herabbaumeln, in einer gelbe Hose, manchesterartig, und trägt ein Hemd mit offenem Kragen. So führt er uns ins Haus, läßt Maureen den Vortritt und plaziert sie und mich auf Stühle in der Küche, wo wir bleiben werden.

Das Chaos, das sich ringsum dem Auge bietet, ist unbeschreiblich. Über dem torfbefeuerten Herd eine Leine mit Strümpfen, auf einer Kommode ungeputzte Stiefel, auf dem Tisch Tabakkrümel und irgendeine Medizin, an der Wand, schief, ein Bildnis des Papstes und in einem Glas Messer, Löffel, Gabeln.

Mittendrin strahlt Perry übers ganze Gesicht, zündet sich dauernd die ausgegangene Pfeife an und erzählt mir, erst stockend, dann immer fließender, über sein Leben – »for the book!«, wie Maureen, die hier die Regie führt, klärt.

Sechzig ist er vor kurzem geworden, was bedeutet, daß die über siebzigjährige Maureen, wenn sie ihn seit ihrem elften Lebensjahr kennt, Perry von der Wiege an erlebt hat. Die Sippe ist auf Valentia Island seit acht Generationen ansässig, kinderreiche Familien, nur Perry ist, ungewöhnlich genug, das einzige Kind seiner Eltern geblieben. »Einer von meiner Sorte ist genug«, sagt er, in einem Englisch, das nicht ganz leicht zu verstehen ist, und ohne die Pfeife aus dem Mund zu nehmen. Das tut er nur, wie ich bald feststelle, wenn er mit Maureen spricht.

Er ist in diesem Haus geboren, hat zehn Jahre lang die Grundschule besucht, eineinhalb Meilen von hier entfernt, hat auf der Insel nie etwas anderes getan, als in der Landwirtschaft zu arbeiten, war also nie Fischer und kann nicht schwimmen – was er mit einem gewissen Stolz zu vermelden scheint. In London und Birmingham war er auf dem Bau, findet in der Erinnerung anerkennende Worte für die Briten und nennt auch den Grund dafür: »Nach meinem Unfall habe ich zwanzig Wochen in einem Londoner Hospital gelegen und bin da wie alle anderen behandelt worden, obgleich jeder wußte, daß ich Ire bin.«

Außer auf der Durchreise war er nie in Dublin, kennt Galway und Cork nur auf der Karte und hat weder geheiratet noch Kinder. »Das heißt, ganz genau weiß ich das nicht«, lacht er und sieht geradezu unverschämt gesund aus.

Das hat seine Erklärung. Perry meidet seit siebzehn Jahren Pubs, trinkt keinen Tropfen Alkohol mehr, gibt aber zu, davor ein großer Säufer vor dem Herrn gewesen zu sein: »Erst kam der Papst, dann Guinness.« Wenn er sich nicht für die Abstinenz entschieden hätte, wäre er nicht mehr am Leben. Die Leber war beschädigt, hat sich aber regeneriert.

Er sieht aus wie ein Mann, der das Leben liebt, und als hätte er mir den Gedanken vom Gesicht abgelesen, bestätigt er: »I am happy!« – kommentiert von Maureens »Ich auch«.

Sie sitzt die ganze Zeit da und schweigt, schaut mich aber ab und zu bedeutsam an, als wollte sie fragen: Na, was sagst du zu dem Kerl, meinem alten Freund von Kindheit an?

Auf mich macht dieser Ire den Eindruck eines ungewöhnlich glücklichen Menschen von ungestümer Lebenslust und in völliger Harmonie mit seinem Dasein. Er legt Torf nach, rüttelt mit dem Aschenhebel, daß es glühend in den Kasten hinunterstiebt, und kneift das Auge ein mit dem typisch irischen Kick des Kopfes.

Die Zeiten haben sich gebessert, sagt er, für seinen ersten Arbeitstag hatte er 5 Schilling und 20 Pence bekommen, heute kriegt man dafür 25 Pfund. Als er noch arbeitete, stand er früh um sechs Uhr auf, heute um acht, und wenn es regnet, um zehn. Perry bezieht eine Rente, die auskömmlich ist, wie er sagt, allerdings mit der Einschränkung: »Man kann ja nebenher noch ein bißchen nachhelfen.«

Auf dem Schrank sehe ich ein Foto mit der Jahreszahl 1912, der Unterschrift »Building Valentia Wire Station« und einer Männerriege mit Nummern auf der Arbeitskluft – die 13 ist angekreuzt. »Mein Vater«, sagt Perry, »er hat noch auf der Station gearbeitet.«

Das Bild zeigt ein großes Gebäude, in dem hier auf Valentia Island 1866 das große Kabel quer durch den Atlantik von Amerika aus endete, für die damalige Zeit eine ungeheure technische Leistung, die erst durch die drahtlosen Nachrichtensysteme unseres Jahrhunderts überholt wurde.

Da die Ruine noch steht und ganz in der Nähe ist, beschließen wir, sie uns anzusehen.

Der Nebel ist inzwischen noch dichter geworden, ich fahre im Schrittempo. Maureen sitzt neben mir, Perry im Fond und qualmt. Plötzlich legt sie ihre Hand auf meinen Arm, die Aufforderung anzuhalten, streckt eine Hand aus und fragt: »Ist das Kellys Haus, das da links?«

»Das ist Kellys Haus«, bestätigt Perry und versucht, die ausgegangene Pfeife wieder anzuzünden, »guck mal genau hin, dann weißt du's wieder.«

»Die Kellys!« ruft Maureen, ganz aufgeregt. Ihren Arm weiter auf dem meinen, fahre ich noch langsamer weiter. »Und da, wohnen da noch die Cooleys?«

Darauf Perry: »Ja, was meinst denn du – warum sollten sie denn nicht mehr da wohnen?«

Schweigen.

Dann Maureen, fast flüsternd: »Und Big John, da drüben?«

»Big John hat das Haus verkauft an Engländer, der wohnt nicht mehr da. Hier sind auch Deutsche hingezogen«, er zeigt auf ein kleines Haus hinter Stechpalmen.

Eine Frau am Wegesrand beugt sich herunter, schaut ins Fenster, winkt, als sie Maureen erkennt, die zurückgrüßt. »War das Teddy Murphys Frau?« dreht Maureen sich zu Perry um.

»Das war Teddy Murphys Frau«, antwortet Perry.

Darauf Maureen: »Ich hab' ihn vor drei Jahren zuletzt gesehen – lebt der noch?«

»Ha!« kommt es aus dem Wagenfond, »Teddy Murphy? Ob der noch lebt? Der ist doch unsterblich. Weißt du das nicht?«

Ringsum Nebel, draußen alles umrißhaft, wie wolkenverpackt.

Dann ein Zeichen, anzuhalten.

Maureen und Perry bleiben im Wagen, ich steige aus und trete an einen Abhang. In der Luft, nur zu hören, Möwen; ein gähnender Schlund, fünfzig, sechzig Meter tiefer das Meer und auf halber Höhe, im Dunst, eine Ruine – Rest der *wire station*, der alten Kabelstation, von Stacheldraht umgeben. Das hat etwas an sich von der Gnadenlosigkeit des technischen Fortschritts.

Wir fahren Perry zurück zu seinem Haus, er verabschiedet sich, winkt und ist verschwunden.

Draußen ist die Hand nicht vor Augen zu sehen, der alte Ford röhrt im ersten Gang.

Den Stock aufgerichtet in der rechten Hand, sagt Maureen: »Der hat dir heute mehr erzählt als mir das ganze Leben über.« Dann lehnt sie sich zurück und schließt die Augen.

Und plötzlich begreife ich. Mit dieser Begegnung hat Maureen mir Zugang zu einem inneren Kreis verschafft, in den niemand von sich aus eindringen könnte. Es bedurfte eines langen Anlaufes, ehe sie dazu bereit war, nämlich der ganzen gemeinsamen Vorgeschichte meines ersten Aufenthalts im März und April. Der Weg zu Perry war ein Zeichen ihrer gewachsenen Verbundenheit, etwas Uneroberbares, nur freiwillig zu gewähren, kostbar in seiner Herzensöffnung und sozusagen für mich der zweite Ritterschlag unserer Freundschaft.

Am nächsten Morgen um neun Uhr klopft es an die Tür, und Maureen tritt ein, natürlich ohne Stock. Wir trinken einen Tee, und ich bitte sie, nachzuschauen, ob ich alles so hinterlassen habe, wie es sich für einen dankbaren Gast gegenüber den Gastgebern geziemt, erst recht, wenn sie so fern sind wie diese. Sie verspricht es.

Vom Nebel keine Spur mehr, schönstes Sommerwetter.

Ich will Maureen zu ihrem Haus begleiten, aber sie weigert sich. So verabschieden wir uns auf der seeabgewandten Seite des Hauses am Kliff. Umarmung – »God bless you«. Es macht mir nicht die geringsten Schwierigkeiten, die drei Worte an sie zurückzugeben. Dann die Rampe hoch mit meiner alten Kiste, oben auf dem Weg noch einmal Halt und umgeschaut.

Weit hinten die drei Inseln, der Stier, die Kuh und das Kalb; hier vorn, in der klaren Luft näher als sonst, Skellig Michael und Little Skellig, sonnenbeschienen, wie der Doppelhöcker von Puffin Island. Und da unten, vor der Haustür, ohne Stock, weil sie beide Hände mit den Flächen nach außen erhoben hat – Maureen Griffin. Dann nehmen die Fuchsien mir die Sicht.

Postscriptum:

Während der Niederschrift des Buches, Monate nach dem Abschied, klingelte in Köln mein Telefon. Am anderen Ende – unverwechselbar, Maureens Stimme: »I have just got the connection!« Nach mehrjährigem Warten – »the irish way of life, hopeless« – war gerade ihr Anschluß hergestellt worden, und dies sei ihr erstes Gespräch. Wie es um mein Buch stünde?

Ich traute meinen Ohren und Sinnen nicht.

Klar, daß ich, nachdem ich das Manuskript heute früh abgeschlossen habe, Maureen gleich anrief und ihr davon Kenntnis gab. »Congratulations, *my dear*«, sagte sie.

Der Tag hat also gut angefangen – besser geht es gar nicht.

IRLAND
UND
NORDIRLAND
ATLANTISCHER
OZEAN
DONEG
Donegal
Drumcliffe
Böll Cottage
Croaghaun
Doogort
Achill Island
Achill Sound
Croagh Patrick
L. Mask
Ballinrobe
Connemara
Ashford Castle
Lough Corrib
Galway
Carrick-on-
Shannon
Lanesbor
Lough Ree
Clonmacno
R. Shannon
Kilronan
Dun Aengus
Aran Isands
Thoor Ballylee
IRLAN
Lough
Derg
Limerick
Rock of Cashe
Cashel
Brandon Head
Dingle
Tralee
Great
Blasket I.
Slea Head
Killarney
Valentia I.
Cahirciveen
Iveragh
Haus am Kliff
St. Finan's Bay
Skellig I.
CORK
Beara
Dursey I.
Cow Ball
Crow Hd.
Water

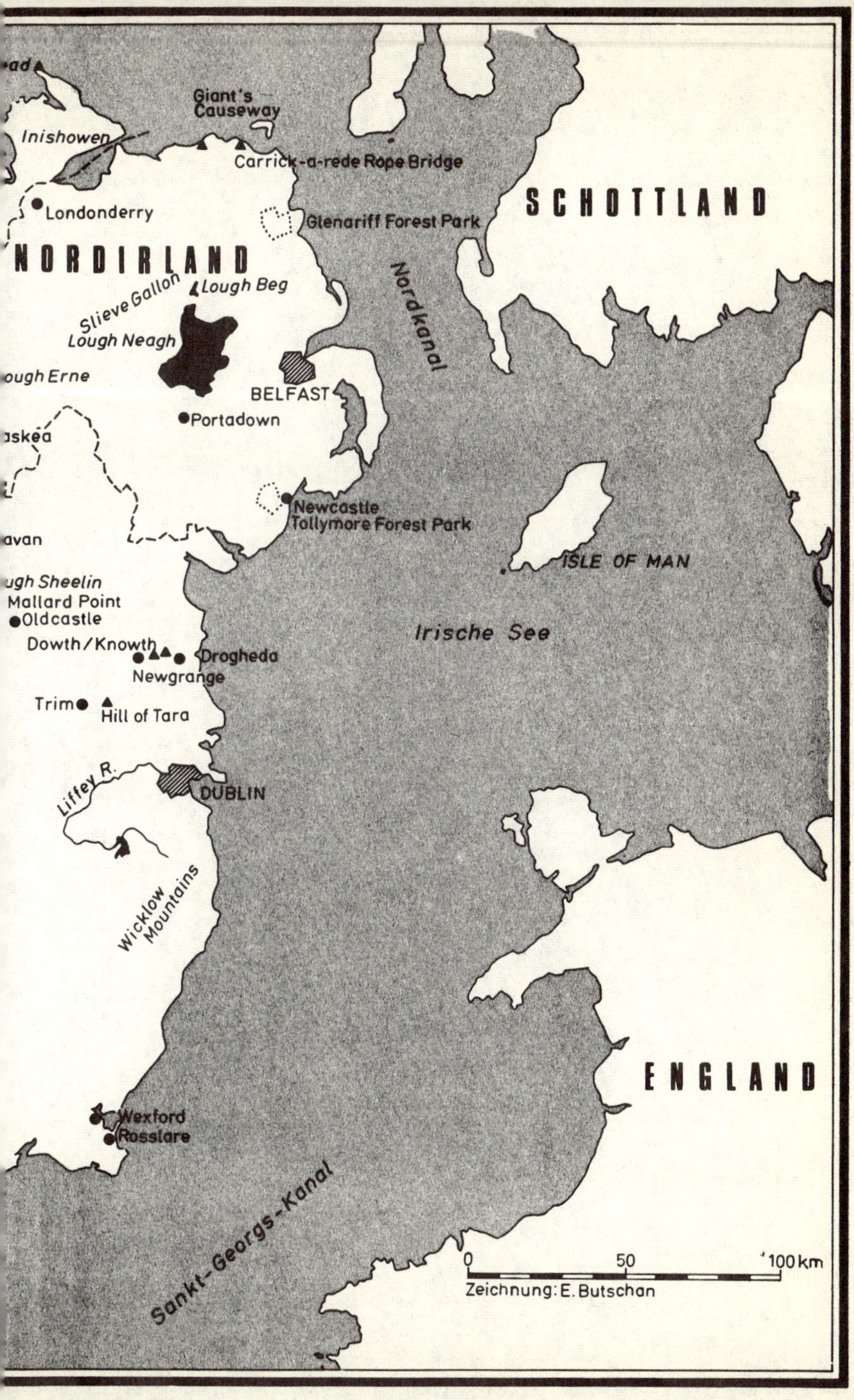

ad
Giant's Causeway
Inishowen
Carrick-a-rede Rope Bridge
Londonderry
SCHOTTLAND
Glenariff Forest Park
NORDIRLAND
Lough Beg
Slieve Gallon
Nordkanal
Lough Neagh
ough Erne
BELFAST
Portadown
askea
Newcastle
Tollymore Forest Park
avan
ISLE OF MAN
ugh Sheelin
Mallard Point
Oldcastle
Irische See
Dowth/Knowth
Drogheda
Newgrange
Trim
Hill of Tara
Liffey R.
DUBLIN
Wicklow Mountains
ENGLAND
Wexford
Rosslare
Sankt-Georgs-Kanal
0
50
100 km
Zeichnung: E. Butschan

20 Tage im 20. Jahrhundert

Herausgegeben von
Norbert Frei, Klaus-Dietmar Henke und Hans Woller

Helmut Mejcher
Sinai, 5. Juni 1967
Krisenherd Naher und Mittlerer Osten
dtv 30611

Norbert Frei
Paris, 13. Mai 1968
Kulturprotest und Gesellschaftsreform
dtv 30612 (i.Vb.)

Brigitte Röthlein
Mare Tranquillitatis, 20. Juli 1969
Die wissenschaftlich-technische Revolution
dtv 30613

Wilfried Loth
Helsinki, 1. August 1975
Entspannung und Abrüstung
dtv 30614

Harold James
Rambouillet, 15. November 1975
Die Globalisierung der Wirtschaft
Aus dem Englischen von Hermann Graml
dtv 30615

Franz J. Brüggemeier
Tschernobyl, 26. April 1986
Die ökologische Herausforderung
dtv 30617

Walther L. Bernecker
Port Harcourt, 10. November 1995
Aufbruch und Elend in der Dritten Welt
dtv 30619

dtv

Heinrich Böll im dtv

»Man kann eine Grenze nur erkennen, wenn man sie zu überschreiten versucht.«

Heinrich Böll

Irisches Tagebuch
dtv 1

Zum Tee bei Dr. Borsig
Hörspiele
dtv 200

Ansichten eines Clowns
Roman · dtv 400

Wanderer, kommst du nach Spa...
Erzählungen · dtv 437

Ende einer Dienstfahrt
Erzählung · dtv 566

Der Zug war pünktlich
Erzählung · dtv 818

Wo warst du, Adam?
Roman · dtv 856

Billard um halb zehn
Roman · dtv 991

Die verlorene Ehre der Katharina Blum oder: Wie Gewalt entstehen und wohin sie führen kann
Erzählung
dtv 1150

Das Brot der frühen Jahre
Erzählung · dtv 1374

Ein Tag wie sonst
Hörspiele · dtv 1536

Haus ohne Hüter
Roman · dtv 1631

Du fährst zu oft nach Heidelberg und andere Erzählungen
dtv 1725

Fürsorgliche Belagerung
Roman · dtv 10001

Das Heinrich Böll Lesebuch
dtv 10031

Was soll aus dem Jungen bloß werden? Oder: Irgendwas mit Büchern
dtv 10169

Das Vermächtnis
Erzählung · dtv 10326

Die Verwundung und andere frühe Erzählungen
dtv 10472

Heinrich Böll im dtv

Frauen vor Flußlandschaft
Roman · dtv 11196

Eine deutsche Erinnerung
dtv 11385

Rom auf den ersten Blick
Landschaften · Städte · Reisen · dtv 11393

Nicht nur zur Weihnachtszeit
Erzählungen · dtv 11591

Unberechenbare Gäste
Erzählungen · dtv 11592

Entfernung von der Truppe
Erzählungen · dtv 11593

Gruppenbild mit Dame
Roman · dtv 12248

Die Hoffnung ist wie ein wildes Tier
Briefwechsel mit Ernst-Adolf Kunz 1945-1953
dtv 12300

Der blasse Hund
Erzählungen · dtv 12367

Der Engel schwieg
Roman · dtv 12450

Und sagte kein einziges Wort
Roman · 12531

In eigener und anderer Sache. Schriften und Reden 1952-1985
9 Bände in Kassette
dtv 5962
In Einzelbänden:
dtv 10601-10609

H. Böll/H. Vormweg
Weil die Stadt so fremd geworden ist ...
dtv 10754

NiemandsLand
Kindheitserinnerungen an die Jahre 1945 bis 1949
Herausgegeben von Heinrich Böll
dtv 10787

Über Heinrich Böll:

Marcel Reich-Ranicki:
Mehr als ein Dichter Über Heinrich Böll
dtv 11907

Bernd Balzer:
Das literarische Werk Heinrich Bölls
dtv 30650